中华现代学术名著丛书

九朝律考

程树德 著

商务印书馆
创于1897 The Commercial Press

2019年·北京

图书在版编目(CIP)数据

九朝律考/程树德著.—北京:商务印书馆,2010(2019.5 重印)
(中华现代学术名著丛书)
ISBN 978-7-100-07375-2

Ⅰ.①九… Ⅱ.①程… Ⅲ.①法制史—研究—中国—古代 Ⅳ.①D929.2

中国版本图书馆 CIP 数据核字(2010)第 184312 号

本书据上海商务印书馆《大学丛书》1934 年版排印

中华现代学术名著丛书
九 朝 律 考
程树德 著

商 务 印 书 馆 出 版
(北京王府井大街 36 号 邮政编码 100710)
商 务 印 书 馆 发 行
北 京 冠 中 印 刷 厂 印 刷
ISBN 978-7-100-07375-2

2010 年 12 月第 1 版 开本 880×1240 1/32
2019 年 5 月北京第 3 次印刷 印张 19½ 插页 1
定价:57.00 元

程 树 德

(1877—1944)

出版说明

百年前，张之洞尝劝学曰："世运之明晦，人才之盛衰，其表在政，其里在学。"是时，国势颓危，列强环伺，传统频遭质疑，西学新知亟亟而入。一时间，中西学并立，文史哲分家，经济、政治、社会等新学科勃兴，令国人乱花迷眼。然而，淆乱之中，自有元气淋漓之象。中华现代学术之转型正是完成于这一混沌时期，于切磋琢磨、交锋碰撞中不断前行，涌现了一大批学术名家与经典之作。而学术与思想之新变，亦带动了社会各领域的全面转型，为中华复兴奠定了坚实基础。

时至今日，中华现代学术已走过百余年，其间百家林立、论辩蜂起，沉浮消长瞬息万变，情势之复杂自不待言。温故而知新，述往事而思来者。"中华现代学术名著丛书"之编纂，其意正在于此，冀辨章学术，考镜源流，收纳各学科学派名家名作，以展现中华传统文化之新变，探求中华现代学术之根基。

"中华现代学术名著丛书"收录上自晚清下至20世纪80年代末中国大陆及港澳台地区、海外华人学者的原创学术名著（包括外文著作），以人文社会科学为主体兼及其他，涵盖文学、历史、哲学、政治、经济、法律和社会学等众多学科。

出版“中华现代学术名著丛书”，为本馆一大夙愿。自1897年始创起，本馆以“昌明教育，开启民智”为己任，有幸首刊了中华现代学术史上诸多开山之著、扛鼎之作；于中华现代学术之建立与变迁而言，既为参与者，也是见证者。作为对前人出版成绩与文化理念的承续，本馆倾力谋划，经学界通人擘画，并得国家出版基金支持，终以此丛书呈现于读者面前。唯望无论多少年，皆能傲立于书架，并希冀其能与“汉译世界学术名著丛书”共相辉映。如此宏愿，难免汲深绠短之忧，诚盼专家学者和广大读者共襄助之。

商务印书馆编辑部

2010年12月

凡　　例

一、“中华现代学术名著丛书”收录晚清以迄20世纪80年代末，为中华学人所著，成就斐然、泽被学林之学术著作。入选著作以名著为主，酌量选录名篇合集。

二、入选著作内容、编次一仍其旧，唯各书卷首冠以作者照片、手迹等。卷末附作者学术年表和题解文章，诚邀专家学者撰写而成，意在介绍作者学术成就，著作成书背景、学术价值及版本流变等情况。

三、入选著作率以原刊或作者修订、校阅本为底本，参校他本，正其讹误。前人引书，时有省略更改，倘不失原意，则不以原书文字改动引文；如确需校改，则出脚注说明版本依据，以“编者注”或“校者注”形式说明。

四、作者自有其文字风格，各时代均有其语言习惯，故不按现行用法、写法及表现手法改动原文；原书专名（人名、地名、术语）及译名与今不统一者，亦不作改动。如确系作者笔误、排印舛误、数据计算与外文拼写错误等，则予径改。

五、原书为直（横）排繁体者，除个别特殊情况，均改作横排简体。其中原书无标点或仅有简单断句者，一律改为新式标点，专名号从略。

六、除特殊情况外，原书篇后注移作脚注，双行夹注改为单行夹注。文献著录则从其原貌，稍加统一。

七、原书因年代久远而字迹模糊或纸页残缺者，据所缺字数用“□”表示；字数难以确定者，则用“（下缺）”表示。

总　　目

卷一

卷二

卷三

卷四

卷五

卷六

卷七

卷八

附录

九朝律考序

昔顾氏亭林论著书之难，以为必古人所未及就，后世所不可无者，而后庶几其传。班史以下，《经籍》、《艺文》诸志，先民著述著录于四库者，百无一二，盖立言若是其难也。余少家贫，年二十，馆于陈氏，尽读其藏书，始留心考据之学。三十以还，遭逢世变，每伏案静思，以为古人处此，必有以自见，而决不汶汶以没。顾自清代乾嘉以来，经史小学考据之书，浩如烟海，后有作者，断无以突过前人。爰本顾氏之旨以求之，则律学尚已。汉晋士大夫，往往治律，马融郑玄羊祜杜预皆律家也。六朝以后，祖尚玄虚，律令科条，委之胥吏，其治此者，非陋则俗，斯学浸微。今古律之存者，皆自唐以下。窃不自量，欲尽搜罗唐以前散佚诸律，考订而并存之。岁戊午，始成《汉律考》七卷，方君枢为梓行之。己未成《魏律考》一卷，庚申成《晋律考》三卷，辛酉成《后魏律考》二卷，壬戌成《隋律考》二卷，癸亥成《北齐后周及梁陈律考》四卷，甲子乙丑增订《汉律》，厘为八卷，合二十卷。昔刘知幾作《史通》既毕，虑后世无识者，至于抚卷涟洏而不能自已，余为此者，性既不谐于俗，而幽居寡欢，又不能无所托以寄志，自尽之意多，而求知之念寡。若夫百世之知，则固别有说焉。夫名者造物之所吝，古人著述，大抵以毕生之力赴之，用力愈久，则其传愈远，书之佚者，必其无可传之具。马贵与王船山之流，皆生离乱之世，伏处岩穴，当时无知者，而流传或在百年之后，是仍求之已耳。

一九二六年丙寅夏月闽县程树德序

凡　　例

一　律始李悝《法经》，商鞅受之以相秦。汉就《法经》加户、兴、厩三篇，故是书断自汉始、不别著秦律。其汉律有沿秦律者，则皆于汉律中附见之。

一　唐律宋刑统明律清律，今皆现存，故断至隋止。

一　北朝后魏北齐后周各自有律，南朝则刘宋南齐沿用晋律，惟梁陈皆别定律，故不列宋及南齐，而附见于晋律中。

一　汉令时称汉律，故考汉律者必兼及汉令，魏晋以后之令，虽不尽关于律，而佚文亦多可考，因援汉律之例，采摭及之。

一　是书以考证为主，而考证则以正史为主。如汉律则《汉书》，晋律则《晋书》，其他依此类推。汉律中凡引《汉书》但称某传某志，盖省文也，余皆仿此。其引他史或他书者，则必标明其为某史或某书。

一　所引之书如为佚书，或今虽有其书而为今书所不载者，必注明出处，以便寻检。

一　引书以类相从，同一类中，则以年代先后为序，惟解释标题，则常列于各条之首。

一　引书有删节而无增改，不敢妄窜古书也。

一　古人引书，不必尽系原文，尝檃括大意，如《意林》所引《孟子》，与今本出入甚多，亦其一例。顾氏《日知录》俞氏《古书疑义》

举例,盖尝论之。《律考》中所辑秦汉以下诸律条文,无虑数十百条,皆从诸书中辑其佚文,盖仿《玉函山房辑佚书》之法,然不敢必其与原文一一符合,阅者当分别观之。

一　旧律现存者,以唐律为最古,故唐以前诸律所有而唐律亦有明文者,则必援唐律以证之,其明清诸律相距既远,概不援引。

一　每条之下,间有考证,则别为按语以别之。按语亦以考证为主,不涉及论断。

一　一书之成,草创者难,而因袭者易,是书搜罗虽富,然疏漏仍不能免,补遗之责,期之后人。

律系表

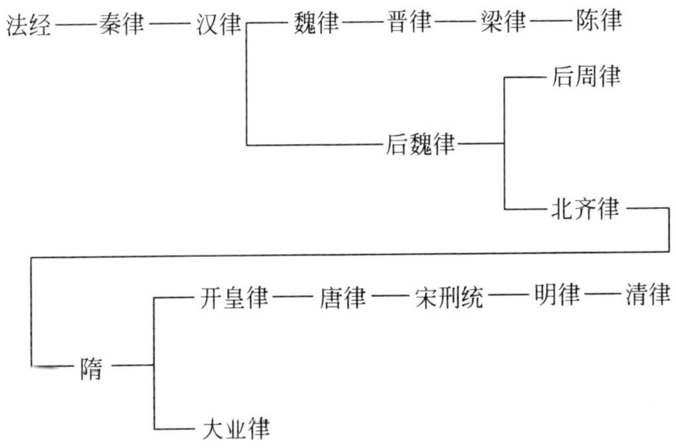

卷　一

汉律考序

汉萧何作九章律，益以叔孙通傍章十八篇，及张汤越宫律二十七篇，赵禹朝律六篇，合六十篇，是为汉律。《后书·安帝纪注》谓汉律今亡，《隋志》亦云汉律久亡，是唐时已佚。《史记索隐》引崔浩《汉律序》，《陈书·沈洙传》引汉律，则六朝末此本尚存也。《晋志》载汉时决事集为令甲以下三百余篇，及司徒鲍公撰嫁娶辞讼决为法比都目凡九百六卷，《唐书·艺文志》所著录者，仅《廷尉决事》二十卷，《廷尉驳事》十一卷，《建武律令故事》三卷。《太平御览》尚引《廷尉决事》，而《宋史·艺文志》已不载，则至宋末已全佚。班氏《刑法志》于汉律语焉不详，司马彪《续汉志》亦不著刑法之目，而一代典章，遂汩没而不可考，甚矣史才之难也。九章之律，出于李悝《法经》，而《法经》则本于诸国刑典，其源最古。春秋时齐有管子七法，楚有仆区法、茆门法，晋有刑书刑鼎，郑有刑书竹刑，其见于记载者如此。商君有言，不观时俗，不察国本，则其法立而民乱。自汉以后，沿唐及宋，迄于元明，虽代有增损，而无敢轻议成规者，诚以其适国本，便民俗也。汉世律学最盛，何休注《公羊》，郑司农注《周礼》，皆以汉律解经。许氏《说文》则并以汉律解字，今其佚文散句，犹可考见，而唐宋以来诸家，卒无有从事考订者。宋王应麟所辑之《玉海》及《汉制考》，略有征引，他不概见。今唐以前诸律，皆无一存，则探讨之难可知也。余尝谓有清一代经学词章，远轶前轨，独律学阙焉不讲。纪文达编纂《四库全书》政书类法令之属，仅收二部，存目仅收五部，其案语则谓刑为盛世所不能废，而亦盛世所不尚，所录略存梗概，不求备也。此论一创，律学益微。甲辰读律扶桑，即有搜辑丛残之志，荏苒十年，久稽卒业。丁巳戊午，乃稍稍佣钞存箧，因仿《文献通考》之例，厘为《汉律考》七卷。甲子增订为八卷，以存一代之制。

一九一八年戊午秋七月闽县程树德序

汉律考目录

汉 律 考

一 律名考

三代皆以礼治，孔子所谓殷因于夏礼，周因于殷礼，是也。《周礼》一书，先儒虽未有定说，而先王遗意，大略可见。其时八议八成之法，三宥三赦之制，胥纳之于礼之中，初未有礼与律之分也。周室凌夷，诸侯各自立制，刑书刑鼎，纷然并起。李悝始集诸国刑典，著《法经》六篇，然犹未以律为名也。商鞅传《法经》，改法为律，律之名，盖自秦始。汉沿秦制，顾其时去古未远，礼与律之别，犹不甚严。《礼乐志》叔孙通所撰礼仪与律同录藏于理官。《说文》引汉律祠宗庙丹书告，《和帝纪》注引汉律春曰朝秋曰请，是可证朝觐宗庙之仪，吉凶丧祭之典，后世以之入礼者，而汉时则多属律也。魏晋以后，律令之别极严，而汉则否。《杜周传》前主所是著为律，后主所是疏为令；文帝五年除盗铸钱令，《史记·将相名臣表》作除钱律；《萧望之传》引金布令，《后书》则引作汉律金布令，《晋志》则直称金布律，是令亦可称律也。律令之外，又得以春秋经义决狱，吕步舒以春秋谊治淮南狱，儿宽以古法决疑狱，俱载各纪传，是则并春秋经义亦得与律同视也。此皆与后世异者。若夫九章之外以律称者，如尉律大乐上计酎金诸律，其为属旁章以下，抑系别出，书缺有间。然《说文》引尉律，《艺文志》则引作萧何草律，是尉律亦萧何所造。《晋志》称魏有乏留律，在魏律十八篇之外。盖正律以外，尚有单行之律，固汉魏间通制也。至于比例定罪，自汉及唐，迄于有清，相沿不改，姑附于末，后之考古者，得观览焉，作律名考。

律（章程附）

九章律

汉兴，高祖初入关，约法三章，曰杀人者死，伤人及盗抵罪，蠲[①]削繁苛，兆民大悦。其后四夷未附，兵革未息，三章之法，不足以御奸，于是相国萧何攈[②]摭秦法，取其宜于时者，作律九章。（《刑法志》）

汉兴萧何次律令，韩信申军法，张苍为章程，叔孙通定礼仪。（《司马迁传》）

汉章九法，太宗改作，轻重之差，世有定籍。（《叙传》）

高帝受命诛暴，平荡天下，约令定律，诚得其宜。文帝惟省除肉刑相坐之法，它皆率由，无革旧章。武帝征伐四方，军役数兴，豪杰犯禁，奸吏弄法，故重首匿之科，著知从之律。宣帝聪明正直，臣下奉宪，无所失坠，因循先典，天下称理。至哀平继体，而即位日浅，听断尚寡，王嘉轻为穿凿，亏除先帝旧约成律。注按嘉传及《刑法志》并无其事，统与嘉时代相接，所引固不妄矣，但班固略而不载

① 蠲（juān）：免除。
② 攈（jùn）：拾取。

也。(《梁统传》)

文颖曰,萧何承秦法,所作为律,今律经是也。(《宣帝纪》注)

法律之家,亦为儒生。问曰,九章谁所作也?彼闻皋陶作狱,必将曰皋陶也。诘曰,皋陶唐虞时,唐虞之刑五刑,今律无五刑之文。或曰萧何也。诘曰,萧何高祖时也。孝文之时,齐太仓令淳于德有罪征诣长安,其女缇萦,为父上书,言肉刑一施,不得改悔,文帝痛其言,乃改肉刑。案今九章象刑,非肉刑也,文帝在萧何后,知时肉刑也?萧何所造,反具肉刑也?而云九章萧何所造乎?(《论衡·谢短》)

汉承秦制,萧何定律,除参夷连坐之罪,增部主见知之条,益事律兴厩户三篇,合为九篇。(《晋书·刑法志》)

魏文侯师李悝,集诸国刑书,造《法经》六篇,商鞅传之,改法为律,以相秦,增相坐之法,造参夷之诛,大辟加凿颠抽胁镬烹车裂之制。至汉萧何加悝所造户兴厩三篇,谓之九章之律。(《唐六典》注)

周衰刑重,战国异制,魏文侯师于李悝,集诸国刑典,造《法经》六篇。一盗法,二贼法,三囚法,四捕法,五杂法,六具法。商鞅传授,改法为律,汉相萧何,更加悝所造户兴厩三篇,谓九章之律。(《唐律疏义》)

《皋陶》谟虞始造律,萧何成九章,此关百王不易之道。(《书钞》四十五引《风俗通》)

律是咎繇遗训,汉命萧何广之。(《御览》六百三十八引《傅子》)

一　盗律

取非其物谓之盗。(《晋书·刑法志》引张斐《律表》)

悝以为王者之政,莫急于盗贼,故其律始于盗贼。(《晋书·刑

法志》)

李悝首制《法经》,有盗法贼法,以为法之篇目。自秦汉逮至后魏,皆名贼律盗律,北齐合为贼盗律,后周为劫盗律,复有贼叛律,隋开皇合为贼盗律。(《唐律疏义》)

二 贼律

无变斩击谓之贼。(《晋书·刑法志》引张斐《律表》)

按《寄簃文存》云,贼盗二字,义本不同,故《法经》分为二篇。《左氏》文十八年传,周公作誓命曰,毁则为贼,窃贿为盗,杜注,毁则坏法也。昭四年传,叔向曰:己恶而掠美为昏,贪以败官为墨,杀人不忌为贼。《夏书》曰:昏墨贼杀,皋陶之刑也。此皆法家言之最古者。《说文》贼败也,从戈则声,败毁也,与毁则为贼之义合,乃谐声兼会意字。盗私利物也,从次,次欲皿者,乃会意字。二字之本义如此,初不相通也。《荀子》修身篇害良曰贼,窃货曰盗。晋张斐律注无变斩击谓之贼,取非其物谓之盗。《周礼》朝士疏,盗贼并言者,盗谓盗取人物,贼谓杀人曰贼。盗贼二字连文,唐以前人分别甚明,绝不相蒙。其盗贼单言者,贼谓贼害,如《孟子》贼仁者谓之贼,以及《汉书》吕览《淮南》《楚辞》诸书之注释,皆同。杀人乃贼害之甚者,故叔向曰,杀人不忌为贼。又大《戴记曾子立事》篇杀人而不戚也,贼也,以及《书》《舜典》《传》《吕览》《后汉书注》,并言杀人曰贼,与贼害之义相引伸也。盗谓盗窃,如《穀梁传》定八年,非其所取而取之谓之盗,《庄子·山木篇注》盗窃者私取之谓也,足与《说文》之义相发明。其余诸书,不胜枚举。《玉篇广韵》贼下始有盗也一训,盖二书为宋所乱,已失顾野王孙愐之旧,非古义也。盗法贼法,李悝本为二事,汉律因之。盗则盗窃劫略之类,贼则叛逆杀伤之类。魏于盗律内分立劫略律。晋无劫略,则仍入盗律。梁为盗劫律,贼律则曰贼叛律。北齐始合二律为一,曰贼盗。周隋时合时分,唐复合而为一,故叛逆杀伤诸事,皆在其中。元于贼盗外别立杀伤之目,明又改为人命,盖大失古律之本义矣。《唐律疏义》谓盗法今贼盗律,贼法今诈伪律,俱未谛当。唐之贼盗兼盗法贼法在内,诈伪律魏由贼律分出,而贼律固不止诈伪一事也。又周礼《士师》八成二曰邦贼,六曰邦盗,郑司农云,八成者行事有八篇,若今时决事比。据先郑注,则周代刑法此其篇目之可考者,然究非全体也。邦贼注云,为逆乱者,邦盗注云,窃取国家之宝藏者,贼盗分为二事,盖古法皆然。

三　囚律

断狱律之名,起自于魏。魏分李悝囚法而出此篇。(《唐律疏义》)

四　捕律

李悝制《法经》六篇,捕法第四,至后魏名捕亡律,北齐名捕断律,后周名逃捕律,隋复名捕亡律。(《唐律疏义》)

五　杂律

李悝首制《法经》,而有杂法之目,递相祖习,多历年所,然至后周更名杂犯律,隋又去犯,还为杂律。(《唐律疏义》)

六　具律

魏新律序略云,旧律因秦《法经》,就增三篇,而具律不移,因在第六,罪条例既不在始,又不在终,非篇章之义。(《晋书·刑法

志》)

魏改汉具律为刑名第一,晋于魏刑名律中分为法例律,宋齐梁及后魏因而不改,爰至北齐,并刑名法例为名例,后周复为刑名,隋因北齐更为名例,唐因于隋。(《唐律疏义》)

七　户律

汉相萧何承秦六篇律,加厩兴户三篇,迄于后周,皆名户律。北齐以婚事附之,名为婚户律。隋开皇以户在婚前,改为户婚律。(《唐律疏义》)

按户律以下三篇,总谓之事律,见《晋志》及《玉海》注。《晋志》益事律兴厩户三篇,户律在末。《唐律疏义》或作户兴厩三篇,或作厩兴户三篇。考《唐六典》载晋泰始新律,户律在第十二,兴律在第十三,厩律在第十七,其次第必有所本,兹从之。

八　兴律

汉相萧何创为兴律,魏以擅事附之,名为擅兴律。晋复去擅为兴。又至高齐,改为兴擅律。隋开皇改为擅兴律。(《唐律疏义》)

九　厩律

魏新律序略云,秦世旧有厩置乘传副车食厨,汉初承秦不改,后以费广稍省,故后汉但设骑置,而无车马律,犹著其文,则为虚设,故除厩律。(《晋书・刑法志》)

汉律九章,创加厩律,魏以厩事散入诸篇,晋以牧事合之,名为厩牧律。自宋及梁,复名厩律。后魏太和中,名牧产律,至正始年,复名厩牧律,历北齐后周,更无改作。隋开皇以库事附之,更名厩

库律。厩者,鸠聚也,马牛之所聚。(《唐律疏义》)

傍章十八篇

叔孙通益律所不及,傍章十八篇。(《晋书·刑法志》)

按《司为迁传》,叔孙通定礼仪,《梅福传》叔孙通遁秦归汉,制作仪品,《曹褒传》章和元年,召褒诣嘉德门,令小黄门持班固所上叔孙通汉仪十二篇。《论衡》高祖诏叔孙通制作《仪品》十六篇。是通所著为《汉仪》。王应麟于《汉艺文志考证》增《汉仪》一种,即谓此也,别无益律十八篇之说。《史记》《汉书》通本传及《刑法志》俱不载,疑莫能明。后考《礼乐志》云,今叔孙通所撰礼仪与律令同录臧于理官,而后得其说,盖与律令同录,故谓之傍章。(《盐铁论》二尺四寸之律,古今一也。曹褒改通《汉仪》,亦写以二尺四寸简,见褒传)。《应劭传》劭删定律令为《汉仪》,建安元年奏之,是可证通之傍章,即《汉仪》也。据通传,高帝崩,孝惠即位,乃谓通曰,先帝园陵寝庙,群臣莫习,徙通为奉常,定宗庙仪法及稍定汉诸仪法,皆通所论著。是通作傍章当在惠帝时,(《周礼小祝》注引《汉仪》,每街路辄祭,《礼记·祭法》疏引《汉仪》,高帝庙主九寸,前方后圆,围一尺,此《汉仪》佚文之尚可考者)。

越宫律二十七篇

朝律六篇

张汤与赵禹共定诸律令,务在深文。(《张汤传》)

张汤越宫律二十七篇,赵禹朝律六篇。(《晋书·刑法志》)

孝武世以奸宄滋甚,增律五十余篇。(《魏书·刑罚志》)

张汤制越宫律，赵禹作朝会正见律。（《御览》六百三十八引张斐《律序》）

按傍章十八篇，越宫朝律合以九章，共六十篇，是谓汉律。傍章以下，其篇目皆无考，诸书中引汉律并载其律名者，尚有数种，别附于后，其为傍章以下之一篇，抑系单行之律，则不可考矣。

尉律（见《昭帝纪注》《说文叙》）

董彦远《谢除正字》启，尉律四十九类，书盖已亡。（《困学纪闻》）

徐锴曰，尉律，汉律篇名。（《说文解字》）

酎金律（见《礼仪志注》）

酎金律文帝所加，以正月旦作酒，八月成，名酎酒，因合诸侯，助祭贡金。（《礼仪志注》引丁孚《汉仪》）

张晏曰，正月旦作酒，八月成，名曰酎，酎之为言，纯也。至武帝时，因八月尝酎金诸侯庙中，出金助祭，所谓酎金也。（《史记·孝文本纪注》）

如淳曰，《汉仪》注，侯岁以户口酎黄金，献于汉庙，皇帝临受献金，以助祭，大祠曰饮酎，饮酎受金，少不如斤两，色恶，王削县，侯免国。（《史记·平准书注》）

师古曰，酎三重，酿醇酒也，味厚，故以荐宗庙。（《景帝纪注》）

元鼎五年，列侯坐献黄金酎祭宗庙不如法夺爵者百余人。（《武帝纪》）

五凤四年，嗣朝侯固城坐酎金少四两，免。地节四年，襄阳侯

圣坐奉酎金八两少四两,免。(《王子侯表》)

汉多以酎金失侯,其故何也? 考《史记·平准书》武帝方事夷狄而击羌越,卜式上书,愿父子往死之,帝侯卜式,赐金六十斤,田十顷以风,天下莫应,而列侯百数,皆莫求从军击羌者,故于宗庙酎时,使少府省诸侯所献金斤两少者色恶,王削县,侯失国焉,盖缘诸侯之不从军,武帝忿焉,乃设此法,故失侯者百余人。(《韩王信传注》引孔武仲《杂说》)

上计律(见《周礼·春官·典路注》)

司会主天下之大计,计官之长,若今尚书。疏、汉之尚书,亦主大计。(《周礼·天官·司会注》)

岁终则令群吏致事,注、使赍岁尽文书来至,若今上计。疏、汉之朝集使,谓之上计吏,谓上一年计会文书及功状也。(《周礼·天官·小宰注》)

若今岁计月计日计。(《周礼·天官·宰夫注》)

上其计簿。疏、汉时考吏,谓之计吏,此言计簿,据其文书也。(《周礼·地官·大司徒注》)

若今计文书,断于九月。(《周礼·秋官·小行人注》)

岁献,献国事之书及计偕物也。《正义》汉时谓郡国送文书之使为计吏,其贡献之物与计吏俱来,故谓之计偕物。(《礼记·射义注》)

太初元年春,还受计于甘泉。注、师古曰,受郡国所上计簿也。元光五年。令与计偕。注、师古曰,计者上计簿使也,郡国每岁遣诣京师上之。(《武帝纪》)

黄龙元年,诏曰,上计簿具文而已,务为欺谩,以避其课,御史察计簿疑非实者按之。(《宣帝纪》)

郡国恐伏其诛，则择便巧史书习于计簿能欺上府者，以为右职。（《贡禹传》）

郡乃定国界，上计簿，更定图，言丞相府。（《匡衡传》）

时郡国计吏多留拜为郎，秉上言宜绝横拜，以塞觊觎之端，自此终桓帝世，计吏无复留拜者。（《杨秉传》）

岁尽，遣使上计。注、卢植礼注曰，计断九月，因秦以十月为正故。（《百官志》）

众利侯郝贤，元狩二年坐为上谷太守入戍卒财物计谩免。（《功臣表》）

武帝每因封禅泰山，即受计于甘泉。《通典》云，汉制，郡守岁尽遣上计掾吏各一人，条上郡内众事，谓之计簿。《严助传》云，助守会稽，愿奉三年计最，如淳谓旧法当使丞奉计，今助躬自愿入奉也。至《百官志》则第言遣吏上计，而所遣计吏，遂补郎官，盖与西都遣丞奉计已不同矣。西都天子亲受计，而所谓计帐，则计相上之，见《张苍传》。东京但使司徒受计，吏至于长揖不拜，见《赵壹传》，则其制浸以轻矣。（《东汉会要》）

按《史记·范雎传》，王稽拜为河东守，三岁不上计。《集解》司马彪曰，凡郡长治民进贤劝功决讼检奸，常以春行所至县，劝民农桑，振救乏绝，秋冬遣无害吏案讯，问诸囚，平其罪法，论课殿最，岁尽遣吏上计云云，汉盖沿秦制也。《玉海》六十五引《汉书旧仪》朝会上计律，常以正月旦受群臣朝贺，疑上计律为朝律中之一篇。

钱律(见《史记·将相名臣表》)

五年、除盗铸钱令。(《文帝纪》)

六年、定铸钱伪黄金弃市律。(《景帝纪》)

左官律(见《诸侯王表》)

武有衡山淮南之谋,作左官之律。注服虔曰,仕于诸侯为左官,绝不得使仕于诸侯也。(《诸侯王表》)

左官外附之臣。注谓左官者,人道尚右,舍天子而事诸侯为左官。(《丁鸿传》)

建武二十四年,诏有司申明旧制阿附蕃王法。注引前书音义曰,阿曲附益王侯者,将有重法。(《光武纪》)

淮南王来朝,厚赂遗助,及淮南反,事与助相连,廷尉张汤以为助出入禁门,腹心之臣,而外与诸侯交私,不诛,后不可治,助竟弃市。(《严助传》)

会李竟坐与诸侯王交通,语及霍氏,有诏,云山不宜宿卫,免就第。(《霍光传》)

王国人不得宿卫。(两龚传)

汉制,王国人不得在京师。(《彭宣传注》)

吉坐昌邑王被刑,后戒子孙毋为王国吏。(《王吉传》)

奏崇与宗族通,疑有奸,请治。(《郑崇传》)

太子储君,无外交之义,汉有旧防,蕃王不宜私通宾客。(《郑众传》)

嗣安平侯鄂,但坐与淮南王安通,遗王书称臣,弃市。(《功臣表》)

按程大昌《演繁露》云,汉法,仕诸侯者名为左官,则古不尚左，其来已久。吴仁杰《两汉刊误补遗》云，土芀曰今分土而官之，是左之也，是左官之言，在春秋时已如此。

大乐律（见《周礼·春官·大胥》注 《百官志注》）

田律（见《周礼·秋官·士师》注 《夏官·大司马疏》）

野有田律。疏、谓举汉法以况之。（《周礼·秋官·士师注》）

无干车，无自后射。疏、此据汉田律而言。（《周礼·夏官·大司马注》）

田租税律（见《史记·将相名臣表》）

尚方律

尚方所制，汉有严律，诸侯窃服，虽亲必罪。（《宋书》）

按《魏志·邓哀王冲传》，景初元年琮坐于中尚方作禁物，削户三百，贬爵为都乡侯；又《彭城王据传》，据坐私遣人诣中尚方作禁物，削县二千户，是魏时尚沿汉制也。

挟书律

按《惠帝纪》，四年除挟书律。注应劭曰，挟藏也。张晏曰，秦律敢有挟书者族。是此律汉初已废。

章程（附）

章程谓定百工用材多少之量及制度之程品。（《诗鲁颂疏》）

天下既定，命张苍定章程。注、如淳曰章、历数之章术也，程者、权衡丈尺斗斛之平法也。师古曰，程，法式也。（《高帝纪》）

苍为计相时，绪正律历，吹律调乐，入之音声，及以比定律令，若百工天下作程品。注、如淳曰，若顺也，百工为器物，皆有尺寸斤两斛斗轻重之宜，使得其法，此之谓顺。（《任敖传》）

渐课民畜牸牛草马，下逮鸡豚犬豕，皆有章程。（《魏志·杜畿传》）

孝宣以章程练名实。（《玉海》）

令（诏条附）

令、领也，领理之使不相犯也。（《释名》）

文颖曰，天子诏所增损不在律上者为令。（《宣帝纪注》）

前主所是著为律，后主所是疏为令。（《史记·杜周传》）

春夏生长，圣人象而为令，秋冬杀藏，圣人则而为法，故令者教也，法者刑罚也。（《盐铁论》）

律以正刑定罪，令以设范立制。（《唐六典》）

律以正罪名，令以存事制。（《御览》六百四十一引杜预《律序》）

以上律与令之别

律令繁多百有余万言。（《成帝纪》）

孝武即位，外事四夷之功，内盛耳目之好，征发烦数，百姓贫耗，穷民犯法，酷吏击断，奸轨不胜，于是招进张汤赵禹之属，条定法令，作见知故纵监临部主之法，缓深故之罪，急纵出之诛，禁罔浸密，律令凡三百五十九章。（《刑法志》）

方今律令百有余篇，文章繁，罪名重，郡国用之，疑惑或浅或

深,自吏明习者不知其处,而况愚民乎?(《盐铁论》)

令甲以下三百余篇。(《晋书·刑法志》)

以上汉令之繁

诸法令所更定其说,皆谊发之。(《贾谊传》)

错又言法令可更定者书凡三十篇,孝文虽不尽听,然奇其材。景帝即位,以错为内史,法令多所更定。错所更令三十章,诸侯欢哗。(《晁错传》)

以上令之更定

令甲(见《宣帝纪》《哀帝纪注》《平帝纪注》《律历志》《贾谊新书》《晋书·刑法志》)

甲者创制之令。疏、汉谓令之重者为令甲。(易先甲后甲注)

文颖曰,令甲者,前帝第一令也。如淳曰,令有先后,故有令甲令乙令丙。师古曰,如说是也,甲乙者若今第一篇第二篇耳。(《宣帝纪注》)

天子之言,曰令,令甲乙是也。(《新书》)

按令甲亦称甲令。《吴芮传赞》著于甲令而称忠,师古注,甲者,令篇之次也。《叙传景纪》述务在农桑,著于甲令,《后纪》论编置甲令,注、《前书音义》曰,甲令者,前帝第一令也,有甲令乙令丙令。

又按明陈继儒《群碎录》云,今人称法令曰令甲,出汉宣帝诏,盖是法令首卷,观《江充传注》令乙,章帝诏令丙可知,想汉律有十卷耳。王世贞《宛委余篇》云,今人称法令曰令甲,以汉宣帝诏令甲死者不可复生然,是法令之首卷。《江充传注》令乙骑乘行驰道中。章帝诏曰,令丙箠长短有数,然则令乙者,

第二卷也，令丙者，第三卷也。汉律当有十卷。愚谓十卷之说，近于臆断，殆不足辨。《萧望之传》引金布令甲，是金布令亦自有甲乙，如淳说近之。戴埴《鼠璞》云，汉令甲令乙令丙，乃篇次也，今例以法律为令甲者非。

令乙（见《江充传注》《晋书·刑法志》）

按令乙亦称乙令，见《张释之传》如淳注。

令丙（见《章帝纪》《晋书·刑法志》避唐讳作令景）

功令（见《儒林传》《史记·儒林传》）

请著功令。注、师古曰，新立此条，请以著于功令。功令、篇名，若今还举令。（《儒林传》）

太史公曰，余读功令。《索隐》谓学者课功著之令，即今之学令是也。（《史记·儒林传》）

金布令（见《高帝纪注》《萧望之传》《礼仪志注》）

师古曰，金布者令，篇名，若今之仓库令也。（《高帝纪注》）

师古曰，金布者令，篇名也。其上有府库金钱布帛之事，因以名篇。（《萧望之传注》）

金布律有毁伤亡失县官财物罚赎入责以呈黄金为价诸目。（《晋书·刑法志》）

按《晋志》作金布律，《后书·礼仪志注》引作汉律金布令，与《萧望之传》互歧，当以传文为正。

宫卫令(见《张释之传注》)

为卫司马,按旧令,遂揖官属以下行卫者,卫尉私使宽饶出,宽饶以令诣官府门上谒辞。(《盖宽饶传》)

秩禄令(见《文帝纪注》《史记·吕后纪注》)

《茂陵》书《秩禄》令,此二书亡失,不得过江。(《玉海》)

品令(见《百官公卿表注》)

祠令(见《文帝纪注》)

诸侯王列侯使者,侍祠天子岁献祖宗之庙。《集解》张晏曰,王及列侯岁时遣使侍祠助祭也。如淳曰,不使王侯祭者,诸侯不得祖天子也。(《史记·孝文本纪》)

太初二年,睢陵侯张昌坐为太常乏祠免。注、师古曰,祠事有阙也。孝武后二年秺侯商丘成坐为詹事侍祠孝文庙,醉歌堂下,大不敬,自杀。(《功臣表》)

嗣牧丘恬侯石德坐为太常祠,不如令,完为城旦。(《恩泽侯表》)

祀令(见《郊祀志注》《祭祀志注》)

臣瓒曰,高帝除秦社稷,立汉社稷,礼所谓太社也,时又立官社,配以夏禹,所谓王社也,见汉祀令。(《郊祀志注》)

汉法,三岁一祭天于云阳宫甘泉坛,以冬至日祭天,天神下,三岁一祭地于河东汾阴后土宫,以夏至日祭地,地神出,五帝祭于雍五畤。(《御览》五百二十七引《汉书旧仪》)

斋令(见《祭祀志》注引《蔡邕表》志)

诚宜具录本事、建武乙未元和丙寅诏书,下宗庙仪及斋令,宜入郊祀志,永为典式。(《祭祀志注》引《蔡邕表》志)自今斋制,宜

如故典。(《蔡邕传》)

凡斋天地七日,宗庙山川五日,小祠三日。(《礼仪志》)

周泽为太常,清洁循行,尽敬宗庙,常卧病斋宫,其妻哀泽老病,阙问所苦,泽大怒,以妻干犯斋禁,遂收送诏狱。(《周泽传》)

孝景二十一年,嗣侯萧胜坐不斋耐为隶臣。(《功臣表》)

元狩五年,卫尉充国坐斋不谨弃市。(《百官公卿表》)

公令(见《何并传注》)

狱令(见《百官公卿表注》)

箠令(见《刑法志》《景帝纪》)

水令(见《儿宽传》)

师古曰,为用水之次,具立法令。(《儿宽传注》)

迁南阳太守,躬劝农耕,信臣为民作均水,约束刻石,立于田畔,以防分争。(《召信臣传》)

田令(见《黄香传》)

兴起稻田数千顷,每于农月,亲度顷亩,分别肥瘠,差为三品,各立文簿,藏之乡县,于是奸吏跼蹐,无所容诈。彭乃上言,宜令天下齐同其制,诏书以其所立条式,班令三府,并下州郡。(《秦彭传》)

马复令(见《西域传》)

当今务在禁苛暴,止擅赋,力本农,复马复令,以补缺毋乏武备而已。注、孟康曰,先是令长吏各以秩养马,亭有牝马,民养马皆复不事,后马多绝乏,至此复修之也。师古曰,马复、因养马而免徭赋也。(《西域传》)

文帝时晁错说曰,令民有车骑马一匹者,复卒三人。车骑者,天下之武备也，故为复卒。武帝令民得蓄边县，官假母马，三岁而归，及息什一，用充入新秦中。车骑马乏，县官钱少，买马难得，乃著令，令封君以下至三百石吏以上，差出牡马，天下亭亭有蓄字马，岁课息。（《食货志》）

元狩五年春三月，天下马少平牡马匹二十万。注、如淳曰，贵平牡马贾欲使人共蓄马。（《武帝纪》）

胎养令（见《章帝纪》）

元和二年，诏曰，令云人有产子者，复勿算三岁，今诸怀妊者赐胎养谷人三斛，复其夫勿算一岁，著以为令。论曰，章帝长者，感陈宠之议，除惨狱之科，深元元之爱，著胎养之令。（《章帝纪》）

按《玉海》六十五，载宋仁宗嘉祐三年韩宗彦请修胎养令，以为继嗣汉室，皆章帝苗裔，以仁心养民故也。绍兴二十七年九月，范如志奏 请修胎养令。

养老令（见《文帝纪》）

元年，诏曰，老者非帛不煖，非肉不饱，今岁首，不时使人存问长老，又无布帛酒肉之赐，将何以佐天下子孙孝养其亲？今闻吏禀当受鬻者，或以陈粟，岂称养老之意哉。具为令。有司请令县道，年八十已上，赐米人月一石，肉二十斤，酒五斗。其九十已上，又赐帛人二匹，絮三斤。赐物及当禀鬻米者，长吏阅视，丞若尉致。不满九十，啬夫令史致。二千石遣都吏循行，不称者督之。刑者及有罪耐以上，不用此令。（《文帝纪》）

元初四年，诏曰，《月令》仲秋养衰老，授几杖，行糜粥。方今按

比之时,郡县多不奉行,甚违诏书养老之意。(《安帝纪》)

任子令(见《哀帝纪》《王吉传》)

吏二千石以上,视事满三岁,得任同产若子一人为郎。(《哀帝纪》注应劭引《汉仪注》)

今俗吏得任子弟,率多骄骜,不通古今,宜明选求贤,除任子之令。注、子弟以父兄任为郎。(《王吉传》)

苏武以父任为郎,刘向以父任为辇郎,萧育以父任为太子庶子,伏湛以父任为博士弟子,辛庆忌以父任为右校丞。(《西汉会要》)

缗钱令(见《食货志》)

诸贾人末作贳[①]贷,卖买居邑,贮积诸物,及商以取利者,虽无市籍,各以其物自占,率缗钱二千而算一,诸作有租及铸,率缗钱四千算一,非吏比者三老北边骑士,轺车一算,商贾人轺车二算,船五丈以上一算,匿不自占,占不悉,戍边一岁,没入缗钱,有能告者,以其半畀之。(《食货志》)

廷尉挈令(见《张汤传》)

按《应劭传》作廷尉板令,《史记·酷吏传》作廷尉絜令。《张汤传》注,韦昭曰,在板挈也。师古曰,挈狱讼之要也。《汉制考注》引徐铉曰,挈令,盖律令之书也。

光禄挈令(见《燕刺王旦传注》)

乐浪挈令(见《说文》系部)

---

① 贳(shì):出赁,出借。

租挈(见《沟洫志》)

按《沟洫志注》云,租挈,收田租之约令也。

诏条(附)

刺史班宣周行郡国,省察治状,黜陟能否,断治冤狱,以六条问事,非条所问即不省。一条、强宗豪右,田宅踰制,以强凌弱,以众暴寡。二条、二千石不奉诏书,遵承典制,倍公向私,旁诏守利,侵渔百姓,聚敛为奸。三条、二千石不恤疑狱,风厉杀人,怒则任刑,喜则淫赏,烦扰刻暴,剥截黎元,为百姓所疾,山崩石裂,妖祥讹言。四条、二千石选署不平,苟阿所爱,蔽贤宠顽。五条、二千石子弟怙恃荣势,请托所监。六条、二千石违公下比,阿附豪强,通行货赂,割损正令。(《百官公卿表注》引《汉官》典职仪)

武帝元封五年,初置部刺史掌奉诏条。(《百官公卿表》)

成帝初,言阴阳不和,咎在部刺史不循守条职。注、六条。(《薛宣传》)

迁朔方刺史,所察应条辄举。(《翟方进传》)

迁豫州牧,代二千石书史听讼,所察过诏条。注、出六条之外。(《鲍宣传》)

古之刺史,奉宣六条。(《魏志·杜畿传》)

惠帝三年,相国奏御史监三辅不法事,词讼、盗贼、铸伪钱、狱不直、繇赋不平、吏不廉、苛刻、踰侈及弩力十石以上作非所当服,凡九条。(《唐六典》)

科(科品附)

科,课也,课其不如法者罪责之也。(《释名》)

永平十二年,诏曰,车服制度,恣极耳目,田荒不耕,游食者众,有司其申明科禁,宜于今者,宣下郡国。(《明帝纪》)

一律两科,失省刑之意。(《冯野王传》)

武帝军役数兴,豪杰犯禁,奸吏弄法,故重首匿之科。(《梁统传》)

今可令通义理明习法律者,校定科比,(注、科谓事条,比谓类例,)一其法度,班下郡国,蠲除故条。(《桓谭传》)

汉兴三百二年,宪令稍增,科条无限。(《陈宠传》)

帝敬纳宠言,每事务于宽厚,其后遂诏有司,绝钻钻诸惨酷之科。(同上)

忠上疏曰,亡逃之科,宪令所急,盖失之末流,求之本源,宜纠增旧科,以防来事。(《陈忠传》)

便可撰立科条,处为诏文。(同上)

高祖受命,萧何创制,大臣有宁告之科。(同上)

轻侮之比,浸以繁滋,至有四五百科。(《张敏传》)

金科玉条。注、科条,谓法令也。(《文选》扬雄《剧秦美新》)

今科条品制禁令,所以承天顺民者,备矣悉矣。(《袁宏后汉纪》)

魏新律序略云,科之为制,每条有违科不觉,不知从坐之免,不复分别,而免坐繁多,宜总为免例,以省科文。(《晋书·刑法志》)

至武帝时，张汤赵禹增律令科条大辟四百九条，宣帝时，于定国又删定律令科条。(《唐六典注》)删旧科，采汉律为魏律。(《御览》六百三十八引刘邵《律略》)

按汉科可考者，有持质，有登闻道辞，有考事报谳，有使者验赂，有擅作修舍，有平庸坐臧，(《功臣表》任当千坐卖马一匹，买钱十五万过平臧五百以上，免)。有异子之科，有投书弃市之科，均载《晋志》。魏武帝始置新科，见《魏志·何夔传》。蜀汉诸葛亮法正刘巴李严等共造蜀科，见《蜀志·伊籍传》。嘉禾三年表定科令，见《吴志·孙登传》。是三国时皆各立科条，不纯依汉制。《唐六典注》梁科三十卷，蔡法度所删定，陈依梁，后魏以格代科，于麟趾殿删定，名为麟趾格。北齐因魏立格，撰权格，与律令并行。《皇朝贞观格十》八卷，房玄龄等删定，是科即唐之格也。

科品(附)

元初五年，诏曰，旧令制度，各有科品。注、汉令今亡。(《安帝纪》)

二千石以下，各从科品。(《舆服志》)

国傅何敞谏曰，舆马台隶，应为科品，愿大王遵古制，省奴婢之口，减乘马之数，斥私田之富。(《济南王康传》)

时中常侍苏康管霸用事，遂固天下良田美业山林湖泽，祐移书所在，依科品没入之。(《刘祐传》)

比(故事附)

已行故事曰比。(《礼记·王制注》)

廷尉所不能决,谨具为奏,傅所当比律令以闻。(《刑法志》引高帝七年诏)

其后奸猾巧法,转相比况,禁网浸密,死罪决事比万三千四百七十二事,文书盈于几阁,典者不能偏睹,是以郡国承用者驳,或罪同而论异,奸吏因缘为市,所欲活则傅生议,所欲陷则予死比。(《刑法志》)

成帝河平中下诏曰,今大辟之刑,千有余条,奇请他比,日以益滋。注、师古曰,比,以例相比况也,他比,谓引他类以比附之,稍增律条也。(同上)

九卿见令不便,不入言而腹非,论死,自是后有腹非之法比。(《食货志》)

法令比例,吏决断也,文吏治事,必问法家。(《论衡》)

至于孝武,征发烦数,百姓虚耗,穷民犯法,酷吏击断,奸宄不胜,于是张汤赵禹之属,条定法令,转相比况,禁网积密。(《群书治要》四十八引杜恕《体论》)

傅贤迁廷尉,常垂念刑法,务从轻比,每断冬至狱,迟徊流涕。(《御览》二百三十一引谢承《后汉书》)

决事比

若今时决事比。疏云,若今律其有断事,皆依旧事断之,其无条,取比类以决之,故云决事比。(《周礼·秋官·大司寇》注)

初父宠在廷尉，上除汉法溢于甫刑者，未施行，及宠免，后遂寝，而苛法稍繁，人不堪之。忠略依宠意，奏上二十三条为决事比，以省请谳之敝，事皆施行。(《陈忠传》)

宠子思忠后复为尚书，略依宠意，奏上三十二条，为决事比。(《晋志》)

死罪决事比

死罪决事比万三千四百七十二事。(《刑法志》)

于定国为廷尉，集诸法律凡九百六十卷，大辟四百九十条千八百八十二事，死罪决比凡三千四百七十二条，决诸断罪当用者，合二万六千二百七十二条。(《魏书·刑罚志》)

辞讼比(决事都目附)

司徒辞讼，久者至数十年，比例轻重，非其事类，错杂难知，昱奏定辞讼比七卷，决事都目八卷，以齐同法令，息遏人讼也。(《东观汉记·鲍昱传》)

少为州郡吏，辟司徒鲍昱府，数为昱陈当世便宜，昱高其能，转为辞曹，掌天下狱讼，宠为昱撰辞讼比七卷，决事科条，皆以事类相从，昱奏上之，其后公府奉以为法。(《陈宠传》)

汉时决事集为令甲以下三百余篇，及司徒鲍公撰嫁娶辞讼决，为法比都目凡九百六卷，世有增损，集类为篇，结事为章，一章之中，或事过数十，事类虽同，轻重乖异。(《晋志》)

陈宠为司徒掾，科条辞讼，比率相从，撰为八卷，至今司徒治讼察吏，常以为法。(《书钞》六十八引《汉杂事》)

陈宠以法令繁，不良吏得生因缘，以致轻重，乃置撰科牒辞讼比例，使事类相从，以塞奸源。(《御览》二百四十九引华峤《后汉书》)

陈国有赵祐者,酒后自相署,或称亭长督邮,祐复于外骑马将绛幡,云我使者也。司徒鲍昱决狱云,骑马将幡,起于戏耳,无他恶意。(《御览》八百四十六引《风俗通》)

汝南张妙,酒后相戏,逐缚杜士,捶二十下,又悬足指,遂至死。鲍昱决事云,原其本意无贼心,宜减死。(同上)

南郡谳女子何侍为许远妻,侍父何阳素酗酒,从远假求,不悉如意,阳数骂詈。远谓侍曰,汝翁后骂者,吾必揣之。侍曰,类作夫妇,奈何相辱,揣我翁者,搏若母矣。其后阳复骂远,远遂揣之,侍因上搏姑耳再三,下司徒。鲍昱决事曰:夫妻所以养姑者也,今远自辱其父,非姑所使,君子之于凡庸,尚不迁怒,况所尊重乎?当减死论。(《御览》六百四十引《风俗通》)

按以上三条据沈钦韩《汉书疏证》,以为即辞讼比佚文。

献帝建安元年,劭奏曰,逆臣董卓,荡覆王室,典宪焚燎,靡有孑遗,臣不自揆,辄撰具律本章句、尚书旧事、廷尉板令、决事比例、司徒都目、五曹诏书及春秋断狱凡二百五十篇,蠲去复重,为之节文;又集驳议三十篇,以类相从,凡八十二事,其见《汉书》二十五,《汉记》四,皆删叙润色,以全本体,其二十六,博采古今瓌①伟之士,文章焕炳,德义可观;其二十七,臣所创造。(《应劭传》)

廷尉决事(廷尉驳事附)

《廷尉决事》二十卷,《廷尉驳事》十一卷。(《新唐书·艺文志》)

---

① 瓌:同镶。

廷尉上：广平赵礼诣雒治病，博士弟子张策门人李臧赍[1]过所诣洛，还责礼冒名渡津，平裴谅议礼一岁半刑，策半岁刑。（《御览》五百九十八引《廷尉决事》）

河内太守上：民张大有狂病，病发，杀母弟，应枭首。遇赦，谓不当除之，枭首如故。（《御览》六百四十六引）

廷尉高文惠上：民傅晦诣民籍牛场上盗黍，为牛所觉，以斧掷折晦脚物故，依律牛应弃市。监蓑超议，晦既夜盗，牛本无杀意，宜减死一等。（《御览》七百六十三引）

廷尉上事：张柱私卖饼为兰台令史所见。（《御览》八百六十引、《书钞》一百四十四引）

按以上四条，皆廷尉决事佚文之可考者，《隋志》有《魏廷尉决事》十卷，章宗源《隋经籍志考证》以《御览》所引即《魏廷尉决事》之文。考《唐志》刑法类廷尉决事，列于汉建武《律令故事》之下，应劭《汉朝议驳》之上，其为属汉无疑。而故事类别有《魏廷尉决事》十卷，章氏盖偶未深考。

故事（附）

武帝故事

宣帝修武帝故事，盛车服敬斋祠之礼。（《郊祀志》）

宣帝循武帝故事，求通达茂异士。（《何武传》）

宣帝时，修武帝故事，讲论六艺群书。（《王褒传》）

明帝欲遵武帝故事。（《窦固传》）

[1] 赍（jī）：带着。

鸿嘉中上欲遵武帝故事。(《张放传》)

《汉武帝故事》二卷。(《新唐书·艺文志》、《通鉴考异·汉武故事》,后人为之,托班固名,语多诞妄,非固书。)

建武、永平故事

明帝善刑理,法令分明,日晏坐朝,幽枉必达,内外无幸曲之私,在上无矜大之色,断狱得情,号居前代十二,故后之言事者,莫不先建武永平之政。(《明帝纪论》)

敕有司检察所当禁绝,如建武永平故事。(《顺帝纪》)

诏舆服申明旧令,如永平故事。(《桓帝纪》)

是时承永平故事,吏政尚严切,尚书决事,率近于重。(《陈宠传》)

宜复建武故事。(《陈忠传》)

《建武故事》三卷,《永平故事》二卷,《汉建武律令故事》三卷。(《新唐书·艺文志》)

汉建武有《律令故事》上中下三篇,皆刑法制度。(《唐六典》)

南台奏事

《南台奏事》二十二卷。(《隋书·经籍志》)

《南台奏事》之类,隋人编入刑法者,以隋人见其书也。若不见其书,即其名以求之,安得有刑法意乎?《唐志》见其名为奏事,直以为故事也,编入故事类,是之谓见名不见书。(《通志校雠略》)

按《唐志·南台奏事》刑法类二十二卷,故事类九卷,两类重出,疑非一书。

马将军故事

马援条奏越律与汉律驳者十余事,与越人声明旧制以约束之,自后骆越奉行马将军故事。(《马援传》)

二　刑名考

唐律于名例之首，列笞杖徒流死五刑，明清诸律因之，其制始于曹魏。考新律序云，改汉旧律，更依古义，制为五刑。其死刑有三，髡刑有四，完刑作刑各三，赎刑十一，罚金六，杂抵罪七，凡三十七名，以为律首。汉九章律出于李悝《法经》，而《法经》中之具法，实在第六，其刑名则已详于盗贼囚捕各法，不复再于具法中重出，《晋志》所谓六篇皆罪名之制是也。《唐六典》谓商鞅传《法经》以相秦，加凿颠抽胁镬烹车裂之刑，盖当时刑制，得以天子诏令意为增减，秦之刑名，已非复李悝《法经》之旧。汉初除秦苛法，及萧何定律，其刑名仍多沿秦制，如夷三族、枭首、腰斩、弃市、宫刖劓黥、城旦鬼薪诸刑，皆本秦制也。终汉之世，代有损益，景帝改磔曰弃市。然考之王吉云敞诸传，则磔刑未尽除也。高后元年既云除夷三族罪矣，而孝文元年，复有尽除收帑相坐之令，宜不复再用此制。然考之晁错李陵各传，则皆以族诛。东汉之末，少府耿纪、司直韦晃、车骑将军董承皆以谋（曹）操不克，夷三族，是终汉世未尝除也。文帝十三年既除肉刑矣，肃宗时又诏有司绝钻钻诸惨酷之科。按钻者钻去其膑骨，即膑刑也。文帝定律当刖右趾者弃市，而明帝赎罪诏中，于死罪之下又列右趾，是刖刑未尽除也。景帝元年诏，既明言文帝除宫刑矣，然《陈忠传》则又云请除蚕室刑事皆施行，而光武以后时有募下蚕室之诏。考宫刑至隋开皇初始废，是终汉世未尝除也。文帝以笞代肉刑，后世所颂为仁政者，然终汉之世，尝欲议复肉刑，迄于晋代，此论未已。盖笞者辄死，不敢复用，而减死罪一等，即入髡钳，轻重无品，仲长统崔实班固陈群诸人论之详矣。他如徙边之制，始于孝武，鞭杖之设，始于东汉，则又本非九章律所有也，作刑名考。

死刑三

按汉以死刑为重罪。《高帝纪》五年诏云，有不如吾诏者以重论之。《刑法志》景帝元年下诏曰，加笞与重罪无异。注、孟康曰，重罪谓死刑。《陈宠传》汉旧事论狱报重，常尽三冬之月，注、重、死刑也。又汉律令死刑凡六百一十，亦见《陈宠传》，此汉死刑总数之尚可考者。

枭首

枭，谓斩其首而县之也。(《陈汤传注》)

枭故塞王欣头于栎阳市。(《高帝纪》)

(宣子)况枭首于市。(《薛宣传》)

枭首洛阳都亭。(《窦武传》)

按秦杀嫪毐，其徒二十人皆枭首，是枭首本秦制。

要斩

斩以铁钺,若今要斩。(《周礼·秋官·掌戮》注)

广汉竟坐要斩。(《赵广汉传》)

斫头曰斩,斩腰曰腰斩。(刘熙《释名》)

按要斩之罪,次于枭首。《武帝纪》丞相屈氂下狱要斩,妻子枭首。注、郑氏曰,妻作巫蛊,夫从坐,但要斩也。《史记》李斯具五刑,要斩咸阳市,是要斩本秦制。凡斩皆裸形伏锧《张苍传》苍坐法当斩,解衣伏锧,身长大,肥白如瓠。

弃市(磔附)

杀以刀刃,若今弃市。(《周礼·秋官·掌戮》注)

中二年改磔曰弃市。注、应劭曰,先此诸死刑皆磔于市,今改曰弃市,自非妖逆不复磔也。师古曰,磔、谓张其尸也,弃市,杀之于市也。(《景帝纪》)

吏民守阙告之,竟坐弃市。(《田广明传》)

市死曰弃市,言与众人共弃之也。(刘熙《释名》)

按《王制》刑人于市,与众弃之,弃市之制,其源久矣。《亢仓子》楚平王弃左右近习于市。《史记》昭襄王五十二年,河东守王稽坐与诸侯通,弃市。注、秦法论死于市,谓之弃市。始皇制天下藏诗书及偶语弃市。汉盖沿秦制也。景帝改磔为弃市。然《云敞传》王莽杀(子)宇,诛灭卫氏,谋所联及,死者百余人,吴章坐要斩,磔尸东门市。《王吉传》凡杀人皆磔尸车上

随其罪目宣示属县,是磔仍未尽废。考二世时,十公主矺死于杜,是磔亦秦制也。(《索隐》矺与磔同,古今字异)

肉刑三

今法有肉刑三。注、孟康曰黥劓二,刖左右趾合一,凡三也。(《刑法志》)

汉法肉刑三,谓黥也,劓也,左右趾也。文帝除之,当黥者城旦舂,当劓者笞三百,当左右趾者笞五百。(《郎𫖮传》)

按文帝除肉刑,后世颂为仁政,然当时论者颇非之,今详列于下,以备参考。班固《刑法志》论曰,今汉承衰周暴秦极敝之流,俗已薄于三代,而行尧舜之刑,是犹以鞿而御悍突,违救时之宜矣。且除肉刑,本欲以全民也,今去髡钳一等转而入于大辟,以死罔民,失本惠矣。故死者岁以万数,刑重之所致也。至于穿窬之盗,忿怒伤人,男女淫泆,吏为奸臧,若此之恶,髡钳之罚,又不足以惩也。故刑者岁十万数,民既不畏,又曾不耻,刑轻之所生也。《崔实传》引《政论》云,文帝虽除肉刑,当劓者笞三百,当斩左趾者笞五百,当斩右趾者弃市,右趾者既殒其命,笞挞者往往至死,虽有轻刑之名,其实杀也。当此之时,民皆思复肉刑。以此言之,文帝乃重刑,非轻之也。《意林》引《物理论》云,汉太宗除肉刑,匹夫之仁也,非天下之仁也,不忍残人之肢体,而忍杀人。盖当时之论如此。至于汉末,复肉刑之说渐盛。荀悦《申鉴》,肉刑古也,或曰,复之乎?曰,古者人民盛焉,今也至寡,整众以威,抚寡以宽,道也,复刑非务必也,生刑而极死者,复之可也。自古肉刑之除也,斩右趾者死也,惟复肉刑,是谓生死而息民。《孔融传》论者多欲复肉刑,融乃建议曰,被刑之人,虑不生全,志在思死,类多趋恶,莫复归正。夙沙乱齐,伊戾祸宋,赵高英布,为世大患,不能止人遂为非也,适足绝人还吾善耳。虽忠如鬻拳,信如卞和,智如孙膑,冤如巷伯,才如史迁,达如子政,一罹刀锯,没世不齿。故明德之君,远度深惟,弃短就长,不苟革其政者也。朝廷善之,卒不改焉。《魏志・陈群传》太祖议复肉刑,群对曰:臣父纪以为汉除肉刑而增加笞,本兴仁恻,而死者更众,所谓名轻而实重者也。名轻则易犯,实重则伤民。且杀人偿死,合于古制,至于伤人,或残毁其体而裁翦毛发,非其理也。若用古刑,使淫者下蚕室,盗者刖其足,则永无淫放穿窬之奸矣。夫三千之属,虽未可悉复,若斯数者,时之所患,宜先施用。汉律所杀殊死之罪,仁所不及也,其余逮死者,可易以肉刑。如此,则所刑之与所生,足以相贸矣。今以笞死之法,易不杀之刑,是重人肢体而轻人躯命也。时钟繇与众议同,王朗及议者多以为未可行,太祖深善繇言,以军事未罢,顾众议,故且罢。《钟繇传》繇以为古之肉刑,更历圣人,宜复施行,以代死刑。议者以为非悦民之道,遂寝。马端临《文献通考》论之曰,自孝文立法,以笞代劓剕,而笞数太多,反以杀人,后虽减笞数,定箠令,然笞者犹不免于死,于是遂以笞为死刑;其不当死者,则并不复笞之。如孝章以来,屡有宽刑之诏,俱言减死一等者勿笞徙边,盖惧其笞则必至于死也。然斗狠伤人与奸盗不法之徒,若抵以死则太酷，免死而止于髡钳，则裁翦其毛发，而略不罹箠楚之毒，又太轻矣。则曷若斟酌笞数，使其可以惩奸而毋至于杀人，乃合中道，而肉刑固不必议复矣。

又按《论衡·谢短篇》云，今九章象刑，非肉刑也。《言毒》篇云，方今象刑，象刑重者，髡钳之法也。意者文帝废肉刑之后，改称象刑欤？考《荀子·正论篇》云，治古无肉刑，而有象刑，墨黥怪慅，共艾毕，非對屦杀赭衣而不纯。《初学记》引《白虎通》五帝画象者，其服象五刑也，犯墨者蒙巾，犯劓者赭其衣，犯膑者以墨幪其膑处而画之，犯宫者屦扉，犯大辟者布衣无领。又见《尚书大传》及《通典》引《孝经纬》，汉人解象刑，大都如是。文帝虽除肉刑，以笞代之，改称象刑，非其义也。王充生汉末，其言必有所本，姑录以备考。

又按王棠《知新录》云，孝文诏谓有肉刑三，而注家谓黥劓斩止三事，但诏中断支体是指斩止，割劓刻肌肤是指黥，终身不息是指宫刑，只不言大辟，当是肉刑四，何以言肉刑三也。考《晁错传》除去阴刑，注、张晏曰，宫刑也。沈氏《刑制分考》云，文帝除肉刑在十三年，错对策在十五年，肉刑不用，除去阴刑，分为二事，似文帝之除肉刑与除宫刑非一时事。此说极确。盖必宫刑已废，故曰肉刑三耳。梁玉绳《史记志疑》以劓刖宫为三肉刑，谓黥刑至轻，不应数之，尤臆断不足信。

宫

汉除肉刑，宫刑犹在。（《尚书·吕刑正义》）

宫者，丈夫割其势，女子闭于宫中，今宦男女也。（《周礼·秋

官·司刑》注)

宫者,女子淫,执置宫中不得出也;丈夫淫,割去其势也。(《白虎通》)

蚕室谓腐刑也,凡养蚕者欲其温而早成,故为密室,畜火以置之,而新腐刑亦有中风之患,须入密室,乃得以全,因呼为蚕室耳。(《张安世传注》)

按《尚书·吕刑》宫辟疑赦。注、宫、淫刑也,男子割势,女子幽闭。马国翰《目耕帖》载椓窍之法,用木槌击妇人胸腹,即有一物坠而掩闭其牝户,只能溺便,而人道永废矣,是幽闭之说也。其解幽闭,与古说不同,姑录之以广异闻。

文帝除肉刑而宫不易。注、张斐曰,以淫乱人族类,故不易之。(《史记·文帝纪注》引崔浩《汉律序》)

按景帝元年诏,孝文皇帝除宫刑,出美人,重绝人之世也。《史记》宫刑作肉刑,据下重绝人之世云云,宫字不误,是宫刑文帝已除之矣。然考之各传,如《李延年传》当坐腐刑,《周嘉传》高祖父燕当下蚕室,《陈忠传》忠请除蚕室刑,既云文帝除之矣,何又有坐此罪者,又有请除此刑者?意者,除之未久而复欤?果尔,则汉肉刑当有四也。

死罪欲腐者许之。(《景帝纪》)

按宫即《吕刑》之椓,始于有苗,周时公族无刑宫。《史记集解》引《三辅故事》云,始皇时隐宫之徒至七十二万,是宫刑其来已久。《尚书·吕刑注》,宫,次死之刑也。司马迁《报任少卿书》其次剔毛发,婴金铁,受辱,谓髡刑也,其次毁肌肤,断支体,受辱,谓肉刑也,最下腐刑极矣,谓宫刑也。是宫刑本为次死之罪。自景帝立此令后,至武帝时,司马迁以李陵降匈奴,张安世兄贺以卫太子宾客,皆下蚕室。

光武二十八年三十一年,诏死罪系囚,皆一切募下蚕室,女子宫。明帝永平八年,诏大逆无道殊死者,一切募下蚕室。章帝建初七年,元和元年,章和元年,诏犯殊死,一切募下蚕室,其女子宫。和帝永元八年,诏犯大逆,募下蚕室女子宫。终汉之世,时以宫刑代死罪,皆沿景帝定制也。

刖右趾

文帝时废当斩右趾者弃市。

趾、足也,当斩右足者,以其罪次重,故从弃市。(《刑法志注》)

右趾谓刖其右足。(《明帝纪注》)

繇言于明帝曰,宜如孝景之令,当弃市欲斩右趾者许之。(《魏志·钟繇传》)

按明帝永平十五年诏,赎死罪缣四十匹,右趾髡钳城旦舂十匹,完城旦至司寇五匹。章帝建初七年,章和元年诏,均列右趾罪名,然《汉书》不载景帝有此令,繇生于汉季,其言当有所本。《旧唐书·刑法志》戴胄魏征言旧律令重,于是议绞刑之属五十条,免死罪,断其右趾,应死者多蒙全活。太宗寻又愍①其受刑之苦，谓侍臣曰，前代不行肉刑久矣，今忽断人右趾，意甚不忍。谏议大夫王珪对曰：古行肉刑以为轻罪，今陛下矜死刑之多，设断趾之法，格本合死，今而获生，刑者幸得全命，岂惮去其一足，且人之见者，甚足惩诫。上曰：本以为宽，故行之，然每闻恻怆不能忘怀。又谓萧瑀陈叔达等曰：朕以死者不可再生，思有矜愍，故简死罪五十条，从断右趾，朕复念其受痛，极所不忍。叔达等咸曰：古之肉刑，乃在死刑之外，陛下于死刑之内，改从断趾，便是以生易死，足为宽法。上曰：朕意以为如此，故欲行之。又有上书言此非便，公可更思之。其后蜀王法曹参军裴弘献又驳律令不便于时者四十余事，太宗令参掌删改之，弘献于是与（房）玄龄等建议，以为古者五刑，刖居其一，及肉刑废，制为死流徒杖笞，凡五等，以备五刑，今复设刖足，是为六刑，减死在于宽弘，加刑又加烦峻，乃与八座定议奏闻。于是又除断趾法，改为加役，流三千里，居作二年。

又按《周礼》刖罪五百，《左传》刖强鉏，《家语》季羔为卫士师，刖人之足，刖盖本周制。《韩非子》楚人和氏得玉璞楚山中，献之厉王，王以和为诳而刖其左足。武王即位，和又奉其璞而献之武王，王又以和为诳而刖其右足。是刖有左右足之别，在六国时已如此。

刖左趾

文帝时废当斩左趾者笞五百。景帝元年减为三百，六年又减

---

① 愍（mín）：同悯。

为二百。

按汉时尚有以钛左右趾代刖之制。《食货志》私铸铁器鬻盐者,钛左趾。《刑法志注》、臣瓒曰,文帝除肉刑,皆有以易之,故以完易髡,以笞易劓,以钛左右趾易刖。《史记·平准书》钛左趾,注、钛踏脚钳。张斐《汉晋律序》云,状如跟衣,著足下,重六斤,以代刖。考《光武帝纪注》引《苍颉篇》云,钳钛也;前书《音义》,钛、足钳也。《朱穆传》臣愿黥首系趾,注、系趾,谓钛其足也,以铁著足曰钛。《陈万年传注》,钛在足,以铁为之。魏武帝定甲子科,犯钛左右趾者易以斗械,是时乏铁,故易以木,事见《晋志》。

笞者箠长五尺,其本大一寸,其竹也末薄半寸,皆平其节,当笞者笞臀,毋得更人,毕一罪乃更人。注、如淳曰,然则先时笞背也。(《刑法志》)

汉时笞则用竹,今时则用楚。(《唐律疏义》)

按《御览》引《楚汉春秋》曰,上败彭城,降人丁固追,上被而顾曰,丁公何相逼之甚,乃回马而去。上即位,欲陈功,上曰,使项氏失天下,是子也,为人臣用两心,非忠也,使下吏笞杀之。是汉初已用笞,不始于文帝。史记《范睢传》魏齐使舍人笞击睢,折胁折齿。《张仪传》楚相亡璧,意疑盗,执掠笞数百。则六国时已常用之。《唐六典注》载晋时刑制有髡钳五岁刑笞二百,以笞附入髡钳,梁律同之。隋志载北齐律刑有五岁四岁三岁二岁一岁之差,各加鞭一百,其五岁者又加笞八十,四岁者六十,三岁四十,二岁者二十,惟一岁者无笞,则以笞附入五岁以下二岁以上诸刑。后周以笞附加于徒刑。其以笞为五刑之一,自隋开皇律始,唐因之,沿宋明清不改。然汉文以笞易肉刑,则笞为独立刑名,同于隋制,惟终汉之世,恒视笞为死刑,不轻用之。《桥玄传》时上邽令皇甫祯有臧罪,玄收考髡笞,死于冀市,一境皆震。《襄楷传注》引谢承后书,岑晊捕(张)子禁笞杀之,此可为笞易致死之证。其见于《汉书》各传者,仅《耿夔传》元初元年坐征下狱,以减死论笞二百,他不概见。盖执法者苟非欲抵之于死,恒不行笞,而孝章以后,且时有勿笞之令,是则汉虽有笞刑,仍不常用也。景帝减笞为二百,然以他书考之,则中叶以后,此令渐弛。《东观汉记·郅恽传》芒守丞韩龚受大盗丁仲钱,阿拥之,加笞八百,不死。《御览》引《益部耆旧传》杜真兄事同郡翟酺,酺后被系狱,真上檄章救酺,系狱,笞六百,竟免酺难。此犯笞之所以恒致死也。《唐律疏义》今律之累决笞杖者,不得过二百,盖循汉制。

劓

文帝时废当劓者笞三百,景帝元年减为二百,中六年又减一百。

按《周礼》劓罪五百。楚策王使劓之,毋使逆命。《御览》引《楚汉春秋》王疆数言事,有告之者,下廷尉劓。汉初盖沿旧制,迄文帝而废。

黥

文帝时废当黥者髡钳为城旦舂。

按《史记》太子犯法，卫鞅黥其师公孙贾，黥布秦时为布衣，及壮坐黥，汉盖沿秦制。《御览》引晋令奴婢亡黥两眼，《梁书》除黵面之刑，《宋史·刑法志》窃盗满七贯者决杖黥面，隶牢城。文帝虽废黥，而六朝以后仍相沿用之，特不列为刑名耳。

髡刑　五岁刑　髡钳□城旦舂

男髡钳为城旦，女为舂，皆作五岁。(《汉旧仪》)

凌为长，遇事髡刑五岁，当道扫除。(《魏志·王凌传注》)

钳以铁束颈也。(《高祖纪注》)

钳在颈，以铁为之。(《陈万年传注》)

以铁锴头曰钳，锴足曰钛，剃发曰髡。(《急就篇颜注》)

城旦，轻刑之名也，昼日伺寇虏，夜暮筑长城，故曰城旦。(《韩稜传注》)

按《刑法志》穿窬之盗忿怒伤人，男女淫泆，吏为奸臧，若此之恶，髡钳之罚，又不足以惩云云，是汉时此等罪名皆处五岁刑也。《书钞》四十五引《风俗通》云，秦始皇遣蒙恬筑长城，徒士犯罪止依鲜卑山，后遂繁，悉令皆髡头衣赭。《史记·始皇本纪》烧诗书百家语，令下三十日不烧，黥为城旦，是髡与城旦，皆秦制也。《周礼》司厉女子入于舂稿，舂盖本周制。《晋志》载魏髡刑凡四等，汉无考。

又按当时定制，减死一等即入髡钳。《仲长统传》，肉刑之废，轻重无品，下死则得髡钳，下髡钳则得鞭笞。注、下犹减也。《王吉传》，惟吉以忠直数谏得减死，髡为城旦。《鲍宣传》遂抵宣罪，减死一等髡钳。《何并传》，为弟请一等之罪，愿蚤就髡钳，注、如淳曰，减死罪一等。《蔡邕传》，有诏减死一等，与家属髡钳，徙朔方。马端临《文献通考》论之曰，当时死刑至多，而生刑反少，髡钳本以代墨，乃刑之至轻者，然减死一等，即止于髡钳，加一等即入于死，而笞箠所以代剕劓者，不闻施用矣。

完刑　四岁刑　完城旦舂

完四岁。（《汉旧仪》）

诸当完者，完为城旦舂。（《刑法志》）

应劭曰，城旦者，旦起行治城，舂者，妇人不豫外徭，但舂作米，皆四岁刑。孟康曰，完不加肉刑，髡剃也。（《惠帝纪注》）

按完者，完其发也，谓去其鬓而完其发，故谓之完，见《说文》段注。《文选》王粲诗许历为完士，一言犹败秦，则六国时已有此制，不始于汉。《史记索隐》云，汉令完而不髡曰耐，是完士未免从军也。《晋志》魏完刑凡三等，汉无考。

作刑三

按《庞参传》，坐法输作若户，《杨秉传》，秉竟坐输作左校。《晋志》载魏律有作刑三，盖沿汉制。

三岁刑　鬼薪　白粲

鬼薪者，男当为祠祀鬼神伐山之薪蒸也，女为白粲者，以为祠祀择米也，皆作三岁。（《汉旧仪》）

应劭曰，取薪给宗庙为鬼薪，坐择米使正白为白粲，皆三岁刑。（《惠帝纪注》）

鬼薪白粲，皆三岁刑也。男子为鬼薪，取薪以给宗庙，女子为白粲，使择米白粲粲然。（《宣帝纪注》）

斩伐材木斫株根。注、言徒役之人给此事也。（《急就篇》）

按《史记·秦皇本纪》嫪毒作乱，讨诛之，其徒皆枭首车裂，轻者为鬼薪，是鬼薪本秦制也。

二岁刑　司寇作

司寇男备守，女为作，如司寇，皆作二岁。（《汉旧仪》）

满二岁为司寇。（《刑法志》）

司寇二岁刑，输作司寇，因以名焉。（《张皓传注》）

司寇，刑名也，前书曰，司寇二岁刑。（《鲁丕传注》）

鬼薪白粲已上，皆减本罪各一等，输司寇作。（《章帝纪》）

按周寿昌《汉书注校补》云，司寇始见《尚书洪范》三，八政六曰司寇，箕子陈禹九畴而称司寇，则夏制也。《礼记曲礼》天子之五官曰司冠，郑注，此殷时制也，而尤莫详于周。《尚书》司寇掌邦禁。《春秋左传》康叔为司寇，《周礼》秋官大司寇小司寇皆是也。至秦废周制，不称司寇，名大李，(李一作理)，一名廷尉。汉承秦制，有廷尉无司寇，司寇是罪名，非官名。

又按汉制，四岁刑至二岁刑，统称为耐罪。《史记·淮南王安传注》，苏林曰，二岁以上为耐，耐能任其罪。观《功臣表》朝阳侯华当耏为鬼薪，深泽侯赵修有罪，耏为司寇，可证也。耐或作耏，《说文》耏字下段注云，耐之罪轻于髡，髡者剃发也，不剃其发，仅去须鬓，是曰耐，亦曰完，谓之完者，言完其发也。《高帝纪注》应劭曰轻罪不至于髡，完其耏鬓，故曰耏，古耐字从彡，发肤之意也。杜林以为法度之字皆从寸，后改如是。如淳曰，耐犹任也，任其事也。《礼记·礼运》注，耐古能字，疏、古者犯罪以髡其须，谓之耐罪，故字从寸，寸为法也，不亏刑体，犹堪其事，故谓之耐。《陈宠传》耐罪千六百九十八，此汉时耐罪总数之尚可考者。《唐六典》载晋刑制二岁刑以上为耐罪，则晋时犹沿此制。

一岁刑　罚作(隶臣附)　复作(隶妾附)

男为戍罚作，女为复作，皆一岁。(《汉旧仪》)

任之以事，若今时罚作。(《周礼·秋官·司圜注》)

苏林曰，一岁为罚作。(《史记·淮南王安传注》)

云中守魏尚削爵罚作之。(《史记·冯唐传》)

非沮宝货，民罚作一岁。(《食货志》)

李奇曰，复作者，女徒也，谓轻罪男子守边一岁，女子软弱不任守复，令作于官，亦一岁，故谓之复作徒也。(《宣帝纪注》)

戚圉侯季信坐为太常纵丞相侵神道，为隶臣。注、师古曰，《刑法志》一岁为臣妾，然则男子为隶臣，女为隶妾也。(《功臣表》)

卤侯张胜，孝文四年有罪为隶臣。(同上)

按《功臣表》武阳侯萧胜坐不斋，耐为隶臣；襄城侯韩释之坐诈疾不从，耐为隶臣。汉制，二岁以上为耐。盖隶臣妾有一岁二岁两种，故表以耐字别之。《周礼·司厉》男子入于罪隶。《左传》斐豹隶也，著于丹书，注、豹犯罪，没为官奴隶，盖本周制。

又按汉时输作之制，有可考者，《急就篇》输属诏作溪谷山，注云，输属、言配入其处也，诏敕别有作输作配于溪谷及山徒之役也。箛篍起居课后先，注云、箛、吹鞭也，篍、吹筩也，起居、谓晨起夜卧及休食时也，言督作之司，吹鞭及竹筩，为起居之节度，又校其程课，先者免罚，后者惩责也。汉输作之制盖如此。

又按《艺文类聚》四、引魏武帝《明罚令》，犯者家长半岁刑，主吏百日刑。《御览》五百九十八引《廷尉决事》，冒名渡津，廷尉平裴谅议赵礼一岁半刑，张策半岁刑。是此外尚有一岁半刑半岁刑百日刑三种，疑系当时加减之例，今不可考。

赎刑

古之赎罪，皆用铜，汉始改用黄金，但少其斤两，令与铜相敌。

（《尚书·舜典·正义》）

赎死金二斤八两。（《淮南王安传》）

按《晋志》载魏赎刑凡十一等，晋赎刑金等不过四两，赎死金二斤，据此知与晋相差八两，他不可考。唐律绞斩赎铜一百二十斤。

今律令赎罪以下二千六百八十一。（《陈宠传》）

按《舜典》金作赎刑，《吕刑》罚锾，《国语》管仲制重罪赎以犀甲，轻罪赎以鞼盾，是赎刑其来已久。汉初承秦苛法之余，未有赎罪之制。《惠帝纪》民有爵，得买爵三十级以免死罪，应劭注、一级直钱二千，凡为六万，是为汉用赎罪之始。《贡禹传》，孝文皇帝时，亡赎罪之法，故令行禁止，武帝始临天下，使犯法者赎罪。《武帝纪》太始二年，募死罪人赎钱五十万减死。然是皆偶一行之，不为永制。《萧望之传》京兆尹张敞上书，愿令诸有罪非盗受财杀人及犯法不得赦者，皆得差入谷□此八郡赎罪。事下有司，望之以为如此则富者得生，贫者独死，是贫富异刑而法不一也。闻天汉四年，常使死罪入五十万钱，减死罪一等，豪强吏民，请托假贷，至为盗贼以赎罪，此使死罪赎之败也，遂不施敞议。是武帝之制，至宣帝时已不行也。赎罪之行，盖盛于东汉。明帝即位，诏天下亡命殊死以下听得赎论，死罪入缣二十匹，右趾至髡钳城旦舂十匹，完城旦舂至司寇作三匹。永平十五年，改赎死罪缣四十匹，完城旦至司冠五匹。十八年，又改赎死罪缣三十匹。章帝建初七年，诏亡命赎死罪缣二十匹,与明帝即位时诏同。和帝安帝顺帝桓帝灵帝,俱有赎罪之令,自是遂为定制。

罚金

无爵罚金二斤。(《景帝纪》)

释之奏,此人犯跸,当罚金。(《张释之传》)

如淳引令甲,诸侯在国名田他县,罚金二两。(《哀帝纪注》)

按《晋志》载魏罚金凡六等,《唐六典》载晋罚金有十二两八两四两二两一两五等,汉无考。《魏志·鲍勋传》有依律罚金二斤之语,时尚承用汉律,知律固有罚金之条也。

夺爵

夺爵为士伍,免之。注、师古曰,谓夺其爵令为士伍,又免其官职,即今律所谓除名也,谓之士伍者,言从士卒之伍也。(《景帝纪》)

依律有夺爵之法。(《艺文类聚》五十一引王粲《爵论》)

按《史记·秦本纪》,武安君有罪为士伍。注、如淳曰,尝有爵而以罪夺之,谓之士伍。《汉旧仪》云,秦制二十爵,男子赐爵一级以上,有罪以减,年五十六免;无爵为士伍,年六十乃免。老有罪，各尽其刑。汉盖沿秦制。

除名

按《陈书·沈洙传》引汉律，有死罪及除名罪证明白云云，知律有此条。考《晋志》载魏罚金之下有杂抵罪七，晋律同夺爵除名，疑皆杂抵罪之类，附于罚金之后。《唐六典》载晋以赎刑罚金杂抵罪三者为赎罪。《陈宠传》有赎罪以下云云。疑汉制当与晋同。

以上所列刑名，其先后一依魏晋之例，盖汉初袭用秦制，及文帝除肉刑，其刑名已非复《九章》之旧。景帝以后，代有损益，且《九章》沿秦《法经》，不载刑名，魏始集罪例以为刑名，冠于律首，故多沿汉制，本篇即依之以为次第。其为汉制所有而不敢以意为先后者，别为附录，列于下方。

夷三族

昔高祖令萧何作九章之律，有夷三族之令。（《崔实传》）

当三族者，皆先黥劓斩左右趾笞杀之，枭其首，菹其骨肉于市；其诽谤詈诅者，又先断舌，故谓之具五刑。彭越韩信之属，皆受此诛。至高后元年，乃除三族罪，其后新垣平为逆，复行三族之诛。（《刑法志》）

温舒受员骑钱他奸利事，罪至族，自杀，其时两弟及两婚家，亦各自坐他罪而族。光禄勋徐自为曰，悲夫，夫古有三族，而王温舒罪至同时而五族乎！（《王温舒传》）

汉族诛之法，每轻用之。袁盎陷晁错，但云方今计独有斩错耳，景帝使丞相以下劾奏，遂至父母妻子同产无少长皆弃市。主父偃陷齐王于死，武帝欲勿诛，公孙弘丞相争之，遂族偃。郭解客杀人，吏奏解无罪，公孙大夫议欲族解。且偃解二人本不死，因议者之言，杀之足矣，何遽至族乎？用刑之滥如此！（《容斋随笔》）

按《史记·秦本纪》，文公二十年，初有夷三族之罪。《杨终传》秦政酷烈，一人有罪，延及三族，是夷三族，本秦制也。解三族有二说：张晏注，父母兄弟妻子也。如淳曰，父族母族妻族也。考《刑法志》，孝文元年诏丞相大尉御史，今犯法者已论，而使无罪之父母妻子同产坐之及收，朕甚勿取。《李陵传》于是族陵家，母弟妻子皆伏诛。据此，是三族者即父母妻子同产也。如淳说非。仲尼燕居三族。注、父子孙也。《仪礼·士昏礼注》，三族谓父昆弟、己昆弟、子昆弟、郑说三族亦如此。后书肃宗纪，元和元年诏曰，一人犯罪，禁至三属。贤注、即三族也，谓父族母族妻族，盖承如淳之谬。杜氏《汉律辑证》尝辨之。

徙边

永平八年，募郡国中都官死罪系囚，减死一等，勿笞，诣度辽将军营，屯朔方五原之边县，妻子自随，便占著边县，父母同产欲相代

者,恣听之。(《明帝纪》)

按永平十六年、章帝建初七年、和帝永元八年、安帝元初二年及冲帝桓帝时,俱有徙边之令。

章和元年,赦天下系囚减死罪一等,勿笞,诣金城,而文不及亡命未发觉者。躬上封事,言死罪已下,并蒙更生,而亡命捕得,独不沾泽,臣以为赦前犯死罪而系在赦后者,可皆勿笞,诣金城,以全人命,有益于边。肃宗从之。(《郭躬传》)

汤前有讨郅支单于功,其免汤为庶人,徙边。(《陈汤传》)

球送洛阳狱,诛死,妻子徙边。(《阳球传》)

汉武时,启河右四郡议诸疑罪而谪徙之。(《魏书·刑罚志》)

蔡邕徙朔方报杨复书云,昔此徒者,故城门校尉梁伯喜、南郡太守马季长,或至三岁,近者岁余,多得旅返。(《书钞》卷四十五)

马融为南郡太守,坐忤大将军梁冀,竟髡徙朔方。(《御览》六百四十引《三辅决录》)

按《史记·始皇本纪》发诸尝逋亡人赘婿贾人略取陆梁地,为桂林象郡南海以适遣戍。司马迁《报任安书》云,不韦迁蜀,世传《吕览》,则迁徙亦秦制也。

督

坐养皇曾孙不谨,督笞。(《丙吉传》)

有论罪,输掌畜官,使斫莝,责以员程,不得取代,不中程,辄笞督。(《尹翁归传》)

按师古注,督谓视察之。吴仁杰《两汉刊误补遗》云,督为决罚之名,由汉以来用之,梁陈犹尔也,唐因隋旧,凡督罚鞭杖之制,并废不用,颜氏有不及知,故言督以察视为义。《说文》督豰二文同笃音,督、察也,豰、击物也,盖古字少,故以督为豰。据此、知师古注误。沈钦韩《汉书疏证》亦尝辨之。

鞭杖

兴平元年,帝使侯汶出太仓米豆,为饥人作糜粥,经日而死者无数,帝疑赋恤有虚,亲于御坐前量试,乃知非实。于是尚书令以下,皆诣省阙谢,奏收侯汶考实,诏曰不忍致汶于理,可杖五十。(《献帝纪》)

明帝性褊察,好以耳目隐发为明,又引杖撞郎,朝廷竦慄。(《循吏传注》)

是时大司农刘据以职事被谴,召诣尚书,传呼促步,又加以捶扑。雄上言,九卿位亚三事,班在大臣,行有佩玉之节,动有庠序之仪,孝明皇帝始有扑罚,皆非古典。帝从而改之,其后九卿无复捶扑者。(《左雄传》)

丁邯字叔春,选邯为郎,托疾不就,诏问实病否耶,对曰,实不病,耻以孝廉,为令史职耳。世祖怒曰,虎贲减头杖之数十。(《书

钞》四十五引《三辅决录》)

明帝勤于吏事,苛察愈甚,或于殿前鞭杀尚书郎。(《御览》六百四十九引《汉晋春秋》)

郎有杖,起自后汉,尔时郎官位卑,亲主文案,与令史不异,是以古人多耻为此职。(《南史·萧琛传》)

按《尚书》鞭作官刑,左传鞭徒人费、鞭师曹三百,其源甚古。汉有鞭杖,始于世祖,然亦仅施之郎官,与六朝隋唐以鞭杖列为五刑者异,盖《九章》原无此制也。

顾山

元始元年,天下女徒已论,归家,顾山钱,月三百。注、师古曰,谓女徒论罪已定,并放归家,不亲役之,但令一月出钱三百以雇人也。(《平帝纪》)

其相伤者,常加二等,不得顾山赎罪。(《桓谭传》)

按顾山之制,始于平帝,原非《九章律》所有,魏以后此制无闻矣。

禁锢

元和元年,诏曰,一人犯罪,禁至三属,莫得垂缨士宦王朝,如

有贤才而没齿无用,朕甚怜之,非所谓与之更始也,诸以前妖恶禁锢者,一皆蠲除之。注、三属谓父族母族及妻族。(《章帝纪》)

免官禁锢,爰及五属。注、谓斩衰齐衰大功小功缌麻也。(《党锢传》)

安帝初,清河相叔孙光坐臧抵罪,遂增锢二世,衅及其子。注、二代谓父子俱禁锢。(《刘恺传》)

素所厚者,皆免废锢。注、师古曰,终身不得仕。(《息夫躬传》)

建初元年,大旱,肃宗召昱问曰:旱既大甚,将何以消复灾眚?对曰:臣前在汝南,典理楚事,系者千余人,恐未能尽当其罪,宜一切还诸徙家属,蠲除禁锢。帝纳其言。(《鲍昱传》)

永初中、陈忠上言解臧吏三世禁锢,事皆施行。(《东汉会要》)

按《左传》,成公时屈巫奔晋,子反请以重币锢之;又襄三年,会于商任,锢栾氏也,禁锢盖本周制。文帝侍贾人赘婿及吏坐臧者,皆禁锢不得为吏。及东汉,则臧吏禁锢,并及子孙。殇帝延平元年,诏自建武以来,诸犯禁锢,诏书虽解,有司持重,多不奉行,其皆复为平民。是当时一经禁锢,虽遇解放,仍不得为平民也,驯至党锢祸起,汉遂以亡。

三 律文考

宋王应麟作《汉制考》，引汉律令之见于《周礼》郑注及《说文》者凡二十余条，又著《汉艺文志考证》，于法家增汉律汉令二种，皆《汉志》所未著录，并杂引汉律令文以证之，是为后人考证汉律之始。后沈钦韩作《汉书疏证》，引汉律见于《史汉注》者凡十余条。同光间山阴汪琭氏著《松烟小录》，亦杂引汉律令，然所征引者，许氏《说文》而已。吴县孙传凤《洨民遗文》，所考较详，以吏户礼兵刑工杂七者分隶之，计吏律十条，户律七条，礼律七条，兵律三条，刑律十一条，工律四条，杂律四条；又定罪之次二条，凡四十七条，皆有律无令。此前人引证汉律之尚可考者，其辑为专著者，薛允升①刑部有《汉律辑存》一书，庚子之乱毁于火，其书不传。（沈家本②《薛大司寇遗稿序》云，传闻为某舍人所获，秘不肯出）。今所见者，惟巴陵杜贵墀之《汉律辑证》，虽征引仍多未备，且杂糅律令为一，不足豁阅者之目，然考汉律者，当推此为最善本矣。近人富

---

① 薛允升（1820—1901），陕西长安人。咸丰进士，历任山西按察使，山东布政使署漕云总督。先后任职刑部40余年，官至刑部尚书。著有《读律存疑》54卷，《汉律辑存》6卷，《薛大司寇遗集》2卷。

② 沈家本（1840—1913），浙江吴兴人，光绪进士，历任天津知府、刑部左侍郎、法部右侍郎等。光绪三十三年（1907年）受张之洞葆荐，任修订法律大臣、资政院副总裁。主持纂修《大清现行刑律》和《大清新刑律》等法律。著有《沈寄簃先生遗书》，编有《枕碧楼丛书》。

平张鹏一有《汉律类纂》之作,强以己意窜定律目律文,识者讥之。兹篇所考,专以佚文为主,凡得百八十五条,其体例先律目,次律文,次令,次军法,(《唐六典》载晋令有《军法》六篇,是军法亦令也),纪传表志及他书有可资旁证者,则各附于后,唐律有明文者,亦并及之,或亦寻流溯源之一助云尔。作律文考。

律目(凡三十一条)[①]

劫略(盗律)

攻恶谓之略。(《晋书·刑法志》引张斐《律表》)

元光五年,嗣侯陈何坐略人妻弃市。鸿嘉三年嗣蒲侯苏夷吾坐婢自赎为民后略以为婢,免。(《功臣表》)

按《唐律》略人在贼盗四。

恐猲(盗律)

将中有恶言为恐猲。(《晋书·刑法志》引张斐《律表》)

元狩三年,平城侯礼坐恐猲取鸡,以令买偿,免。元鼎三年嗣葛魁侯戚坐缚家吏,恐猲受赇,弃市。师古注、猲、以威力胁人也,赇、枉法以财相谢。鸿嘉三年,嗣侯德天坐恐猲国人受赇臧五百以上,免。建昭四年,籍阳侯显坐恐猲国民取财物免。(《王子侯表》)

① 原书正文无此标题,本次再版时依据目录酌加。

按唐律、恐猲取人财物在贼盗三。

和卖买人(盗律)

建武二年,诏民有嫁妻卖子欲归父母者,恣听之,敢拘执者论如律。建武七年,诏吏人遭饥乱,及为青徐贼所略为奴婢下妻欲去留者,恣听之,敢拘制不还,以卖人法从事。(《光武纪》)

按《通典》卷一百六十七,载后魏律掠人和卖为奴婢者死,又卖子一岁刑,五服内亲属在尊长者死,卖周亲及妾与子妇者流。唐律略卖人和同相卖,俱在贼盗四。

受所监受财枉法(盗律)

吏坐受赇枉法。(《刑法志》)

赇以财物枉法相谢也。(《说文》贝部)

受赇枉法忿怒仇。注、以财求事曰赇,言受人财者,枉曲正法,忿怒良直,反为仇雠也。(《急就篇》)

事曲则谄意以行赇。(《潜夫论》)

按《唐律》监主受财枉法,在职制二。

勃辱强贼(盗律)

还赃畀主(盗律)

按唐《名例律》,取与不和,若乞索之赃,并还主,又诸以赃入罪，正赃见在者还官主。《疏义》云，官物还官，私物还主。

欺谩（贼律）

违忠欺上谓之谩。（《晋书·刑法志》引张斐《律表》）

黄龙元年诏上计簿，具文而已，务为欺谩以避其课，御史察簿，疑非实者按之。（《宣帝纪》）

欺谩半言断头矣。（《朱博传》）

（孙）宏奏隆前奉使欺谩。（《杜钦传》）

朕数问君，君对辄不如其实，九卿以下，同时陷于谩欺之罪。（《薛宣传》）

甘露四年，新利侯偃坐上书谩，免。涉侯绾坐上书谩，耐为鬼薪。（《王子侯表》）

众利侯郝贤，元狩二年坐为上谷太守入戍卒财物计谩，免。注、师古曰，上财物之计簿而欺谩不实。（《功臣表》）

按唐律对制上书不以实，在诈伪。

诈伪（贼律）

背信藏巧谓之诈。（《晋书·刑法志》引张斐《律表》）

诈伪律者，魏分贼律为之，历代相因，迄今不改。（《唐律疏义》）

逾封（贼律）

按李悝《法经》杂法有逾制，见《晋志》。

矫制(贼律)

诈称曰矫。(《公羊》何注)

汉家之法,有矫制。师古注、汉家之法,擅矫诏命,虽有功劳,不加赏也。(《冯奉世传》)

请归节伏矫制罪。(《汲黯传》)

石显匡衡以为延寿汤擅兴师矫制,幸得不诛,如复加爵士,则后奉使者,争欲乘危侥幸生事于蛮夷。(《陈汤传》)

自劾矫制。(《孙宝传》)

贼伐树木(贼律)

汉时界上有封树。(《周礼·地官·封人》疏)

杀伤人畜产(贼律)

按唐律,盗官私牛马杀,在贼盗三。

诸亡印(贼律)

夕阳侯邢崇孙之为贼所盗,亡印绶,国除。(《东观汉记》)

按唐律,亡失符印求访,在杂律二。

储峙不办(贼律)

设储偫。注、师古曰,谓豫备器物也。(《孙宝传》)

但以言语及犯宗庙园陵。(贼律)

按唐律指斥乘舆,在职制二,盗园陵内草木,在贼盗三。

诈伪生死(囚律)

按唐律诈病死伤不实,在诈伪。

告劾(囚律)

如今劾矣。疏劾实也。(《周礼·秋官·乡士》注)

汉世断狱谓之劾。(《尚书·吕刑正义》 又见《左传疏》)

吏因责如章告劾。(《杜周传》)

诛罚诈伪劾罪人。颜注,劾举案之也。(《急就篇》)

按晋志云,魏分汉囚律为告劾律。

传覆(囚律)

张晏曰,传考证验也,爰书自证,不如此言,反受其罪,讯考三日,复问之,知与前辞同否也。(《史记·张汤传注》)

系囚(囚律)

鞫狱(囚律)

按唐律依告状鞫狱,在断狱一。

断狱(囚律)

断狱律之名,起自于魏,魏分李悝囚法而出此篇,至北齐与捕律相合,更名捕断律,至后周复为断狱律。《释名》云,狱者确也,以实囚情,咎繇造狱,夏曰夏台,殷名羑里,周曰圜土,秦曰囹圄,汉以

来名狱。(《唐律疏义》)

假借不廉(杂律)

永平时,诸侯负责,辄有削绌之罚,其后皆不敢负民。(《潜夫论》)

孝文三年,嗣侯陈信,坐不偿人债过六月,免。(《功臣表》)

元狩二年,嗣侯田祖坐当归轵侯宅不与,免。(《恩泽侯表》)

按唐律负债违契不偿,在杂律一。

又按《寄簃文存》云,李悝杂律,为轻狡、越城、博戏、假借、不廉、淫侈、逾制,汉贼律之逾封矫制,即杂律之逾制,此与李悝不同,其余假借不廉,仍在杂律,则轻狡、越城、博戏、淫侈四者,亦当与李悝同。今唐律惟越州镇戍等城垣在卫禁,余如博戏赌财物及诸奸罪,固仍在杂律也。

出卖呈(具律)

按《寄簃文存》云,未详其义。

上狱(兴律)

擅兴徭役(兴律)

元康元年,江阳侯仁坐役使附落,免。注、师古曰,有聚落来附者,辄役使之,非法制也。(《王子侯表》)

元鼎五年,阳平侯杜相为太常,坐擅徭太乐令论。注、师古曰,擅役使人也。(《百官公卿表》)

按唐擅兴律，有私使丁夫杂匠。

乏徭稽留（兴律）

按唐律征人稽留丁夫杂匠稽留，均在擅兴。

烽燧（兴律）

按唐律烽候不警，在卫禁二。

告反逮受（厩律）

元康四年，诏诸年八十以上，非诬告杀伤人，他皆勿论。师古注，诬告人及杀伤人，皆如旧法。（《宣帝纪》）

（王）酺等奏，（魏）愔职在匡正，而所为不端，（师）迁诬告其王，罔以不道，皆诛死。（《陈敬王传》）

赵牧诬奏恭祠祀恶言，大逆不道，恭上书自讼，朝廷令考实无征，牧坐下狱，会赦，免死。（《彭城王恭传》）

荆州刺史赵凯，诬奏璇实非身破贼，而妄有其功，璇与相章奏凯有党助，遂槛车征璇，防禁严密，无由自讼，乃噬臂出血，书衣为章，具陈破贼形势，又言凯所诬状，潜令亲属诣阙通之。诏书原璇，拜议郎，凯反受诬人之罪。（《杨璇传》）

按晋书载《魏新律序略》，有囚徒诬告人反，罪及亲属，异于善人，所以累之，使省刑息诬也云云，是可知汉时诬告，尚不过反坐,未至罪及亲属,至魏时乃加重之也。唐律诬告反坐,在斗讼三。

乏军之兴(厩律)

汝则有乏军兴之死刑。《正义》曰,兴军征伐而有乏少,谓之乏军兴。(《尚书・费誓・孔传》)

县官征聚物曰兴,今云军兴是也。疏郑举汉法况之。(《周礼・地官・旅师》注)

乏军猥逮调谅求。注、律有乏兴之法,谓官有所兴发,而辄稽留乏其事也。(《急就篇》)

军兴而致阙乏,当死刑也。(《章帝纪注》)

坐擅斥除骑士,乏军兴,要斩。(《赵广汉传》)

按汉制乏军要斩,见《魏新律序》。

为西域都护,以擅发戊己校尉之兵乏兴,有诏赎论。(《段会宗传》)

成安侯韩延年元封六年坐为太常,行大行令事,留外国书一月,乏兴,入谷赎完为城旦。(《功臣表》)

汉黄霸为京兆尹,发骑士诣北军,以马不适士,劾乏军兴,连贬秩。注、马少士多。(《白帖》)

按唐律乏军兴在擅兴。

上言变事(厩律)

若今时上变事击鼓矣,又若今驿马军书当急闻者,亦击此鼓。(《周礼·夏官·太仆》注)

诸上变事,皆得于县道假轺传,诣行在所,条对急政。(《梅福传》)

惊事告急(厩律)

按《晋志》,魏改汉律,以惊事告急别为惊事律。

以上律目凡三十一,均见《晋书·刑法志》引《魏新律序》,此汉律目之尚可考者。

律文(凡一百八条)[1]

行言许受财。(《公羊》宣元年《传》何注引律　由律行言许受赂也。　《公羊》宣十年《传》《疏》引汉律,似若汉律行言许受财之类)

诸为人请求于吏以枉法,而事已行为听行者,皆为司寇。(《恩泽侯表注》如淳引律)

平丘侯王迁,地节二年坐平尚书听请受臧六百万,自杀。注、师古曰,有人私请求而听受之。(《恩泽侯表》)

嗣沈猷侯受,元狩五年坐为宗正听不具宗室,耐为司寇。注、

① 原书正文无此标题,本次再版时依据目录增加。

师古曰，受为宗正，人有私请求者听之，故于宗室之中，事有不具，而受获罪。（《王子侯表》）

孝文十三年，嗣汾阴侯周意坐行赇髡为城旦。武帝建元六年嗣乐平侯卫侈坐买田宅不法有请赇吏死。（《功臣表》）

临汝侯灌贤，元朔五年坐行赇罪，国除。（《史记·功臣表》）

按《吕刑》惟来，《释文》马本作求，云有请赇也。惠定宇曰，汉律有受赇之条，即书所云惟货也；又有听请之条，即书所云惟求也。是汉律盖本周制。魏于汉盗律中分出，别为请赇律，见《晋志》。唐诸律有所请求者笞五十，已施行者各杖一百，在职制二。

主守而盗直十金弃市。（《陈万年传注》如淳引律）

师古曰，依当时律条，臧直十金，则至重罪。孟康曰，法有主守盗，断官钱自入己也。（《薛宣传注》）

入为左冯翊，部督邮掾赵都，案池阳令，都得其主守盗十金罪收捕。（《冯野王传》）

宛令刘立以主守盗十金，贼杀不辜，南阳太守翟义部掾夏恢等收缚立，传送邓狱。（《翟义传》）

劾奏衡监临盗所主守直十金以上，上可其奏，勿治，丞相免为庶人。（《匡衡传》）

主守盗三千万不道，自杀。（《田延年传》）

按《史记·平准书注》，秦以一镒为一金，汉以一斤为一金。如淳曰，黄金一斤，直钱万。《惠帝纪注》，郑氏曰，凡言黄金真金也，不言黄，谓钱也。刘攽曰，诸书言若干金，则一金万钱。唐律监临主守自盗，加凡盗二等三十匹绞，在贼盗三。

敢有盗郊祀宗庙之物，无多少皆死。(《尚书·微子正义》引汉魏律)

盗宗庙服御物者为奏，奏当弃市。(《史记·张释之传》引律)

按《汉书·张释之传》不云引律，与《史记》异。

敢盗乘舆服御物。(《史记·吕后本纪集解》蔡邕引律　蔡邕《独断》引律同)

按唐律，盗大祀神御物，在贼盗三。

大逆无道要斩。(《晋书·刑法志》引汉贼律)

大逆不道，父母妻子同产皆弃市。(《景帝纪注》如淳引律)

大逆无道，错当要斩，父母妻子同产，无少长，皆弃市。(《晁错传》)

王前犯大逆，罪恶尤深，经有正义，律有明刑。注前书曰大逆无道，父母妻子同产，无少长，皆斩。(《阜陵质王延传》)

帝祖母傅太后用事，追怨参姊中山太后，陷以祝诅大逆之罪，参以同产，当相坐。(《冯参传》)

按《晋志》，魏改汉贼律大逆无道，家属从坐，不及宜父母孙，是汉时从坐，并及祖父母孙也。唐律谋反大逆，在贼盗一。

杀母以大逆论。（《通典》一百六十六引律）

按唐律，十恶四曰恶逆。注、谓殴及谋杀祖父母、父母。

杀不辜一家三人为不道。（《翟方进传》注如淳引律）

凡杀无辜十六人至一家母子三人，逆节绝理，当伏显戮。（《广川惠王传》）

按唐律，十恶五曰不道。注、谓杀一家非死罪三人，及支解人，造畜蛊毒厌魅。

敢蛊人及教令者弃市。（《周礼·秋官·庶氏》注，郑司农引贼律）

坐妻为巫蛊族。（《公孙敖传》）

后坐巫蛊族。（《赵破奴传》）

按唐律，造畜蛊毒，在贼盗二。

过失杀人不坐死。（《周礼·秋官·司刺》注，郑司农引律）。

按唐律诸过失杀伤人者，各依其法，以赎论，在斗讼三。

斗以刃伤人完为城旦，其贼加罪一等，与谋者同罪。（《薛宣

传》引律）

嗣南安侯宣千秋，孝景中元年，坐伤人，免。（《功臣表》）

南利侯昌，地节二年，坐贼杀人，免。（《王子侯表》）

彰子普，坐斗杀游徼，会赦，国除。（《东观汉记·冯彰传》）

按唐律，斗故杀用兵刃，在斗讼一。

痏痏。（《薛宣传注》应劭引律。

以杖手殴击人，剥其皮肤，肿起青黑而无疮瘢者，律谓痏痏）

传曰，遇人不以义而见痏者，与痏人之罪钧，恶不直也。（《薛宣传》）

痏、殴伤也；痏、病也。（《说文》　王筠《句读》，依《文选注》，引改病为瘢字）。

殴人皮肤肿起者曰痏，殴伤曰痏。（《急就篇》颜注）

按张衡《西京赋》，所恶成疮痏，李善注，疮痏谓瘢痕，与应说无疮瘢者异，见《汉书注校补》。唐律斗殴手足他物伤，在斗讼一。

无故入人室宅庐舍，上人车船，牵引人欲犯法者，其时格杀之，无罪。（《周礼·秋官·朝士》，疏引郑司农举汉贼律）

按唐律夜无故入人家，在贼盗三。

挢诏大害要斩,有挢诏害挢诏不害。(《功臣表注》如淳引律)

乃劾(窦)婴矫先帝诏害,当弃市。(《灌夫传》)

元鼎中,博士徐偃使行风俗,使胶东鲁国,鼓铸盐铁,御史大夫张汤,劾偃矫制大害,法至死。(《终军传》)

显宗时,有兄弟共杀人,未有所归。帝以兄不训弟,报兄重而减弟死,使中常侍孙章宣诏,误言两报重,尚书奏章矫诏,当要斩。(《郭躬传》)

太初元年,浩侯王恢坐使酒泉矫制害,当死,赎罪免。(《功臣表》)

元鼎元年,宜春侯卫伉坐矫制不害,免。(《恩泽侯表》)

按《唐律疏义》云,有害,谓当言勿原而言原之,当言千匹而言十匹。唐律受制忘误,在职制一;诈为官文书增减,在诈伪。

废格。(《史记·淮南王安传注》崔浩引汉律　汉律所谓废格)

靁被等废格,明诏当弃市。注、如淳曰,谓被阁不行。(《史记·淮南王安传》)

杨可方受告缗,纵以为此乱民,部吏捕其为可使者,天子闻;使杜式治,以为废格沮事,弃纵市。(《义纵传》)

于是见知之法生,而废格沮诽穷治之狱用矣。注、如淳曰,废格天子文法,使不行也。(《食货志》)

见知废格之法起。(《盐铁论》)

建武四年,吴汉劾朱佑云,秦丰狡猾,连年固守,当伏诛灭,以谢百姓,祐不即斩截,以示四方,而废诏命,听受丰降,大不敬。(袁宏《后汉纪》)

按唐律稽缓制书,在职制一。

非始封十减二。(《宣帝纪》注张晏引律)

列侯坟高四尺,关内侯以下至庶人各有差。(《周礼·春官·冢人》注郑司农引汉律)

武原侯卫不害坐葬过律,免。(《功臣表》)

明帝时桑民摐阳侯坐冢过制,髡削。(《潜夫论》)

按《御览》五百五十七引《礼系》曰,天子坟高三雉,诸侯半之,卿大夫八尺,士四尺。又五百五十八引《白虎通》曰,春秋之义,王者坟高三仞,树以松,诸侯半之,树以柏,大夫八尺,树以栾,士四尺,树以槐,庶人无坟,树以杨柳。汉列侯坟高止四尺,已杀于周制也。

不得屠杀少齿。(应劭《风俗通怪神篇》引律)

能捕豺貀购百钱。(《说文》引汉律)

捕虎购钱三,其豹半之。(《集韵》四十五引汉律)

按《尔雅》郭注,律捕虎一,购钱三千,其豹半之,盖晋律文也。《集韵》引作汉律,盖晋与汉同。(三下当有千字)

诸囚徒私解脱桎梏钳赭，加罪一等，为人解脱，与同罪。（《酷吏·义纵传注》服虔引律）

按唐律，断狱囚自脱去及回易所著者亦如之。《疏义》谓擅自脱去枷锁杻也，诸以金刃及他物可以自杀及解脱而与囚者，杖一百。

与罪人交关三日已上，皆应知情。（《孔融传》引汉律）

事博士焦永为河东太守，后以事被考，诸弟子皆以通关被系。注、交通关涉也。（《乐恢传》）

（陈咸）知云亡命罪人，而与交通，上于是下咸云狱，减死为城旦。（《朱云传》）

坐诏狱吏与囚交通抵罪。（《陈宠传》）

后（刘）勋以不轨诛，交关者皆获罪。（《魏志·司马芝传》）

死罪及除名罪证明白，考掠已至，而抵隐不服者，处当列上。（《陈书·沈洙传》引汉律）

按唐律，考囚限满不首，在断狱一。

掠者唯得榜笞立。（《章帝纪》元和三年诏引律）

《苍颉篇》曰，掠问也。《广雅》曰，榜、击也，音彭。《说文》曰，笞、击也。立、谓立而考讯之。（《章帝纪注》）

不服以掠笞定之。（《杜周传》）

盗贼系囚榜笞臀。注、榜笞箠击之也，臀脽也，获盗贼者则拘絷而捶击其脽，考问其状也。（《急就篇》）

自建武以来,虽屡有省刑薄罚之诏,然上下相胥,以苛酷为能,而拷囚之际,尤极残忍。楚王英坐反诛,其功曹陆续、主簿梁宏驷勋掠拷五毒,肌肉消烂。戴就系钱塘县狱,烧锃使就挟于肘腋,每上彭考,因止饭食不肯下,肉焦毁堕地者,掇而食之,又令卧覆船下,以马通薰之,一夜一日不死。又复烧地,以大针刺指爪,中使以杷土,爪悉堕落。(《文献通考》)

有故乞鞫。(《史记·夏侯婴传注》邓展引律)

晋灼云,狱结竟,呼囚鞫语罪状,囚若称枉欲乞鞫者,许之。(《史记·夏侯婴传注》)

按汉制二岁刑以上,许以家人乞鞫,魏始除之,见《晋志》。唐律,诸狱结竟,徒以上各呼囚及其家属具告罪名,仍取囚服辨,在断狱二。

囚以饥寒而死曰瘐。(《宣帝纪注》如淳引律)

苏林曰,囚徒病律名为瘐。(《宣帝纪注》)

顷数十岁以来,州郡玩习,又欲避请谳[①]之烦,辄托疾病,多死牢狱,长吏杀生,自己死者,多非其罪,魂神冤结,无所归诉,淫厉疾疫,自此而起。(《襄楷传》)

后平忠死狱中,朗乃自系,会赦,免官。(《寒朗传》)

按唐律,诸拷囚不得过三度,以故致死者,徒二年,在断狱一。

---

① 谳(yàn):审判定罪。

十二月立春不以报囚。(《章帝纪》元和二年诏引律)

王者生杀,宜顺时气,其定律无以十一月十二月报囚。(《章帝纪》)

萧何草律,季秋论囚,避立春之月。(《陈宠传》)

恭议言,十一月十二月阳气潜藏,未得用事,大辟之科,尽冬月乃断,其立春在十二月中者,勿以报囚如故事,后卒施行。(《鲁恭传》)

按唐律,立春不决死刑,在断狱二。

罪人妻子没为奴婢黥面(《魏志·毛玠传》钟繇引汉律　又《唐会要》三十九引汉律妻子没为奴婢)

坐父兄没入为奴。(《吕氏春秋·开春论注》高诱引律)

古者从坐男女,没入县官为奴,其少才知以为奚,今之侍史官婢。疏举汉法言之。(《周礼·天官·酒人》注)

今之奴婢,古之罪人也。(《周礼·秋官·司厉》注)

私铸作泉布者,与妻子没入为官奴婢。(《食货志》)

男入罪曰奴,女入罪曰婢。(《初学记》十九引《说文》)

古制本无奴婢,即犯事者或原之,臧者,被臧罪没入为官奴婢,获者,逃亡获得为奴婢也。(《初学记》十九引《风俗通》)

按《韩非子·定法篇》,公孙鞅之治秦也,设告相坐而责其实,故秦法一人有罪,并坐其家室。《论衡》秦有收孥之法。然《公羊传》僖十九年何休注,梁君隆刑峻法,一家犯罪,四家坐之,是连坐之法,春秋时已有之,不始于秦。文帝元年,始尽除收帑相坐律令,《后汉书·梁统传》亦言文帝除肉刑相坐之法。然考《安帝纪》永初四年,诏建初以来诸祅言他过坐徙边者,各归本郡,其没入官为奴婢者,免为庶人,是此法至安帝时犹行。意者但除黥面,而没为奴婢之制,则终汉世未尝废也。

齐人予妻婢奸曰姘。(《说文》女部引汉律)

嗣博成侯张建,建始四年坐尚阳邑公主与婢奸主旁,数醉骂主,免。(《功臣表》)

按《玉篇》引此文,人作民,予作与。桂氏馥曰,齐当为斋,谓斋日不近女。《广韵》斋与女交,罚金四两曰姘。《仓颉篇》男女私合曰姘。段氏曰,礼士有妾,庶人不得有妾,故平等之民与妻婢私合有罚。

淫季父之妻曰报。(《左传》宣二年杜注引汉律)

立子奸母,见乃得杀之。(《公羊桓》六年传何注引律)

弃妻畀所赍。(《礼记·杂记》下郑注引律)

按《急就篇》妻妇聘嫁赍媵僮,颜注,赍者,将持而遣之也,言妇人初嫁,其父母以仆妾财物将送之也,所赍盖,即指仆妾财物而言。

妇告威姑。(《说文》女部引汉律)

按《广雅》姑谓之威,桂氏曰,威姑,君姑也。唐律告期亲尊长，在斗讼四。

三人以上，无故群饮，罚金四两。（《文帝纪注》，文颖引律，《史记》注同）

复作。（《宣帝纪注》孟康引律）

（孟）康曰，复谓弛刑徒也，有赦令诏书去其钳钛赭衣，更犯事，不从徒加，与民为例，故当复为官作，满其本罪年月日，律名为复作也。（《宣帝纪注》）

乃募罪人及免徒须作，令居之。注、臣瓒曰，募有罪者及罪人遇赦复作竟其日月者。（《晁错传》）

河南卒戍中都官者二三千人，遮大将军，自言愿复留作一年，以赎太守罪。（《魏尚传》）

徒复作，得输粟于县官以赎罪。（《食货志》）

按此复作，不限于女徒，系指弛刑徒言之。神爵元年，中都官徒弛刑。注、李奇曰，弛、废也，谓若今徒解钳钛赭衣置任输作也。《赵充国传》时上已发三辅太常徒弛刑。注、师古曰，弛刑，谓不加钳钛者也，弛之言解也，与女徒一岁刑之复作，当别为一事。

耐为司寇，为鬼薪白粲。（《淮南王安传注》如淳引律）

一人有数罪，以重者论之。（《公羊》庄十年传何注引律。　昭六年杞伯益姑卒，疏引律同）

按《御览》六百三十五，引《尚书大传》子张曰，一夫而被此五刑，郑玄注，被此五刑，喻犯数罪，犹以上一罪刑之，是周制已如是也。唐律，二罪从重，在名例六。

亲亲得相首匿。（《公羊》闵元年传何注引律）

自首匿相坐之法立，骨肉之恩废而刑罪多，闻父母之于子，虽有罪犹匿之，岂不欲服罪尔，子为父隐，父为子隐，未闻父子之相坐也。（《盐铁论》）

地节四年，诏曰，自今子首匿父母，妻匿夫，孙匿大父母，皆勿坐。其父母匿子，夫匿妻，大父母匿孙，殊死，皆上请廷尉以闻。（《宣帝纪》）

元朔五年，临女侯灌贤，坐子伤人首匿，免。（《功臣表》）

按唐律，同居相为隐，在名例六。

先自告，除其罪。（《衡山王传》引律）

后事发觉，被诣吏自告与淮南王谋反，天子欲勿诛。（《伍被传》）

按唐律，诸犯罪未发而自首者，原其罪，在名例五。

年未满八岁，八十以上，非手杀人他，皆不坐。（《周礼·秋官·司刺》，注郑司农引今律令）

孝景后三年，诏曰，高年老长，人所尊敬也，鳏寡不属逮者，人所哀怜也，其著令，年八十以上、八岁以下、及孕者未乳，师侏儒，当鞠系者颂系之。至孝宣元康四年，又下诏曰，自今以来，诸年八十，

非诬告杀伤人他,皆不坐。至成帝鸿嘉元年,定令,年未满七岁,贼斗杀人及犯殊死者,上请廷尉以闻,得减死。(《刑法志》)

诏民年七十以上若不满十岁,有罪当刑者,皆完之。(《惠帝纪》)

元始四年,定著令,妇女非身犯法,及男子年八十以上七岁以下,非坐不道诏所名捕他,皆无得系,其当验问者,即验问。(《平帝纪》)

建武三年,诏男子八十以上十岁以下,及妇人从坐者,自非不道诏所名捕,皆不得系,其当验问者即验问。(《光武纪》)

父礼与安众侯崇起兵诛莽,事泄,隆以年未七岁,故得免。(《刘隆传》)

籍受证验记问年。颜注,记问年者,具为书记,抵其本属,问年齿也。幼少老耄,科罪不同,故问年也。(《急就篇》)

按唐律,老小废疾,在名例四;请减老小,在断狱一。

罚金二斤。(《魏志·鲍勋传》引律　依律罚金二斤)

按此条事在魏明帝定律以前,时尚承用汉律。

有罪失官爵称士伍。(《史记·淮南厉王传》注如淳引律)

夺爵为士伍免之。(《景帝纪》)

皆当免官削爵为士伍,毋得宦为吏。(《淮南厉王传》)

爵减,完为城旦。注、师古曰,以其身有爵禄,故得减罪。(《薛宣传》)

悼侯周昌曾孙，沃侯国士伍，明诏复家。师古注、旧有官爵，免为士伍，而属沃侯之国也。（《功臣表》）

按《史记秦本纪》，武安君有罪为士伍，汉盖沿秦制。

繇戍。（《昭帝纪注》如淳引律）

卒更有三，践更居更过更。（《史记·吴王濞传注》引汉律）

如淳曰：更有三品，有卒更，有践更，有过更。古者正卒无常人，皆迭为之，一月一更，是谓卒更也。贫者欲得雇更钱者，次直者出钱雇之，月二千，是谓践更也。天下人皆直戍边三日，亦名为更，律所谓繇戍也，虽丞相子亦在戍边之调，不可人人自行三日戍，又行者出钱三百入官，官以给戍者，是谓过更也。（《昭帝纪注》）

秦用商鞅之法，月为更卒，已复为正，一岁屯戍，一岁力役，三十倍于古，汉兴，循而未改。注，更卒、谓给郡县一月而更者也。正卒，谓给中都官者也。（《食货志》）

古者更卒不过一月，践更五月而休。文颖云，五当为三，言一岁之中三月居更，三日戍边，总九十三日。古者役人，岁不过三日，此所谓一岁力役三十倍于古也。（《史记·项羽本纪注》）

汉初因秦法而行之，后改为谪，乃戍边一岁。（《史记·吴王濞传注》）

五年初，令戍卒岁更。（《高帝纪》）

复是岁更赋。注、更、谓戍更相代也，赋、谓雇更之钱也。（《明帝纪》）

远方之卒，守塞一岁而更。（《晁错传》）

年二十三傅之畴官，各从其父畴学之，高不满六尺二寸已下为

疲癃。(《高帝纪注》如淳引律 《史记·项羽本纪集解》引父畴下有内字)

若今癃不可事不算卒可事者半之也。疏、汉时癃病不可给事不算计以为士卒,若今废疾者也,可事者,谓不为重役,轻处使之,取其半功而已,似今残疾者也。(《周礼·地官·大司徒》注)

如淳曰,《汉仪注》民年二十三为正,一岁为卫士,一岁为材官骑士,习射御骑驰战陈。又曰,年五十六衰老,乃得免为庶民,就田里,未二十三为弱,过五十六为老。师古曰,傅、著也,言著名籍给公家徭役也。孟康曰,古者二十而傅,三年耕,有一年储,故二十三而后役之。(《高帝纪注》)

家业世世相传为畴。(《律历志注》 宏祁曰,南本世世相传为畴下,有历年二十二傅之畴官,各从其父学也。按《史记集解》亦引如淳此条,但作律年二十二云云,盖引汉律文也,宋祁所见之南本作历,误。)

令天下男子年二十始傅。注、师古曰,旧法二十三,今此二十,更为异制也。(《景帝纪》)

按《文献通考》,徐氏曰,汉初民在官三十三年,今景帝更为异制,则在官三十有六年矣。《盐铁论》,今陛下哀怜百姓,宽力役之政,二十三始赋,五十六而免。是昭帝时又复旧制也。

人出一算,算百二十钱,唯贾人与奴婢倍算。(《惠帝纪注》应劭引汉律)

若今贾人倍算矣。(《周礼·天官·司会》注)

汉王四年八月，初为算赋。注、如淳曰，《汉仪注》民年十五以上至五十六，出赋钱，人百二十，为一算。（《高帝纪》）

六年，令女子年十五以上至三十不嫁，五算。注、应劭曰，使五算，罪谪之也。刘攽曰，予谓女子之算，亦不顿谪之，自十五至三十为五等，每等加一算也。（《惠帝纪》）

文帝偃武修文，丁男三年而一事民赋四十。注、时天下民多，故三岁一赋四十也。（《文献通考》）

建元元年，令民年八十，复二算。（《武帝纪》）

甘露三年，减民算三十。注、师古曰，一岁减钱三十也。（《宣帝纪》）

建始二年，减天下赋钱算四十。注、孟康曰，本算百二十，今减四十为八十。（《成帝纪》）

汉高帝每岁人常赋百二十钱，至孝文时，省俭减至四十，武帝事边费广，人产子三岁则出口钱，孝宣减人算三十，孝成减四十，光武有产子复以三年之算。（《汉制考》引《理道要诀》）

民不繇赀[①]钱二十二。（《说文》贝部引汉律）

二十二当作二十三。《汉仪注》曰，七岁至十四，出口钱人二十，以供天子。至武帝时，又口加三钱，以补车骑马。《论衡谢短篇》曰，七岁头钱二十三，亦谓此也。然则民不繇者，谓七岁至十四岁。（《说文》段注）

民年七岁以至十四岁，出口钱人二十三，以供天子，其三钱者，武帝加口钱以补车骑马。（《汉旧仪》）

元平元年，诏减口赋钱，有司奏请减十三，上许之。（《昭帝

① 赀（zī），同资。

纪》)

古民无赋算口钱,起武帝征伐四夷,重赋于民,民产子三岁,则出口钱,故民重困,至于生子辄杀,甚可悲痛。宜令民七岁去齿,乃出口钱,年二十乃算。天子下其议,令民产子七岁乃出口钱,自此始。(《贡禹传》)

郑产为白土啬夫。汉末产子一岁,辄出口钱,民多不举。产乃敕民勿得杀子,口钱当自代出,言其郡县,为表上言,钱得除,更名白士为更生乡。(《水经注·湘水》下引《零陵先贤传》)

按《文献通考》云,算赋十五岁以上方出,此口赋则十五岁以前未算时所赋也。

诸当占租者,家长身各以其物占,占不以实,家长不身自书,皆罚金二斤,没人所不自占物及贾钱县官。(《昭帝纪注》如淳引律)

元狩四年,初算缗钱。注臣瓒曰,茂陵书诸贾人末作贳贷,置居邑储积诸物及商以取利者,虽无市籍,各以其物自占,率缗钱二千而一算。(《武帝纪》)

始元六年,令民得以律占租。注、师古曰,占谓自隐度其实,定其辞也,今犹狱讼之辨曰占,皆其意也。盖武帝时赋敛繁多,律外而取,今始复旧。(《昭帝纪》)

旁光侯殷坐贷子钱不占租,免。(《王子侯表》)

及其门首洒湝。(《说文》水部引汉律)

按小徐无门首二字。桂氏曰,《史记·货殖传》洒削薄技也,洒削即洒湝。段氏曰,盖谓壅水于人家门前,有妨害也。

汉中巴蜀广汉自择伏日。(《艺文类聚》卷五《风俗通》引户律)

按《御览》三十一,引《风俗通》曰,汉中巴蜀,自择伏日。俗说汉中巴蜀广汉,土地温暑,草木早生晚枯,气异中国,夷狄畜之,故令自择伏日也。所引与《类聚》同,惟佚户律二字;巴蜀下佚广汉二字。兹从《类聚》。

高帝分四郡之众,用良平之策,还定三秦,席卷天下,盖君子所因者本也。论功定封,加金帛,重复宠异,令自择伏日,不同凡俗。(《初学记》四引《汉书》)

伏日万鬼行,故尽日闭,不干他事。(《和帝纪注》引《汉官旧仪》)

伏日进汤饼,名为辟恶。(《荆楚岁时记》)

按《史记》,秦德公始为伏祠,是伏日本秦制也。魏改汉律,诸郡不得自择伏日,以齐风俗,事见《晋志》,是此律魏时已废。

勒兵而守曰屯。(《史记·傅宽传》注如淳引律)

迁中郎将,将屯上谷。注、师古曰,领兵屯于上谷也。(《赵充国传》)

按《文选》鲍明远《出自蓟北门行注》,引臣瓒《汉书》注曰,律说勒兵而住曰屯,以此条为律说,未知孰是?

知虏在前，逗留不进。(《匈奴传》　知虏在前，逗留不进，皆下吏自杀。注、孟康曰，律语也)

建武十二年，诏边吏力不足战则守，追虏料敌，不拘以逗留法。(《光武纪》)

合骑侯敖、博望侯骞，坐行留当斩。(《霍去病传》)

伐匈奴，坐逗留畏懦，下狱死。(《祭肜传》)

邓鸿还京师，坐逗留失利，下狱死。注、军法逗留畏懦者斩。(《南匈奴传》)

按唐律征人稽留，在擅兴。

降敌者诛其身，没其家。(《史记·商君传》注引律)

按《周礼·秋官·司刑》，注引《尚书大传》曰，降畔者其刑死，是周制已如是。北齐立重罪十条，四曰降。

边鄙兵所臧直百钱者，当坐弃市。(《白帖》九十一，董仲舒公羊治狱引律)

胡市，吏民不得持兵器及铁出关。(《汲黯传》注应劭引律)

按唐律，赍禁物私度关，在卫禁二。

四马高足为置传，四马中足为驰传，四马下足为乘传，一马二马一轺传，急者乘一乘传。(《高帝纪》注如淳引律　《盐铁论》注引同)

四马高足为传置，四马中足为驰置，下足为乘置，一马二马为轺置，急乘一马曰乘。（《史记·孝文本纪》注如淳引律）

师古曰，传者若今之驿，古者以车，谓之传车，其后又单置马，谓之驿骑。（《高帝纪注》）

师古曰，置者，置传驿之所，因名置也。宋祁曰，传、传舍，置、厩置。按《广雅》云，置驿也。（《文帝纪注》）

元始五年，征天下通知逸经古记天文历算钟律小学史篇方术本草及以五经论语孝经尔雅教授者，在所为驾一封轺传。（《平帝纪》）

为中郎将，与副使王然于等乘四传之乘，使赂西南夷。（《司马相如传》）

平乘驰传，载周勃代樊哙将。（《陈平传》）

弟子一人乘轺传徒。（《申公传》）

以太牢遣侯者乘一乘传，诣行所在。（《郊祀传》）

奉玺书使者乘驰传，其驿骑也，三骑行昼夜千里为程。（《汉旧仪》）

汉世贱轺车，而今贵之。（《意林》引《傅子》）

诸当乘传及发驾置传者，皆持尺五寸木传信，卦以御史大夫印章。其乘传参封之，参三也。有期会，累封两端，端各两封，凡四封也。乘置驰传，五封也，两端各二，中央一也。轺车二马再封之，一马一封也。（《平帝纪》注如淳引律）

其以诏使案事，御史为驾一封，行赦令，驾二封。（《汉旧仪》）

按《晋志》引《魏新律序》略云，秦世旧有厩置乘传副车食厨，汉初承秦不改，后以费广稍省，故后汉但设骑置而无车马，律犹著其文,则为处设,故除厩律,取其可用合科者,以为邮驿令。据此,是汉初旧制,至东汉已不行也。

诸侯朝天子,春朝天子曰朝,秋曰请。(《史记·窦婴传》注引律)

春曰朝,秋曰请。(《吴王濞传》注孟康引律 《和帝纪》注引汉律)

褚先生曰,诸侯王朝见天子,汉法凡当四见耳,始到入小见,到正月朔旦,奉皮荐璧玉,贺正月法见,后三日为王置酒,赐金钱财物,后二日复入,小见辞去,凡留长安,不过二十日。(《史记·梁孝王世家》)

元狩六年,建成侯刘拾坐不朝不敬,国除。(《史记·王子侯者表》)

翕侯邯郸坐行来不请长信,免。注、如淳曰,长信,太后所居也。(《功臣表》)

重侯担、元狩二年坐不使人为秋请,免。(《王子侯表》)

丞相大司马大将军奉钱月六万,御史大夫奉月四万。(《成帝纪》注如淳引律)

真二千石,奉月二万,二千石,月万六千。(《史记·汲黯传》注、如淳引律,《史记·外戚世家》注如淳引汉律,真二千石,奉月二万)

真二千石月得百五十斛,凡得千八百石。二千石得百二十斛,凡得一千四百四十石。(《汲黯传》注如淳引律)

百石奉月六百。(《宣帝纪》注如淳引律)

古者禄皆月别给之,月奉亦月给之。(《周礼·天官·太宰》

疏）

如淳曰，太守虽号二千石，有千石，八百石，居者有功德茂

乃得满秩。师古曰，汉制秩二千石者一岁得一千四百四十

满二千石也；其云中二千石者，一岁得二千一百六十

之，故曰中二千石，中者满也。（《宣帝纪注》）

汉延平中真二千石月钱六千五百，米三

引《晋百官表》注）

按后书《百官志》，百

斛；中二千石，奉月

石，奉月百斛；

石，奉月五

斛；

按秦策，范睢谓秦王曰，自斗食以上至尉内史及王左右，有非相国之人乎？是斗食本秦官。

太守、都尉诸侯内史各一人，卒史书佐各十人。（《史记·汲黯传》，注如淳引律）

郡卒史书佐各十人。（《史记·萧相国世家》，注如淳引律）

郡史主录记，书催期会，书佐干主文书。（《百官志》）

卒史秩百石。（《儿宽传》注）

营军司马中。（《赵充国传》，注如淳引律）

营军司空军中司空各二人。（《杜延年传》，注如淳引律）

都军官长史一人。（《卫青传》，注如淳引律）

都军官史一人。（《史记·卫青传》，《正义》引律）

司空主水及罪人。（《百官公卿表》注如淳引律，《史记·灌婴传》，注如淳引律）

都水治渠堤水门。（《百官公卿表》，注如淳引律）

近塞郡置尉百里一人，士史尉史各二人，巡行徼塞。（《匈奴传》，注师古引汉律）

尉大县二人，主盗贼，凡有贼发，则推寻之。（《百官志》）

蹶张士。（《申屠嘉传》注、如淳引律，《史记·申屠嘉传》注引律同）

如淳曰，材官之多力，能脚踏强弩张之。师古曰，今之弩以手张者曰擘张，以足蹋者曰蹶张。（《申屠嘉传》注）

高祖命天下郡国选能引关蹶张材力武猛者，以为轻车骑士材官楼船。（《光武纪》注引《汉官仪》）

乃为材官蹶张。（《爰盎传》）

无害都吏。(《史记·萧相国世家》注引律)

以文无害为沛主吏掾。《集解》云,有文无所枉害也;一曰无害者,如言无比,陈留间语。(《史记·萧相国世家》)

以汤为无害。注、师古曰,无害,言其最深也。(《张汤传》)

郡国秋冬遣无害都吏,案讯所主县诸囚,平其罪法,论课殿最。注、无害都吏,如今言公平吏。(《百官志》)

文吏晓簿书,自谓文无害,以戏儒生。(《论衡》)

遣都吏循行 如淳注引律说,都吏今督邮。(《文帝纪》)

按《列女·羊叔姬传》云,攘羊之事发都吏至,是都吏本周制。

矫枉以为吏。(《景帝纪》注臣瓒引律)

二千石以上告归,归宁道不过行在所者,便道之官无辞。(《冯野王传》注如淳引律)

按《文选》陆士衡《谢平原内史表》,注引如淳《汉书注》曰,律二千石以上告归宁不过行在所者,便道之官无问也,与此小异。

吏二千石有予告,有赐告。(《高帝纪》注孟康引汉律 《史记·高祖本纪》注引汉律 《初学记》二十引汉律)

赐告,得去官归家;予告,居官不视事。(《史记·汲黯传》注)

李斐曰,休谒之名,吉曰告,凶曰宁。(《高帝纪》注)

孟康曰,古者名吏休假曰告。予告者,在官有功最,法所当得

也。赐告者,病满三月,当免,天子优赐其使得带印绶,将官属归家治病。(同上)

按叶梦得《避暑录话》云,赐告予告,孟康解《汉书》以为休假之名,非也。告者,以假告于上,从之而或赐或予,故因谓之告。颜师古以为请谒之言,是也。

惧不自安,遂病满三月赐告,与妻子归杜陵,就医药。大将军(王)凤,风御史中丞劾奏野王,赐告养病,而私自便,持虎符出界归家,奉诏不敬。杜钦时在大将军幕府,奏记于凤,为野王言曰,窃见令曰,吏二千石告过长安谒,不分别予赐,今有司以为予告得归,赐告不得,是一律两科,失省刑之意。夫三最予告,令也,病满三月赐告,诏恩也,令告则得,诏恩则不得,失轻重之差。(《冯野王传》)

父子俱移病,满三月,赐告。(《疏广传》)

故事,公卿病辄赐告,至永独得即时免。(《谷永传》)

上废太子,诛栗卿之属,以绾为长者,不忍,乃赐绾告归。(《卫绾传》)

永光五年,颍川水出流杀人民,吏从官县被害者,予告。注、师古曰,凡为吏为从官,其本县有被害者,皆予休告。(《元帝纪》)

按《高帝纪》注,至成帝时,郡国二千石赐告,不得归家,至和帝时,予赐皆绝。

吏五日得一下沐。(《初学记》二十引汉律 《御览》……四引汉律)

每五日洗沐归谒亲。注、文颖曰，郎官五日一下。刘奉世曰，按霍光秉政亦休沐，然则汉公卿以下皆有休沐也。（《万石君传》）

孝景时为太子舍人，每五日洗沐。（《郑当时传》）

晋灼曰，五日一洗沐。（《杨恽传》注）

均以父任为郎，时年十五，每休沐日，辄受业博士。（《宋均传》）

稜典案其事，深竟党与，数月不洗沐。（《韩稜传》）

宣出教曰，盖礼贵和，人道尚通，日至吏以令休，所繇来久，曹虽有公职事，家亦望私恩意，掾宜从众归，对妻子，设酒肴，请邻里，壹笑为乐。（《薛宣传》）

不为亲行三年服，不得选举。（《扬雄传》注应劭引律）

博士弟子父母死，予宁三年。（《哀帝纪》）

元初中，邓太后诏长吏以下，不为亲行服者，不得典城选举，时有上书，牧守宜同此制，诏下公卿议者以为不便。（《刘恺传》）

按《陈忠传》，元初三年，有诏大臣得行三年丧，建光中，尚书复奏请绝告宁之典，如建武故事，著于令。《刘恺传》云，旧制二千石刺史，不得行三年丧，由是内外众职，并废丧礼，是终汉之世，士人小吏得行三年丧，大臣二千石例不得行也。《通典》引后魏律，居三年丧而冒哀求仕者，制五岁刑，唐律冒哀求仕者，徒一年。

祠宗庙丹书告。（《说文》系部，引汉律）

祠祉司命。（《说文》示部，引汉律）

师古曰，司命、文昌第四星也。（《郊祀志注》）

今民间独祀司命,刻木长尺二寸,为人像,行者担箧中,居者别作小屋,齐地大尊重之。(《风俗通》)

见姅变不得侍祠。(《说文》女部引汉律　《史记·五宗世家》注引汉律)

斋日内有污染,解斋。(《礼仪志》)

稻米一斗,得酒一斗,为上尊。稷米一斗,得酒一斗,为中尊。粟米一斗,得酒一斗,为下尊。(《平当传注》如淳引律《御览》二百四引斗作斞)

事酒,酌有事者之酒,其酒则今之醳酒也。昔酒,今之酋久白酒,所谓旧醳者也。清酒,今中山冬酿接夏而成。(《周礼·天官酒正》注)

赐养牛上樽酒十斛。(《刘隆传》)

丞相有病,皇帝法驾亲至问疾,及瘳视事,则赐以养牛上尊酒。(《御览》二百四引《汉旧仪》)

按《晋书·刘弘传》,酒用麴米而优劣三等。《齐民要术》造粱米酒法,春夏秋冬四时皆得作。笨麴一斗,杀米六斗,大率一石米用水三斗。又穄(按即稷)米酎法,笨麴不一斗,杀米六斗,计六斗米用水一斗,一石米不过一斗。醽粟米酒法,惟正月得作,余月悉不成,用笨麴,不用神麴。大率麴米一斗,水八斗,杀米一石,四酘毕,四七二十八日酒热,贫薄之家所宜用之。

会稽献藙一斗。(《说文》艸部引汉律)

会稽献藙。(《礼记》内则注引汉律)

会稽郡献鲒酱三斗。(《说文》鱼部引汉律)

会稽献鲒酱二升。(《御览》九百四十一引汉律)

按此二条,必有一误。《说文解字》无三斗字,《玉海》《汉制考》有之。《说文校议》云,升为斗之误。《逸周书·王会解》载伊尹四方献令,正东以鲗酱为献。盖古有是制,汉特著为律耳。

皮币率鹿皮,方尺直金一斤。(《史记·孝武本纪》注引汉律)

赐衣者缦表白里。(《说文》系部引汉律)

素沙者,今之白缚(今作绢)也。六服皆袍制,以白缚为里,使之章显。疏、举汉法而言,谓汉以白缚为里,似周时素沙为里耳。(《周礼·天官》内司服注)

绮丝数谓之絩,布谓之总,绶组谓之首。(《说文》系部引汉律)

乘舆黄赤绶五百首,诸侯王赤绶三百首,相国绿绶二百四十首,公侯将军紫绶百八十首,九卿、中二千石、二千石青绶百二十首,千石、六百石黑绶八十首,四百石、三百石、二百石黄绶六十首。(《舆服志》)

船方长为舳舻。(《说文》舟部引汉律)

畱田茠艸。(《说文》田部引汉律)

箄,小筐也。(《说文》竹部引汉律令)

篽(《宣帝纪》注苏林引律　折竹以绳绵连,禁御使人不得往来,律名为篽。)

诏池籞未御幸者,假与贫民。注服虔曰,籞在池水中作室,可用栖鸟,鸟入中则捕之。应劭曰,籞者,禁苑也。臣瓒曰,籞者所以养鸟也,设为藩落,周覆其上,令鸟不得出,犹苑之畜兽,池之畜鱼也。(《宣帝纪》)

严籞池田。注、苏林曰,严饰池上之屋。(《元帝纪》)

按《魏志》卷二注,载文帝令曰,池苑所以籞灾荒,设禁非所以便民,其除池籞之禁。是汉时原有是禁,至魏乃除也。

使节称汉。(《通典》八十四魏刘劭《皇后铭旌议》引汉律)

如今时使者持节矣。(《周礼・春官・典瑞》注)

今汉使者拥节。(《礼记・玉藻注》)

节以毛为之,上下相重,取象竹节,将命者持之以为信。(《高帝纪注》)

征和元年,更节加黄旄。(《武帝纪》)

节所以为信,以竹为之,柄长八尺,以旄牛尾为其毦三重。(《光武纪注》)

铸伪黄金弃市。(《楚元王传注》、如淳引律)

中六年,定铸钱伪黄金弃市律。注、应劭曰,文帝五年,听民放铸律尚未除,先时多作伪金,终不可成,而徒损费,转相诳燿,穷则起为盗贼,故定其律也。(《景帝纪》)

元狩五年,嗣侯乐买之坐铸白金弃市。(《功臣表》)

吏劾更生铸伪黄金,系当死。(《刘向传》《汉书注校补》云,此比例之误也,当时铸作黄金不成,事本创见,无科罪专条,汉律惟有

铸伪黄金弃市之语,故吏引以为比,遂成死罪。《刑法志》云所欲陷则予死比,此则直予死比也)

太史试学童,能讽书九千字以上,乃得为史。又以六体试课最者,以为尚书御史,史书令史。吏民上书,字或不正,辄举劾。(《艺文志》引萧何律)

学僮十七已上,始讽籀书九千字,乃得为史,又以八体试之,郡移太史并课,最者,以为尚书史,书或不正,辄举劾之。(《说文叙》引《尉律》)

按《困学纪闻》云,《说文叙·尉律》试八体,亡新使甄丰等改定古文,时有六书。《书正义》亦云秦有八体,亡新六书。《艺文志》谓以六体试之,六体非汉兴之法,当从《说文叙》改六为八。考《魏书·江式传》,秦有八体,汉兴有《尉律》,学以八体试之,亡新居摄,使大司空甄丰校文字之部,颇改定古文,时有六书,此即王氏之说所本。

卒践更一月,休十一月。(《昭帝纪注》、如淳引《尉律》)

陈属车于庭。(《周礼》典路注,引上计律)

永初四年春正月元日会彻乐,不陈充庭车。注、每大朝会,必陈乘舆法物,举辇于庭,以年饥,故不陈。(《安帝纪》)

卑者之子,不得舞宗庙之酎,除吏二千石到六百石及关内侯到五大夫子取适子,高五尺以上,年二十到三十,颜色和身体修治者,以为舞人。(《周礼·春官·大胥》,注郑司农引汉大乐律。《百官志注》引大乐律同)

无干车,无自后射。(《周礼·夏官·大司马》注引汉田律。

《秋官·士师》注引作军礼。贾疏云，无干车，谓无干犯他车，无自后射，象战陈不逐奔走）

群盗起不发觉，发觉而弗捕满品者，二千石以下至小吏主者皆死。（《酷吏杨仆传》引沈命法，又见《史记·杨仆传》）

三人谓之群，取非其物谓之盗。（《晋书·刑注志》引张斐《律表》）

御史大夫敕上计丞长史，问今年盗贼熟与往年，得无有群辈大贼，对上。（《汉旧仪》）

高阳侯薛宣，永始二年坐西州盗贼群辈免。（《恩泽侯表》）

杜绶为太常，坐盗贼多，免。（《百官公卿表》）

疏、宜纠增旧科，以防来事，自今强盗为上官若它郡县所纠觉，一发、部吏皆正法，尉贬秩一等，令长三月奉赎罪；二发、尉免官，令长贬秩一等；三发以上，令长免官。（《陈忠传》）

按应劭曰，沈、没也，敢匿盗贼者没其命也。史称张汤赵禹始作监临部主见知故纵之法，此殆其一也。唐律贼盗部内有一人为盗，及容止盗者，里正笞五十，三人加一等，县内一人笞三十，四人加一等。《册府元龟》六百十六长庆二年敕云，若从沈命之科，恐失度情之义，是唐时犹用此语也。

以上汉律佚文凡一百八条。考《晋志》称汉律错糅无常，盗律有贼伤之例，贼律有盗章之文，诸书所引汉律，如官制官俸诸条，疑多属越宫朝律及旁章各篇，非萧何律所有，无从强为隶目，兹姑以类相从，略依《九章》次第以为先后，其疑属旁章以下者次之，属专律者又次之，取便观览而已。

令文(凡四十六条)[①]

死者不可复生,刑者不可复息。(《宣帝纪》引令甲)

诸侯在国,名田他县,罚金二两。(《哀帝纪注》如淳引令甲)

有司条奏,诸王列侯得名田国中,列侯在长安及公主名田县道,关内侯吏民名田,皆无得过三十顷。诸侯王奴婢二百人,列侯公主百人,关内侯吏民三十人,年六十以上,十岁以下,不在数中。贾人皆不得名田为吏。犯者以律论,诸名田畜奴婢,过品皆没入县官。(《哀帝纪》)

丞相孔光,大司空何武奏请诸侯王列侯皆得名田国中,列侯在长安公主名田县道,及关内侯吏民名田,皆毋过三十顷。诸侯王奴婢二百人,列侯公主百人,关内侯吏民三十人,期尽三年,犯者没入官,时田宅奴婢贾为减贱。丁傅用事,董贤隆贵,皆不便也,遂寝不行。(《食货志》)

按唐律占田过限,在户婚二。

女子犯罪作如徒六月顾山遣归。(《平帝纪注》,如淳引令甲。)

令甲,女子犯徒遣归家,每月出钱,顾人于山伐木,名曰顾山。(《光武纪注》)

令甲第六。(见《后书・律历志》)

---

① 原书无此标题,为阅读方便,照目录酌加。

呵人受钱。(《晋书·刑法志》引令乙)

不以罪名呵,为呵人;以罪名呵,为受赇。(《晋书·刑法志》引张斐《律表》)

骑乘车马行驰道中,已论者没入车马被具。(《江充传注》如淳弘令乙)

充出,逢馆陶公主行驰道中,充呵问之。公主曰,有太后诏。充曰,独公主得行,车骑皆不得,尽劾没入官。(《江充传》)

官属以令行道中,宣出逢之,没入其车马。(《鲍宣传》)

从上甘泉,行驰道中,司隶校尉陈庆劾奏方进,没入车马。(《翟方进传》)

乘车马驰行道中,吏举苛而不止,以为盗马而罪亦死。(《盐铁论》)

植尝乘车行驰道中,开司马门出,太祖大怒,公车令坐死。(《魏志·陈思王植传》)

按秦《本纪》,始皇二十七年治驰道。注,应劭曰,驰道,天子道也。《贾山传》,秦为驰道于天下,东穷燕齐,南极吴楚,江湖之上,滨海之观,毕至,道广五十步,三丈而树,厚筑其外,隐以金椎,树以青松。是驰道本秦制。元帝著令太子得绝驰道,即指此也。

跸先至而犯者,罚金四两。(《张释之传注》如淳引令乙)

若今卫士填街跸。疏、汉仪大驾行幸,使卫士填塞街巷,以止行人,备非常也。(《周礼·天官·宫正》注)

出称警,入言跸。注、师古曰,警者,戒肃也,跸、止行人也,言

出入者，互文耳，出亦有跸。《汉仪注》、皇帝辇动，左右侍帷幄者称警，出殿则传跸，止人清道也。（《文三王传》）

嗣侯丙信，建元三年坐出入属车间，免。注、师古曰，天子出行陈列属车，而辄至于其间。（《功臣表》）

按唐律车驾行冲队，在卫禁一。

箠长短有数。（《章帝纪》引令丙）

诈自复免。（《晋书·刑法志》引令甲）

舍者，谓有复除不收役事也。贵者，谓若今宗室及关内侯皆复也。服公事者，谓若今吏有复除也。老者，谓若今八十九十复羡卒也。疾者，谓若今癃不可事者复之。（《周礼·地官·乡大夫》注）

今宽力役之政，二十三始赋，五十六而免，所以辅耆壮而息老艾也。（《盐铁论》）

汉之有复除，犹《周官》之有施舍，皆除其赋役之谓也。然西京时，或以从军，或以三老，或以孝悌力田，或以明经，或以博士弟子，或以功臣后，以至民产子者，大父母父母之年高者，给崇高之祠者，莫不得复，其间美意至多。至东都所复，不过济阳南顿元氏数邑，盖专为天子之私恩矣。（《东汉会要》）

按汉代复除之制，凡有数种：有因从军而复者，如高帝十二年，诏吏二千石入蜀汉定三秦者，皆世世复是也。有因丰沛或宗室而复者，如高帝十一年，令丰人徙关中者皆复终身；十二年以沛为汤沐邑，复其民，世世无有所与；文帝四年，复诸刘有属籍者家无所与是也。有因孝悌力田或高年而复者，如惠帝四年，举民孝悌力田者复其身；武帝建元元年，民年八十复二算，九十复甲卒是也。有因功臣后而复者，如元康元年，复高皇帝功臣绛侯周勃等百三十六人家，其毋嗣者复其次是也。有因博士弟子或通经而复者，如武帝为博士官置弟子五十人复其身；元帝好儒，能通一经者复是也。有因流民而复者，如地节三年，诏流民还归者且勿算事是也。甚有因入粟或入奴婢而复者，如桑弘羊令民入粟，以复终身；武帝募民能入奴婢者，得终身复是也。诈自复免，指不应复免诈为复免者而言。唐律诈自复除，在诈伪。

边郡数被兵，离饥寒，夭绝天年父子相告，令天下共给其费。（《萧望之传》引金布令甲）

不幸死，死所为椟传，归所居县，赐以衣棺。（《高帝纪注》、臣瓒引金布令）

汉王四年八月下令，军士不幸死者，吏为衣衾棺敛，转送其家。八年十一月令士卒从军死者，为槥归其县，县给衣衾棺葬具。（《高帝纪》）

毁伤亡失县官财物。（《晋书·刑法志》引金布律）

按魏晋皆有毁亡律，北齐曰毁损律，隋开皇律删毁亡，唐律弃毁官私器物，在杂律二。

罚赎入责以呈黄金为价。（同上引金布律）

皇帝齐肃，亲帅群臣，承祠宗庙，群臣宜分奉请，诸侯列侯各以民口数率，千口奉金四两奇，不满千口至五百口，亦四两皆会酎少府受。又大鸿胪食邑在九真交趾日南者,用犀角长九寸以上,若玳瑁甲一,郁林用象牙长三尺以上,若翡翠各二十,准以当金。(《礼仪志》注引汉律金布令《章帝志》注引作丁孚《汉仪式》)

诸出入殿门公车司马门乘轺传者皆下,不如令,罚金四两。(《史记·张释之传注》、如淳引宫卫令)

嗣侯魏宏、嗣侯丙显,甘露元年坐酎宗庙骑至司马门,不敬,削爵一级,为关内侯。(《恩泽侯表》)

以列侯侍祠孝惠庙,当晨入庙,天雨淖,不驾驷马车而骑至庙下,有司劾奏,削爵为关内侯。(《韦元成传》)

吏死,官得法赙。(《何并传注》、如淳引公令)

吾生素餐日久,死虽当得法赙,勿受。注、师古曰,赠终者布帛曰赙。(《何并传》)

旧典,二千石卒官,赙百万。(《羊续传》)

阴安侯高帝嫂也。(《文帝纪住》、如淳引祠令)

天子行有所之,出河,沈用白马珪璧各一,衣以缯缇五尺,祠用脯二束,酒六升,盐一升。涉渭灞泾雒他名水如此者,沈珪璧各一,律在所给祠具,及行,沈祠。佗川水先驱投石,少府给珪璧,不满百里者不沈。(《祭祀志上注》引祀令)

都船治水官。(《百官公卿表注》如淳引狱令)

若卢主治库兵将相大臣。(同上　如淳引狱令)

永光九年,复置若卢狱官。注、主鞠将相大臣也。(《和帝纪》)

若卢郎中二十人主弩射。(同上　如淳引品令)

姬并内官也,秩比二千石,位次婕好下,在八子上。(《文帝纪注》,臣瓒引秩禄令)

按《史记·吕后本纪注》，臣瓒引此文，无并字，八子上有七子二字。

商者不农。（《黄香传》引田令）

理国之道，举本业而抑末利，是以先帝禁人二业。（《桓谭传》）

永平中，下令禁民二业，般上言郡国，以官禁二业，至有田者不渔捕。（《刘般传》）

诸当试者不会都所免之。（《燕刺王传注》、张晏引光禄挈令）

八月，太守都尉令长相丞尉会都试课殿最，水处为楼船，亦习战射行船。（《汉旧仪》）

绒。（《说文》纟部引乐浪挈令）

人有产子者，复勿算三岁。（《章帝纪》引令）

按《高帝纪》，七年令民产子复，勿事二岁。注、师古曰，勿事，不役使也，是产子者已免其役，此则并免其赋。

诸侯王朝，得从其国二千石。（《哀帝纪》引令）

吏二千石告过长安谒。（《冯野王传》引令）

诸使有制得行驰道中者，行旁道，无得行中央三丈。（《鲍宣传注》如淳引令）

诸使有制得行驰道中者，行旁道，不得行中央三丈也，不如令，没入其车马。（《三辅黄图》引汉令）

犯法者，各以法时律令论之。（《孔光传》引令）

将以制刑为后法者，则野王之罪，在未制令前也，刑赏大信，不可不慎。（《冯野王传》）

按《通典》引此条，法时作发时。唐律犯时未老疾，发时老疾者，以老疾论；犯时幼小，发时长大者，以幼小论。

完而不髡曰耐。（《史记·赵奢传》《索隐》江遂引汉令）

蛮夷卒有纇。（《说文》纟部引汉令）

蛮夷长有罪，当殊之。（《说文》歺部引汉令）

蛮夷戎狄有罪，当殊。（《史记·苏秦列传》《集解》《风俗通义》引汉令）

按《史记》注云，殊者死也，与诛同指。段氏曰，汉诏云，殊死者，皆谓死罪身首分离也，蛮夷有罪，非必执而杀之也，殊之者，绝之也。

解衣耕谓之襄。（《说文》衣部引汉令）

蹶张士百人。（《史记·申屠嘉传注》孟康引汉令　《说文》走部，引汉令，蹶作趆，无士字）

髳长。（《说文》髟部引汉令）

按《书牧誓》庸蜀羌髳微卢彭濮人。段氏曰，髳长盖如赵佗自称蛮夷大长，亦谓其酋豪也。

甂。（《说文》鬲部引汉令　鬲，汉令作甂）

正亡属将军，将军有罪以闻，二千石以下行法焉。（《胡建传》引军法）

吏卒斩首,以尺籍书下县移郡,令人故行不行,夺劳二岁。(《史记·冯唐传注》,如淳引军法)

按《索隐》云,尺籍谓书其斩首之功于一尺之板,故行不行,谓故命人行而身不自行。故与雇同。唐律征人冒名相代,在厩库。

行逗留畏懦者要斩。(《武帝纪注》如淳引军法)

行而逗留畏桡者要斩。(《史记·韩安国传》,注如淳引军法)

两军相当,将施令曰,斩首拜爵而屈桡者要斩,然而队阶之卒,皆不能前遂斩首之功,而后被要斩之罪。(《淮南子·氾论训》)

彤到不见虏而还,坐逗留畏懦,下狱呕血死。(《祭彤传》)

博望侯张骞,坐以将军击匈奴,畏懦当斩,赎罪免。将梁侯杨仆,坐为将军击朝鲜畏懦,入竹二万个,赎完为城旦。(《功臣表》)

按《战国齐策》,田忌战而不胜,曲桡而诛,是战国时已如是。《文选》任彦升《奏弹曹景宗》云,臣闻顾望避敌,逗桡有刑,是六朝时犹沿是制也。

五人为伍,五伍为两,两有司马,执铎。(《说文》金部引军法依《集韵韵会》引,两下补有字)

百人为卒,五人为伍。(《周礼·夏官》诸子注引军法)

父子俱有死事,得与丧归。(《灌夫传》引汉法宋祁曰,汉法浙本作军法)

有人从军屯及给事县官者，大父母父母死未满三月，皆勿徭令得送葬。《陈忠传》

以上汉令佚文凡四十六条。考汉令自令甲以下，凡三百余篇，其佚文犹时散见于各书，惟所存较之律文仅三之一。此外因大臣条奏，天子随时增订律令者，或称定令，见《刑法志》及《霍去病传》；或称著令，见《史记·平准书》、《景帝成帝》各纪及《冯野王传》；或并称定著令，见《平帝纪》《吴芮韦元成传》。周寿昌《汉书注校补》云，上特定著令，则在律之外，犹今之钦定专条也。其详皆分见杂考及沿革考中，兹不录。

四　律令杂考上

汉律久佚，然《史汉》纪传表志，时得以一人一事之故，推究当时律制。郑司农注《周礼》，以汉制解经，其所称举汉法以况者，亦多属汉律。杜氏《汉律辑证》，已搜讨及之，而摭拾尚多遗漏，引证亦略。兹篇于佚文之外，旁搜博采，杂抄之又得百三十四条，逐事标目，以类相从，间引唐律，以资考证。代远无征，不复能辨其孰为律，孰为令，孰为科比也。作律令杂考。

不道

汉制《九章》，虽并湮没，其不道不敬之目见存，原夫厥初，盖起诸汉。（《唐律疏义》）

逆节绝理，谓之不道。（《晋书·刑法志》引张斐《律表》）

时御史大夫桑弘羊子迁亡，过父故吏侯史吴，会赦，侯史吴自出系狱，议者知大将军指，皆执吴为不道。延年乃奏记（霍）光，以为吏纵罪人有常法，今更诋吴为不道，恐于法深。（《杜延年传》）

师丹等劾（孙）宏误朝不道。（《杜钦传》）

以为宽饶指意欲求禭，大逆不道。（《盖宽饶传》）

博执左道，亏损上恩，以结信贵戚，背君向臣，倾乱政治，奸人之雄，附上罔下，为臣不忠不道。（《朱博传》）

左将军丹奏商执左道以乱政，为臣不忠，罔上不道。（《王商传》）

言事恣意迷国，罔上不道。（《两龚传》）

当贤良等执左道乱朝政，倾覆国家，诬罔主上，不道，皆伏诛。（《李寻传》）

劾奏胜非议诏书，毁先帝不道，下狱。（《夏侯胜传》）

坐怨望非谤政治，不道，弃市。（《严延年传》）

宣坐距闭使者，无人臣礼，大不敬，不道。（《鲍宣传》）

（萧）望之劾奏延寿上僭不道。（《韩延寿传》）

吉子显大为奸利，臧千余万，司隶校尉昌案劾，罪至不道。（《丙吉传》）

弘农太守张匡，坐臧百万以上，狡猾不道，有诏即讯。（《陈汤传》）

议者以为（韩）昌（张）猛擅以汉国世世子孙，与夷狄诅盟，令单于得以恶言上告于天，羞国家，伤威重，不可得行，昌猛奉使无状，罪至不道。（《匈奴传下》）

嗣成陵侯德，鸿嘉三年坐弟与后母乱，共杀兄，德知不举，不道下狱。（《王子侯表》）

嗣湘成侯监益昌，五凤四年，坐为九真太守盗使人出买犀奴婢，臧百万以上，不道、诛。邗侯李寿坐为卫尉居守，擅出长安界，送海西侯至高桥，又使吏谋杀方士，不道，诛。（《功臣表》）

按《史记·酷吏杜周传》，狱久者至更数赦，十有余岁，而相告言，大抵尽诋以不道。《陈汤传》，亦云廷尉增寿议，以为不道无正法，以所犯剧易为罪，臣下承用失其中。盖汉时听断狱讼，各有正法，《王尊传》所谓尊以正法案诛，皆伏其辜是也。不道不敬，皆无正法，故议者易于比附。

大不敬　不敬

亏礼废节，谓之不敬。（《晋书·刑法志》引张斐《律表》）

汤称诈虚，设不然之事，非所宜言，大不敬。（《陈汤传》）

御史中丞众等奏言，敬近臣，为其近主也，礼下公门，式路马，君畜产且犹敬之，上浸之原，不可长也，（宣子）况首为恶，（杨）明手伤，功意俱恶，皆大不敬。（《薛宣传》）

上以问将军中朝臣，皆对以大臣奏事，不宜漏泄，令吏民传写，流闻四方，廷尉劾丹大不敬。（《师丹传》）

秺侯商丘成坐为詹事侍祠孝文庙，醉歌堂下，大不敬，自杀。（《功臣表》）

天子之弓，当戴之于首上，何敢置地，大不敬，即收虎贲付狱置罪。（《御览》三百四十七引谢承《后汉书》）

充国劾安国奉使不敬。（《赵充国传》）

大将军凤风御史中丞劾奏野王赐告养病，而私自便持虎符出界归家，奉诏不敬。（《冯野王传》）

有司复奏望之前所坐明白，无谮诉者，而教子上书，称引亡辜之诗，失大臣体，不敬，请逮捕。（《萧望之传》）

劾灌夫骂坐不敬,系居室。(《灌夫传》)

嗣侯魏宏、嗣侯丙显,甘露元年坐酎宗庙骑至司马门,不敬,削爵一级,为关内侯。(《外戚恩泽侯表》)

按唐律十恶,五曰不道,六曰大不敬。《唐六典》注,北齐立重罪十条,一反逆,二大逆,三叛,四降,五恶逆,六不道,七不敬,八不孝,九不义,十内乱。隋氏颇有损益。《唐律疏义》,周齐虽具十条之名,而无十恶之目,开皇创制,始备此科,酌于旧章,数存于十。是汉时尚无十恶之名也。

不孝

太子爽,坐告王父,不孝弃市。(《衡山王传》)

按《孝经》五刑之属三千,而罪莫大于不孝。《公羊》文十六年何注,无尊上非圣人不孝者,斩首枭之。刘逢禄《公羊释例》云,秦法也。唐律,十恶七曰不孝,注、谓告言诅骂祖父母父母。

禽兽行

有司案验,因发淫乱事,奏立禽兽行,请诛。(《济川王传》)

子定国，与父康王姬奸，生子男一人，夺弟妻为姬，与子女三人奸。事下，公卿皆议曰，定国禽兽行，乱人伦，逆天道，当诛。上许之，定国自杀。（《燕王刘泽传》）

隆虑侯陈蟜，坐母长公主薨，未除服，奸禽兽行当死，自杀。（《功臣表》）

宣帝之世，燕代之间，有三男共取一妇，生四子及至将分妻子而不可均，乃致争讼。廷尉范延寿断之曰，此非人类，当以禽兽从母不从父也，请戮三男，以儿还母。（《搜神记》卷六）

按唐律，十恶十曰内乱，注，谓奸小功以上亲父祖妾及与和者。

先请

议亲、若今时宗室有罪先请，议贤、若今时廉吏有罪先请，议贵、若今时吏墨绶有罪先请。疏、汉法，丞相中二千石金印紫绶，御史大夫二千石银印青绶，县令六百石铜印墨绶（《周礼·秋官·小司寇》注）

令郎中有罪耐以上请之。（《高帝纪》）

黄龙元年，诏吏六百石位大夫有罪，先请之。（《宣帝纪》）

元始元年，令公列侯嗣子有罪耐以上，先请之。（《平帝纪》）

建武三年，诏吏不满六百石下至墨绶长相有罪，先请之。（《光武纪》）

昭平君狱系，内官以公主子廷尉先请。（《东方朔传》）

吏二千石有罪先请。（《刘屈氂传》）

宗正卿岁因计上宗室名籍，若有犯法，当髡以上，先上诸宗正宗室以闻，乃报决。（《百官志》）

按八议之制，见于《周礼》，至秦而废。《商君书赏刑篇》，刑无等级，自卿相将军以至大夫庶人，有不从王令，犯国禁，乱上制者，罪死不赦。汉承秦制，高帝时虽有郎中耐以上先请之令，然特以为恩惠。文帝时，绛侯周勃下狱，贾谊上疏极谏，谓古者廉耻节礼，以治君子，故有赐死而无戮辱，是以黥劓之罪，不及大夫，帝深纳其言。至孝武时，稍复入狱。《应劭传》，安帝时河间人尹次、颍川人史玉，皆坐杀人当死，尚书陈忠以罪疑从轻，议活次玉，劭驳之，谓陈忠不详制刑之本，而信一时之仁；遂广引八议求生之端。《盖勋传注》引《续汉书》，勋谓儁曰，吾以子罪在八议，故为子言。《乐成靖王传》，安帝诏曰，朕览八辟之议，不忍致之于理。是八议之说，至汉末始盛。《吴志·孙霸传》，太平二年（孙基）盗乘御马，收付狱，（孙）亮问侍中刁玄曰，盗乘御马，罪云何？玄对曰，科应死，然鲁王早终，惟陛下哀原之。亮曰，法者天下所共，何得阿以亲亲故耶？当思可以释此者，奈何以情相迫乎？玄曰，旧赦有大小。亮曰，解人不当尔耶。乃赦宫中，基以得免。夫至因亲亲之故，不得已而出于赦，则律无八议甚明。三国时盖犹沿汉制，《唐六典注》八议始于魏，是汉时尚未以八议入律也。

监临部主,见知故纵

汉承秦制,萧何定律,除参夷连坐之罪,增部主见知之条。(《晋书·刑法志》)

张汤赵禹始作监临部主见知故纵之例,其见知而故不举劾,各与同罪,失不举劾,各以赎论,其不知不见不坐。(同上)

始元四年,廷尉李种坐故纵,死罪弃市。(《昭帝纪》)

汤欲致其文丞相见知。张晏注,见知故纵以其罪罪之。(《张汤传》)

上方怒,下吏责问御史大夫曰,司直纵反者,丞相斩之,法也,大夫何以擅止之?(暴)胜之惶恐自杀。(《刘屈氂传》)

劾廷尉少府纵反者。注、师古曰,纵放也。(《杜延年传》)

迁杜陵,坐故纵亡命,会赦。(《朱云传》)

孝成皇帝悔之,下诏书二千石不为纵。注、孟康曰,二千石不以故纵为罪,所以优也。(《王嘉传》)

太初元年,邳离侯路博德坐见知子犯逆不道罪,免。元鼎二年,曲成侯虫皇柔坐为汝南太守,知民不用赤侧钱为赋为鬼薪。元鼎五年,商陵侯赵周坐为丞相知列侯酎金轻,下狱自杀。(《功臣表》)

胶西太守齐徐仁为少府,坐纵反者自杀。左冯翊贾胜胡坐纵谋反者,弃市。(《百官公卿表》)

按《史记·秦始皇本纪》,吏见知不举者与同罪。《李斯传》将军(蒙)恬与扶苏居外,不匡正宜,知其谋。是此法秦已有之。唐律斗讼四,诸监临主司知所部有犯法不举劾者,减罪人罪三等。

故纵　故不直

出罪为故纵,入罪为故不直。(《功臣表注》)

缓深故之罪,急纵出之诛。注、孟康曰,孝武欲急刑吏深害及故入人罪者,皆宽缓。师古曰,吏释罪人,疑以为纵,则急诛之。(《刑法志》)

二十年大司徒戴涉下狱死。注引《古今注》曰,坐入故太仓令奚涉罪。(《光武纪》)

宝坐失死罪免。(《孙宝传》)

臣敞贼杀无辜,鞠狱故不直,虽伏明法,死无所恨。(《张敞传》)

元狩五年,戚圉侯季信坐为太常,纵丞相侵神道,为隶臣。元康元年,商利侯王山寿坐为代郡太守故劾十人罪不直,免。元鼎二年,嗣侯严青翟坐为丞相建、御史大夫汤不直,自杀。(《功臣表》)

按《史记·始皇本纪》三十四年,适治狱吏不直者,筑长城及南方越地,是此法秦已用之,汉盖承秦制也。唐律官司出入人罪,在断狱一。

故误

法令有故误、误者其文则轻。(《郭躬传》)

圣君原心省意,故诛故贳误,故贼加增过,误减损。(《论衡》)

其知而犯之,谓之故,不意误犯,谓之过失。(《晋书·刑法志》引张斐《律表》)

时诏赐降胡子缣,尚书案事,误以十为百,帝见司农上簿,大怒,召郎将笞之。意因入叩首曰,过误之失,常人所容,若以懈慢为愆,则臣位大罪重,臣当先坐。(《钟离意传》)

造意　首恶

唱首先言,谓之造意。(《晋书·刑法志》引张斐《律表》)

偃本首恶,非诛偃无以谢天下,乃遂族偃。(《主父偃传》)

张汤曰,被首为王画反计,罪无赦,遂诛被。(《伍被传》)

(薛)况首为恶,(杨)明手伤,功意俱恶。(《薛宣传》)

宝到部,亲入山谷,谕告群盗,非本造意,渠率皆得悔过自出。(《孙宝传》)

太祖怒收逵等,当送狱取造意者,逵即言我造意,遂诣狱。(《魏志·贾逵传注》引《魏略》)

何敞为交州刺史,表(龚)寿,常律杀人不至族诛,然寿为恶首,令鬼神诉者,千载无一,请皆斩之。(《搜神记》十六)

按唐律,共犯罪造意为首,在名例五。

公罪

种所坐以盗贼公负,罪至征徒,非有大恶。注、太山之贼,种不能讨,是力不足以禁之,法当公坐,故云公负。(《第五种传》)

凌为长,遇事髡刑五岁,当道扫除,时太祖车过,问此何徒,左右以状对,太祖曰,此子师兄子也,所坐亦公耳,于是主者选为骁骑主簿。(《魏志·王凌传注》引《魏略》)

按晋张斐《律表》有犯罪为公为私云云,知晋律与汉同。唐律,同职犯公坐及公事失错,俱在名例五。

首匿

漫訑首匿愁勿聊。注、首匿为头首而藏匿罪人也。(《急就篇》)

汉正首匿之罪,制亡从之法,恶其随非而与人人为群党也。(《论衡》)

武帝军役数兴,豪杰犯禁,奸吏弄法,故重首匿之科。(《梁统传》)

亡之诸侯游宦事人及舍匿者,论皆有法。注、师古曰,舍匿、谓

舍止而藏隐也。(《淮南厉王传》)

皆以为桑迁坐父谋反,而侯史吴臧之,非匿反者,乃匿为随者也,即以赦令除吴罪。后侍御史治实,以桑迁通经术,知父谋反而不谏争,与反者身无异,侯史吴故三百石吏,首匿迁,不与庶人匿随从者等,吴不得赦。(《杜延年传》)

后坐藏匿亡命,削良乡安次文安三县。(《燕刺王传》)

元封四年,毕梁侯婴坐首匿罪人为鬼薪。元康元年,嗣侯崇坐首匿死罪免。元康元年,修故侯福坐首匿群盗弃市。五凤三年,嗣侯延寿坐知女妹夫亡命,笞二百,首匿罪免。(《王子侯表》)

始元五年,军正齐王平子心为廷尉,坐纵首匿谋反者弃市。(《百官公卿表》)

平侯执、孝景中五年坐匿死罪,会赦免。汉清侯参、天汉二年坐匿朝鲜亡虏,下狱瘐死。(《功臣表》)

子伯少有猛志,后坐藏亡命,被系当死。(《魏志·娄圭传注》引《吴书》)

按唐律,知情藏匿罪人,在补亡。

诽谤妖言

除妖言令。师古注,过误之语,以为妖言。(《高后纪》)

二年五月,诏民或祝诅上以相约,而后相谩,吏以为大逆,其有他言,吏又以为诽谤,自今以来,有犯此者勿听治。师古注,高后元年,诏除妖言之令,今此又有妖言之罪,是则中间曾复设此条也。

(《文帝纪》)

除诽谤诋欺之法。(《哀帝纪》)

元和元年,诏诸以前妖恶禁锢者,一皆除之。(《章帝纪》)

永初四年,诏自建初以来,诸妖言他过坐徙边者,各归本部,其没入官为奴婢者,免为庶人。(《安帝纪》)

元凤三年,丞相属宝、长安单安国安陵、捂育,劾(张)寿王吏八百名,古之大夫,服儒衣,诵不祥之辞作妖言,欲乱制度,不道,诽谤益甚,竟以下吏。(《律历志》上)

廷尉定国,奏恽幸得列九卿诸吏宿卫近臣,上所信任,不竭忠爱,尽臣子义,而妄怨望称引,为妖恶言,大逆不道,请逮捕治。(《杨恽传》)

廷尉奏赐孟妄设妖言惑众,大逆不道,皆伏诛。(《眭弘传》)

坐怨望非谤政治,不道弃市。(《严延年传》)

王怒,谓胜为妖言,缚以属吏。(《夏侯胜传》)

(侯)览遂诈作飞章,下司隶,诬(史)弼诽谤,槛车征。(《御览》四百二十引司马彪《续汉书》)

按《路温舒传》,秦之时正言者谓之诽谤,遏过者谓之妖言,是此律秦已有之,汉盖沿秦制也。高后文帝皆有除诽谤妖言之令,而哀帝时又除诽谤法,章帝安帝诸纪所载,复有坐妖言者。《魏志·崔琰传注》引《魏略》,太祖以为琰腹诽心谤,乃收付狱,髡刑输徒,是此法终汉世未尽除也。《通鉴长编纪事本末》载王安石云,文帝除诽谤妖言皆萧何法之所有,是《九章》原有此律也。

祝诅

广陵厉王胥，五凤四年坐祝诅上，自杀。（《诸侯王表》）

鄗侯舟、征和四年，坐祝禮上要斩。注，师古曰，禮古诅字。澎侯屈厘坐为丞相祝禮要斩。平曲节侯曾、五凤四年，坐父祝诅上免。（《王子侯表》）

嗣曲周侯终根祝诅上，要斩。嗣阳河侯其仁、征和三年坐祝诅，要斩。嗣戴侯祕蒙、后元年坐祝诅上大逆，要斩。嗣弓高侯韩兴坐祝诅上，要斩。（《功臣表》）

诋欺

诏书无以诋欺成罪。（《薛宣传》）

朔擅诋欺天子从官，当弃市。（《东方朔传》）

令司隶校尉（王）尊妄诋欺加非于君，方下有司问状。（《匡衡传》）

司隶（校尉陈）庆平心举劾，方进不自责悔，而内挟私恨，伺忌庆之从容语言，以诋欺成罪。（《翟方进传》）

伤于诋欺之文，上不得以功除罪。（《王尊传》）

以春月作诋欺，遂其奸心，盖国之贼也，其免为庶人。（《孙宝传》）

尚书决事,多远故典,罪法无例,诋欺为先。(《陈忠传》)

按以上各传,并举诋欺为罪名,是当时必已著为律令。《哀帝纪》除诽谤诋欺法,是此法至哀帝时始废也。

诬罔

诬罔君臣,使事失实。(《周礼》为邦诬注 《辑证》云此八字疑汉律语)

元鼎元年,乐通侯栾大坐诬罔要斩。(《武帝纪》)

熹平二年,沛相师迁坐诬罔国王,下狱死。(《灵帝纪》)

夏阳人成方,遂诈称卫太子,诬罔不道,要斩。(《隽不疑传》)

知而白之,此诬罔罪也,皆在大辟。(《杜延年传》)

诬罔主上不道,皆伏诛。(《李寻传》)

汤乡侯朱博,建平二年坐诬罔自杀。新甫侯王嘉,元寿元年罔上,下狱瘐死。(《外戚恩泽侯表》)

始元元年,司隶校尉雒阳李仲季主为廷尉坐诬罔,下狱弃市。(《百官公卿表》)

漏泄省中语

建昭二年,淮阳王舅张博,魏郡太守京房,坐窥道诸侯王以邪意,漏泄省中语,博要斩,房弃市。(《元帝纪》)

陈咸为御史中丞,坐漏泄省中语,下狱。(《朱博传》)

捐之漏泄省中语,罔上不道。(《贾捐之传》)

于是石显微伺知之,白奏咸漏泄省中语,下狱掠治,减死,髡为城旦。(《陈万年传》)

告邛泄省中语,下吏自杀。(《赵充国传》)

(窦)宪奏弘大臣漏泄密事,帝诘让弘,收上印绶,弘自诣廷尉。(《郑弘传》)

诏书侍中驸马都尉(傅)迁,巧佞无义,漏泄不忠,国之贼也,免归故郡。(《孔光传》)

河平三年,楚相齐宋登为京兆尹,贬为东莱都尉,坐漏泄省中语,下狱自杀。元凤四年,蒲侯苏昌为太常,后坐籍霍山书泄秘书免。(《百官公卿表》)

袁敞坐子与尚书郎张俊交通,漏泄省中语,策罢,遂自杀。(袁宏《后汉纪》)

按汉法以漏泄省中语为大罪,《容斋随笔》尝论之。唐律,漏泄大事,在职制一。

刺探尚书事

若今刺探尚书事。疏汉尚书掌机密。(《周礼·秋官·士师》注)

尚书奏伦探知密事,徼以求直,坐不敬,结鬼薪。(《杨伦传》)

司徒颍川韩演伯南为丹阳太守,坐从兄季朝为南阳太守刺探

尚书,演法车征。(《风俗通》)

按惠栋《九经古义》,沈约曰:写书谓之刺,汉制不得刺尚书事是也。《后汉书·杨伦传》尚书奏伦探知密事,盖汉律有此条,故郑据以为说。

不当得为

首匿见知、纵所不当得为之属,议者或言其法可蠲除,今因此令赎,其便益甚。(《萧望之传》)

昌邑哀王歌舞者张脩等十人,王薨当罢归,大傅豹等擅留,以为哀王园中人,所不当得为。师古注,于法不当然。(《昌邑王传》)

奏言商贾或豫收上方不祥器,冀其疾用,欲以求利,非臣民所当为,请没入县官。(《田延年传》)

曹腾字季兴,少除黄门从官,迁至中常侍、大长秋。蜀郡太守因计吏修敬于腾,益州刺史种嵩于幽谷关,搜得其牍,上太守,并奏腾内臣外交,所不当为,请免官治罪。(《魏志》卷一注引《续汉书》)

按《御览》六百四十八引《尚书大传》非事之事入不以道义诵不祥之辞者其刑墨,注、非事而事之,今所不当得为也。是此律其源甚古,唐律不应得为,在杂律一。

非所宜言

(张)寿王非汉历,逆天道,非所宜言,大不敬。(《律历志》上)

又知张美人体御至尊,而妄称引羌胡杀子荡肠,非所宜言。(《元后传》)

丞相御史奏汤惑众不道,妄称诈归异于上,非所宜言。(《陈汤传》)

非所宜言,有司案验,请逮捕。(《昌邑王传》)

而称引亡秦,以为比喻,诖误圣朝,非所宜言。(《师丹传》)

下之廷尉,必曰非所宜言,大不敬。(《梅福传》)

征博下狱,以非所宜言,弃市。(《王莽传》)

人有上书告长乐非所宜言,事下廷尉。(《杨恽传》)

卑君尊臣,非所宜称,失大臣体。(《王尊传》)

臣敞谬预机密,言所不宜,罪名明白,当填牢狱。(《郅恽传》)

后坐帝事下狱,狱穷讯得其宿与人言,汉朝当生勇怒子如武帝者,劾暴以为先帝为怒子,非所宜言,大不敬。(《群书治要》四十四引《桓子新论》)

按《史记·叔孙通传》,二世令御史案诸生言反者下吏,非所宜言,汉盖本秦律也。《初学记》廿四引梁沈约《奏弹孔稾》肆此丑言,比物连类,非所宜称云云,是六朝时犹用此律。

轻侮

安丘男子毋丘长，与母俱行市，道遇醉客，辱其母，长杀之而亡，安丘追踪于胶东得之。祐呼长谓曰，子母见辱，人情所耻，然孝子忿必虑难，动不累亲，今若背亲逞怒，白日杀人，赦若非义，刑若不忍，将如之何？长以械自系曰：国家制法，囚身犯之，明府虽加哀矜，恩无所施。（《吴祐传》）

建初中，有人侮辱人父者，而其子杀之，肃宗贳其死刑而降宥之，自后因以为比，遂定其议，以为轻侮法。（《张敏传》）

按《张敏传》极言轻侮法之非，以为先帝一切之恩，未有成科颁之律令也，是西汉原无此律。然考《周礼地官》调人注云，父母兄弟师长尝辱焉而杀之者，如是为得其宜，虽所杀人之父兄，不得仇也，使之不同国而已。司农时以汉法解经，知此法汉末尚未改也。

报仇

父不受诛，子复仇可也；父受诛，子复仇，推刃之道也。（《公羊》定四年何注）

二千石以令解仇怨，后复相报，移徙之。（《周礼·地官·调人》注）

今人相杀伤，虽已伏法，而私结冤仇，子孙相报，后忿深至于灭户殄叶。今宜申明旧令，若已伏官诛而私相杀伤者，虽一身逃亡，

皆徙家属于边,其相伤者,常加二等,不得顾山赎罪,如是则仇怨自解,盗贼息矣。(《桓谭传》)

兄为乡人所杀,朗白日操刃,报仇于县中。(《魏朗传》)

汉时官不禁报怨,民家皆高楼鼓其上,有急即上楼击鼓,以告邑里,令救助。(《御览》五百十八引王褒《僮约注》)

按《曲礼》父之仇弗与共戴天,兄弟之仇不反兵,汉制盖犹近古。《晋志》魏改汉律,贼斗杀人以劾而亡,许依古义听子弟得追杀之,曾赦及过误,相不得报仇,所以止杀害也云云,是汉时虽赦或过误,犹得报仇可知。

杀人

南利侯宝,坐杀人夺爵。(《广陵厉王传》)

湖阳公主苍头白日杀人,因匿主家,吏不能得。及主出行,而以奴骖乘,宣于夏门亭候之,乃驻车叩马,以刀画地,大言数主之失,叱奴下车,因格杀之。(《董宣传》)

嗣河间王元,坐杀人废迁房陵。(《诸侯王表》)

轵侯薄昭,孝文十年坐杀使者自杀。(《恩泽侯表》)

兹侯明,元朔三年坐杀人自杀。原洛侯敢、征和三年,坐杀人弃市。宜城康侯福、太初元年坐杀弟弃市。(《王子侯表》)

执金吾马适建坐杀人下狱。(《百官公卿表》)

按《公羊》文十六年何注,杀人者刎脰,《释例》云,盖秦法也，高祖入关，约法三章，杀人者死，见《史记》。

谋杀

二人对议谓之谋。（《晋书·刑法志》引张斐《律表》）

羊胜公孙诡谋刺袁盎，自杀。（《梁孝王传》）

嗣章武侯窦常生，元狩元年，坐谋杀人未杀免。（《恩泽侯表》）

荣关侯骞，坐谋杀人，会赦免。（《王子侯表》）

嗣博阳侯陈塞，坐谋杀人，会赦免。（《功臣表》）

按唐律，谋杀人，在贼盗一。

斗杀

两讼相趣谓之斗。（《晋书·刑法志》引张斐《律表》）

变斗杀伤捕伍邻。注、变斗者，为变难而相斗也；杀伤，相伤及相杀也；捕，收掩也。有犯变斗伤杀者，则同伍及邻居之人皆被收掩也。（《急就篇》）

按《史记》商鞅令民为什伍而相收司。李悝《法经》有囚捕二篇，汉《九章》中捕律，沿秦之旧，故于斗杀伤，犹捕及邻伍也。

戏杀

两和相害谓之戏。(《晋书·刑法志》引张斐《律表》)

律有甲娶,乙丙共戏甲,旁有柜,比之为狱,举置柜中复之,甲因气绝,论当鬼薪。(《酉阳杂俎》)

按唐律,戏杀伤人,在斗讼三。

狂易杀人

忠奏狂易杀人,得减重论,事皆施行。(《陈忠传》)

河内太守上民张大,有狂病,病发杀母弟,应枭首,遇赦,谓不当除之,枭首如故。(《御览》六百四十八引廷尉决事)

使人杀人

嗣侯阳戎奴,元狩五年坐使人杀季父,弃市。嗣侯萧获,永始元年坐使奴杀人,减死完为城旦。(《功臣表》)

嗣侯毋害,本始二年坐使人杀兄弃市。武安侯授,元寿二年坐使奴杀人免。乐侯义坐使人杀人,髡为城旦。阳兴侯昌坐朝私留

他县，使庶子杀人，弃市。富侯龙，元康元年坐使奴杀人，下狱瘐死。（《王子侯表》）

钜鹿太守朱寿为廷尉，元凤五年，坐侍中邗元下狱、风吏杀元，弃市。（《百官公卿表》）

嗣侯姽君当坐使奴杀家丞，弃市。（《恩泽侯表》）

周玘字孟玉，为右将军掾，弟子使客杀人，被罪。（《御览》五百十二引《风俗通》）

杀继母

汉景帝时，廷尉上囚防年继母陈论杀防年父，防年因杀陈，依律、杀母以大逆论，帝疑之。武帝时年十二，为太子，在旁，帝命问之。太子答曰，夫继母如母，明不及母，缘父之故，比之于母。今继母无状，手杀其父，则下手之日，母恩绝矣。宜与杀人者同，不宜与大逆论，从之。（《通典》一百六十六）

按魏改汉律，正杀继母与亲母同，防继假之隙，见《晋志》引《魏新律序》。

杀子孙

小民因贫，多不养子，彪严为其制，与杀人同罪。（《贾彪传》）

宗庆迁长沙太守，人多以乏衣食，产乳不举，庆切让三老，禁民杀子，比年之间，民养子者三千余人。（《书钞》七十五引《谢承后汉书》）

按《书·康诰》，于父不能字厥子，乃疾厥子，刑兹无赦。《公羊传》僖五年，晋侯杀其世子申生，曷为直称晋侯，甚之也。何休注，甚之者，甚恶杀亲亲也。汉以前疑无杀子孙减轻之律，故贾彪得严其制，与杀人同罪。《通考》引魏斗律，祖父母父母忿怒以兵刃杀子孙者，五岁刑，殴杀及爱憎而故杀者，各减一等。唐律，以刃杀子孙者徒二年，故杀者加一等。

杀奴婢

建武十一年，诏敢炙灼奴婢，论如律，免所炙灼者为庶民。（《光武纪》）

首乡侯段曹曾孙胜，坐杀婢国除。（《东观汉记》）

按唐律，主杀奴婢在斗讼二。

杀牛弃市

法禁杀牛，犯之者诛。（《淮南子》高诱注）

曲周民父病，以牛祷县结正弃市。（《魏志·陈矫传》）

按《曲礼》诸侯无故不杀牛，是周时已有禁，汉特严其制耳。

杀伤人所用兵器，盗贼臧，加责没入县官

杀伤人所用兵器盗贼臧，加责没入县官。（《周礼·秋官·司厉》注）

按疏云加责，即今倍臧，《唐律》名例诸彼此俱罪之臧及犯禁之物则没官。

保辜

古者保辜，辜内当以弑君论之，辜外当以伤君论之。疏、其弑君论之者，其身枭首，其家执之；其伤君论之，其身斩首而已，罪不累家，汉律有其事。（《公羊》襄七年何注）

疻痏保辜謕呼号。注、保辜者，各随其状轻重，令殴者以日数保之，限内至死，则坐重辜也。（《急就篇》）

嗣昌武侯单德，元朔三年坐伤人二旬内死，弃市。（《功臣表》）

按唐律，保辜在斗讼一。

殴父母

妻甲夫乙,殴母,甲见乙殴母而杀乙。《公羊》说甲为姑讨夫,犹武王为天诛纣。郑驳云,乙虽不孝,但殴之耳,杀之大甚。凡在官者未得杀之,杀之者士师也。(《礼记·檀弓·正义》)

甲父乙与丙争言相斗,丙以佩刀刺乙,甲即以杖击丙,误伤乙,甲当何论?或曰殴父也,当枭首。(《御览》六百四十引董仲舒《决狱》)

按唐律,殴詈父母,在斗讼四。

殴兄姊

殴兄姊加至五岁刑,以明教化也。(《晋书·刑法志》)

按魏改汉律,加殴兄姊至五岁刑,则汉律当在四岁刑以下。

发墓

天子县官法曰,发墓者诛。(《淮南子·汜论训》)

宦者赵忠丧父，归葬安平，僭为玙璠玉匣偶人。穆闻之，下郡按验，吏遂发墓剖棺，陈尸出之。帝闻大怒，征穆诣廷尉，输作左校。(《朱穆传》)

上洛男子张卢，死二十七日，人盗发其冢。卢得苏，起问盗人姓名，郡县以盗元意奸轨，卢复由之而生，不能决。豫州牧呼延谟以闻。诏曰，以其意恶功善，论笞三百，不齿终身。(《御览》五百五十九引《汉记》)

按唐律发冢，在贼盗三。

篡囚

奏谋篡死罪囚，有司请诛，上不忍，削立五县。注、师古曰，逆取曰篡。(《济川王传》)

攸舆侯则，太初元年，坐篡死罪囚弃市。(《王子侯表》)

按魏改汉律，正篡囚弃市之罪，事见《晋志》。唐律劫囚在贼盗一。

持质

汉科有持质。(《晋书·刑法志》)

劫名其财为持质。(同上引张斐《律表》)

富人苏回为郎,二人劫之。有顷,广汉将吏到家,自立庭下,使长安丞龚奢叩当户晓贼,曰:京兆尹赵君谢两卿,无得杀质,此宿卫臣也。释质束手,得善相遇,幸逢赦令,或时解脱。二人素闻广汉名,即开户出,下堂叩头,送狱,敕吏谨遇,给酒肉,至冬,当出死,豫为调棺给敛葬具,告语之,皆曰:死无所恨。(《赵广汉传》)

玄少子十岁,独游门次,卒有三人持杖劫执之,入舍登楼,就玄求货。玄嗔目呼曰:玄岂以一子之命,而纵国贼?促令兵进,玄子亦死矣。乃诣阙谢罪,乞下天下,凡有劫质,皆命杀之,不得赎以财宝,开张奸路。诏书下其章,劫质遂绝。(《桥玄传》)

乃著令,自今以后有持质者,皆当并击勿顾,由是劫质者遂绝。注、孙盛曰:按《光武纪》建武九年,盗劫阴贵人母弟,吏以不得拘质,迫逐盗,盗遂杀之(《魏志·夏侯惇传》)

张敞为太原太守,有三人劫郡界,持三人为质。敞诣所谕曰:释质,太守释汝,乃解印绶以示之,曰:丈夫不相欺。贼释质自首,遂纵之。(《书钞》三十九)

按唐律贼盗诸有所规避而执持人为质者,皆斩,部司及邻伍知见避质不格者,徒二年。

盗园陵物

人有盗发孝文园瘗钱,丞相严青翟自杀。(《张汤传》)

元鼎四年，嗣侯张拾坐入上林谋盗鹿，完为城旦。（《功臣表》）

汉诸陵皆属太常，人有盗柏，弃市。（《御览》九百五十四引《三辅旧事》）

盗官物弃市

乐安侯匡衡，建始四年，坐颛地盗士免。阳城侯田延年坐为大司农，盗都内钱三十万，自杀。（《恩泽侯表》）

太子郭夫人弟为曲周县吏，断盗官布，法应弃市。（《魏志·鲍勋传》）

迁大理正，有盗官练置都厕上者，吏疑女工，收以付狱。（《魏志·司马芝传》）

盗马盗牛

故盗马者死，盗牛者加，所以重本而绝轻疾之资也。（《盐铁论·刑德篇》）乡里有盗牛者，主得之，盗请罪曰：刑戮是甘，乞不使王彦方知也。（《王烈传》）

平侯遂坐，知人盗官、母马为臧。（《王子侯表》）

按唐律，盗官私牛马杀，在贼盗三。

盗伤与杀同罪

盗伤与杀同罪,所以累其心而责其意也。(《盐铁论》)

按唐律,因盗过失杀伤人,在贼盗四。

和奸

嗣侯董朝,元狩三年坐为济南太守与城阳王女通,耐为鬼薪。嗣侯宣生,元朔二年坐与人妻奸,免。(《功臣表》)

利取侯毕寻玄孙守,坐奸人妻,国除。(《东观汉记》)

按唐律,诸奸者徒一年半,《疏义》谓指和奸言之。

强奸

不和谓之强。(《晋书·刑法志》引张斐《律表》)

庸厘侯端坐强奸人妻,会赦免。(《王子侯表》)

按唐律,强奸加和奸一等。

居丧奸

堂邑侯陈季须,坐母公主卒未除服奸,当死,自杀。嗣侯融,坐母丧未除服奸,自杀。(《功臣表》)

嗣常山王勃,坐宪王丧服奸,废徙房陵。(《诸侯王表》)

按唐律,居父母及夫丧奸者,加凡奸罪一等。

奸部民妻

谢夷吾字尧卿,山阴人也,为州刺史,行部到南鲁县,遇孝章皇帝巡狩,有亭长奸部民妻者,县言和,上意以吏奸民妻,何得言和?且观刺史决当云何。顷夷吾呵之曰:亭长诏书朱帻之吏,职在禁奸,今为恶之端,何得言和?切让三老孝弟兄长罪。(《御览》六百三十九引《会稽典录》 又见《通典》一百六十八)

按《唐律》监主于监守内奸,在杂律一。

乱妻妾位

孔乡侯傅晏,坐乱妻妾位,免。(《恩泽侯表》)

按《孟子》齐桓五禁，一曰无以妾为妻。唐律以妻为妾，在户婚二。

七弃三不去

妇人有七弃三不去，无子弃，绝世也，淫泆弃，乱类也，不事舅姑弃，悖德也，口舌弃，离亲也，盗窃弃，反义也，嫉妒弃，乱家也，恶疾弃，不可奉宗庙也。尝更三年丧不去，不忘恩也，贱取贵不去，不背德也，有所受无所归，不去，不穷穷也。（《公羊》庄二十七年何注）

妇有七去：不顺父母去，无子去，淫去，妒去，有恶疾去，多言去，窃盗去。不顺父母去，为其逆德也；无子，为其绝世也；淫，为其乱族也；妒，为其乱家也；有恶疾，不可与共粢盛也；口多言，为其离亲；盗窃，为其反义也。妇有三不去，有所取、无所归，不去；与更三年丧，不去；前贫贱，后富贵，不去。（《大戴礼记·本命篇》）

按唐律，户婚虽犯七出有三不去而出之者，杖一百。《疏义》七出者依令，疑汉当亦同，是七弃三不去之文，皆载于汉令，今不可考矣。近人李慈铭《越缦堂日记》论之曰：七出之条，自汉律至今，沿之不改。其六者无论矣，至于无子，非人所自主也，以此而出，则狂且荡色者，将无所不为。《唐律疏义》申之曰：妻年五十以上无子，听立庶以长，即是四十九以下无子，未合出之。斯言也深知礼意。妻而无子，情之所矜，必待至五十,则有不更三年丧者寡矣。古人三十而娶,五十服官政,则贫贱有不富贵者寡矣。律虽设而未尝用也。郑君《仪礼注》云,天子诸侯后夫人无子不出,天子元士视子男。今之五品以上,皆古之诸侯,则士大夫家无以无子出者也。《穀梁传云》,一人有子,三人缓带,言侄娣有子,则嫡不去。今无侄娣而许有妾,则妾有子者,妻亦不去也。其论颇精,附识于此。

无子听妻入狱

安丘男子毋丘长白日杀人,以械自系,祐问长有妻子乎?对曰:有妻未有子也。即移安丘,逮长妻,妻到,解其桎梏,使同宿狱中,妻遂怀孕。至冬尽行刑,长泣谓母曰:妻若生子,名之吴生。(《吴祐传》)

鲍昱为泚阳长,县人赵坚杀人系狱,其父母诣昱,自言年七十余,惟有一子,适新娶,今系狱当死,长无种类,涕泣求哀。昱怜其言,令将妻入狱,遂妊身有子。(《御览》六百四十三引《东观汉记》)

按《晋书・乔智明传》,张兑为父报仇,有妻无子,智明愍之,令兑将妻入狱,于狱产一男,会赦得免。《北史》后周时裴政为司宪,用法宽平,囚徒犯极刑者,许其妻子入狱就之。是魏晋以来,久已著为成例,然其制实始于汉。赵翼《陔余丛考》

谓近世囚无子者，许其妻入宿，古时未有定制，特长吏法外行仁，恐不尽然。

孕妇缓刑

孕者未乳，当鞫系者颂系之。（《刑法志》）

（王莽子）宇使（妇兄吕）宽夜持血，洒莽第，门吏发觉之，莽执宇送狱，饮药死。宇妻焉怀子，系狱，须产子已杀之。（《王莽传》）

按《魏志·何夔传注》引干宝《晋纪》，毋丘俭孙女适刘氏，以孕系廷尉。《魏书·刑罚志》世祖定律，妇人当刑而孕，产后百日乃决，此皆孕妇缓刑之例，然其制实始于汉也。

五　律令杂考下

搏掩

掘冢博掩，犯奸成富。（《史记·货殖传》）

元鼎四年，嗣侯张拾蔡辟方坐搏掩，完为城旦。元鼎元年，嗣侯黄遂坐搏掩夺公主马，髡为城旦。注、师古曰：搏掩，谓搏击掩袭人而夺其物也。搏字或作博。一曰六博也，掩意钱之属也，皆谓戏而取人财也。（《功臣表》）

太子勃私奸饮酒博戏击筑，天子遣大行（张）骞验问。（《常山宪王传》）

按《晋志》载李悝《杂律》有博戏，唐律博戏赌财物，亦在杂律。吴仁杰《两汉刊误补遗》引《潜夫论》，今人奢衣服，侈饮食，或以游博持掩为事，则搏当作博。颜注谓戏而赌取财物，此说是也。博掩本汉人语，符汉人，宜得其实。沈钦韩《汉书疏证》所引亦同。今本《潜夫论·浮侈篇》作或以游敖博弈为事，盖传写之误。

通行饮食

至于通行饮食，罪至大辟。注、通行饮食，犹今律云过致资给与同罪也。(《陈忠传》)

捕长安中轻薄少年恶子数百人，皆劾以通行饮食群盗。(《尹赏传》)

暴胜之等奏杀二千石诛千石以下及通行饮食者。(《元后传》)

及以后诛通饮食坐连诸郡，甚者数千人。(《史记・杨仆传》)

夜行

以诏夜士夜禁，御晨行者，禁宵行者，夜游者。注、夜士主行夜徼候者，如今都候之属。(《周礼・秋官・司寤》注)

尉曰：今将军尚不得夜行，何故也？(《李广传》)

灵帝爱幸小黄门蹇硕叔父夜行，即杀之，京师敛迹，莫敢犯者。(《魏志》卷一注引《曹瞒传》)

年过七十而以居位，譬犹钟鸣漏尽，而夜行不休，是罪人也。(《魏志・田豫传》)

永宁诏钟鸣漏尽，洛阳城中不得有行者。(《文选》鲍明远《放歌行注》引崔实《政论》)

按唐律，犯夜在杂律一。

出界

嗣阳邱侯偃，孝景四年坐出国界，耐为司寇。祝兹侯延年，坐弃印绶出国，免。（《王子侯表》）

邗侯李寿坐为卫尉，居守擅出长安界，送海西侯至高桥，诛。嗣终陵侯华禄，坐出界耐为司寇。嗣宁严侯魏指，孝文后三年坐出国界，免。（《功臣表》）

坐擅离部署，会赦，免归家。（《王尊传》）

按唐律，刺史县令私出界在职制一。

无籍入宫殿门

无引籍不得入宫司马殿门。贾疏谓汉法言引籍者，有门籍及引人乃得出入也。司马殿门者，汉宫殿门，每门皆使司马一人守门，比千石，皆号司马殿门。（《周礼·天官·宫正》注）

今宫门有薄籍。疏云举汉法以况之。（《周礼·秋官·士师》注）

令从官给事宫司马中者，得为大父母父母兄弟通籍。注、应劭曰，籍者为二尺竹牒，记其年纪名字物色，县之宫门，按省相应，乃得入也。（按崔豹《古今注》引此条，二尺作尺二），颜师古曰：司马门者，宫之外门也，卫尉有八屯卫侯司马，主卫士徼巡宿卫，每面各二司马，故谓宫之外门为司马门。（《元帝纪》）

太后除婴门籍,不得朝请。(《窦婴传》)

梁之侍中郎谒者,著引籍出入天子殿门,与汉宦官无异。(《梁孝王传》)

按唐律,无著籍入宫殿,在卫禁一。

阑入宫掖

天子宫门曰司马,阑入者为城旦,殿门阑入者弃市。(《贾谊新书》)

阑入尚方掖门。注、应劭曰:无符籍妄入宫曰阑。(《成帝纪》)

充国为大医监,阑入殿中,下狱当死。(《上官皇后传》)

嗣侯曹宗,征和二年,坐与中人奸阑入宫掖门,入财赎完为城旦。嗣侯王当,元封元年,坐阑入甘泉上林,免。(《功臣表》)

嗣侯卫伉,太初五年,坐阑入宫,完为城旦。(《恩泽侯表》)

按唐律,阑入宫门、阑入非御在所,均在卫禁一。

失阑

以明经射策甲科为郎,坐户殿门失阑,免。注、师古曰:户止也,嘉掌守殿门,止不当入者,而失阑入之,故坐免也。(《王嘉传》)

不卫宫

延熹二年，大将军梁冀被诛，广与司徒韩演、司空孙朗，坐不卫宫，皆减死一等，夺爵土，免为庶人。（《胡广传》）

按唐律，宿卫上番不到，在卫禁一。

兵所居比司马，阑入者髡。（《白帖》引《春秋决狱》）

官府禁无故擅入，城门禁离载下帷。（《周礼·秋官·士师》注。贾疏云，离载下帷者，谓在车离耦，耦载而下帷，恐是奸非，故禁之）

阑出入关

元封三年，嗣侯杜相夫坐为大常，与大乐令中可当郑舞人，擅繇阑出入关，免。注、师古曰：择可以为郑舞而擅从役使之人，阑出入关。（《功臣表》）

而文吏绳以为阑，出财物如边关乎？注、应劭曰：阑、妄也。臣瓒曰：无符传出入为阑。（《汲黯传》）

今边塞未正，阑出不禁。（《西域传》）

按唐律，私度关在卫禁二。

关用传出入

传如今过所文书。贾疏,过所文书,当载人年几及物多少,至关至门,皆别写一通,入关家门家,乃案勘而过,其自内出者,义亦然。(《周礼·地官·司关》注)

十二年,除关无用传。注、张晏曰:传信也,若今过所也。如淳曰:两行书缯帛,分持其一,出入关合之,乃得过,谓之传也。李奇曰:传棨也。师古曰:张说是也。古者或用棨,或用缯帛,棨者刻木为合符也。(《文帝纪》)

元年诏曰:孝文皇帝临天下,通关梁不异远方。注、张晏曰:孝文十二年除关不用传,令远近若一。四年复置诸关,用传出入。注、应劭曰:文帝十二年除关无用传,至此复用传,以七国新反,备非常。(《景帝纪》)

本始四年,诏上书入谷输长安仓,助贷贫民,民以车传载谷入关者,得毋用传。(《宣帝纪》)

旧法行者持符传,即不稽留。(《王莽传注》)

繻、符也,书帛裂而分之,若券契矣。苏林曰:繻、帛边也,旧关出入皆以传,传烦,因裂繻头各以为信也。(《终军传注》)

过所至关津以示之也,传、转也,移转所在,识以为信也。(《释名》)

凡传皆以木为之,长五寸,书符信于上,又以一板封之,皆封以御史印章,所以为信也,如今之过所也。(崔豹《古今注》)

按唐律,诸不应度关而给过所及冒名请过所而度者,各徒一年,在卫禁二。《册府元龟》一百九十一载梁开平四年诏司门过所,先颁经中书门下点检,宜委宰臣赵光逢专判出给,是五代时犹沿过所之名也。

马高五尺六寸,齿未平,弩十石以上,皆不得出关。

中元四年,御史大夫绾奏禁马五尺九寸以上,齿未平,不得出关。注、服虔曰:马十岁,齿下平。(《景帝纪》)始元五年,罢天下亭母马及马弩关。注、孟康曰:旧马高五尺六寸,齿未平,弩十石以上,皆不得出关。(《昭帝纪》)

禁游宦诸侯及无得出马关者,岂不曰诸侯国众车骑,则力益多。(贾谊《新书》)

因关马及弩不得出,绝游说之路,诸侯王遂以弱,主父偃之谋也。(刘向《新序》)

内珠入关者死。(《列女传》引汉法)

买塞外禁物

孝景二年,嗣侯朱九坐寄使匈奴买塞外禁物,免。(《功臣表》)

按唐律，卫禁共化外人私相交易者，准盗论。

贩卖租铢

除其贩卖租铢之律。注、《师古》曰：租铢谓计其所卖物价，平其锱铢而收租也。(《食货志》)

除其租铢之律。注、《师古》曰：租税之法，皆依田亩，不得杂计百物之铢两。(《贡禹传》)

市买为券，书以别之，各得其一，讼则案券以正之。(《周礼·秋官·士师》注)

按唐律，买奴婢牛马立券，在杂律一。

得遗物及放失六畜，持诣乡亭县廷，大物没入公家，小物自畀。(《周礼·秋官·朝士》注)

按唐律，得阑遗物，在杂律二。

一室二尸，则官与之棺。(《周礼·秋官·小行人》注)

私铸铁器鬻盐者，钛左趾，没入其器物。(《食货志》)

私铸钱罪黥

铸钱之情，非殽铅铁及锡杂铜也，不可得而赢，而殽之甚微，实

皆黥罪也。（贾谊《新书》）

铸铜锡为钱，敢杂以铅铁为他巧者，其罪黥。（《食货志》）

自五铢钱起，已来七十余年，民坐盗铸钱被刑者甚众。（《贡禹传》）

文帝除铸钱令，山对以为钱者亡用器也，而可以易富贵；富贵者，人主之操柄也，令民为之，是与人主共操柄，不可长也。其后复禁铸钱云。（《贾山传》）

文帝之时，纵民得铸钱冶铁煮盐，吴王擅鄣海泽，邓通专西山，山东奸猾咸聚吴国，秦雍汉蜀因邓氏，吴邓钱布天下，故有铸钱之禁。（《盐铁论》）

按唐律私铸钱，在杂律一。

加贵取息坐臧

若今时加贵取息坐臧。（《周礼·秋官·朝士》注）

邔侯黄遂，元鼎元年坐卖宅县官故贵，国除。（《史记·功臣侯表》）

按唐杂律，诸市司评物价不平者，计所贵贱，坐赃论。

取息过律

王莽时民贷以治产业者，但计赢所得，受息无过岁什一。疏云，此

与周少异,周时不计其赢所得多少。(《周礼·地官·泉府》注)

旁光侯殷,元鼎元年坐贷子钱不占租,取息过律免。师古注,以子钱贷人,律合收租,匿不占,取息利又多。陵乡侯䜣,建始二年坐使人伤家丞,又贷谷息过律,免。师古注,以谷贷人而多取其息。(《王子侯表》)

按《史记·货殖传》,吴楚兵起,长安中列侯封君行从军旅,赍贷子钱家,子钱家以为关东成败未决,莫肯予,唯毋盐氏出捐千金贷,其息十之。三月吴楚平,一岁之中则毋盐氏息十倍,用此富埒关中。《索隐》谓出一得十倍,是汉初尚无定律也。

事国人过律

嗣东第侯刘告,孝文十六年坐事国人过员免。注、师古曰:事役吏之员数也。嗣信武侯靳亭、嗣祝阿侯高成,孝文后三年坐事国人过律,免。(《功臣表》)

按唐律职制,若有吉凶借使所监临者,不得过二十人,人不得过五日。

平贾

治河卒非受平贾者,为著外繇六月。注、苏林曰:平贾以钱取

人作卒,顾其时庸之平价也。(《沟洫志》)

平贾一月,得钱二千。(同上注、如淳引《律说》)

汉科有平庸坐赃。(《晋书·刑法志》)

按唐名例律,平功庸者计一人一日为绢三尺。

擅赋

祚阳侯仁,初元五年,坐擅兴繇赋,削爵一级。(《王子侯表》)

敛人财物,积藏于官,为擅赋。(《晋书·刑法志》引张斐《律表》)

射擅

元光二年,嗣侯增它坐射擅免。注、师古曰:方大射,擅自罢去也。(《功臣表》)

按唐律,校阅违期,在擅兴。

擅发兵

未赐虎符而擅发兵,厥罪乏兴。注、师古曰:擅发之罪,与乏军兴同科也。(《王莽传》)

弓高侯告胶西王曰，未有诏书虎符，擅发兵，王其自图之。邛遂自杀。(《吴王濞传》)

安乃劾(窦)景，擅发边兵，警惑吏人，二千石不待符信，而辄承景檄，当伏显诛。(《袁安传》)

元狩二年，从平侯公孙戎奴，坐为上党太守发兵击匈奴，不以闻，免。轪侯黎扶，元封元年为东海太守，行过擅发卒为卫，当斩，会赦免。(《功臣表》)

按汉时发兵，须有虎符。《周礼·春官·牙璋》注，以牙璋发兵，若今时以铜虎符发兵。《齐王传》魏勃给召平曰：王欲发兵，非有汉虎符验也。《严助传》，上新即位，不欲出虎符发兵郡国，乃遣助以节发兵会稽，会稽守欲距不为发，是其证也。唐律，擅发兵在擅兴。

擅弃兵

延和四年，嗣侯多卯，坐与归义赵文王将兵追反虏，到弘农擅弃兵还，赎罪免。(《功臣表》)

按唐律，主将临陈先退，在擅兴。

从军逃亡

臣将种也，请得以军法行酒。顷之，诸吕有一人醉亡酒，章追

拔剑斩之而还，报曰：有亡酒一人，臣谨行军法，斩之。（《高五王传》）

时天下草创，多逋逃，故重士亡法，罪及妻子。（《魏志·卢毓传》）

旧法，军征士亡，考竟其妻子，太祖患犹不息。柔曰：士卒亡军，诚在可疾，然窃闻其中时有悔者，愚谓乃宜贷其妻子。（《魏志·高柔传》）

按唐律，从军征讨亡，在捕亡。

失期当斩

以将军出北地，后票骑失期，当斩，赎为庶人。（《公孙敖传》）

庞参以失期军败抵罪。（《西羌传》）

汉法博望侯后期当死，赎为庶人。（《李广传》）

骞后期当斩。（《张骞传》）

（曹）休犹挟前意，欲以后期罪逵。（《魏志·贾逵传注》引《魏书》）

按《荀子·君道篇》引书曰不逮时者，杀无赦，《韩诗外传》引作周制。《陈胜传》度已失期，失期法斩，汉盖沿秦制也。

亡失士卒多当斩

出代,亡卒七千人,当斩,赎为庶人。再出击匈奴,至余吾,亡士多,下吏、当斩。(《公孙敖传》)

吏当广亡失多为虏所生得,当斩,赎为庶人。(《李广传》)

按《项羽传》,陈余遗章邯书云,所亡失已十万数,恐二世诛之,汉盖本秦制。

盗增卤获

宣帝时以虎牙将军击匈奴,坐盗增卤获,自杀。(《车千秋传》)

云中守尚坐上功首虏差六级,下吏削爵。(《冯唐传》)

宜冠侯高不识,坐击匈奴增首不以实,当斩赎罪免。(《功臣表》)

后汉杨熊起中郎赵序,坐诈增首级,征还弃市。(《白帖》)

盗武库兵

亦可谓盗武库兵而杀之乎?(《盐铁论》)

甲盗武库兵当弃市乎?(《白帖》引董仲舒《公羊治狱》)

汉成帝鸿嘉三年，广汉钳子盗库兵伏诛。（《水经注》）

按《三辅黄图》武库在未央宫，萧何造，以藏兵器。

放散官钱

延寿在东郡时，放散官钱千余万，（萧）望之与丞相丙吉议，吉以为更大赦，不须考。（《韩延寿传》）

按《魏志》载许允以放散官物，徒乐浪，是魏时犹以此科罪。唐律放散官物，坐臧论，在厩库。

受官属饮食，受故官属财物

元年七月，诏曰，吏及诸有秩，受其官属所监所治所行所将，其与饮食计偿费勿论，吏迁徙免罢，受其故官属所将监治送财物，夺爵为士伍，免之。无爵，罚金二斤，令没入所受，有能捕告，畀其所受臧。（《景帝纪》）

人常有言部亭长受其米肉遗者，茂辟左右问之曰：亭长为从汝求乎？为汝有事嘱之而受乎？将平居自以恩意遗之乎？人曰：往遗之耳。茂曰，遗之而受，何故言耶？人曰：今我畏吏，是以遗之，吏既卒受，故来言耳。茂曰：汝为敝人矣，亭长素善吏，岁时遗之，礼也。人曰：苟如此，律何故禁之？茂笑曰：律设大法，礼顺人情，

今我以礼教汝,汝必无怨恶,以律治汝,何所措其手足乎?(《卓茂传》)

清安侯申屠臾,元鼎元年坐为九江太守、受故官送,免。(《功臣表》)

钟离意为郡督邮,县亭长有受人酒醴,郡下法记治之。意封记曰,政化自近及远,宜先清府内,阔略远县微细之愆。(《白帖》)

按唐律,监临受供馈,去官受旧官属财物,在职制三。

诈取

孝景六年,嗣侯杨毋害坐诈给人臧六百,免。元狩元年,嗣侯郦平,坐诈衡山王取金,免。(《功臣表》)

按唐律,诈欺官私取财,在诈伪。

诈官

建和元年,诏若有擅相假印绶者,与杀人同弃市论。(《桓帝纪》)

胡倩诈称光禄大夫,从车骑数十,言使督盗贼,止陈留传舍,太守谒见,欲收取之,广明觉知,发兵,皆捕斩焉。(《田广明传》)

为茂陵令,御史大夫桑弘羊客诈称御史止传,丞不以时谒,客

怒缚丞,相疑其有奸,收捕,按致其罪,论弃客市。(《魏相传》)

按唐律,诈假官,在诈伪。

诈疾病

正月旦,百官朝贺,光禄勋刘嘉、廷尉赵世,各辞不能朝。高赐举奏,皆以被病笃困,不谨不敬,请廷尉治嘉罪,河南尹治世罪。(《百官志注》引蔡质《汉仪》)

诈称病不朝,于古法当诛。(《吴王濞传》)

坐以诈疾征下狱。(《庞参传》)

以祠庙严肃,微疾不齐,中常侍蔡伦奏敞诈病,坐抵罪。(《何敞传》)

丞相御史遂以玄成实不病,劾奏之。(《韦玄成传》)

嗣侯韩释之,元朔四年,坐诈疾不从,耐为隶臣。(《功臣表》)

梁冀执金吾岁朝,托疾不朝,司隶杨雄治之,诏以二月俸赎罪。(《御览》二百三十七引谢承《后汉书》)

按唐律,诈疾病有所避,在诈伪。

诈玺书

坐诈玺书,伏重刑,以有功论司寇。(《段颎传》)

按唐律,伪造皇帝宝及诈为官文书增减,均在诈伪。

教人诳告

义阳侯卫山,太始四年坐教人诳告众利侯当时,弃市。(《功臣表》)

上书触讳

元康二年,诏曰,闻古天子之名,难知而易讳也,今百姓多上书触讳以犯罪者,朕甚怜之,其更讳询诸触讳在令前者赦之。(《宣帝纪》)

班讳之典,爰自汉世。(《齐书 · 王慈传》)

按唐律,上书奏事犯讳,在职制二。

擅议宗庙

遗诏敢有所兴作者,以擅议宗庙法从事。(《明帝纪》)

高后时,患臣下妄非议先帝宗庙寝园官,故定著令,敢有擅议者弃市。至元帝改制,蠲除此令。成帝时以无继嗣,又复擅议宗庙之命。(《韦玄成传》)

不举奏

王舅张博数遗王书,所言悖逆无道,王不举奏,而多与金钱,辜至不赦。(《淮阳王钦传》)

按唐律,事应奏而不奏,在职制二。

举奏非是

饶坐举奏大臣非是,左迁为卫司马。师古注,非是,不以实也。(《盖宽饶传》)

汤坐言事非是,幽囚久系,历时不决,执宪之吏,欲致之大辟。(《陈汤传》)

元狩二年,随成侯赵不虞坐为定襄都尉,匈奴败,太守以闻非实,谩免。(《功臣表》)

按唐律,奏事不实,在诈伪。

选举不实

帝即位,诏曰,今选举不实,邪佞未去,权门请托,残吏放手,有

司明奏罪名,并正举者。(《明帝纪》)

旧典选举委任三府,三府有选,参议掾属,咨其行状,度其器能,受试任用,责以成功,若无可察,然后付之尚书,尚书举劾,请下廷尉,覆案虚实,行其诛罚。(《吕强传》)

二千石选举不实,是以在位多不任职。(《于定国传》)

富平侯张勃举汤茂才,汤待迁,父死不奔丧,司隶奏汤无循行,勃举不以实,坐削户二百,汤下狱。(《陈汤传》

元延元年,诏举方正,仁阳侯立举陈咸,方进奏咸不当举方正,并奏立选举故不以实。(《翟方进传》)

司隶奏(延年孙)业为太常选举不实,业坐免官。(《杜延年传》)

为济阴太守,以举吏不实,免。(《胡广传》)

戴涉坐所举人盗金下狱,帝以三公参职,乃策免融。(《宝融传》)

有荐士于丹者,因选举之,而后所举者陷罪,丹坐以免。(《王丹传》)

元朔元年,山阳侯张当居为太常,坐选子弟不以实,免。韩立子渊为执金吾,坐选举不实,免。张谭为御史大夫,竟宁三年坐选举不实,免。(《百官公卿表》)

嗣侯王勋,坐选举不实,骂廷史不敬,免。(《恩泽侯表》)

阳嘉四年,太尉施延以选举贪污;免。(袁宏《后汉纪》)

建初八年十二月己未。诏自今以后,审四科辟召,及刺史二千石,察举茂才尤异者、孝廉吏,务实,校试以职,有非其人,不习官事,正举者故举不实为法罪之。(《御览》六百二十八引《汉官仪》)

按《史记·范睢传》,秦法任人而所任不善者,各以其罪罪之,汉盖沿秦制也。《杨伦传》任嘉所坐狼籍,未受辜戮,而改典大郡者,此等非案坐举主,无以禁绝奸萌。《贡禹传》亦言守相选举不以实及有臧者辄行其诛亡但免官。《魏志·何夔传》可修保举故不以实之令,上以观朝臣之节,下以塞争竞之原。据此知汉中叶以后,积久废弛,至魏时竟不复坐举主也。唐律贡举非其人,在职制一;保任不如所任,在诈伪。

更相荐举

长安令杨兴与捐之相善,捐之谓兴曰:京兆尹缺,使我得见言君。兴曰:我复见言君房也。石显奏兴捐之更相荐誉,请论如法,捐之弃市。(《贾捐之传》)

(弘)恭(石)显奏望之(周)堪(刘)更生朋党相称举。(《萧望之传》)

于是武举公孙禄可大司马,而禄亦举武,(王)莽风有司劾奏武公孙禄互相称举,皆免。(《何武传》)

上书言(翟)方进与(淳于)长深结厚,更相称荐,长陷大辟,独得不坐。(《杜业传》)

(王)甫曰:卿更相拔举,迭为唇齿,其意如何?(《范滂传》)

典郡四年,坐与宗正刘轶,少府丁鸿等更相属托。(《马严传》)

华阴丞嘉上封事,言朱云兼资文武,可使以六百石秩试守,御史大夫匡衡以为大臣国家股肱,明主所慎择,而嘉猥称云,欲令为

御史大夫,妄相举荐,疑有奸心,嘉竟坐。(《朱云传》)

三互

初期议以州郡相党,人情比周,乃制婚姻之家,及两州人士,不得对相监临。至是复有三互法,禁忌转密,选用艰难。注云,三互谓婚姻之家及两州人不得交互为官也。(《蔡邕传》)

史弼迁山阳太守,其妻钜野薛氏女,以三互自上,转拜平原相。(《蔡邕传》注引谢承《后汉书》)

阿党

阿党,谓治狱吏以私恩曲挠相为也。(《礼记·月令》注)

诸侯有罪,傅相不举奏,为阿党。(《高五王传》注)

稜孙演,桓帝时为司徒,大将军梁冀被诛,演坐阿党抵罪,以减死论。(《韩稜传》)

大司马(傅)喜阿党大臣,无益政治。(《朱博传》)

冯石刘喜以阿党阎显江京等策免。(《冯鲂传》)

有司举奏专权骄奢,策收印绶,自杀,阿党者皆免。(《侯览传》)

按阿党亦曰阿附,韩演以阿党抵罪,已见稜传,而《黄琼传》又云，梁冀被诛，太尉胡广、司徒韩演、司空孙朗，皆坐阿附免，是其证也。《袁安传》阿附反虏，法与同罪，魏志有十余县长吏，多阿附贵戚，赃污狠籍，于是奏免其八。

附益

建武二十四年，诏有司申明旧制阿附蕃王法。注、阿曲附益王侯者，将有重法。（《光武纪》）

设附益之法。注、张晏曰：律郑氏说封诸侯过限曰附益，或曰阿媚王侯，有重法也。（《诸王侯表》）

汝昌侯傅商，元嘉元年，坐外附诸侯，免。（《恩泽侯表》）

附下罔上，擅以地附益大臣，皆不道。（《匡衡传》）

孝武皇帝时，重附益诸侯之法。（《新序》）

按《论语・先进》季氏富于周公，而求也为之聚敛，而附益之，是春秋时已有此语。《说苑》引《泰誓》附下而罔上者死，汉律盖多本古制。

左道

皆奸人惑众，挟左道。（《郊祀志》）

不知而白之，是背经术，惑左道也，皆在大辟。（《杜延年传》）

当贺良等执左道，乱朝政，皆伏诛。（《李寻传》）

左将军丹奏商执左道以乱政,甫刑之辟,皆为上戮。(《王商传》)

许皇后坐执左道,废处长定宫。(《淳于长传》)

乏祠

太初二年,睢陵侯张昌坐为太常乏祠,免。注、师古曰:祠事有阙也。(《功臣表》)

按唐律,诸大祀以故废事者徒二年,在职制一。

不斋

嗣侯萧胜,坐不斋,耐为隶臣。(《功臣表》)

元狩元年,卫尉充国坐斋不谨,弃市。(《百官公卿表》)

按唐律职制,大祀散斋不宿正寝者,一宿笞五十。

牺牲不如令

元狩六年,嗣侯栾贲坐为太常牺牲不如令,免。(《功臣表》)

元封四年,鄼侯萧寿成为太常,坐牺牲不如令论。(《百官公卿

表》)

按唐律,大祀牺牲不如法,在厩库。

不会

建成侯拾,元鼎二年坐贺元年十月不会,免。注、师古曰:时以十月为岁首,有贺而不及会也。(《王子侯表》)

按唐律,职制应集而不至者,笞五十。

不合众心

哀帝亦欲改易大臣,遂策免武曰:君举错烦苛,不合众心。(《何武传》)

高安侯董贤,元寿二年,坐为大司马不合众心,免,自杀。(《恩泽侯表》)

软弱不胜任

古者大臣坐罢软不胜任者,不谓罢软,曰下官不职。(《贾谊新书》)

尊子伯亦为京兆尹,坐软弱不胜任,免。(《王尊传》)

丈夫为吏正,坐残贼免,追思其功效,则复进用矣。一坐软弱不胜任免,终身废弃,无有赦时,其羞辱甚于贪污坐臧。(《尹赏传》)

广汉太守扈商,软弱不任职,宝到部,亲入山谷,谕告群盗,非本造意渠率,皆得悔过自出,遣归田里。自劾矫制,奏商为乱首。注、师古曰:由商不任职,致有贼盗,故云为乱首也。(《孙宝传》)

光禄大夫张谭仲叔为京兆尹,不胜任,免。(《百官公卿表》)

按《魏志·钟繇传》注引《魏略》云,又聪明蔽塞,为下所欺,弱不胜任数罪,谨以劾,臣请法车征诣廷尉治繇罪。《孙礼传》礼上疏云、此臣软弱不胜其任,臣亦何颜尸禄素餐,是魏时犹沿汉制也。

免罢守令,自非诏征,不得妄到京师。(《苏不韦传》引汉法)

非正

元始三年,嗣平周侯丁满,坐非正免。元寿二年,嗣汝昌侯傅昌,以商兄子绍奉祀封,坐非正免。阳新侯郑业,坐非正免。元延三年,嗣荣平侯赵岑,坐父钦诈以长安女子王君侠子为嗣,免。(《恩泽侯表》)

复阳侯陈强,元狩二年,坐父拾非嘉子免,嗣杜侯福,河平四年

坐非子免。(《功臣表》)

岑坐非子免,国除。(《赵充国传》)

按唐律,非正嫡诈承袭,在诈伪。

禀给

建武六年,诏郡国有谷者,给禀高年鳏寡孤独、及笃癃无家属、贫不能自存者。注,汉律,今亡。(《光武纪》)

元和三年,诏婴儿无父母亲属,及有子不能养食者,禀给如律。

按程大昌《演繁露》云,《风俗通》《论汉法》《九章》,因言曰:夫吏者治也,当先自正,然后正人,故文书下如律令,言当承宪履绳,动不失律令也。今道流符咒家,凡行移悉仿官府制度,则其符咒之云如律令者,是仿官文书为之。

禀假贫人

(宪弟)镶坐禀假贫人,徙封罗侯。注、禀假贫人,非侯家之法,故坐焉。(《窦宪传》)

是时长吏二千石,听百姓谪罚者输赎,号为义钱,托为贫人储,而守令因以聚敛。永平章和中,州郡以走卒钱给贷贫人,司空劾

案,州及郡县皆坐免黜,今宜遵前典,蠲除权制。(《虞诩传》)

按唐律,出纳官物有违,在厩库。

禀贫人不实

拜陈留太守,坐禀贫人不实,司寇论。(《鲁丕传》)

度田不实

河南尹张伋及诸郡守十余人,坐度田不实,皆下狱死。(《光武纪》)

是时天下恳田,多不以实,又户口年纪,互有增减,诏下州郡检核其事,而刺史太守,多不平均。于是遣谒者考实,具知奸状。隆坐征下狱,其畴辈十余人皆死,以隆功臣,特免为庶人。(《刘隆传》)

坐度人田不实,以章有功,但司寇论。(《李章传》)

般上书吏举度田,欲令多前,可申敕刺史二千石,务令实核,其有增加,告与脱田同罪。(《刘般传》注引华峤《后汉书》)

永以度田不实,被征。(《东观汉记·鲍永传》)

按《晋书·傅玄传》,玄上便宜五事,首以二千石虽奉务农之诏，犹不勤心以尽地利，昔汉氏以垦田不实，征杀二千石以十数，臣愚，以为宜申汉氏旧典，以警戒天下郡县，皆以死刑督之。是此律至晋已废也。

田租三十税一

汉兴，天下既定，高帝约法、省禁，轻田租，什五而税一。（《食货志》）

减田租，复什五税一，注、邓展曰：汉家初什五税一，俭于周什税一也，中间废，今复之也。（《惠帝纪》）

三年，令民半出田租，三十而税一。（《景帝纪》）

诏曰：顷者师旅未解，用度不足，故行什一之税。今军士屯田，粮储差积，其令郡国收见田租三十税一，如旧制。（《光武纪》）

古者制田，百步为亩，什而籍一。先帝哀怜百姓之愁苦，衣食不足，制田二百四十步为一亩，率三十而税一。（《盐铁论》）

十伤二三实除减半

若今十伤二三，实除减半。疏云，举汉法以况，谓汉时十分之内伤二分三分，余有七分八分在。实除减半者，谓就七分八分中为实在，仍减去半不税，于半内税之。（《周礼·地官·司稼》注）

诏今年郡国秋稼,为旱蝗所伤,其什四以上勿收田租,刍藁[①]有不满者,以实除之。注、所损十不满四者,以见损除也。(《和帝纪》)

被灾害什四以上

建始元年,诏郡国被灾什四以上,毋收田租。(《成帝纪》)

诏令水所伤县邑及他郡国灾害什四以上、民赀不满十万,皆无出今年租赋。(《哀帝纪》)

熹平四年,诏令郡国遇灾者,减田租之半,其伤什四以上,勿收责。(《灵帝纪》)

出为清河太守,坐郡中被灾害什四以上、免。(《何武传》)

按唐律,部内旱涝霜雹,在户婚二。

河决

建始三年,尹忠为御史大夫,坐河决,自杀。(《百官公卿表》)

按唐律,失时不修隄防,在杂律一。

① 藁(gǎo)。

邮程

如今邮行有程矣。(《周礼·地官·掌节》注)

其驿骑也,三骑行昼夜,千里为程。(《汉旧仪》)

按唐律,驿使稽程,在职制二。

八月案比

今时八月案比。疏、汉时八月案比,而造籍书。周以三年大比,未知定用何月,故以汉法况之。(《周礼·地官·小司徒》注)

高祖四年八月,初为算赋,故汉率用八月算人。(《东汉会要》)

望后利日

若今时望后利日。疏、利日,即合刑杀之日。(《周礼·秋官·卿士》注)

按唐律有禁杀日,在断狱二。

考竟

狱死曰考竟,考得其情,竟其命于狱也。(《释名》)

永初元年,诏自今长吏被考竟未报。(《安帝纪》)

阳嘉三年,诏以久旱,京师诸狱,无轻重皆且勿考竟。(《顺帝纪》)

其令中都官系囚,罪非殊死,考未竟者,一切任出,以须立秋。(《质帝纪》)

再迁临淮太守,数年坐法免。注,《东观记》曰:坐考长吏囚死狱中。(《朱晖传》)

按唐律,断狱死罪囚辞穷竟。《疏义》曰:谓死罪囚辞状穷竟。《度尚传》,诏书征尚到廷尉,辞穷受罪。《急就篇》辞穷情得具狱坚,义与唐律同。然则考竟者,乃考实以竟其事,非谓竟其命于狱中也。《释名》恐误。

读鞫

汉世问罪谓之鞠。(《尚书·吕刑·正义》)

读鞫已,乃论之。疏鞫、谓劾囚之要辞,行刑之时,读已乃论其罪。(《周礼·秋官·小司寇》注)

臣孤恩负义,自陷重刑,情断意讫,无所复望。廷尉鞫遣,欧刀

在前，棺絮在后。（《袁敞传》）

孝宣倍深文之吏，立鞫讯之法。（《宋书·谢庄传》）

按唐律断狱二，诸狱结竟，徒以上各呼囚及其家属具告罪名，仍取囚服辨。

乞鞫

徒论决满三月，不得乞鞫。（《周礼·秋官·朝士》注）

二岁刑以上，得以家人乞鞫。（《晋书·刑法志》）

辞讼有券书为治之。（《周礼·秋官·朝士》注）

书罪

楬头明书其罪法。疏、明用刑以板书其姓名及罪状，著于身。（《周礼·秋官·司烜》注）

故常愿捐一旦之命，不待时而断奸臣之首，县于都市，编书其罪，使四方明知为恶之罚。（《诸葛丰传》）

叱吏断头，持还县所剥鼓，置都亭下，署曰故侍中王林卿坐杀人埋冢舍，使奴剥寺门鼓。（《何并传》）

大书帛于其背。注、贾山云，衣赭衣，书其背，汉之罪人如此。

（惠栋《后汉书补》注）

鞫狱不实

新畤侯赵弟，太始三年，坐为太常鞫狱不实，入钱百万赎死，完为城旦。（《功臣表》）

下广汉廷尉狱，又坐贼杀不辜，鞫狱故不以实，擅斥除骑士，乏军兴数罪。（《赵广汉传》）

赦

践祚改元，立皇后太子，赦天下。每赦，自殊死以下及谋反大逆不道诸不当得赦者，皆赦除之。命下丞相御史复奏，可分遣丞相御史，乘传驾，行郡国，解囚徒，布诏书。郡国各分遣吏，传厩车马，行属县，解囚徒。（《初学记》二十引《汉旧仪》）

陈赦前事

诏有司无得举赦前事。（《哀帝纪》）

自今以来，有司毋得陈赦前事，置奏上，有不如诏书，为亏恩，以不道论。（《平帝纪》）

御史中丞劾尊妄诋欺，非谤赦前事。（《王尊传》）

知(傅)喜(何)武前已蒙恩诏决事,更三赦,博执左道,亏损上恩。(《朱博传》)

钟威所犯,多在赦前。(《何并传》)

按唐律,以赦前事相告言,在斗讼四。

率

制众建计谓之率。(《晋书·刑法志》引张斐《律表》)

孤儿幼,年未满十岁,无罪而坐率。注、服虔曰:率、坐刑法也。如淳曰:率、家长也。师古曰:幼年无罪,坐为父兄所率而并徒,如说近之。(《万石君传》)

民有诬告济为谋叛主率者。(《魏志·蒋济传》)

按唐贼盗律谋叛条,有率部众百人以上、及所率虽不满百人等语。又小注,协同谋计乃坐被驱率者,非余条被驱率者,准此。疑率本汉律中语,唐盖沿汉律也。

减死一等

元和元年,诏郡国中都官系囚,减死一等。(《章帝纪》)

廷尉免冠,为弟请一等之罪。注、如淳曰:减死罪一等。(《何并传》)

元帝初元五年,轻殊死刑三十四事。哀帝建平元年,轻殊死刑

八十一事,其四十二事手杀人者,减死一等。(《梁统传》)

按《魏志·钟繇传》,科律自有减死一等之法,是减死一等,亦汉律中语也。

二百五十以上

师古曰:二百五十以上者,当时律令坐罪之次,若今律条言一尺以上一匹以上矣。(《萧望之传》注)

十金以上

师古曰:十金以上,当时律定罪之次,若今律条言一尺以上,一匹以上。(《匡衡传》注)

昼夜共百刻

漏之箭昼夜共百刻,冬夏之间有长短焉,太史立成法,有四十八箭。疏、此据汉法而言。(《周礼·春官》挈壶氏注)

马融云,昼有五十刻,夜有五十刻,据日出日入为限。蔡邕以为星见为夜,日入后三刻据日出前三刻皆属昼。昼有五十六刻,夜有四十四刻。郑康成注《尚书》云,日中星以为日见之漏五十五刻,

不见之漏四十五刻,与蔡校一刻也。大略亦同。(《礼记》月令疏)

漏以铜盛水刻节,昼夜百刻。(《说文》)

按《哀帝纪》,以建平元年为太初元年,号曰陈圣刘太平皇帝漏刻,以百二十为度。注、韦昭曰:旧漏昼夜共百刻,今增其二十,是中叶曾为异制也。唐律名例称日者以百刻,盖沿汉制。

六　沿革考

汉自高祖约法三章，萧何造律，及孝文即位，躬修玄默，其时将相，皆旧功臣，少文多质，议论务在宽厚，刑罚太省，断狱四百，有刑措之风焉。孝武外事四夷之功，内盛耳目之好，征发烦数，百姓贫耗，穷民犯法，奸轨不胜。于是招进张汤赵禹之属，条定律令，法令之繁，自武帝始也。宣帝少在闾阎，知民疾苦，及即尊位，即置廷平，斋戒决事，号称治平。元帝因郑昌之议，下诏删定律令，有司奉行故事，钩摭微细，以塞诏旨。哀平以降，王氏秉国，多改汉制。及光武中兴，解王莽之繁密，还汉世之轻法。其时梁统请重刑罚，桓谭请校科比，群臣又上言宜增科禁，皆寝不报。明帝号称苛察，郎官率用鞭杖，章帝素知人厌明帝苛切，事从宽厚，感陈宠之议，则除惨酷之科；深元元之爱，则著胎养之令，故史称明帝察察，章帝长者。和殇以降，王室寖微，建安中叶，应劭有删定律令之议。然其时政在曹氏，无可为者。盖自萧何定律，三百余年之间，代有增损，其间天子之诏令，臣工之建议，尚有可得而考者。兹依编年之例，详著于篇，作《沿革考》。

高帝

汉元年冬十一月，召诸县豪杰曰：父老苦秦苛法久矣，诽谤者族,耦语者弃市。吾与诸侯约,先入关者王之,吾当王关中,与父老约法三章耳。杀人者死,伤人及盗抵罪,余悉除去秦法。(《纪》)

其后四夷未附,兵革未息,三章之法,不足以御奸。于是相国萧何捃摭秦法,取其宜于时者,作律《九章》。(《刑法志》)

四年八月初为算赋。(《纪》)

七年,令郎中有罪耐以上请之。(《纪》)

是年制诏御史,自今以来,县道官狱疑者各谳所属二千石官,二千石官以其罪名当报之。所不能决者,皆移廷尉,廷尉亦当报之。廷尉所不能决,谨具为奏所当比律令以闻。(《刑法志》)

十一年,令诸侯王通侯,常以十月朝献,及郡各以其口数率人岁六十三钱,以给献费。(《纪》)

张苍定章程。(《纪》)

高祖令贾人不得衣丝乘车。(《史记·平准书》)

按《食货志》云,今法律贱商人,是已著为律也。《群书治要》四十五引《政论》云,律令虽有舆服制度,然禁之又不密,贾人之列,户蹈逾侈矣。又云:婢妾皆戴瑱揥之饰,而被织文之衣,是中叶以后,此令已渐弛也。

惠帝

孝惠即位,叔孙通定宗庙仪法,及稍定汉诸仪法。(《叔孙通传》)

以(叔孙)通为奉常,遂定仪法,未尽备通而终。(《礼乐志》)

秦有天下，悉内六国礼仪，采择其善，虽不合圣制，其尊君抑臣，朝廷济济，依古以来，至于高祖，光有四海，叔孙通颇有所增益减损，大抵皆袭秦。故自天子称号，下至佐僚及宫室官名，少所变改。（《史记·礼书》）

爵五大夫、吏六百石以上，及宦皇帝而知名者，有罪当盗械者，皆颂系。上造以上、及内外公孙耳孙有罪当刑，及当为城旦舂者，皆耐为鬼薪白粲。民年七十以上，若不满十岁有罪当刑者，皆完之。（《纪》）

元年，民有罪，得买爵三十级，以免死罪。（《纪》）

四年，省法令妨吏民者，除挟书律。（《纪》）

六年，令民得买爵。（《纪》）

高后

元年，诏曰：前日孝惠皇帝言，欲除三族罪妖言令，议未决而崩，今除之。（《纪》）

高后时，复弛商贾之律，然市井之子孙，亦不得仕宦为吏。（《史记·平准书》）

定著令，敢有擅议宗庙者弃市。（《韦玄成传》）

文帝

元年，尽除收帑相坐律令。（《纪》）

应劭曰:秦法一有罪,并坐其家室,今除此律。(《史记·集解》)

是年三月养老具为令。(《纪》)

二年,诏曰:今法有诽谤妖言之罪,是使众臣不敢尽情而上无由闻过失也,将何以来远方之贤良?其除之。民或祝诅上以相约,而后相谩,吏以为大逆。其有他言,吏又以为诽谤。此细民之愚,无知抵死,朕甚不取。自今以来,有犯此者,勿听治。(《纪》)

四年,绛侯周勃有罪,逮诣廷尉诏狱。贾谊上疏曰:古者廉耻节礼,以治君子,故有赐死而无戮辱。是以黥劓之罪,不及大夫。今自王侯三公之贵,皆天子所改容而礼之也,而令与众庶同黥劓髡刖笞伆弃市之法,被戮辱者不大迫乎?夫尝已在贵宠之位,今而有过,废之可也,退之可也,赐之死可也,灭之可也。若夫束缚之,系绁之,输之司寇,编之徒官,司寇小吏,詈骂而榜笞之,殆非所以令众庶见也。是时丞相周勃免就国,人有告勃谋反,逮系长安狱治,卒无事,故谊以此讥上。上深纳其言,是后人臣有罪皆自杀,不受刑。至武帝时,稍复入狱,自宁成始。(《文献通考》)

五年除钱律。(《史记·将相名臣表》)

十二年,除关无用传。(《纪》)

十三年,除秘祝。(《纪》)

祝官有秘祝,有灾祥,辄祝祠移过于下。(《郊祀志》)

按王安石云,文帝除秘祝法,为萧何法之所有。

是年五月除肉刑。(《纪》)

太仓令淳于公有罪,当刑诏狱,逮系长安。淳于公无男,有五女，当行会逮，骂其女曰：生子不生男，缓急非有益。其少女缇萦，自伤悲泣，乃随其父至长安。上书曰：妾父为吏，齐中皆称其廉平，今坐法当刑。妾伤夫死者不可复生，刑者不可复属，虽后欲改过自新，其道亡繇也。妾愿没入为官婢，以赎父刑罪，使得自新。书奏，天子怜悲其意。遂下令曰：制诏御史，盖闻有虞氏之时，画衣冠，异章服以为戮，而民弗犯，何治之至也。今法有肉刑三而奸不止，其咎安在？非乃朕德之薄而教不明与？吾甚自愧。故夫训道不纯，而愚民陷焉。诗曰：恺弟君子，民之父母，今人有过，教未施而刑已加焉，或欲改行为善而道亡繇至，朕甚怜之。夫刑至断支体，刻肌肤，终身不息，何其刑之痛而不德也，岂为民父母之意哉？其除肉刑，有以易之。及令罪人各以轻重不亡逃有年而免，具为令。丞相张苍、御史大夫冯敬奏言，肉刑所以禁奸，所由来者久矣。陛下下明诏，怜万民之一有过被刑者，终身不息，及罪人欲改行为善而道亡繇至，甚盛德，臣等所不及也。臣谨议请定律曰：诸当完者完为城旦舂，当黥者髡钳为城旦舂，当劓者笞三百，当斩左趾者笞五百，当斩右趾、及杀人先自告、及吏坐受赇枉法、守县官财物而即盗之、已论命复有笞罪者，皆弃市。罪人狱已决完为城旦舂，满三岁为鬼薪白粲，鬼薪白粲一岁为隶臣妾，隶臣妾一岁，免为庶人。隶臣妾满二岁为司寇，司寇一岁及作如司寇二岁，皆免为庶人。其亡逃及有耐罪以上，不用此令。前令之刑城旦舂岁而非禁锢者，完为城旦舂岁数以免。臣昧死请。制曰可。（《刑法志》）

是年除田租税律。（《史记·将相名臣表》）

是年除戍卒令。（同上）

后元年，新垣平诈觉谋反，夷三族。（《纪》）

后七年,令天下吏民,令到,出临三日,皆释服,无禁取妇、嫁女、祠祀、饮酒食肉,自当给丧事服者,皆无践。(注、徒跣也)经带无过三寸,无布车及兵器。无发民哭临宫殿中,当临者皆以旦夕各十五举音,礼毕罢,非旦夕临时,禁无得擅哭临以下。服大红十五日,小红十四日,纤七日,释服。他不在令中者,皆以此令比类从事,布告天下。(《纪》)

令民入粟边六百石爵上造,稍增至四千石为五大夫,万二千石为大庶长。(《食货志》)

作酎金律。(《礼仪志》注)

景帝

元年,诏曰:吏受所监临以饮食免,重;受财物贱买贵卖论,轻。廷尉与丞相更议著令。(《纪》)

是年诏曰:加笞与重罪无异,幸而不死,不可为人,其定律笞五百者曰三百,笞三百者曰二百。(《刑法志》)

二年,令天下男子,年二十始傅。(《纪》)

中元二年,改磔曰弃市,勿复磔。(《纪》)

四年,死罪欲腐者,许之。(《纪》)

是年,复置诸关,用传出入。(《纪》)

五年,诏诸狱疑,若虽文致于法,而于人心不厌者,辄谳之。(《纪》)

六年,定铸钱伪黄金弃市律。(《纪》荀悦《汉纪律》作令)

是年诏曰:加笞者或至死而笞未毕,朕甚怜之,其减笞三百曰二

百,笞二百曰一百。又曰:笞者所以教之也,其定箠令。(《刑法志》)

是年五月,诏曰:夫吏者、民之师也,车驾衣服宜称。吏六百石以上,智长吏也。亡度者或不吏服,出入闾里,与民无异。令长吏二千石车朱两幡,千石至六百石朱左幡。车骑从者不称其官,衣服下吏,出入闾巷亡吏体者,二千石上其官,属三辅举不如法令者。(《纪》)

后元年诏曰:狱、重事也,人有智愚,官有上下,狱疑者谳有司,有司所不能决,移廷尉,有令谳而后,不当谳者不为失。(《纪》)

三年,著令,年八十以上八岁以下、及孕者未乳师侏儒当鞫系者,颂系之。(《刑法志》)

其令郡国务劝农桑,益种树,可得衣食物。吏发民若取庸采黄金珠玉者,坐臧为盗,二千石听者与同罪。(《纪》)

复修卖爵令。(《食货志》)

景帝以错为内史,法令多所更定。(《晁错传》)

令当弃市欲斩右趾者许之。(《魏志·钟繇传》)

武帝

孝武即位,招进张汤赵禹之属,条定法令,作见知故纵监临部主之法。(《刑法志》)

张汤制越宫律。(《御览》刑法部引张斐《律序》)

赵禹作朝会正见律。(同上)

作左官之律。(《诸侯王表》)

作沈命法。(《咸宣传》)

重首匿之科。(《梁统传》)

太常著功令。(《儒林传》)

定令,令票骑将军秩禄与大将军等。(《霍去病传》)

著令封君以下至三百石吏以上差出牡马。(《食货志》)

嗣侯召延,元封六年,坐不出牡马要斩。(《功臣表》)

著令,令民得畜边县,官备母马,三岁而归,及息什一。(同上)

下缗钱令。(《功臣表》)

张汤奏,颜异九卿,见令不便,不入言而腹非,论死,是后有腹非之法比。(同上)

吏二千石有罪先请。(《刘屈氂传》)

加口钱。(《明帝纪》注引《汉仪》注)

始启河右四郡,议诸疑罪而谪徙之。(《魏书·刑罚志》)

元狩五年,徙天下奸猾吏民于边。(《纪》)

太初四年,令死罪入赎钱五十万,减死一等。(《纪》)

昭帝

始元元年,诏往时令民共出马,其止勿出。(《纪》)

六年,令民得以律占租。(《纪》)

宣帝

宣帝初即位,温舒上书,言宜尚德缓刑,上善其言。(《路温舒

传》)

本始四年,诏律令有可蠲除以安百姓者条奏。(《纪》)

地节三年,初置廷尉平四人。(《纪》)

是年谏议大夫郑昌上疏,言今明主躬垂明听,虽不置廷尉平,狱将自正。若开后嗣,不若删定律令,律令一定,愚民知所避畏,奸吏无所弄权柄。今不正其本而救其末,世衰毁则廷尉平招权而为乱首矣。(荀悦《汉纪》)

四年二月,诏曰:自今诸有大父母父母丧者勿繇事,使得收敛送终,尽其子道。(《纪》)

孝宣旧令云,人从军屯及给事县官者,大父母死未满三月,皆勿繇,令得葬送。(《陈忠传》)

是年五月,诏自今子首匿父母,妻匿夫,孙匿大父母,皆勿坐。其父母匿子,夫匿妻,大父母匿孙,罪殊死,皆上请廷尉以闻。(《纪》)

是年九月,诏曰:今系者或以掠辜若饥寒,瘐死狱中,何用心逆人道也,朕甚痛之。其令郡国岁上系囚以掠笞若瘐死者所坐名县爵里,丞相御史课殿最以闻。(《纪》)

元康三年,令三辅毋得以春夏擿巢探卵,弹射飞鸟,具为令。(《纪》)

四年,诏曰:朕惟耆老之人,发齿堕落,血气衰微,亦亡暴虐之心。今或罹文法,拘执囹圄,不终天命,朕甚怜之。自今以来,诸年八十以上,非诬告杀伤人,他皆勿坐。(《纪》)

神爵二年,上方用刑法。盖宽饶奏封事曰:方今圣道浸微,儒术不行,以刑余为周召,以法律为《诗》《书》。书奏,上以宽饶为怨

谤,遂下狱。宽饶引佩剑自杀。(荀悦《汉纪》)

三年,诏曰:吏不廉平则治道衰,今小吏皆勤事而奉禄薄,欲其毋侵渔百姓,难矣。其益吏百石以下奉十五。(《纪》)

五凤二年,诏曰:夫婚姻之礼,人伦之大者也,酒食之会,所以行礼乐也,今郡国二千石,或擅为苛禁,禁民嫁娶不得具酒食相贺召,由是废乡党之礼,令民亡所乐,非所以导民也。勿行苛政。(《纪》)

黄龙元年,诏吏六百石位大夫有罪先请。(《纪》)

宣帝时于定国删定律令科条。(《唐六典》注)

于定国集诸法律,凡九百六十卷,大辟四百九十条千八百八十二事。(《魏书·刑罚志》)

元帝

元帝初立,下诏曰:夫法令者,所以抑暴扶弱,欲其难犯而易避也。今律令烦多而不约,自典文者不能分明,而欲罗元元之不逮,斯岂刑中之意哉?其议律令可蠲除轻减者条奏。(《刑法志》)

初元五年,省刑罚七十余事,除光禄大夫以下至郎中保父母同产之令。注、应劭曰:旧时相保,一人有过,皆当坐之。(《纪》)

是年轻殊死刑三十四事。(《东观汉记》)

蠲除擅议宗庙弃市之令。(《韦玄成传》)

著令令太子得绝驰道。(《纪》)

成帝

河平中，诏曰：甫刑云，五刑之属三千，大辟之罚，其属二百。今大辟之刑，千有余条，律令烦多，百有余万言，其与中二千石博士及明习律令者，议减死刑及可蠲除约省者。(《刑法志》)

鸿嘉元年，令年未满七岁贼斗杀人及犯殊死者，上请廷尉以闻，得减死。(同上)

永始四年，诏青绿民所常服，且勿止。注、师古曰：然则禁红紫之属。(《纪》)

复擅议宗庙弃市令。(《韦玄成传》)

哀帝

哀帝即位，诏诸侯王、列侯、公主、二千石及豪富民，多畜奴婢，田宅亡限，与民争利，百姓失职，重困不足。其义限列。有司条奏，诸王列侯名田国中，列侯在长安及公主名田县道，关内侯吏民名田，皆无得过三十顷。诸侯王奴婢二百人，列侯公主百人，关内侯吏民三十人，年六十以上，十岁以下不在数中。贾人皆不得名田为吏。犯者以律论，诸名田畜奴婢过品，皆没入县官。(《纪》)

除任子令及诽谤诋欺法。(《纪》)

禁有司无得举赦前往事。(《纪》)

建平元年，轻殊死刑八十一事。(《东观汉记》)

平帝

平帝即位，诏曰：夫赦令者，将与天下更始，诚欲令百姓改行絜己，全其性命也。往者有司多举奏赦前事，累增罪过，诛陷亡辜，殆非重信慎刑，洒心自新之意也。及选举者，其历职更事有名之士，则以为难保，废而不举，甚谬于赦小过举贤材之义。诸有臧及内恶未发而荐举者，皆勿案验，令士厉精乡进，不以小疵妨大材。自今以来，有司无得陈赦前事置奏上。有不如诏书，为亏恩，以不道论，定著令，布告天下，使明知之。（《纪》）

元始元年，令公列侯嗣子有罪耐以上，先请。（《纪》）

天下女徒已论，归家顾山钱，月三百。（《纪》）

四年，诏曰：其明敕百寮妇女非身犯法、及男子年八十以上七岁以下、家非坐不道诏所名捕，它皆无得系。其当验者即验问，定著令。（《纪》）

哀平即位日浅，丞相嘉等，猥以数年之间，亏除先帝旧律百有余事，咸不厌人心。（袁宏《后汉纪》）

光武帝

光武长于民间，颇达情伪，天下已定，务用安静。解王莽之繁密，还汉世之轻法。注、王莽春夏断人于市，一家铸钱，保伍人入没

为官奴婢,男子槛车,女子步铁锁琅珰其颈,愁苦死者十七八。(《循吏传》)

建武二年,诏曰:顷狱多冤人,用刑深刻,朕甚愍之。孔子云:刑罚不中,则民无所措手足。其与中二千石诸大夫博士议郎议省刑罚。(《纪》)

是年五月,诏曰:民有嫁妻卖子欲归父母者,恣听之,敢拘执,论如律。(《纪》)

三年七月,诏曰:吏不满六百石下至墨绶长相,有罪先请。男子八十以上、十岁以下,及妇人从坐者,自非不道,诏所名捕,皆不得系。当验问者,即就验。女徒顾山归家。(《纪》)

六年,命郡国有谷者给禀。高年鳏寡孤独及笃癃无家属、贫不能自存者,如律。(《纪》)

七年,诏中都官三辅郡国出系囚,非犯殊死,皆一切勿案其罪,见徒免为庶民,耐罪亡命,吏以文除之。(《纪》)

是年五月,诏、吏人遭饥乱及为青徐贼所略为奴婢下妻,欲去留者,恣听之,敢拘制不还,以卖人法从事。(《纪》)

十一年二月,诏曰:天地之性,人为贵,其杀奴婢,不得减罪。(《纪》)

是年八月,诏曰:敢炙灼奴婢,论如律,免所炙灼者为庶民。(《纪》)

是年十月,诏除奴婢射伤人弃市律。(《纪》)

十三年、高山侯梁统上疏请严刑,不报。(《文献通考》)

略曰:自高祖之兴,至于孝宣,因循旧章,不轻改革,海内称理。初元建平,所减刑罚,百有余条,而盗贼寖多,岁以万数。刑轻之作,反生大患。议上、不报。(《梁统传》)

统拜太中大夫，在朝廷数陈便宜，以为法令既轻，下奸不胜，宜重刑罚，以遵旧典。（《书钞》五十六引《续汉书》）

是年十二月，诏易州民自八年以来被略为奴婢者，皆一切免为庶民。或依托为人下妻欲去者，恣听之，敢拘留者，比青徐二州，以略人法从事。（《纪》）

十四年，群臣请增科禁，不许。（《文献通考》）

群臣上言，古者肉刑严重，则人畏法令，今宪律轻薄，故奸轨不胜，宜增科禁，以防其源。诏下公卿，杜林奏以为宜如旧制，不合翻移，从之。（《杜林传》）

十六年，遣使者下郡国，听群盗自相纠擿，五人共斩一人者，除其罪。吏虽逗留回避故纵者，皆勿问，听以禽讨为效。其牧守令长，坐界内盗贼而不收捕者，又以畏愞捐城委守者，皆不以为负，但取获贼多少为殿最，惟蔽匿者乃罪之。于是更相追捕，贼并解散，徙其魁帅于他郡，赋田受禀，使安生业。（《纪》）

十八年，诏曰：今边郡盗谷五十斛，罪至于死，开残吏妄杀之路，其蠲除此法，同之内郡。（《纪》）

十九年，马援条奏越律与汉律驳者十余事，与越人申明旧制以约束之。（《马援传》）

二十二年，令徒皆弛解钳衣丝絮。注、旧法在徒役者不得衣丝絮，今赦许之。（《纪》）

二十四年，诏有司申明旧制阿附蕃王法。（《纪》）

二十六年，诏有司增百官奉，其千石已上，减于西京旧制；六百石已下，增于旧秩。（《纪》）

二十八年，诏死罪系囚，皆一切募下蚕室，其女子宫。（《纪》）

三十一年亦有此令。

二十九年，诏天下系囚，自殊死已下，减本罪各一等；不孝不道，不在此书。（袁宏《后汉纪》）

桓谭上疏，请令通义理明习法律者校定科比，一其法度。书奏、不省。（《桓谭传》）

明帝

明帝即位，诏天下亡命殊死以下，听得赎论，死罪入缣二十匹，右趾至髡钳城旦舂十匹，完城旦舂至司寇作三匹。其未发觉，诏书到先自告者，半入赎。（《纪》）

按永平十五年，诏增赎死罪缣四十匹，完城旦至司寇五匹。十七年，诏又发赎死非三十匹。

永平三年，诏有司详刑慎罚，明察单辞。（《纪》）

八年，诏三公募郡国中都官死罪系囚，减罪一等，勿笞，诣度辽将军营，屯朔方五原之边县，妻子自随，便占著边县，父母同产欲相代者，恣听之。其大逆无道殊死者，一切募下蚕室，亡命者，令赎罪各有差。（《纪》）

九年，诏郡国死罪囚减罪，与妻子诣五原朔方，占著所在。（《纪》）

十六年，诏令郡国中都官死罪系囚，减死罪一等，勿笞，诣军

营,屯朔方敦煌,妻子自随。父母同产欲求从者,恣听之。女子嫁为人妻,勿与俱。谋反大逆无道,不用此书。(《纪》)

十七年,令武威张掖酒泉敦煌及张掖属国系囚右趾已下任兵者,皆一切勿治其罪,诣军营。(《纪》)

明帝时政事严峻,故卿皆鞭杖。(袁宏《后汉纪》)

明帝性褊察,常以事怒郎梁崧,以杖撞崧,崧走入床下。上怒甚,疾言曰:郎出、郎出。崧曰:天子穆穆,诸侯皇皇,未闻人君自起撞郎?上乃赦之。(《御览》九十一及二百十五引)

帝尤任文法,总揽威柄,权不借下。(《御览》九十一引华峤《后汉书》)

章帝

建初五年,诏曰:今吏多不良,擅行喜怒,或案不以罪,迫胁无辜,致令自杀者一岁且多于断狱,甚非为人父母之意也。有司其议纠举之。(《纪》)

七年,诏天下系囚减死一等,勿笞,诣边戍,妻子自随,占著所在,父母同产欲相从者,恣听之。有不到者,以乏军兴论。及犯殊死,一切募下蚕室,其女子宫。系囚鬼薪白粲已上,皆减本罪各一等,输司寇作。亡命赎死罪入缣二十匹,右趾至髡钳城旦舂十匹,完城旦至司寇三匹。吏人有罪未发觉,诏书到日自告者,半入赎。(《纪》元和元年章和元年诏略同)

建初中,有人侮辱人父者而其子杀之,肃宗贳其死,自后因以

为比，遂定其议以为轻侮法。(《张敏传》)

元和元年，诏曰：自往者大狱已来，掠考多酷，钻鑽之属，惨苦无极，念其痛毒，怵然动心。《书》曰鞭作官刑，岂云若此，宜及秋冬理狱，明为其禁。(《纪》)

肃宗初，宠为尚书，是时承永平故事，吏政尚严切，尚书决事，率近于重。庞以帝新即位，宜改前世苛俗。帝纳宠言，每事务于宽厚，其后遂诏有司，绝钻鑽诸惨酷之科，解妖恶之禁，除文致之情，谳五十余事，定著于令。(《陈宠传》)

是年令郡国募人无田欲徙他界就肥饶者，恣听之。到在所，赐给公田，为雇耕佣赁种饷贯与田器，勿收租五岁，除算三年，其欲还本乡者，勿禁。(《纪》)

是年十二月，诏曰：往者妖言大狱，所及广远，一人犯罪，禁至三属，莫得垂缨，士宦王朝，如有贤才而没齿无用，朕甚怜之，非所谓与之更始也。诸以前妖恶禁锢者，一皆蠲除之，以明弃咎之路，但不得在宿卫而已。(《纪》)

二年胎养具为令。(《纪》)

是年，又诏曰：方春生养，万物莩甲，宜助萌阳，以育时物。其令有司，罪非殊死，且勿案验，及吏人条书相告，不得听受，冀以息事宁人，敬奉天气。立秋如故。(《纪》)

是年七月定律无以十一月十二月报囚。(《纪》)

汉旧事断狱报重，常尽三冬之月。是时帝始改用冬初十月而已。元和二年旱，长水校尉贾宗等上言，以为断狱不尽三冬，故阴气微弱，阳气发泄，招致灾旱，事在于此。帝以其言下公卿议。陈宠奏曰：夫冬至之节，阳气始萌，故十一月有兰射千芸荔之应。时令曰、诸生荡，安形体。天以为正，周以为春。十二月阳气上通，雉雏鸡乳,地以为正,殷以为春。十三月阳气已至,天地已交,万物皆出,蛰虫始振,人以为正,夏以为春。三微成著,以通三统。周以天元,殷以地元,夏以人元。若以此时行刑,则殷周岁首,皆当流血,不合人心,不稽天意。《月令》曰、孟冬之月趣狱刑,无留罪,明大刑毕在立冬也。又仲冬之月,身欲宁,事欲静,若以威怒,不可谓宁,若以行大刑,不可谓静。议者咸曰,旱之所由,咎在改律。臣以为殷周断狱,不以三微而化致康平,无有灾害。自元和以前,皆用三冬,而水旱之异,往往为患。由此言之,灾害自为他应,不以改律。秦为虐政,四时行刑,圣汉初兴,改从简易。萧何草律,季秋论囚,俱避立春之月,而不计天地之正、三王之春,实颇有违。陛下探幽析微,允执其中,革百载之失,建水年之功,上有迎承之敬,下有奉微之惠,稽春秋之文,当《月令》之意,圣功美业,不宜中疑。书奏,帝纳之,遂不复改。(《陈宠传》)

三年,诏曰:盖人君者,视民如父母,有憯怛之忧,有忠和之教,匍匐之救。其婴儿无父母亲属及有子不能养食者,禀给如律。(《纪》)

是年,郭躬条诸重文可从轻者四十一事,奏之,事皆施行,著于令。(《郭躬传》)

章和元年正月,召曹褒持班固所上叔孙通《汉仪》十二篇,敕褒曰:此制散略,多不合经,今宜依礼条正,使可施行。褒乃次序礼事,依准旧典,为百五十篇。其年十二月奏上。会帝崩,大尉张酺、尚书张敏等奏,褒擅制汉礼,破乱圣术,宜加刑诛,而汉礼遂不行。(《曹褒传》)

和帝

永元六年，陈宠钩校律令条法溢于甫刑者除之。其略曰：今律令死刑六百一十，耐罪千六百九十八，赎罪以下二千六百八十一，溢于甫刑者千九百八十九。宜令三公廷尉，平定律令，应经合义者，可使大辟二百，而耐罪赎罪二千八百，并为三千，悉删除其八。事未施行。（《陈宠传》）

八年，诏郡国中都官系囚减死一等，诣敦煌戍。其犯大逆，募下蚕室，其女子宫。自死罪已下至司寇及亡命者，入赎各有差。（《纪》）

九年复置若卢狱官。注、主鞫将相大臣也。（《纪》）

十五年，有司奏以为夏至微阴起，靡草死，可以决小事。是岁，初令郡国以日北至，案薄刑。（《纪》）

殇帝

延平九年，诏自建武以来，诸犯禁锢，诏书虽解，有司持重，多不奉行，其皆复为平民。（《纪》）

安帝

永初元年，鲁恭代梁鲔为司徒。初、和帝末，下令麦秋得案验薄刑,而州郡好以苛察为政,因此遂盛夏断狱。恭上疏以为宜以立秋为断,以顺时节。又肃宗时,断狱皆以冬至之前,自后论者,互多驳异。邓太后诏公卿以下会议。恭议言十一月十二月阳气潜藏,未得用事,大辟之科,尽冬月乃断。其立春在十二月中者,勿以报囚,如故事,后卒施行。(《鲁恭传》)

是年,诏死罪以下及亡命赎各有差。(《纪》 二年及延光三年,俱有赎罪之令)

四年,诏自建初以来诸訞言它过坐徙边者,各归本郡,其没入官为奴婢者,皆免为庶人。(《纪》)

永初中,陈忠奏上二十三条为决事比。又上除蚕室刑;解臧吏三世禁锢;狂易杀人得减重论;母子兄弟相代死,听赦所代者。事皆施行。(《陈忠传》)

元初三年,初听大臣二千石刺史行三年丧。(《纪》)

建光元年,复断大臣二千石以上服三年丧。(《纪》)

尚书令祝讽、尚书孟布等奏,以为孝文皇帝定约礼之制,光武皇帝绝告宁之典,宜复建武故事。陈忠上疏言,群司营禄念私,鲜循三年之丧,臣愿陛下登高北望,以甘陵之思,揆度臣子之心。宦竖不便之,竟寝忠奏,而从讽布议,遂著于令。(《陈忠传》)

五年,诏曰:旧令制度各有科品,欲令百姓务崇节约,遭永初之际,人离荒戹,朝廷躬自菲薄,去绝奢饰,食不兼味,衣无二彩。比年虽获丰穰,尚乏储积,而小人无虑,不图久长,嫁娶送终,纷华靡丽,至有走卒奴婢,被绮縠,著珠玑。京师尚若斯,何以示四远?设张法禁,恳恻分明,而有司惰任,讫不奉行,且复重申,以观后效。(《纪》)

顺帝

永建元年，诏减死罪以下徙边，其亡命赎各有差。（《纪》 阳嘉元年、永和五年、汉安二年，俱有赎罪之令）

四年、诏民入山凿石发泄藏气，有司检察，所当禁绝者，如建武永平故事。（《纪》）

是年，诏宦官袭封爵，定著令。（《孙程传》）

阳嘉二年，郎𫖮条便宜七事，以为文帝改法，除肉刑之罪，至今适三百载，宜因斯际，大蠲法令。（《郎𫖮传》）

冲帝

冲帝即位，令郡国中都官系囚减死一等，徙边；谋反大逆，不用此令。（《纪》）

质帝

质帝即位，诏中都官系囚非殊死，考未竟者，一切任出，以须立秋。（《纪》）

本初元年，诏曰：顷者州郡轻慢宪防，竞逞残暴，造设科条，陷入无罪。其敕有司，罪非殊死，且勿案验，以崇在宽。（《纪》）

桓帝

桓帝即位，诏臧吏子孙，不得察举。（《纪》）

建和元年，诏州郡不得迫胁驱逐长吏。长吏臧满三十万而不纠举者，刺史二千石以纵避为罪，若有擅相假印绶者，与杀人同弃市论。（《纪》）

是年，诏郡国系囚减死罪一等，勿笞。惟谋反大逆，不用此书。十一月，减天下死罪一等戍边。（《纪》　三年及和平元年、永兴元年、二年，俱有减死罪及赎罪之令）

灵帝

建宁元年，令天下系囚未决，入缣赎，各有差。（《纪》　三年，熹平三年、四年、五年、光和三年、五年，中平四年，各有此令）

二年，中常侍侯览讽有司奏前司空虞放等皆为钩党，下狱死者百余人，妻子徙边，诸附从者，锢及五属。（《纪》）

献帝

建安元年，应劭删定律令为汉仪，奏之。（《文献通考》）

建安中，议者欲复肉刑，孔融建议不可从之。（同上）

蔡邕请除三互法。（《蔡邕传》）

桥玄乞天下凡有劫质者，皆并杀之，不得赎以财宝，开张奸路。诏书下其章。（《桥玄传》）

七　春秋决狱考

汉时去古未远，论事者多傅以经义。《食货志》公孙弘以《春秋》之义绳臣下，取汉相。《五行志》武帝便（董）仲舒弟子吕步舒持斧钺，治淮南狱，以《春秋》谊专断。《儿宽传》，以宽为奏谳掾，以古法义决疑狱，张汤甚重之。盖汉人家法如是。考《汉志》有《公羊董仲舒治狱》十六篇，《七录》作《春秋断狱》五卷，《隋志》作《春秋决事》十卷，董仲舒撰，唐志作《春秋决狱》，《崇文总目》作《春秋决事比》，并十卷。是书宋初尚存，后不知佚于何时。《应劭传》胶东相董仲舒老病致仕，朝廷每有政议，数遣廷尉张汤亲至陋巷，问其得失，于是作《春秋决狱》二百三十二事，动以经对。王应麟《困学纪闻》云，仲舒《春秋决狱》，其书今不传，《太平御览》载二事，《通典》载一事，所谓二百三十二事，今仅见三事而已。朱彝尊《经义考》云，《艺文类聚》有引决狱君猎得麑事，是尚存四事也。（按《类聚》六十六所引，系《韩非子》，朱盖误记。《玉函山房辑本》引作《白帖》，卷二十六）。今存者有王谟《汉魏遗书》、马氏《玉函山房》、黄氏《汉学堂丛书》诸辑本，然皆寥寥数则，不足以餍阅者之意。按汉时大臣，最重经术，武帝且诏太子受《公羊》《春秋》。《盐铁论》谓春秋之治狱，论心定罪，志善而违于法者免，志恶而合于法者诛。故其治狱，时有出于律之外者。古义纷纶，迥异俗吏，固不独仲舒如是也。兹篇所辑，于仲舒《决狱》佚文之外，又得若干条，两汉春秋决狱之事，略具于斯，匪独仲舒一家之说，抑亦治汉律者所必不可缺也。作《春秋决狱考》。

董仲舒《春秋决狱》

时有疑狱曰：甲无子，拾道旁弃儿乙养之，以为子。及乙长，有罪杀人，以状语甲，甲藏匿乙，甲当何论？仲舒断曰：甲无子，振活养乙，虽非所生，谁与易之。诗云：螟蛉有子，蜾蠃负之。《春秋》之义，父为子隐，甲宜匿乙而不当坐。（《通典》六十九东晋成帝咸和五年散骑侍郎乔贺妻于氏上表引）

甲有子乙以乞丙，乙后长大，而丙所成育。甲因酒色谓乙曰：汝是吾子，乙怒杖甲二十。甲以乙本是其子，不胜其忿，自告县官。仲舒断之曰：甲生乙，不能长育，以乞丙，于义已绝矣。虽杖甲，不应坐。（同上）

君猎得麑，使大夫持以归。大夫道见其母随而鸣，感而纵之。君愠，议罪未定，君病恐死，欲托孤，乃觉之，大夫其仁乎，遇麑以恩，况人乎，乃释之，以为子傅。于议何如？仲舒曰：君子不麛不卵，大夫不谏，使持归，非义也。然而中感母恩，虽废君命，徙之可也。（《白帖》二十六引）

甲为武库卒，盗强弩弦，一时与弩异处，当何罪？论曰，兵所居比司马，阑入者髡，重武备、责精兵也。弩蘖机郭，弦轴异处，盗之不至，盗武库兵陈。论曰、大车无輗，小车无軏，何以行之？甲盗武库兵,当弃市乎?曰虽与弩异处,不得弦不可谓弩,矢射不中,与无矢同,不入与无镞同。律曰,此边鄙兵所臧直百钱者,当坐弃市。(《白帖》九十一引)

甲父(据《玉函山房》本增父字)乙与丙争言相斗,丙以佩刀刺乙,甲即以杖击丙,误伤乙,甲当何论?或曰殴父也,当枭首。论曰、臣愚以父子至亲也,闻其斗,莫不有怵怅之心,扶杖而救之,非所以欲诟父也。《春秋》之义,许止父病,进药于其父而卒,君子原心,赦而不诛。甲非律所谓殴父,不当坐。(《御览》六百四十引)

甲夫乙将船,会海风盛,船没溺流死亡,不得葬。四月,甲母丙即嫁甲,欲皆何论。或曰,甲夫死未葬,法无许嫁,以私为人妻,当弃市。议曰:臣愚、以为《春秋》之义,言夫人归于齐,言大死无男,有更嫁之道也。妇人无专制擅恣之行,听从为顺,嫁之者归也,甲又尊者所嫁,无淫行之心,非私为人妻也。明于决事,皆无罪名,不当坐。(同上)

汉以春秋决狱之例

太后意欲立梁王为帝太子。帝问其状,袁盎等曰:殷道亲,亲者立弟,周道尊,尊者立子。殷道质,质者法天,亲其所亲,故立弟。周道文,文者法地,尊者敬也,敬其本始,故立长子。周道太子死,立适孙;殷道太子死,立其弟。帝曰:于公何如?皆对曰:方今汉家法周,周道不得立弟,当立子。故《春秋》所以非宋宣公,宋宣公死,不立子而与弟,弟受国死,复反之与兄之子,弟之子争之,以为我当代父,后即刺杀兄子,以故国乱祸不绝。故《春秋》曰:君子大居正,宋之祸宣公为之。臣请见太后白之。袁盎等入见太后，太后言欲立梁王，梁王即终，欲谁立？太后曰：吾复立帝子。袁盎等必宋宣公不立正生祸，祸乱后五世不绝，小不忍害大义状报太后。太后乃解说，即使梁王归就国，而梁王闻其议出于袁盎诸大臣所，怨望使人来杀袁盎，谋反端颇见。太后不食，日夜泣不止，景帝甚忧之。问公卿大臣，大臣以为遣经术吏往治之，乃可解。于是遣田叔吕季主往治之，此二人皆通经术，知大礼，来还至霸昌厩，取火悉烧梁之反辞，但空手来对景帝。景帝曰：何如？对曰：言梁王不知也，造为之者，独其幸臣羊胜公孙诡之属为之耳，谨以伏诛死，梁王无恙也。景帝喜说曰：急趋谒太后，太后闻之，立起坐，餐气平复。故曰：不通经术，知古今之大礼，不可以为三公及左右近臣。（《史记·梁孝王世家》）

吕步舒持节使决淮南狱，于诸侯擅专断不报，以《春秋》之义正之，天子皆以为是。（《史记·儒林列传》）

赵王彭祖、列侯让等四十三人，皆曰：淮南王安，大逆无道，谋反明白，当伏诛。胶西王端议曰，安废法度，行邪僻，有诈伪心，以乱天下，营惑百姓，背畔宗庙，妄作妖言。《春秋》曰：臣毋将，将而诛。安罪重于将，谋反形已定，当伏法。（《淮南王安传》）

有司案验，因发淫乱事，奏立禽兽行，请诛。大中大夫谷永上疏曰：《春秋》为亲者讳，今梁王年少，颇有狂病，始以恶言按验，既亡事实，而发闺门之私，非所以为公族隐讳。天子由是寝而不治。（《济川王传》）

始元五年，有一男子乘黄犊车，建黄旐，衣黄襜褕，著黄冒，诣北阙，自谓卫太子。公车以闻，诏使公卿将军中二千石杂识视。长安中吏民聚观者数万人,右将军勒兵阙下,以备非常。丞相御史二千石至者立,莫敢发言。京兆尹不疑后到,叱从吏收缚。或曰:是非未可知,且安之。不疑曰:诸君何患于卫太子?昔蒯聩违命出奔,辄拒而不纳,《春秋》是之。卫太子得罪先帝,亡不即死,今来自诣,此罪人也。遂送诏狱。天子与大将军霍光闻而嘉之曰,公卿大臣,当用经术,明于大谊。繇是名声重于朝廷。(《隽不疑传》)

元鼎中,博士徐偃矫制,使胶东鲁国鼓铸盐铁,御史大夫张汤劾偃矫制大害法至死。偃以为《春秋》之义,大夫出疆,有可以安社稷存万民,颛之可也。汤以致其法,不能诎其义。有诏下军问状。军诘偃曰:古者诸侯国异俗分,百里不通,时有聘会之事,安危之势,呼吸成变,故有不受辞造命颛己之宜。今天下为一,万里同风,故《春秋》王者无外。偃巡封域之中,称以出疆,何也?偃穷诎服罪当死。(《终军传》)

丞相议奏延年主守盗三千万不道。霍将军召问延年,欲为道地。延年抵曰,本出将军之门,蒙此爵位,无有是事。光曰:即无事,当穷竟。御史大夫田广明谓太仆杜延年,《春秋》之义,以功覆过。当废昌邑王时,非田子宾之言,大事不成。今县官出三千万自乞之,何哉?愿以愚言白大将军。(《田延年传》)

斩郅支首及名王以下,宜县头稿街蛮夷邸间,以示万里,明犯强汉者,虽远必诛。事下有司,丞相匡衡、御史大夫繁延寿,以为郅支及名王首更历诸国蛮夷,莫不闻知。《月令》春掩骼埋胔之时,宜勿县。车骑将军许嘉、右将军王商,以为春秋夹谷之会,优施笑君,孔子诛之。方盛夏,首足异门而出,宜县十日,乃埋之。有诏将军议是。(《陈汤传》)

广汉太守扈商者,大司马车骑将军王晋姊子,软弱不任职。宝到部，亲入山谷，谕告群盗，非本造意渠率，皆得悔过自出，遣归田里。自劾矫制，奏商为乱首，《春秋》之义，诛首恶而已。（《孙宝传》）

哀帝初即位，博士申咸给事中，亦东海人也。毁宣不供养，行丧服，薄于骨肉，前以不忠孝免，不宜复列封侯在朝省。宣子况为右曹侍郎，数闻其语。赇客杨明，欲令创咸面目，使不居位。会司隶缺，况恐咸为之，遂令明遮斫咸宫门外，断鼻唇身八创。事下有司，御史中丞等奏，敬近臣，为近主也。礼下公门，式路马，君畜产且犹敬之。《春秋》之义，意恶功遂，不免于诛，上浸之源，不可长也。况首为恶，明手伤，功意俱恶，皆大不敬，明当以重论，及况皆弃市。廷尉直以为，虽于掖门外伤咸道中，与凡民争斗无异。杀人者死，伤人者刑，古今之通道。《春秋》之义，原心定罪，原况以父见谤，发忿怒，无他大恶，加诋欺，辑小过，成大辟，陷死刑，违明诏，恐非法意，不可施行。圣王不以怒增刑，明当以贼伤人不直，况与谋者皆爵减完为城旦。上以问公卿议臣，丞相孔光、大司空师丹以中丞议是，自将军以下至博士议郎，皆是廷尉。况竟减罪一等，徙敦煌，宣坐免为庶人。（《薛宣传》）

彭宣等劾奏博执左道，亏损上恩，以结信贵戚，背君乡臣，倾乱政治，奸人之雄，附下罔上，为臣不忠不道。（赵）玄知博所言非法，枉义附从，大不敬。（傅）晏与博议免大司马（傅）喜失礼不敬。臣请诏谒者召博玄晏诣廷尉诏狱。制曰：将军中二千石二千石诸大夫博士议郎议，右将军峤望等四十四人，以为如宣等言可许。谏大夫龚胜等十四人，以为《春秋》之义，奸以事君，常刑不舍。鲁大夫叔孙侨如欲颛公室，谮其族兄季孙行父于晋，晋执囚行父，以乱鲁国，《春秋》重而书之。今晏放命圮族，干乱朝政，要大臣以罔上，本

造计谋，职为乱阶，宜与博玄同罪，罪皆不道。（《朱博传》）

司隶校尉骏少府忠行廷尉事，劾奏衡监临盗所主守直十金以上。《春秋》之义，诸侯不得专地，所以一统尊法制也。衡位三公，辅国政，领计簿，知郡实，正国界。计簿已定，而背法制，专地盗土以自益，及（陆）赐明阿承衡意，猥举郡计，乱减县界，附下罔上，擅以地附益大臣，皆不道，于是上可其奏。（《匡衡传》）

遂册免（丁）明曰：盖君亲无将，将而诛之，是以季友鸩叔牙，《春秋》贤之；赵盾不讨贼，谓之弑君。朕闵将军陷于重刑，故以书饬，将军遂非不改，复与丞相（王）嘉相比令，嘉有依，得以罔上。有司致法将军，请狱治，朕惟噬肤之恩未忍，其上票骑将军印绶，罢归就第。（《董贤传》）

时平原多盗贼，憙与诸郡讨捕，斩其渠帅，余党当坐者数千人。憙上言恶恶止其身，（注、《公羊传》曰，善善及子孙，恶恶止其身），可一切徙京师近郡，帝从之。（《赵憙传》）

广陵王荆有罪，帝以至亲，悼伤之。诏鯈与羽林监南阳任隗杂理其狱，事竟，奏请诛荆，引见宣明殿。帝怒曰：诸卿以我弟，故欲诛之，即我子，卿等敢尔耶？鯈仰而对曰：天下、高帝天下，非陛下之天下也。《春秋》之义，君亲无将，将而诛焉。是以周公诛弟，季友鸩兄，经传大之。臣等以荆属托母弟，陛下留圣心，加恻隐，故敢请耳。如令陛下子，臣等专诛而已。鯈以此知名。（《樊鯈传》）

永和四年，中常侍张逵等谋共谮商及中常侍曹腾孟贲云，欲征诸王子，图议废立，请收商等案罪。帝曰：大将军父子，我所亲贵；贲我所爱，必无是，但汝曹共妬之耳。逵等知言不用，惧迫，遂出矫制收缚腾贲于省中。帝震怒，收逵等，悉伏诛，辞所连染及在位大臣。商惧多侵枉，乃上疏曰：《春秋》之义，功在元帅，罪止首恶，故赏不僭溢，刑不淫滥。窃闻考中常侍张逵等辞语，多所牵及，大狱一起，无辜者众，宜早讫竟，以止逮捕之烦。帝纳之，罪止坐者。（《梁商传》）

帝以望不先表请，章示百官，详议其罪。时公卿皆以望之专命，法有常条。钟离意独曰：昔华元子反，楚宋之良臣，不禀君命，擅平二国，《春秋》之义，以为美谈。帝嘉意议，赦而不罪。（《王望传》）

安帝初清河相叔孙光坐臧抵罪，遂增锢二世，衅及其子。是时居延都尉范邠，复犯臧罪，诏下三公廷尉议。司徒杨震、司空陈褒、廷尉张皓议依光比。恺独以为《春秋》之义，善善及子孙，恶恶止其身，所以进人于善也。如令使臧吏禁锢子孙，非先王详刑之意也。有诏，太尉议是。（《刘恺传》）

敞在职，以宽和为政，举冤狱，以《春秋》义断之，是以郡中无怨声。（《何敞传》）

有人诬谓舅宋光于大将军梁商者，以为妄刊章文，坐系洛阳诏狱，掠考困极。谞时年十五，奏记于商曰：谓闻《春秋》之义，原情定过，赦事诛意。故许止虽弑君而不罪，赵盾以纵贼而见书，此仲尼所以垂王法，汉世所宜遵前修也。光之所坐，情既可原，守阙连年，而终不见理，不偏不党，其若是乎？商高谞才志，即为奏原光罪。（《霍谞传》）

时清河赵腾上言灾变，讥刺朝政，章下有司，收腾系考，所引党辈八十余人，皆以诽谤，当伏重法。皓上疏谏曰：臣闻《春秋》采善书恶，腾等虽干上犯法，所言本欲尽忠正谏，如当诛戮，天下杜口。帝乃悟，减腾死罪一等，余皆司寇。（《张皓传》）

魏讽反，廙弟伟为讽所引，当相坐诛。太祖令曰：叔向不坐弟虎，古之制也，特原不问。（《魏志·刘廙传》）

梁人取后妻，后妻杀夫，其子又杀之。孔季彦返鲁过梁。梁相曰：此子当以大逆论。礼继母如母，是杀母也。季彦曰：若如母，则与亲母不等，欲以义督之也。昔文姜与杀鲁桓，《春秋》去其姜氏，传曰，绝不为亲，礼也，绝不为亲，即凡人尔。且夫手杀重于知情，知情犹不得为亲，则此下手之时，母名绝矣。方之古义，是子宜以非司寇而擅杀当之，不得为杀母而论以逆也。梁相从其言。（《孔丛子》 按《通典》一百六十六有武帝论防年杀继母一条，与此情节相同，惟不引《春秋》为稍异耳。详见《律令杂考》）

黄浮为濮阳令，同岁子为掾，犯罪当死，一郡望浮为主。浮曰：周公诛二弟，石碏讨其子，今虽同岁，所不能赦。遂竟治之。（《书钞》三十七引《汝南先贤传》）

汉论事援引春秋

梁王令人刺杀爰盎，上疑梁杀之，使者冠盖相望，责梁王。王长君者，王美人兄也。邹阳乘间而请曰，长君诚能精为上言之，得毋竟梁事，长君必固自结于太后，太后厚德长君，入于骨髓。昔者鲁公子庆父，使仆人杀子般，狱有所归，季友不探其情而诛焉。庆父亲杀闵公，季子缓追免贼，《春秋》以为亲亲之道也。鲁哀姜薨于夷，孔子曰：齐桓公法而不谲，以为过也。以是说天子，徼幸梁事不奏。长君曰诺，乘间入而言之。事果得不治。（《邹阳传》）

大鸿胪禹奏,元前以刃贼杀奴婢子男,杀谒者,为刺史所举,罪名明白。故《春秋》之义,诛君之子不宜立,元虽未伏诛,不宜立嗣。奏可,国除。(《赵敬肃王传》)

助恐,上书谢。称《春秋》天王出居于郑,不能事母,故绝之。臣事君,犹子事父母也,臣助,当伏诛。陛下不忍加诛,愿奉三年计最,诏许。(《严助传》)

奉世遂西至大宛,大宛闻其斩莎车王,敬之,异于他使,得其名马象龙而还。上甚说,下议封奉世。丞相将军皆曰:《春秋》之义,大夫出疆,有可以安国家,则颛之可也。奉世功效尤著,宜加爵土之赏。少府萧望之独以奉世奉使有指,而擅矫制违命,发诸国兵,虽有功效,不可以为后法。(《冯奉世传》)

光与群臣连名奏王(昌邑),尚书令读奏曰:五辟之属,莫大不孝。周襄王不能事母,《春秋》曰天王出居于郑,繇不孝出之,绝之于天下也。宗庙重于君,陛下未见命高庙,不可以承天序,奉祖宗庙,子万姓。当废。(《霍光传》)

石显匡衡可为延寿汤擅兴师矫制,幸得不诛,如复加爵土,则后奉使者,争欲乘危徼幸,生事于蛮夷,为国招难,渐不可开。元帝内嘉(甘)延寿汤功,而重违衡显之议,议久不决。故宗正刘向上疏曰:昔齐桓公前有尊周之功,后有灭项之罪,君子以功覆过,而为之讳行事。宜以时解县通籍,除过勿治,尊宠爵位,以劝有功。(《陈汤传》)

久之,大将军霍光薨,宣帝始亲政事,封光兄孙山云,皆为列侯,以光子禹为大司马。顷之,山云以过归第。敞闻之,上封事曰:臣闻公子季友,有功于鲁,大夫赵衰,有功于晋,大夫田完,有功于齐,皆畴其庸,延及子孙,终后田氏篡齐,赵氏分晋,季氏颛鲁。故

仲尼作《春秋》,迹盛衰,讥世卿最甚。间者辅臣颛政,贵戚太盛,君臣之分不明,请罢霍氏三侯皆就第。(《张敞传》)

(涓)勋私过光禄勋辛庆忌,又出逢帝舅成都侯(王)商道,路下车立,颡过乃就车。于是方进举奏其状,因曰:臣闻国家之兴,尊尊而敬长,爵位上下之礼,王道纲纪,《春秋》之义,尊上公谓之宰,海内无不统焉。丞相进见圣主,御座为起,在舆为下,群臣宜皆承顺圣化,以视四方。勋吏二千石幸得奉使,不遵礼仪,轻慢宰相,贱易上卿,而又诎节失度,邪谄无常,色厉内荏,堕国体,乱朝廷之序,不宜处位。臣请下丞相免勋。(《翟方进传》)

相因平恩侯许伯奏封事,言《春秋》讥世卿,恶宋三世为大夫,及鲁季孙之专权,皆危乱国家。自后元以来,禄去王室,政繇冢宰,今(霍)光死,子复为大将军,兄子秉枢机,昆弟诸婿,据权势在兵官。光夫人显及诸女,皆通籍长信宫,或夜诏门出入,骄奢放纵,恐浸不制,宜有以损夺其权,破散阴谋,以固万世之基,全功臣之世。(《魏相传》)

时侍中董贤方贵,上使中黄门发武库兵前后十辈,送董贤及上乳母王阿舍。隆奏言,《春秋》之谊,家不藏甲,所以抑臣威,损私力也。今贤等便僻弄臣,私恩微妾,而以天下公用给其私门,非所以示四方也。(《毋将隆传》)

臣谨按,鲁庄公夫人杀世子,齐桓公召而诛焉,《春秋》予之。赵昭仪倾乱圣朝,亲灭继嗣,家属当伏天诛。前平安刚侯夫人谒,坐大逆同产当坐,以蒙赦令归故郡。今昭仪所犯,尤悖逆,罪重于谒,而同产亲属,皆在尊贵之位,迫近帷幄,群下寒心。请事穷竟,丞相以下议正法。哀帝于是免新成侯赵钦、钦兄子成阳侯䜣,皆为庶人,将家属徙辽西郡。(《孝成赵皇后传》)

援在交趾，常饵薏苡实，用能轻身省欲，以胜瘴气。南方薏苡实大，援欲以为种，军还，载之一车，时人以为南土珍怪。卒后，有上书谮之者，以为前所载还，皆明珠文犀。帝益怒，宾客故人莫敢吊。同郡朱勃诣阙上书曰：臣闻。《春秋》之义，罪以功除，圣王之礼，臣有五义。若援所谓以死勤事者也，愿下公卿，平援功罪。（《马援传》）

统上疏曰，孔子曰：刑罚不衷，则人无所厝手足，衷之为言，不轻不重之谓也。《春秋》之诛，不避亲戚，所以防患救乱，坐安众庶。（《梁统传》）

单超积怀忿恨，遂以事陷种，竟坐徙朔方，种匿于闾甄氏。数年，徐州从事臧旻上书讼之曰：《春秋》之义，选人所长，弃其所短，录其小善，除其大过。种所坐以盗贼公负，筋力未就，罪至征徒，非有大恶。（《第五种传》）

时部县亭长有受人酒礼者，府下记案考之。意封还记，入言于太守曰，《春秋》先内后外，诗云：刑于寡妻，以御于家邦，明政化之本，由近及远。今宜先清府内，且阔略远县细微之愆。太守甚置之。（《钟离意传》）

建初中，有人侮辱人父者，而其子杀之。肃宗贳其死刑而降宥之，自后因以为比，是时遂定其议，以为轻侮法。敏驳议曰：《春秋》之义，子不报仇，非子也，而法令不为之减者，以相杀之路，不可开故也。可下三公廷尉，蠲除其敝。（《张敏传》）

建初元年，大旱谷贵。终以为广陵楚淮阳济南之狱，徙者万数，又远屯绝域，吏民怨旷。乃上疏曰：臣闻善善及子孙，恶恶止其身，百王常典，不易之道也。臣窃按《春秋》水旱之变，皆应暴急，惠不下流。鲁文公毁泉台，《春秋》讥之曰，先祖为之，而已毁之，不如勿居而已，以其无妨害于民。襄公作三军，昭公舍之，君子大其复古，以为不舍则有害于民也。今伊吾之役，楼兰之屯，久而未还，非天意也。帝从之，听还徙者，悉罢边屯。（《杨终传》）

参于道为羌所败，既已失期，乃称病引兵还，坐以诈疾征下狱。校书郎中马融上书请之曰：昔荀林父败绩于邲，晋侯使复其位；孟明视丧师于崤，秦伯不替其官，故晋景并赤狄之土，秦穆遂霸西戎，宜远览二君，使参得在宽宥之科。书奏，赦参等。（《庞参传》）

先是中常侍单超弟匡，为济阴太守，以臧罪为刺史第五种所劾，窘急，乃赂客任方刺兖州从事卫羽。及捕得，方因系洛阳，匡虑秉当穷竟其事，密令方等得突狱亡走。尚书召秉诘责。秉对曰：《春秋》不诛黎比而鲁多盗，方等无状，衅由单匡刺执法之吏，害奉公之臣，复令得逃窜，宽纵罪身，元恶大憝，终为国害，乞槛车征匡，考核其事，则奸慝踪绪，必可立得。（《杨秉传》）

时中常侍侯览弟参为益州刺史，累有臧罪，暴虐一州。明年秉劾奏参槛车征诣廷尉，参惶恐自杀。秉因奏曰：按中常侍侯览弟参，贪残元恶，自取祸灭，览固知衅重，必有自疑之意，臣愚以为不宜复见亲近。昔懿公刑邴歜之父，夺阎职之妻，而使二人参乘，卒有竹中之难，《春秋》书之，以为至戒。览宜急屏斥，投畀有虎，若斯之人，非恩所宥，请免官送归本郡。书奏，尚书召对秉掾属曰，公府外职，而奏劾近官，经典汉制，有故事乎？秉使对曰：《春秋》赵鞅以晋阳之甲，逐君侧之恶。传曰：除君之恶，惟力是视。邓通懈慢，申屠嘉召通诘责，文帝从而请之。汉世故事，三公之职，无所不统。尚书不能诘，帝不得已，竟免览官。（同上）

膺坐输作左校。初膺与廷尉冯绲、大司农刘佑等共同心志，纠罚奸幸,绲佑时亦得罪输作,司隶校尉应奉上疏理膺等曰:昔季孙行父亲逆君命,逐出莒仆,于舜之功二十之一。今膺等投身强御,毕力致罪,陛下既不听察,而猥受谮诉,遂令忠臣同愆元恶,乞原膺等,以备不虞。书奏,乃悉免其刑。(《李膺传》)

时张让弟朔为野王令,贪残无道,至乃杀孕妇,闻膺厉威严,惧罪逃还京师,因匿兄让第舍,藏于合柱中。膺知其状,率将吏卒破柱取朔,付洛阳狱,受辞毕,即杀之。让诉冤于帝,诏膺入殿,御亲临轩,诘以不先请便加诛辟之意。膺对曰:昔晋文公执卫成公,归于京师,《春秋》是焉。《礼》云:公族有罪,虽曰宥之,有司执宪不从。昔仲尼为鲁司寇,七日而诛少正卯。今臣到官,已积一旬,私惧以稽留为愆,不意获速疾之罪,诚自知衅责,死不旋踵,特乞留五日,克殄元恶,退就鼎镬,始生之愿也。帝无复言,顾谓让曰,此汝弟之罪,司隶何愆?乃遣出之。(同上)

初太傅马日磾奉使山东,及至淮南,数有意于袁术,术轻侮之,遂夺取其节,求去,又不听,因欲迫为军师。日磾深自恨,遂呕血而毙。及丧还,朝廷议欲加礼,融乃独议曰,日磾以上公之尊,秉髦节之使,衔命直指,宁辑东夏,而曲媚奸臣,为所牵率,表章署用,辄使首名,附下罔上,奸以事君。昔国佐当晋军而不挠,宜僚临白刃而正色,王室大臣,岂得以见胁为辞?又袁术僭逆,非一朝一夕,日磾随从,周旋历岁。汉律与罪人交关三日已上,皆应知情。《春秋》鲁叔孙得臣卒,以不发扬襄仲之罪,贬不书日。郑人讨幽公之乱,斲子家之棺。圣生哀矜旧臣,未忍追案,不宜加礼。朝廷从之。(《孔融传》)

梁郁阴上书告(崔)骃僖诽谤先帝,刺讥当世,事下有司。骃诣吏受讯，僖以吏捕方至，恐诛，乃上书肃宗自讼曰：齐桓公亲扬其先君之恶，以唱管仲，然后群臣得尽其心。今陛下乃欲以十世之武帝，远讳实事，岂不与桓公异哉？书奏，立诏勿问。（《孔僖传》）

是时邵陵令任嘉，在职贪秽，因迁武威太守。有人奏嘉臧罪千万，征考廷尉，其所染牵，将相大臣，百有余人。伦乃上书曰，臣闻《春秋》诛恶及本，本诛则恶消。今任嘉所坐狼藉，未受辜戮，猥以垢臭，改典大郡，自非按坐举者，无以禁绝奸萌。昔齐威之霸，杀奸臣五人，并及举者，以弭谤讟。惟陛下留神省察。尚书奏伦徼以求直，坐不敬，结鬼薪。（《杨伦传》）

时烧何豪有妇人比铜钳者，将其家来依郡县，种人颇有犯法者。临羌长收系比铜钳，而诛杀其种六七百人。显宗怜之，乃下诏曰：昔齐桓公伐戎而无仁惠，故《春秋》贬曰齐人。今国家无德，恩不及远，羸弱何辜，而当并命。比铜钳尚生者，所在致医药养视，令招其种人。若欲归故地者，厚遣送之。其小种若束手自诣，欲效功者，皆除其罪。若有逆谋，为吏所捕，而狱状未断，悉以赐有功者。（《西羌传》）

（张）奂以单于不能统理国事，乃拘之上立左谷蠡王。桓帝诏曰：《春秋》大居正，居车儿一心向化，何罪而黜？其遣还单于。（《南匈奴传》）

颍川荀爽对策曰：公卿二千石，皆辅主宣化，政之本也，而使不赴父母之丧。《春秋传》曰：上之所为，民之归也。上使不为，民或为之，是以加罚。若上之所为，而民亦为之，向其化也，又何诛哉？假使大臣皆不行三年之丧，何以责之。（袁宏《后汉纪》）

晋灵厚赋以雕墙，《春秋》以为非君；华元乐吕，厚葬文公，《春秋》以为不臣，况于群司庶士，乃可僭侈主上，过天道乎？明帝时，

武原侯卫不害坐葬过律夺国，明帝时，桑民摐阳侯坐冢过制，髡削。(《潜夫论浮侈》)

《春秋》之义，责知诛率。孝文皇帝至寡动，欲任德，然河阳侯陈信，坐负六月免国。孝武仁明，周阳侯田彭祖，坐当轵侯宅而不与免国。黎阳侯邵延，坐不出持马，身斩国除。二帝岂乐以钱财之故而伤大臣哉，乃欲绝诈欺之端，必国家之法，防祸乱之原，以利民也。（同上《断讼》）

太原周党伯况，少为卿佐发党过于人中辱之。党学《春秋》长安，闻报仇之义，辍讲下，辞归报仇。到与卿佐相闻，期斗日，卿佐多从正往，使卿佐先拔刀，然后相击，佐欲直，令正击之，党被创困乏，佐服其义勇，箯舆养之。数日苏，兴，乃知非其家，即径归，其立勇果乃至于是。谨按、凡报仇者谓为父兄耳，岂以一朝之愤，而肆其狂怒者哉。既远《春秋》之义，殆令先祖不复血食，不孝不智而两有之，归其义勇，其义何居？（《风俗通》）

高唐令乐安周纠孟玉为大将军掾，弟子使客杀人，捕得，太守盛亮阴为宿留，纠亦自劾诣府。亮与相见，不乞请，又不辞谢。亮告宾客：周孟玉欲作抗直，不恤其亲，我何能枉宪乎？遂毙于狱。谨按《春秋》，叔牙为庆父杀般闵公，大恶之甚，而季子缘狱有所归，不探其情，缓追逸贼，亲亲之道。州吁既杀其君，而虐用其人，石错恶之，而厚与焉。大义灭亲，君子犹曰，纯臣之道备矣，于恩未也。君观无将，王诛宜耳。周纠苟执果毅，忽如路人，孟轲讥无恻隐之心，《传》曰，于厚者薄，则无所不薄矣。（同上）

按《应劭传》，劭尝著《春秋断狱》，其书不传，《隋志》亦不著录,此二条殆其佚文也。

汉末有管秋阳者,与弟及伴一人,避乱俱行,天雨雪,粮绝,谓其弟曰:今不食伴,则三人俱死,乃与弟共杀之。得粮达舍,后遇赦,无罪。此人可谓善士乎?孔文举曰:管秋阳爱先人遗体,食伴无嫌也。荀侍中难曰:秋阳贪生杀生,岂不罪耶?文举曰:此伴,非会友也。若管仲啖鲍叔,贡禹食王阳,此则不可。向所杀者,犹鸟兽而能言耳。今有犬啮一狸,狸啮一鹦鹉,何足怪也。昔重耳恋齐女而欲食狐偃,叔敖怒楚师而欲食伍参,贤哲之忿,犹欲啖人,而祝遭穷者乎?(《意林》引《傅子》)

八　律家考

《周官·大司寇》正月之吉，始和，布刑于邦国都鄙，乃县刑象于象魏，使万民观刑象，挟日而敛之。又有州长以下诸官属民读法，其时人人知法，而未尝有律学之名。班氏谓法家者流，出于理官。自李悝著《法经》，其后商鞅申不害处子慎到韩非游棣子诸人，并有著述，列于《汉书·艺文志》，是此学战国时始盛也。秦焚诗书百家之言，法令以吏为师，汉代承之，此禁稍弛。南齐崔祖思谓汉来治律有家，子孙并世其业，聚徒讲授，至数百人。其可考者，《文苑英华》引沈约《授蔡法度廷尉制》，谓汉之律书，出于小杜，故当时有所谓小杜律，见《汉书·郭躬传》。《晋志》亦言汉时律令，错糅无常，后人生意，各为章句。叔孙宣郭令卿马融郑玄诸儒章句，十有余家，家数十万言，凡断罪所当由用者，合二万六千二百七十二条、七百七十三万二千二百余言，言数益繁，览者益难，汉时律学之盛如此。马郑皆一代经学大儒，犹为律章句。文翁守蜀，选开敏有材者张叔等十余人，遣诣京师，学律令，是汉人之视律学，其重之也又如此。董卓之乱，海内鼎沸，律学浸微。于是卫觊有设律博士之请。据《魏志》觊传，觊奏曰：九章之律，自古所传，断定刑罪，其意微妙，百里长吏，皆宜知律，请置博士，转相教授，事遂施行。沿六朝隋唐，讫于赵宋，代有此官，至元而废。自是士大夫始鲜知律，此亦古今得失之林也。徐天麟《东汉会要》有律学一门，惜有目无书。

兹篇所辑，凡得七十五人，汉时五经并置博士，授受渊源，《儒林传》颇能言之，而治律之师承，则语焉不详。东汉中叶，郭吴陈三家，代以律学鸣，而郭氏出于小杜，可考者止此。其余诸家授受渊源，莫能述焉。至诸家律说，见于《史汉》注者尚有数条，姑附于后，吉光片羽，致足珍也。作《律家考》。

萧何

相国萧何捃摭秦法，取其宜于时者，作律九章。（《刑法志》）

萧何造律而汉室以宁。（《论衡》）

萧何守文法。（《意林》引《傅子》）

萧何定诸侯法令。（《玉海》）

叔孙通

叔孙通，薛人也。孝惠即位，定宗庙仪法，及稍定汉诸仪法，皆通所论著。（本传）

叔孙通益律所不及，傍章十八篇。（《晋志》）

张苍

张苍定章程。（《高帝纪》）

汉兴二十余年，天下初定，公卿皆军吏。苍为计相，吹律调乐人之音声，及以比定律令。（《任敖传》）

张苍除肉刑，所杀岁以万计。（《魏志·钟繇传》）

董仲舒

故胶东相董仲舒，老病致仕。朝廷每有政议，数遣廷尉张汤，亲至陋巷，问其得失。于是作《春秋决狱》二百三十二事。（《应劭传》）

公羊董仲舒《春秋治狱》十六篇。（《艺文志》）

董仲舒表《春秋》之义，稽合于律无乖异者。（《论衡》）

贾谊　吴公

贾谊，雒阳人也。河南守吴公，闻其秀材，召置门下。文帝初立，闻河南守吴公，治平为天下第一，故与李斯同邑而尝学事焉，征以为廷尉。廷尉乃言谊年少，颇通诸家之书。文帝召以为博士，超迁岁中至大中大夫。谊以为汉兴二十余年，宜草具仪法，文帝谦让未遑也。然诸法令所更定，其说皆谊发之。（本传）

张叔

御史大夫张叔者，名欧，安邱侯说之庶子也。孝文时以治刑名

言事太子,然欧虽治刑名家,其人长者。(《史记》本传)

张欧字叔,孝文时以治刑名,侍太子。(本传)

晁错　张恢　宋孟　刘带

晁错,颍川人也,学申商刑名于轵张恢生所。(注、师古曰:轵县之儒生,姓张名恢,错从之受申商法)。与雒阳宋孟及刘带(《史记》带作礼)同师。(本传)

错所更令三十章。(同上)

晁错三十二篇。(《艺文志》)

张汤

张汤,杜人也。其父为长安丞,出,汤为儿守舍,还而鼠盗肉,其父怒笞汤。汤掘窟得鼠及余肉,劾鼠掠治,传爰书,讯鞫论报;并取鼠与肉,具狱,磔堂下。父见之,视其文辞,如老狱吏,大惊,遂使书狱。迁大中大夫,与赵禹共定诸律令,务在深文。(本传)

张廷尉论定律令,朋法以绳天下。(《盐铁论》)

张汤《越宫律》二十七篇。(《晋志》)

赵禹

赵禹，斄人。武帝时以刀笔吏积劳，稍迁为御史，上以为能，至太中大夫。与张汤论定诸律令。作见知吏传相监司，用法益刻，盖尽自此始。（本传）

赵禹《朝律》六篇。（《晋志》）

杜周

杜周，南阳杜衍人。周少言重迟，而内深次骨。其治大抵放张汤。（本传）

兼律大杜。（《冯绲碑》）

韬律大杜。（《荆州从事苑镇碑》）

杜延年

延年字幼公，亦明法律。（本传）

西河太守杜延年，明于法度，晓国家政事。（《丙吉传》）

父弘，习小杜律。注、杜周，武帝时为廷尉、御史大夫，断狱深刻。其子延年，亦明法律。宣帝时又为御史大夫，对父故言小。

(《郭躬传》)

公孙弘

公孙弘,菑川薛人也。少时为狱吏,习文法吏事,缘饰以儒术。(本传)

公孙弘著《公孙子》,言刑名事,亦谓字直百金。(《西京杂记》)

韩安国　田生

韩安国字长孺,梁成安人也。尝受韩子(《汉书注校补》韩子谓韩非子)杂说邹田生所。注,师古曰:田生,邹县人。(本传)

于公　于定国

于定国字曼倩,东海郯人也。其父于公,为县狱史郡决曹,决狱平,罹文法者,于公所决,皆不恨。定国少学法于父,父死后,定国亦为狱史郡决曹,以材高举侍御史,迁御史中丞。(本传)

丞相西平侯于定国者,东海人也。其父号曰于公,为县狱吏曹掾,决狱平法,未尝有冤。(《说苑》)

张于二氏,絜誉文宣之世。(《南齐书》)

于定国为廷尉,集诸法律,凡九百六十卷。(《魏书・刑罚志》)

路温舒

路温舒字长君,钜鹿东里人也。为狱小吏,因学律令,转为狱史,县中疑事皆问焉。宣帝初,上书言宜尚德缓刑。(本传)

郑宾

郑崇父宾,明法律,为御史,事贡公。(《郑崇传》)

郑昌 郑弘

郑弘字穉卿,泰山刚人也。兄昌,字次卿,皆明经,通法律政事。次卿为太原涿郡太守,弘为南阳太守,皆治迹条教法度为后所述。次卿用刑罚深,不如弘平。(本传)

黄霸

黄霸字次公,淮阳阳夏人也。以豪杰役使徙云陵。霸少学律令,喜为吏,为人明察内敏,又习文法。为丞处议,当于法,合人心,

太守甚任之,吏民爱敬焉。(《循吏传》)

严延年

严延年字次卿,东海下邳人也。少学法律丞相府,归为郡吏,以选除补御史掾。(《酷吏传》)

孔光

孔光字子夏,孔子十四世孙也。以高第为尚书,观故事品式,数岁,明习汉制及法令。(本传)

陈汤

陈汤字子公,山阳瑕丘人也,少好书,博达善属文。大将军(王)凤,奏以为从事中郎,幕府事壹决于汤。汤明法令,善因事为执,纳说多从,常受人金钱作章奏,卒以此败。(本传)

丙吉

丙吉字少卿,鲁国人也。治律令,为鲁狱史,积功劳,稍迁至廷

尉。(本传)

薛宣

薛宣字赣君,东海郯人也。少为廷尉书佐都船狱吏,以明习文法,诏补御史中丞。(本传)

尹翁归

尹翁归字子兄,河东平阳人也。少孤,与季父居,为狱小吏,晓习文法。(本传)

何比干

比干字少卿,经明行修,兼通法律。为汝阴县狱史法曹掾,平活数千人。(《何敞传》注引何氏《家传》)

武帝时,为廷尉正,与张汤同时。汤持法深,而比干务仁恕,数与汤争,虽不能尽得,然所济活者以千数。(《何敞传》)

汝南何比干通律法。元朔中公孙洪(当作弘)辟为廷尉右,平狱无冤,民号曰何公。(《太平广记》二百九十一引《三辅决录》)

弘恭　石显

宣帝不甚从儒术,任用法律,而中书令弘恭石显,久典枢机,明习文法。(《萧望之传》)

弘恭明习法令故事。(本传)

或曰,载使子草律,曰吾不如弘恭。(《法言》)

王禁

禁字雅君,少学法律长安,为廷尉史。(《元后传》)

淮阳宪王钦

宣帝宠姬张捷妤,男淮阳宪王,好政事,通法律。上奇其材,欲以为嗣。(《韦元成传》)

赵敬肃王彭祖

以孝景前二年立。心刻深,好法律。(本传)

广陵思王荆

荆性刻急隐害，有才能，而喜文法。(《光武十王传》)

王霸

王霸字元伯，颍川颍阳人也。世好文法。父为郡决曹掾，霸亦少为狱吏。注引《东观汉记》曰：祖父为诏狱丞。(本传)

梁统　梁松

梁统字仲宁，安定乌氏人，性刚毅而好法律。(本传)

松字伯孙，少为郎，博通经书，明习故事。(同上)

郭弘　郭躬　郭晊　郭镇　郭祯　郭僖　郭旻

郭躬字仲孙，颍川阳翟人也。父弘，习小杜律。太守寇恂以弘为决曹掾，断狱至三十年，用法平，诸为弘所决者，退无怨情，郡内比之东海于公。年九十五卒。(《郭躬传》)

躬少传父业，讲授徒众，常数百人。家世掌法，务在宽平，乃条

诸重文可从轻者四十一事,奏之,事皆施行,著于令。(同上)

中子晊,亦明法律,至南阳太守,政有名迹。(同上)

弟子镇字桓钟,少修家业,拜河南尹,转廷尉。(同上)

弟祯,亦以能法律,至廷尉。(同上)

镇弟子僖,少明习家业,兼好儒学。延熹中为廷尉。郭氏自弘后,数世皆传法律。(同上)

郭躬家世掌法,务在宽平。(《东观汉记》)

郭躬为廷尉正迁廷尉,家世掌法,凡郭氏为廷尉者七人。(《艺文类聚》四十九引华峤《后汉书》)

郭躬字仲孙,颍川人,辟公府以明法律,特预朝议。(《御览》六百四十引《续汉书》)

陈郭两族,流称武明之朝,决狱无冤,庆昌枝裔。(《南齐书》)

郭躬以律学通明,仍业司士。(《文苑英华》沈约《授蔡法度廷尉制》)

治律小杜。(《丹阳太守郭旻碑》)

郭旻字巨公,太尉禧之子,知郭氏世传小杜律。(惠栋《后汉书补注》)

郭贺

郭贺字乔卿,雒阳人。能明法。建武中为尚书令,在职六年,晓习故事。(《蔡茂传》)

陈咸　陈宠　陈忠

陈宠字昭公,沛国洨人也。曾祖父咸,成哀间以律令为尚书。平帝时,王莽辅政,多改汉制,咸心非之,即乞骸骨。收敛其家律令书文,皆壁藏之。咸性仁恕,常戒子孙曰:为人议法,当依于轻,虽有百金之利,慎无与人重比。(《陈宠传》)

宠明习家业,少为州郡吏,辟司徒鲍昱府。昱高其能,转为辞曹,为昱撰《辞讼比》七卷。奏上之,其后公府奉以为法。(同上)

忠字伯始,刘恺举忠明习法律,宜备机密。于是擢拜尚书,使居三公曹。忠自以世典刑法,用心务在宽详。(同上)

陈宠曾祖父咸,任成哀间,以明律令为侍御史。(《东观汉记》)

陈咸字子威,为廷尉监,执狱多恩,议人常从轻比,多所全活,皆称其恩。(《御览》二百三十一引谢承《后汉书》)

王涣

王涣字稚子,广汉郪人也。习尚书,读律令,略举大义,为太守陈宠功曹。(本传)

吴雄　吴䜣　吴恭

顺帝时,廷尉河南吴雄季高,以明法律,断狱平,起自孤宦,致位司徒。子䜣、孙恭,三世廷尉,为法名家。(《郭躬传》)

河间吴雄以明法律,桓帝时自廷尉致位司徒。雄子䜣、孙恭,三世为廷尉,以法为名家。(《艺文类聚》四十九引华峤《后汉书》《书钞》五十三,《御览》二百三十一引华书,均作桓帝,与范书异)

吴雄以三世法家,继为理职。(《文苑英华》沈约《授蔡法度廷尉制》)

张禹

张禹字伯达,作九府吏,为廷尉府北曹吏,断狱处事执平,为京师所称。明帝以其明达法理,有张释之风,超迁,非次拜廷尉。(《书钞》五十三引《东观记》)

光武时有疑狱,见廷尉曹史张禹,所问辄对,处当详衷。于是册免廷尉,以禹代之,虽越次而授,亦足以厉其臣节也。(《御览》二百三十一引《汉官仪》)

侯霸

侯霸字君房,河南密人也。明习故事,条奏前世善政法度有益

于时者，皆施行之。（本传）

陈球

陈球字伯真，下邳淮浦人也。少涉儒学，善律令。（本传）

宗琳（《御览》二百三十一引作陈琳。汪文台《谢书辑本》作陈球，宗琳盖陈球之误）。字伯真，桥玄表琳明法律，征拜廷尉正。（《书钞》五十五引谢承《后汉书》）

钟皓

钟皓字季明，颍川长社人，世善刑律。（本传）

钟皓字季明，温良笃慎，博学诗律，教授门生，千有余人。（《魏志·钟繇传》注引《先贤行状》）

阳球

阳球字方正，渔阳泉州人也。性严厉，好申韩之学。（本传）

樊晔

樊晔字仲华，南阳新野人也。为天水太守，政严猛，好申韩法，

善恶立断。(本传)

周纡

周纡字文通,下邳徐人也。为人刻削少恩,好韩非之术。(本传)

周树

周树达于法,善能解烦释疑,八辟从事。(《书钞》七十三引谢承《后汉书》)

徐征

徐征字君球,苍梧荔浦人。少有方直之行,不挠之节,颇览书传,尤明律令。延熹五年,征为中部督邮。(《御览》二百五十三引《广州先贤传》)

应劭

应劭字仲远,删定律令,为汉仪,建安元年奏之。时始迁都于许,凡朝廷制度,百官典式,多劭所立。(本传)

劭又著《中汉辑叙》、《汉官仪》及《礼仪故事》,凡十一种,百三

十一卷。(《魏志·王粲传》注引《续汉书》)

汉世善驳,则应劭为首。(《文心雕龙》)

应劭《律略论》五卷,《汉朝议驳》三十卷,应劭撰。(《隋志》)

黄昌

黄昌字圣真,会稽余姚人也,晓习文法,仕郡为决曹。(本传)

董昆　卢孟　荀季卿

董昆字文通,余姚人也。少游学,师事颍川荀季卿,受《春秋》,治律令,明达法理,又才能拨烦。县长潘松署功曹史,刺史卢孟行部,垂念冤结。松以孟明察于法令,转署昆为狱史。孟到,昆断正刑法,甚得其平。孟问昆:本学律令,所事为谁?昆对事荀季卿。孟曰:史与刺史同师。孟又问昆:从何职为狱史?松具以实对。孟叹曰:刺史学律,犹不及昆。召之署文学。(《御览》六百三十八引《会稽典录》)董昆迁廷尉卿,持法清峻,不发私书。(《御览》二百三十一引《会稽典录》)

叔孙宣　郭令卿　马融　郑玄

后人生意,各为章句。叔孙宣郭令卿马融郑玄诸儒章句,十有

余家,家数十万言。言数益繁,览者益难。(《晋书·刑法志》)

张皓

张皓字叔明,犍为武阳人也。虽非法家,而留心刑断,数与尚书办正疑狱,多以详当见从。(本传)

张浩字叔明,治律春秋。游学京师,善大将军邓骘。顺帝初立,拜浩司空。(《蜀志·张翼传》注引《益部耆旧传》)

按汉时廷尉,多以法家为之。杨赐为廷尉,自以代非法家,言曰:三后成功,惟殷于民,皋陶不与焉,盖吝之也。遂固辞。见《杨赐传》。侍御史,治书侍御史,亦以明法律者为之,见《百官志》。

律说(附)

按《陈宠传》,律有三家,其说各异。《晋志》汉诸儒章句十有余家。魏明帝诏但用郑氏章句,不得杂用余家。考马融郑玄为律章句,《后书》本传皆不载,《隋志》亦不著录,盖佚已久。沈氏《寄簃文存》谓《唐律疏义》虽不纯本魏太和律博士说,而郑义多在其中。今不可考。惟律说见于《史》《汉》注所引者,尚存数条,姑附于后。

鬼薪作三岁。(《史记集解》如淳引律说)

论决为髡钳,输边作长城,昼日伺寇虏,夜暮筑长城,城旦四岁也。(同上引律说)

都吏今督邮。(《文帝纪》注如淳引律说)

卒践更者居也。居更县中,五月乃更也。(《明帝纪》注如淳引律说)

戍边一岁当罢,若有急,当留守六月。(《沟洫志》注如淳引律说)

平贾一月得钱二千。(同上)

出罪为故纵,入罪为故不直。(《功臣表》注晋灼引律说)

封诸侯过限曰附益。(《诸侯王表》注张晏引律郑氏说)

卷　二

魏律考序

余既成《汉律考》八卷，因欲以次采摭魏晋六朝诸律，先成《魏律考》一卷。考魏明帝颁定新律，《魏志》不载年月。据《通鉴纲目》，太和三年诏司徒陈群等，删约汉法，制新律十八篇，系于十月立听讼观之后，未知何据？魏志明帝青龙二年二月，诏减鞭杖之制。十二月，诏有司删定大辟减死罪。是魏律成于太和青龙之间，盖无可疑者。咸熙元年，晋文帝为晋王，令贾充改定律令，越年遂禅于晋，距新律之颁行，仅三十余年耳。《魏志·高堂隆传》，称军国多事，用法深重。《晋志》亦言陈群刘邵虽经改革，科网本密，是新律在当时已不满人意。《隋书·经籍志》仅存刘邵律略论五卷，而新律则久已散佚。盖魏自中叶而后，王室渐微，政归典午，国祚既促，江左巴蜀，犹阻声教，其流传不远，抑有由也。今可考者，仅《晋志》载新律《序略》一篇，其增损汉律之处，如诬告人反罪及亲属篡囚改坐弃市，皆失之重，然大端实与《九章》无大出入。捕律户律二篇，仍汉之旧。劫略请赇偿赃由盗律分出，诈伪毁亡由贼律分出，告劾由囚律分出，系讯断狱由囚律兴律分出，惊事律亦由兴律分出，删汉之厩律一篇。夫汉兴以来，科条无限，《序略》称十八篇，于正律九篇为增；于旁章科令为省，其删削繁芜之功，自不可没。若夫改汉具律为刑名第一，依古义制为五刑，列之律首，并以八议入律，开晋唐宋明诸律之先河。又如汉时大臣犯罪，动辄指为不道，而魏则无闻。其体例之善，比附之严，亦有未可轻议者。辑而存之，聊以备一朝之掌故，后之考求文献者，得观览焉。

一九一九年己未夏五月闽县程树德序

魏律考目录

① 原书魏令下无目次，为阅读方便，本次出版酌加。

魏 律 考

魏律篇目

明帝即位，刘劭与议郎庾嶷荀诜等定科令，作新律十八篇。（《刘劭传》）

天子（明帝）下诏，改定刑制，命司空陈群、散骑常侍刘劭、给事黄门侍郎韩逊、议郎庾嶷、中郎黄休荀诜等删约旧科，傍采汉律，定为魏法制新律十八篇。（《晋书·刑法志》）

魏命陈群等采汉律为魏律十八篇，增汉萧何律劫掠、诈伪、毁亡、告劾、系讯、断狱、请赇、惊事、偿赃等九篇也。（《唐六典注》）

魏因汉律，为一十八篇，改汉具律为刑名第一。（《唐律疏义》）

按沈氏《寄簃文存》云，《唐六典》言，魏增汉律劫掠、诈伪、毁亡、告劾、系讯、断狱、请赇、惊事，偿赃等九篇也，以《晋志》核之，诈伪郎诈律，（疑志夺伪字），此外有留（留上当有乏字）律、免坐律。留律，志言别为之，当不在正律之内；而免坐律，亦魏所增，合前九篇，共得十篇。盗律贼律囚律杂律，并有分出之事；具律改为刑名，擅兴当即兴律所改，是改定者凡六篇，仍其旧者止捕律、户律二篇，除厩律一篇改为邮驿令不计外，合而计之，与十八篇之数相符。惟《晋志》言所定增十三篇，就故五篇合十八篇，核与前数不合。《六典》言魏增九篇，与十为之数亦不合，未详其故。

魏律序

《序略》曰，旧律所难知者，由于六篇篇少故也。篇少则文荒，文荒则事寡，事寡则罪漏，是以后人稍增，更与本体相离。今制新律，宜都总事类，多其篇条。旧律因秦《法经》，就增三篇，而具律不移，因在第六罪，条例既不在始，又不在终，非篇章之义。故集罪例，以为刑名，冠于律首。盗律有劫略恐猲和卖买人，科有持质，皆非盗事，故分以为劫略律。贼律有欺谩诈伪逾封矫制，囚律有诈伪生死，令景有诈自复免，事类众多，故分为诈律。贼律有贼伐树木，杀伤人畜产及诸亡印，金布律有毁伤亡失县官财物，故分为毁亡律。囚律有告劾传覆，厩律有告反逮受，科有登闻道辞，故分为告劾律。囚律有系囚鞫狱断狱之法，兴律有上狱之事，科有考事报谳，宜别为篇，故分为系讯断狱律。盗律有受所监受财枉法，杂律有假借不廉，令乙有呵人受钱，科有使者验赂，其事相类，故分为请赇律。盗律有勃辱强贼，兴律有擅兴徭役，具律有出卖呈，科有擅作修舍事，故分为兴擅律。兴律有乏徭稽留，贼律有储峙不办，厩律有乏军之兴，及旧典有奉诏不谨，不承用诏书，汉氏施行有小愆之反（之反《通典》作乏及，《通考》之亦作乏）不如令，辄劾以不承用诏书、乏军要斩，又减以丁酉诏书。丁酉诏书，汉文所下，不宜复以为法，故别为之（之当作乏）留律。秦世旧有厩置乘传副车食厨，汉初承秦不改，后以费广稍省，故后汉但设骑置，而无车马。律犹著其文，则为虚设，故除厩律。取其可用合科者，以为邮驿令。其告反逮验，别入告劾律。上言变事，以为变事令。以惊事告急，与兴律烽燧及科令（令疑合之讹）者，以为惊事律。盗律有还赃畀主，金布律有罚赎入责，以呈黄金为价，（价《通典》作偿），科有平庸坐赃事，以为偿赃律。律之初制，无免坐之文，张汤赵禹始作监临部主见知故纵之例，其见知而故不举劾，各与同罪，失不举劾，各以赎论，其不见不知，不坐也，是以文约而例通。科之为制，每条有违科，不觉不知从坐之免，不复分别，而免坐繁多，宜总为免例，以省科文。故更制定其由例，以为免坐律。诸律令中有其教制，本条无从坐之文者，皆从此取法也。凡所定增十三篇，故就五篇，合十八篇。於正律九篇为增，于旁章科令为省矣。改汉旧律不行于魏者皆除之，更依古义，制为五刑。其死刑有三，髡刑有四，完刑作刑各三，赎刑十一，罚金六，杂抵罪七，凡三十七，名以为律首。又改贼律，但以言语及犯宗庙园陵，谓之大逆无道，要斩，家属从坐，不及祖父母孙。至于谋反大逆，临时捕之，或汙潴，或枭菹，夷其三族，不在律令，所以严绝恶迹也。贼斗杀人，以劾而亡，许依古义，听子弟得追杀之。会赦及过误相杀，不得报仇，所以止杀害也。正杀继母，与亲母同，防继假之隙也。除异子之科，使父子无异财也。殴兄姊加至五岁刑，以明教化也。囚徒诬告人反，罪及亲属，异于善人，所以累之使省刑息诬也。改投书弃市之科，所以轻刑也。正篡囚，弃市之罪，断凶强为义之踪也。二岁刑以上，除以家人乞鞫之制，省所烦狱也。改诸郡不得自择伏日，所以齐风俗也。斯皆魏世所改，其大略如是。（《晋书·刑法志》）

按汉世律令最繁,《九章》之外,有旁章,有科令。魏则删繁就简,悉纳入正律之中,改具律为刑名移置律首,各篇中有相类者,则随类分出,别立篇目;其全删者,止厩律一篇,各条中修正之处,均一一指出,其余与汉律,实无大出入。

魏律佚文

大将军文王上言，骑督成倅弟太子舍人济，横入兵阵，伤公，遂至陨命，科律大逆无道，父母妻子同产皆斩。济凶戾悖逆，干国乱纪，罪不容诛。辄敕御史收济家属，付廷尉，结正其罪。（《魏志》卷四）

按魏律佚文不概见，此条事在明帝定律以后，决为新律原文无疑。汉律亦有此条，见《汉书·景帝纪注》。又《尚书·微子正义》引汉魏律，敢有盗郊祀宗庙之物，无多少皆死云云，知魏律多与汉律同。

魏刑名

死刑三(以下具见《晋书·刑法志》,《唐六典注》死刑作大辟)

按汉死刑有枭首、腰斩、弃市,已详《汉律考》。晋张斐《律表》云,死刑不过三。又云,枭首者恶之长,斩刑者罪之大,弃市者死之下。以汉晋二律证之,知所谓死刑三者,即枭首、腰斩、弃市也。《新律序略》有大逆无道要斩之条。又《魏志·高柔传》,公孙渊兄晃,数陈渊谋逆,帝不忍市斩。柔上疏曰:叛逆之类,诚应枭县。事在明帝时。则魏有枭首腰斩弃市之刑明矣。

髡刑四

按汉律髡为五岁刑。晋律发钳五岁刑、四岁刑、三岁刑、二岁刑,凡四等,见《御览》,疑魏律当与晋同。《魏志·孙礼传》曹爽劾礼怨望,结刑五岁,事在明帝定律以后,殆即髡刑也。又《常林传》注引《魏略》云,沐并为成皋令,校事刘肇出过县,遣人呼县吏求索稿谷,是时蝗旱,官无有见,未辨之间,肇人从入,并之阁下,呴呼骂吏。并怒,因蹝履提刀而出,多从吏欲收肇,肇觉知驱走,具以状闻。有诏肇为牧司爪牙吏,而并欲收缚,无所忌惮,自恃清名邪?遂收砍杀之。肇髡决减死刑,竟复吏。是髡为减死之刑,与汉制同。

完刑三

按秦汉完均四岁刑,魏分三等,无考。

作刑三

按汉制三岁刑鬼薪白粲,二岁刑司寇作,一岁刑罚作复作,均作刑也,魏制当与汉同。惟城旦舂鬼薪白粲诸刑名,晋以后无闻,魏是否仍袭汉制,今不可考。

赎刑十一

按以晋梁诸律证之,赎死为一等,赎髡刑完刑作刑凡十等,故云赎刑十一。晋律金等不过四,魏金等无考。《魏志》太和四年十月令罪非殊死,听赎各有差。

罚金六

按《高柔传》，自黄初数年之间，举吏民奸罪以万数，柔皆请惩虚实，具余小小挂法者，不过罚金。盖罚金本汉制。魏初已久行之。《通典》一百六十三，明帝改士庶罚金之令，男听以罚代金，妇人加笞，还从鞭督之例。是中弃后更为异制也。

杂抵罪七

按杂抵罪，殆即除名夺爵之类，今不可考。

夷三族

嘉平元年正月，有司奏收黄门张当，付廷尉考实其辞，(曹)爽与谋不轨。又尚书丁谧邓扬何晏、司隶校尉毕轨、荆州刺史李胜、大司农桓范，皆与爽通奸谋，夷三族。(《魏志》卷四)

大将军司马胡奋部兵逆击，斩诞，传旨夷三族。(《诸葛诞传》)

夷俭三族。(《毌丘俭传》)

于是(李)丰(夏侯)玄(张)缉(乐)敦(刘)贤等皆夷三族。(《夏侯尚传》)

诸相连者悉夷三族。(《王凌传》)

淮妻王凌之妹。凌诛，妹当从坐。御史往收，督将及羌胡渠帅数千人，叩头请淮表留妻，淮不从。妻上道，莫不流涕，人人扼腕，欲劫留之。淮五子叩头流血请淮，淮不忍视，乃命左右追妻，于是追者数千骑，数日而还。淮以书白司马宣王曰：五子哀母，不惜其身，若无其母，是无五子，亦无淮也。今辄追还，若于法未通，当受罪于主者。书至，宣王亦宥之。(《郭淮传注》引《世语》)

魏改定妇女从坐之律

魏法犯大逆者，诛及已出之女。毋丘俭之诛，其子甸妻荀氏，应坐死，其族兄颢与景帝姻，通表魏帝，以匄其命。诏听离婚。荀氏所生女芝，为颍川太守刘子元妻，亦坐死，以怀妊系狱。荀氏辞诣司隶校尉何曾，乞恩求没为官婢，以赎芝命。曾哀之，使主薄程咸上议曰：夫司寇作典，建三等之制，甫侯修刑，通轻重之法。叔世多变，秦立重辟，汉又修之。大魏承秦汉之弊，未及革制，所以追戮已出之女，诚欲殄丑类之族也。然则法贵得中，刑慎过制。臣以为女人有三从之义，无自专之道，出适他族，还丧父母，降其服纪，所以明外成之节，异在室之恩。而父母有罪，追刑已出之女，夫党见诛，又有随姓之戮。一人之身，内外受辟。今女既嫁，则为异姓之妻，如或产育，则为他族之母，此为元恶之所忽，戮无辜之所重。于防则不足惩奸乱之源，于情则伤孝子之心，男不得罪于他族，而女独婴戮于二门，非所以哀矜女弱，蠲明法制之本分也。臣以为在室之女，从父母之诛，既醮之妇，从夫家之罚，宜改旧科，以为永制。于是有诏改定律令。（《晋书·刑法志》）《魏志·何夔传注》引干宝《晋纪》曰，曾字颖考，正元中为司隶校尉。时毋丘俭孙女适刘氏，以孕系廷尉。女母荀为武卫将军荀颢所表活，既免，辞诣廷尉，乞为官婢，以赎女命。曾使主簿程咸为议，议曰：大魏承秦汉之弊，未及革制,所以追戮已出之女,诚欲殄丑类之族也。若已产育,则成他家之母,于法则不足惩奸乱之源,于情则伤孝子之思。男不御罪于他族,而女独婴戮于二门,非所以哀矜女弱,均法制之大分也。臣以为在室之女,可从父母之刑,既醮之妇,使从夫家之戮。朝廷从之,乃定律令)

魏鞭杖之制

太祖性严，掾属公事，往往加杖。夔常蓄毒药，誓死无辱，是以终不见及。(《何夔传》)

明帝青龙二年春，诏曰：鞭作官刑，所以纠慢怠也，而顷多以无辜死，其减鞭杖之制，著于令。(《魏志》卷二)韩宣字景然，渤海人也。黄初中，为尚书郎，尝以职事，当受罚于殿前，已缚束杖未行。文帝辇过，问此为谁？左右对曰：尚书郎渤海韩宣也。帝特原之，遂解其缚。时天大寒，宣前以当受杖，豫脱袴缠裈[①]面缚，及其原，裈腰不下，乃趋而去。(《裴潜传》注引《魏略》)

寿春之役，(满宠子)伟从文王至许，以疾不进，事定乃从归，由此内见恨，收(伟子)长武考死杖下。(《满宠传注》引《世语》)

司马宣王在长安立军市，而军中吏士多侵侮县民。(颜)斐以白宣王，宣王乃发怒，召军市候，便于斐前杖一百。(《仓慈传注》引《魏略》)

阜上疏欲省宫人诸不见幸者，乃召御府吏，问后宫人数。吏守旧令，对曰：禁密不得宣露。阜怒，杖吏一百。(《杨阜传》)

质之为荆州也，(子)威自京都省之。临辞，质赐其绢一匹，为送路粮。质帐下都督，阴以资装百余里要之，每事佐助。威取向所

---

① 裈(kūn)：古代指裤子。

赐绢,答谢而遣之,具以白质。质杖其都督一百。(《胡质传注》引《晋阳秋》)

中黄门从吏求小船,欲独先渡,吏呵不肯。黄门与吏争言。沛问黄门有疏耶,黄门云无疏。沛怒曰:何知汝不欲逃耶?遂使人捽其头与杖。(《窦逵传注》引《魏略杨沛列传》)

禁锢

明帝禁浮华,而人白(李)胜堂有四窗八达,各有主名,用是被收。以其所连引者多,故得原,禁锢数岁。(《曹爽传注》引《魏略》)

魏肉刑之议

太祖议行肉刑，修以为时未可行，太祖采其议。(《王修传》)

时太祖议复肉刑，令曰：安得通理君子，达于古今者，使平斯事乎？昔陈鸿胪以为死刑有可加于仁恩者，正谓此也。御史中丞能申其父之论乎？群对曰：臣父纪，以为汉除肉刑而增加笞，本兴仁恻，而死者更众，所谓名轻而实重者也。名轻则易犯，实重则伤民，若用古刑，使淫者下蚕室，盗著刖其足，则永无淫放穿窬之奸矣。时钟繇与群议同，王朗及议者多以为未可行。太祖深善繇群言，以军事未罢，顾众议，故且寝。(《陈群传》)

初太祖下令使平议死刑可宫割者，繇以为古之肉刑，更历圣人，宜复施行，以代死刑。议者以为非悦民之道，遂寝。及文帝临飨①群臣，诏谓太祖欲复肉刑，此诚圣王之法，公卿当善共议。议未定，会有军事，复寝。太和中，繇上疏曰：陛下远追二祖遗意，惜斩趾可以禁恶，恨入死之无辜，乃明习律令，与群臣共议，出本当右趾而入大辟者，复行此刑，使如孝景之令。其当弃市欲斩右趾者，许之。其黥劓左趾宫刑者自如，孝文易以髡笞，能有奸者，率年二十至四五十，虽斩其足，犹任生育。今天下人，少于孝文之世，计所全岁三千人。书奏，诏群僚善共平议。司徒王朗议以为繇欲轻减大

---

① 飨(xiǎng)：以酒肉款待，同享。

辟之条,以增益刖刑之数。然臣之愚,犹有未合。前世仁者,不忍肉刑之惨酷,是以废而不用。不用已来,历年数百,今复行之,恐所减之文,未彰于万民之目,而肉刑之问,已宣于寇仇之耳。今可按繇所欲轻之死罪,使减死之髡刖,嫌其轻者,可倍其居作之岁数,内有以生易死、不訾之恩,外无以刖易钛、骇耳之声。议者百余人,与朗同者多。帝以吴蜀未平,且寝。(《钟繇传》)

魏国建,陈纪子群时为御史中丞。魏武帝下令又欲复之,使群申其父论。群深陈其便。时钟繇为相国,亦赞成之,而奉常王修,不同其议。魏武帝亦难以藩国改汉朝之制,遂寝不行。魏文帝受禅,又议肉刑,详议未定,会有军事,复寝。明帝时大傅钟繇又上疏求复肉刑,诏下其奏。司徒王朗议又不同。时议百余人,与朗同者多,帝以吴蜀未平,又寝。(《晋书・刑法志》)

夏侯玄尝著《本无肉刑论》,辞旨通远,咸传于世。(《夏侯尚传注》引《魏氏春秋》)

至齐王芳正始中,征西将军夏侯玄、河南尹李胜又议肉刑,竟不能决。夏侯太初著论曰:夫天地之性,人物之道,岂自然当有犯何?荀班论曰:治则刑重,乱则刑轻;又曰:杀人者刑,是百王之所同也。夫死刑者,杀妖逆也,伤人者不改,是亦妖逆之类也。如其可改,则无取于肉刑也,如亡死刑,过制生刑,易犯罪次。于古当生,今独死者,皆可募行肉刑;及伤与盗吏受赃枉法男女淫乱死者,皆复古刑,斯罔之于死,则陷之肉刑矣,舍死折骸,又何辜邪?犹称以满堂聚饮,而有一人向隅而泣者,则一堂为之不乐,此亦愿理其平,而必以肉刑施之,是仁于当杀,而忍于断割,惧于易死,而安于为暴,哀泣奚由而息,堂上焉得泰邪?仲尼曰:既富且教;又曰:苟子之不欲,虽赏之不窃。何用断截乎?下愚不移,以恶自终,所谓翦妖也。若饥寒流沟壑,虽大辟不能制也,而况肉刑哉?赭衣满道,有鼻者丑,终无益矣。李胜曰:且肉刑之作,乃自上古。书载五刑有服,又曰:天讨有罪而五刑五用哉,割劓之属也。周官之制,亦著五刑,历三代,经至治,周公行之,孔子不议也。今诸议者惟以断截为虐,岂不轻于死亡邪?云妖逆是翦,以除大灾,此明主治世之不能无也。夫杀之与刑,皆非天地自然之理,不得已而用之也。伤人者不改,则刖劓何以改之?何为疾其不改,便当陷之于死地乎?妖逆者,惩之而已,岂必除之邪?刑一人而戒千万人,何取一人之能改哉。盗断其足,淫而宫之,虽欲不改,复安所施,而圣其命,惩其心,何伤于大德?今有弱子,罪当大辟,问其慈父,必请其肉刑代之矣。慈父犹施之于弱子,况君加之百姓哉。且蝮蛇螫手,则壮士断其腕,系蹄在足,则猛兽绝其蹯,盖毁支而全生也。夫一人哀泣,一堂为之不乐,此言杀戮者之不当也,何事于肉刑之间哉。赭衣满道,有鼻者丑,此时也。长城之役,死者相继,六经之儒,填谷满坑,何恤于鼻之好丑乎?此吾子故犹哀刑而不悼死也。夏侯答曰:圣贤之治世也,能使民迁善而自新。故《易》曰小惩而大戒,陷夫死者,不戒者也,能惩戒则无刻截,刻截则不得反善矣。李又曰:《易》曰屦校灭趾无咎。仲尼解曰:小惩而大戒,此小人之福也。灭趾谓去足,为小人惩明矣。夏侯答曰:暴之取死,此自然也,伤人不改,纵暴滋多,杀之可也。伤人而能改悔,则岂须肉刑而后止哉。杀人以除暴,自然理也,断截之政,末流之所云耳。孔少府曰:杀人无所斫人有小疮,故刖趾不可以报施,而髠不足以偿伤。伤人一寸,而断其支体,为罚已重,不厌众心也。李又曰:暴之取死,亦有由来,非自然也。伤人不改,亦治道未洽,而轻刑不足以大戒。若刑之与杀,俱非自然,而刑轻于杀,何云残酷哉?夫刖趾不可报施,诚然,髡输固不足以偿伤,伤人一寸而断其支体,为罪已重,夷人之面,截其手足,其亦髡输偿之,不亦轻乎?但虑其重,不惟其轻,不其偏哉。孔氏之论,恐未足为雅论也。(《通典》 百六十八)

魏傅干《肉刑议曰》,盖礼乐所以导民,刑罚所以威之,是故君子忌礼,而小人畏刑,虽汤武之隆,成康之盛,不专用礼乐,亦陈肉刑之法,而康哉之歌兴,清庙之颂作。由此推之,肉刑之法不当除也。经有墨劓剕割之制,至于凿颠抽胁烹煮之刑,卫鞅所述为,非咎陶所造,吕侯所述。据经按传,肉刑不当除,有五验,请言其理,荀卿论之备矣。(《类聚》五十四)

魏曹羲《肉刑论》曰:夫言肉刑之济治者,荀卿所唱,班固所述。隆其趣,则曰像天地为之惟明,察其用,则曰死刑重而生刑轻,其所驰骋,极于此矣。治则刑重,乱则刑轻。又曰,杀人者死,伤人者刑,是百王之所同,固未达夫用刑之本矣。夫死刑者,不唯杀人妖逆,是除天地之道也。伤人者不改,斯亦妖逆之类也,如其可改,此则无取于肉刑也。且伤人杀人,皆非人性之自然也,必有由然者也。夫有由而然者,激之则淫,敦之则一;激之也者,动其利路,敦之也者,笃其质朴。故在上者,议兹本要,不营奇思,行之以简,守之以静,大则其隆足以侔①天地,中则其理可以厚民萌,下则刑罚可以无残虐。民静理则其化为恶之尤者,众之所弃,众之所弃,则无改之验著矣。夫死之可以有生,而欲增淫刑以利暴刑,暴刑所加,

① 侔(móu):相等,齐。

虽云惩慢之由，兴有使之，然谓之宜生，生之可也，舍死折骸，又何辜耶？犹称以满堂而饮，有向隅哀泣，则一堂为之不乐。在上者先谬其心，静而民足，各得其性，何惧乎奸之不胜，乃欲断截防转而入死乎？（同上）

八议

明帝时许允为尚书选曹郎，与陈国袁侃对，同坐职事，皆收送狱，诏旨严切，当有死者，正直者为重。允谓侃曰：卿功臣之子，法应八议，不忧死也。（《夏侯尚传注》引魏略）

初衮来朝，犯京师禁。青龙元年，有司奏衮，诏曰：王素敬慎，邂逅至此，其以议亲之典议之。有司固执，诏削县二户七百五十。（《中山恭王衮传》）

（杜）恕下廷尉，当死，以父畿勤事水死，免为庶人。徙章武郡。是岁嘉平元年。（《杜畿传》）

按《唐六典》注，入议自魏晋宋齐梁陈后魏北齐后周及隋皆载于律，是八议入律，始于魏也。

魏除妖谤赏告之法

民间数有诽谤妖言,(文)帝疾之,有妖言辄杀,而赏告者。柔上疏曰:今妖言者必戮,告之者辄赏,既使过误无反善之路,又将开凶狡之群、相诬罔之渐,诚非所以息奸省讼,缉熙治道也。臣愚、以为宜除妖谤赏告之法,以隆天父养物之仁。帝不即从,而相诬告者滋甚。帝乃下诏,敢以诽谤相告者,以所告者罪罪之,于是遂绝。(《高柔传》)

黄初五年正月,初令谋反大逆,乃得相告,其余皆勿听治。敢妄相告,以其罪罪之。(《魏志》卷二)

按《夏侯惇传》注,明帝西征,(惇子)楙在西时,多蓄伎妾。其后群弟不遵礼度,数切责,弟惧,乃共构楙以诽谤。是新律中尚有诽谤之条也。

魏重士亡法罪及妻子

时天下草创，多逋逃，故重士亡法，罪及妻子。亡士妻白等，始适夫家数日，未与夫相见。大理奏弃市，毓驳之曰：夫女子之情，以接见而恩生，成妇而义重。故诗云，未见君子，我心伤悲，亦既见止，我心则夷。又礼未庙见之妇而死，归葬女氏之党，以未成妇也。今白等生有未见之悲，死有非妇之痛，而吏议欲肆之大辟，则若同牢合卺[①]之后，罪何所加？且记曰，附从轻，言附人之罪，以轻者为比也。又书云与其杀不辜，宁失不经，恐过重也。苟以白等皆受礼聘，已入门庭，刑之为可，杀之为重。太祖曰：毓执之是也。（《卢毓传》）

军营士窦礼近出不还，营以为亡，表言逐捕，没其妻盈及男女，为官奴婢。盈连至州府，称冤自讼，莫有省者。乃辞诣廷尉。柔问曰：汝何以知夫不亡？盈垂泣对曰：夫少单，特养一老妪为母，事甚恭谨。又哀儿女，抚视不离，非是轻狡不顾室家者也。柔重问曰：汝夫不与人有怨仇乎？对曰：夫良善，与人无仇。又曰：汝夫不与人交钱财乎？对曰：尝出钱与同营焦子文，求不得。时子文适坐小事系狱。柔乃见子文问所坐，言次曰：汝颇曾举人钱不？子文曰：自以单贫，初不敢举人钱物也。柔察子文色动，遂曰：汝昔举窦礼

---

① 卺（jǐn），瓢，古代结婚时用做酒器。

钱,何言不邪?子文怪知事露,应对不次。柔曰:汝已杀礼,便宜早服。子文于是叩头具首杀礼本末,埋藏处所。柔便遣吏卒承子文辞,往掘礼,即得其尸。诏书复盈母子为平民,班下天下。(《高柔传》)

魏禁非祀之祭

黄初五年十二月，诏曰：叔世衰乱，崇信巫史，至乃宫殿之内，户牖之间，无不沃酹①，甚矣其惑也。自今其敢设非祀之祭，巫祝之言，皆以执左道论，著于令典。(《魏志》卷二)

① 酹(lèi)：把酒洒在地上表示祭奠。

魏复仇之禁

黄初四年，诏曰：丧乱以来，兵革未戢，天下之人，互相残杀。今海内初定，敢有私复仇者，皆族之。(《魏志》卷二)

魏重诸王交通宾客之禁

青龙二年，私通宾客，为有司所奏。赐干玺书，诫诲之曰：自太祖受命创业，深睹治乱之源，初封诸侯，重宾客交通之禁，乃使与犯妖恶同。夫岂以此薄骨肉哉，徒欲使子弟无过失之愆耳。（《赵王幹传》）

会诸王来朝，与京都人交通，坐免。（《司马芝传》）

有司奏王乃者来朝，犯交通京师之禁。（《中山恭王衮传》注引《魏书》）

魏法禁锢诸王，亲戚隔绝，不祥莫大也。（《晋书·段灼传》）

不孝

甘露五年，太后诏曰：夫五刑之罪，莫大于不孝。夫人有子不孝，尚告治之。（《魏志》卷四）

初（嵇）康与东平吕昭子巽及巽弟安亲善。会巽淫安妻徐氏，而诬安不孝，囚之。安引康为证，康义不负心，保明其事。（《王粲传注》引《魏氏春秋》 《文选思旧赋注》引同）

诬告人反

宣王乃忿然曰：诬人以反，于法何应？主者曰：科律反受其罪。乃收(桓)范于阙下。(《曹爽传注》弘《魏书》)

囚徒诬告人反，罪及亲属。(《晋书·刑法志》)

自首

士卢显为人所杀。质曰：此士无仇，而有少妻，所以死乎。悉见其比居年少。书吏李若，见问而色动，遂穷诘情状，若即自首，罪人斯得。(《胡质传》)

宣王遂至寿春，张式等皆自首，乃穷治其事。(《王凌传》)

同郡马台，坐法当死，礼私导令逾狱自首。(《孙礼传》)

首事

毋丘俭之诛，党与七百余人，传侍御史杜友治狱，惟举首事十人，余皆奏散。（《毋丘俭传注》引《世语》）

其淮南将吏士民诸为诞所胁略者，惟诛其首逆，余皆赦之。（《诸葛诞传》）

知情

彪自杀，官属以下及监国谒者，坐知情，皆伏诛。(《楚王彪传》)

减死一等

夫五刑之属，著在科律，科律自有减死一等之法，不死即为减。（《钟繇传》）

长水校尉戴陵谏不宜数行弋猎，帝大怒，陵减死罪一等。（《魏志》卷二）

乃当帝前叩头流血竟面请俊减死一等。（《杨俊传注》引《魏略》）

具白太祖，各减死一等。（《孙礼传》）

考竟

特进曹洪乳母当与临汾公主侍者共事无涧神，系狱下，太后遣黄门诣府传令，芝不通，辄敕洛阳狱考竟。（《司马芝传》）

考竟，其二千石以下阿纵不如法者，皆举奏之。（《贾逵传》）

时制吏遭大丧者，百日后皆给役。有司徒吏解弘，遭父丧，后有军事受敕当行，以疾病辞。诏怒曰：汝非曾闵，何言毁耶？促收考竟。（《高柔传》）

取禁地物

是时杀禁地鹿者，身死财产没官，有能觉告者，厚加赏赐。（《高柔传》）

刘龟窃于禁内射兔，其功曹张京诣校事言之。帝匿京名，收龟付狱。（同上）

放散官物

徙(许)允为镇北将军,假节督河北诸军事,未发,以放散官物,收付廷尉,徙乐浪,道死。(《夏侯尚传》 注引《魏略》曰:有司奏允前擅以厨钱谷乞诸俳及其官属,故遂收送廷尉,考问竟,故减死徙边)

按《唐律》放散官物坐赃论,在厩库。

款缝

今官曹文案,于纸缝上署记,谓之款缝者,何也?答曰:此语言元出魏晋律令。(《匡谬正俗》)

魏刑狱咨访三公

魏初三公无事，又希与朝政。柔上疏曰：古者刑政有疑，辄议于槐棘之下。自今之后，朝有疑议及刑狱大事，宜数以咨访三公。三公朝朔望之日，又可特延入，讲论得失，博尽事情。帝嘉纳焉。（《高柔传》）

魏法制苛碎

明帝即位，加扬烈将军，赐爵关内侯。昶虽在外任，心在朝廷。以为魏承秦汉之弊，法制苛碎。不大厘改国典，以准先王之风，而望治化复兴，不可得也。乃著《治论》，略依古制而合于时务者，二十余篇。(《王昶传》)

时军国多事，用法深重。(《高堂隆传》)

今事多而民少，上下相弊以文法，百姓无所措其手足。(《魏志》卷二注引《魏书》)

郡国蔽狱，一岁之中，尚过数百，将苛法犹存，为之陷阱乎？其议狱缓死，务从宽简。(《魏志》卷三)

陈群刘邵，虽经改革而科网本密。(《晋书·刑法志》)

魏科

魏武帝乃定甲子科，又嫌汉律太重，故令依律论者，听得科半，使从半减也。(《晋书·刑法志》)

魏武为相，造甲子科条。(《唐六典注》)

是时太祖始制新科，下州郡，又收租税绵绢。夔以郡初立，近以师旅之后，不可卒绳以法。乃上言曰：自丧乱以来，民人失所，今虽小安，然服教日浅。所下新科，皆以明罚敕法，齐一大化也。所领六县，疆域初定，加以饥馑，若一切齐以科禁，恐或有不从教者。有不从教者，不得不诛，则非观民设教随时之意也。太祖从其言。(《何夔传》)

魏国初建时，科禁酒，而邈私饮，至于沈醉。校事赵达白之太祖，太祖甚怒，后竟坐得免刑。(《徐邈传》)

先是科禁内学及兵书，而(吉)茂皆有，匿不送官，及其被收，不知当坐。(《常林传注》引《魏略》)

是时科禁长吏擅去官，而(吉)黄闻司徒赵温薨①，自以为故吏，违科奔丧，为司隶钟繇所收，遂伏法。(同上)

曹仁少时不修行检，及长，为将严整奉法令，常置科于左右，按以从事。(《曹仁传》)

---

① 薨(hōng)：古代称诸侯或有爵位之大官的死亡。

杨沛,冯翊万年人也,累迁九江、东平、乐安太守,并有治迹。坐与督军争斗,髡刑、五岁输作,未竟。会太祖出征,在谯,闻邺下颇不奉科禁。从徒中起为邺令,已拜,太祖见之,问曰:以何治邺?沛曰:竭尽心力,奉宣科法。太祖曰:善。(《贾逵传注》引《魏略》)

黄初中,入为河南尹。明帝即位,赐爵关内侯。芝居官十一年,数议科条所不便者。(《司马芝传》)

正元三年,诏其力战死事者,皆如旧科,勿有所漏。(《魏志》卷四)

古者诸侯临君之国臣诸父兄,今之诸侯,不同于古,其尊未全,不宜便从绝周之制,而令旁亲服斩衰服之重也。诸侯既然,则公孤之爵,亦宜如旧。昔魏武帝建安中已曾表上汉朝,依古为制,事与古异,不皆施行,施行者著在魏科,大晋采以著令。(《通典》九十三)

魏令

按《晋志》，称魏有《郡令》四十五篇，《尚书官令》《军中令》合百八十余篇，其书今不传。然《通典》《初学记》《北堂书钞》《艺文类聚》《太平御览》诸书，时引魏武诸令，其辞或属训诫，有不尽关于律令者，因录而存之。

《郡令》(见《晋志》 《唐六典注》)

《尚书官令》(同上)

官长卒者，官吏皆齐缞，葬讫而除之。(《通典》九十九引《魏令》)

按《通典》此条，未知属于何令，姑附于《尚书官令》之下。

《军中令》(同上)

按诸书所引，有《魏武军令》《魏武军策令》《魏武船战令》《魏武步战令》，疑皆属《军中令》。兹分别汇录于下，以备参考。

《魏武军令》

吾将士无张弓弩于军中。其随大军行，其欲试调弓弩者，得张之，不得著箭，犯者鞭二百，没入吏。不得于营中屠杀卖之，犯令没所卖，及都督不纠白杖五十。始出营，竖矛戟，舒幡旗，鸣鼓。行三里，辟矛戟，结幡旗，止鼓。将至营，舒幡旗，鸣鼓。至营讫，复结幡旗，止鼓，违令者髡翦以徇。军行不得斫伐田中五果桑柘棘枣。（《通典》一百四十九，引《魏武军令》）

兵欲作阵对敌营先白表，乃引兵就表，而临阵皆无讙哗，明听鼓音，旗幡麾前则前，麾后则后，麾左则左，麾右则右，不闻令而擅前后左右者斩。伍中有不进者，伍长杀之；伍长不进，什长杀之；什长不进，都伯杀之。督战部曲将拔刃在后，察违令不进者斩之。一部受敌，余部不进救者，斩之。（《御览》二百九十六，引《魏武军令》，《御览》三百四十一引《军令》同）

闻雷鼓音，举白幢绛旗，大小船皆进战，不进者斩。闻金音，举青旗，船皆止，不止者斩。（《御览》三百四十引《军令》）

五闻鼓音，举黄帛两半幡合旗为三面员阵。（《御览》三百四十一引《军令》）

金鼓幢麾隆衡，皆以立秋日祠。先时一日，主者请祠，其主者奉祠。若出征，有所克获，还亦祠，向敌祠血于钟鼓。秋祠及有所克获还，但祠不血钟鼓。祝文某官使主者某，敢告隆衡金鼓幢麾，夫军武之器者，所以正不义，为民除害也。谨以立秋之日，洁牲黍稷旨酒，而敬荐之。（《御览》五百二十六引《军令》）

常以己丑日祠牛马，先祝文曰，某月己丑，某甲敢告牛马先，马

者兵之道，牛者军农之用，谨洁牲黍稷旨酒敬而荐之。（同上）

军行济河，主者常先白沈璧。文曰：某王使者某甲，敢告于河。贱臣某甲作乱，天子使某帅众济河，征讨丑类，故以璧沈，唯尔有神裁之。（同上）

战时，皆取船上布幔布衣渍水中积聚之。贼有炬火火箭以掩灭之。（《御览》六百九十九引《军令》）

按《魏志》卷四注引《魏略》云，魏法，被攻过百日而救不至者，虽降家不坐，疑亦魏武《军令》佚文。

魏武《军策令》

夏侯渊今月贼烧却鹿角，鹿角去本营十五里，渊将四百兵行鹿角，因使士补之。贼山上望见，从谷中卒出，渊使兵与斗，贼遂绕出其后，兵退而渊未至，甚可伤。渊本非能用兵也，军中呼为白地将军。为督师尚不当亲战，况补鹿角乎？（《御览》三百三十七引魏武《军策令》 《书钞》一百二十六引《魏武帝策令》云，夏侯渊令烧却鹿角，去本营一十五里，文小异，又落军字）

孤先在襄邑，有起兵意，与工师共作卑手刀。时北海孙宾硕来候孤，讥孤曰：当慕其大者，乃与工师共作刀耶？孤答曰：能小复能大，何害。（《御览》三百四十六引魏武《军策令》 又见《书钞》一百二十三）

袁本初铠万领，吾大铠二十领；本初马铠三百具，吾不能有十具。见其少，遂不施也，吾遂出奇破之。是时士卒精练，不与今时等也。（《御览》三百五十六引魏武《军策令》）

魏武《船战令》

雷鼓一通，吏士皆严。再通，什（《御览》作士）伍皆就船，整持橹棹，战士各持兵器就船，各当其所，幢幡旗鼓（《御览》无幢旗二字）各随将所载。船鼓三通鸣（《御览》无鸣字），大小战船，以次发，左不得至右，右不得至左，前后不得易（《御览》易下有处字），违令者斩。（《通典》一百四十九引魏武《船战令》 《御览》三百三十四引作魏武《军令船战令》）

魏武《步战令》

严鼓一通，步骑（《御览》骑下有士字）悉装。再通，骑上马，步结屯。三通，以次出之，随幡（《御览》幡下有所指二字）住者结屯住（《御览》无住字）。幡后闻急鼓音，整陈，斥候者视地形广狭，从四角而（《御览》而作面）立表，制战（《御览》无战字）陈之宜，诸部曲者，各自安（《御览》安作按）部陈兵，疏数兵（《御览》无疏数兵三字）曹举白（《御览》白作事），不如令者斩。兵若欲作陈对敌营，先白表，乃引兵就表而陈。临陈皆无讙哗，明听鼓音。旗幡麾前则前，麾后则后，麾左则左，麾右则右。麾（《御览》无麾字）不闻令而擅前后左右者斩。伍中有不进者，伍长杀之；伍长有不进者，什长杀之；什长有不进者，都伯杀之。督战部曲将拔刃在后，察违令不进者斩之。一部受敌，余部不进救者斩。临陈兵弩不可离陈，离陈、伍长什长不举发，与同罪。无将军令，有妄行陈间者斩。临战陈骑皆当在军两头，前陷陈，骑次之，游骑在后，违令髡鞭二百。兵进，退入陈间者斩。若多骑与贼对陈，临时见地势便，欲使骑独进讨贼者，闻三鼓音，骑特从两头进战，视麾所指。闻三金音还，此但谓独进战时也。其步骑大战，进退自如法。吏士向陈骑驰马者斩吏，士有妄呼大声者斩，追贼不得独在前在后，犯令者罚金四两。士将战，皆不得取牛马衣物，犯令者斩。进战，士各随其号，不随号者，虽有功不赏。进战后兵出前，前兵在后，虽有功不赏。临陈，牙门将骑督明受都令，诸部曲都督将吏士，各战时校督部曲督住陈后，察凡讳令畏懦者，有急、闻雷鼓音绝后、六音严毕、白辨便出卒逃归，斩之。一曰家人弗捕，执及不言于吏，尽与同罪。（《通典》一百四十九引魏武《步战令》，《御览》三百引无兵若欲作陈以下）

按此条"兵若欲作陈至不进救者斩"一段，《御览兵部》引作魏武《军令》，盖《船战令步战令》均军令中之一篇，两头进战三句，晋令文略同，亦见《御览兵部》，知晋令多采魏令也。

《邮驿令》（见《晋志》）

《变事令》（同上）

《甲辰令》

辅国将军品第三。（《唐六典》卷五注引魏《甲辰令》）

游骑将军第四品。（同上）

魏武《设官令》

魏诸官印，各以官为名印如汉法，断千名者章。（《书钞》一百三十一引魏武《设官令》）

魏武《褒赏令》

别部司马付其衙，请立齐桓公神堂令，使室阮瑀议之。（《书钞》六十九引魏武《褒赏令》）

按《魏志》卷一注引《褒赏令》，载曹公《祀桥玄文》一篇，文多不录。

魏武《选举令》

夫遣人使于四方，古人所慎择也。故仲尼曰：使乎使乎。言其难也。（《初学记》二十引魏武《选举令》）

郡县甚大，一乡万数千户，兼人之吏，未易得也。（《书钞》七十七引魏武《选举令》）

今诏书省司隶官钟校尉，材智决洞，通敏先觉，可上请参军事。（《书钞》六十九引魏武集《选举令》 《御览》二百四十九引作魏武《选令》，军事下有“以辅暗政”四字）

岭南太守傅方，到郡以来，时酒云云，之树念存事国用心织微出意忧事，莫能方于此也。（《书钞》三十九引魏武《集选令》）

按以上二条，据《书钞》引，系出《魏武集》。考《唐书艺文志》有《武帝集》三十卷，疑诸书所引《魏武》令文，均出其中。今《魏武集》久佚，而《书钞》所引诸令文，多讹误，不可句读，亦无从校勘矣。

国家旧法，选尚书郎，取年未五十者，使文笔真草，有才能谨慎，典曹治事，起草立义。又以草呈示令仆讫，乃付令史书之耳，书讫共读。省内之事，本来台郎统之，令史不行知也。书之不好，令史坐之，至于谬误，读省者之责。若郎不能为文书当御令史，是谓牵牛不可以服箱，而当取辩于䓣角也。（《御览》二百十五 引魏武集《选举令》）

谚曰：失晨之鸡，思补更鸣。昔季阐在白马，有受金取婢之罪，弃而弗问，后以为济北相，以其能故。（《御览》四百九十六引魏武

《选令》）

魏武帝《明罚令》

闻太原上党西河雁门冬至后百五日，皆绝火寒食，云为介子推（《御览》八百六十八，引魏武《明罚令》下有“子胥沈江，吴人未有绝水之事，至于推独为寒食，岂不悖乎”四句）。且北方沍寒之地，老少羸弱，将有不堪之患。令到，人不得寒食，若犯者家长半岁刑，主吏百日刑，令长夺一月俸。（《类聚》四以魏武帝《明罚令》 又见《御览》二十八、《御览》三十）

魏武帝《内诫令》

往岁作百辟刀五枚，吾闻百练器辟不祥，摄伏奸宄者也。（《书钞》一百二十三，引魏武帝《内诫令》）

贵人位为贵人金印蓝绂，女人贵位之极，此也。（《书钞》一百三十一引魏武帝《内诫令》 《御览》六百九十七引无“此也”二字）

平参王作问大人语元盈言卒，位上设青布帐，教撤去，以为大人自可施帐，当令君臣上下共见。（《书钞》一百三十二引魏武《内诫令》）

孤不好鲜饰，严具所用杂新及韦笥，以黄韦缘中。遇乱，无韦笥，乃作竹方严具，以帛衣粗布作裹，此孤之平常所用也。（《书钞》一百三十六引魏武《内诫令》 《御览》七百十七引魏武《内严器诫令》云，孤不好鲜饰，严具用新皮苇笥，以黄苇缘中。遇乱世，无苇笥，乃更作方竹严具，以皂苇衣之，粗布裹，此孤平常之用者也。内中妇曾置严具，于时为之推坏，令方竹严具缘漆，甚华好）

吏民多制文绣之服，履丝不得过绛紫金黄丝织履。前于江陵得杂彩丝履，以与家约，盖著尽此履，不得效作也。（《御览》六百九十七魏武帝《内诫令》）

孤有逆气病，常储水卧头，以铜器盛臭恶，前以银作小方器。人不解，谓孤喜银物，今以木作。（《御览》七百五十六引魏武《内诫令》）

按《书钞》（九十七）《类聚》（二十二　四十　六十）《御览》（一百八十一　二百四十一　二百四十八　四百二十四　四百三十一　五百六十七　七百三十九　七百四十三　七百六十一　八百十七　九百八十一　九百八十二）尚引魏武帝令，以其与律无涉，略之。

魏金策著令之制

延康元年，宦人为官者，不得过诸署令。为金策，著令藏之石室。（《魏志》卷二）

太和三年七月，诏曰：礼皇后无嗣，择建支子以继大宗，则当纂正统而奉公义，何得复顾私亲哉？后嗣万一有由诸侯入奉大统，则当明为人后之义，敢为奸邪导谀时君，妄建非正之号，以干正统，谓考为皇，称妣为后，则股肱大臣诛之无赦。其书之金策，藏之宗庙，著于令典。（《魏志》卷三）

景初元年夏，有司议定七庙。冬，又奏曰：文昭庙宜世世享祀奏乐，与祖庙同，永著不毁之典，与七庙议，并勒金策，藏之金匮。（《魏志》卷五）

魏以六条察吏

州本御史出监诸郡，以六条诏书察长吏二千石已下。（《贾逵传》）

按《文选》沈休文《齐故安陆昭王碑文》注引《汉书音义》曰：旧刺史所察有六条，察民疾苦冤失职者，察墨绶长吏以上居官政状，察盗贼为民之害及大奸猾者，察犯田律四时禁者，察民有孝悌廉洁行修正茂才异等者，察吏不簿入钱谷放散者，所察不得过此。魏盖沿汉制也。

魏以春秋决狱

常出军，行经麦中，令士卒无败麦，犯者死。骑士皆下马，付麦以相持。于是太祖马腾入麦中，敕主簿议罪。主簿对以《春秋》之义，罚不加于尊。太祖曰：制法而自犯之，何以帅下？然孤为军帅，不可自杀，请自刑。因援剑割发以置地。（《魏志》卷一注引《曹瞒传》）

于是收（何）晏等下狱，会公卿朝臣，廷议以为《春秋》之义，君亲无将，将而必诛。爽以支属，世蒙殊宠，亲受先帝握手遗诏，托以天下。而包藏祸心，蔑弃顾命，乃与晏（邓）飏及（张）当等谋图神器，范党同罪人，皆为大逆不道。于是收爽（曹）义（曹）训晏飏（丁）谧（毕）轨（李）胜（桓）范当等，皆伏诛，夷三族。（《曹爽传》）

会兄毓以四年冬薨，会竟未知问，会子邕随会与俱死，会兄所养兄子毅及峻辿等下狱，当伏诛。司马文王表天子，下诏曰：峻等祖父繇，三祖之世，极位台司，佐命立勋，飨食庙庭。父毓历职内外，干事有绩。昔楚思子文之治，不灭斗氏之祀；晋录成宣之忠，用存赵氏之后。以会邕之罪，而绝繇毓之类，吾有愍然。峻辿兄弟，原有官爵者如故，惟毅及邕伏法。（《钟会传》）

朝议咸以为《春秋》之义，齐崔抒郑归生皆加追戮，陈尸斵棺，载在方策。凌（令狐）愚罪，宜如旧典。乃发凌愚冢，剖棺暴尸于所

近市三日，烧其印绶朝服，亲土埋之。(《王凌传》)

逵尝坐人为罪。王曰，叔向犹十世宥之，况逵功德亲在其身乎？(《贾逵传》)

魏律家

刘劭　庾嶷　荀诜

刘劭字孔才，广平邯郸人也。明帝即位，与议郎庾嶷荀诜等定科令，作《新律》十八篇，著《律略论》。（《刘劭传》）

刘劭《律略论》五卷（《隋书经籍志》）

刘劭《律略论》曰：删旧科，采汉律为魏律，悬之象魏。（《御览》六百三十八）

陈群

魏命陈群等采汉律为魏律十八篇。（《唐六典注》）

卢毓

先是散骑常侍刘劭，受诏定律，未就。毓上论古今科律之意，以为法宜一正，不宜有两端，使奸吏得容情。（《卢毓传》）

高柔

高柔字文惠，陈留圉人也。太祖以为刺奸令史，处法允当，狱无留滞。文帝践祚，以柔为治书侍御史。四年，迁廷尉。（《高柔传》）

钟繇　钟毓　钟会

钟皓博学诗律，教授门生，千有余人，为郡功曹。皓二子迪敷，并以党锢不仕，繇则迪之孙。（《钟繇传注》引《先贤行状》）

毓字稚叔，为廷尉。听君父已没、臣子得为理谤，及士为侯、其妻不复配嫁，毓所创也。（《钟毓传》）

会字士季，太傅繇小子也。会死后，于会家得书二十篇，名曰《道论》，而实刑名家也。（《钟会传》）

按钟皓世善刑律，见后书本传。东汉以律世其家者，吴陈二家之外，当推钟氏矣。

王朗

魏国初建，王朗以军祭酒领魏郡太守，迁少府奉常大理，务在宽恕，罪疑从轻。钟繇明察当法，俱以治狱见称。（《王朗传》）

是时太傅钟繇，又上疏求复肉刑，诏下其奏。司徒王朗议又不同，议者百余人，与朗同者多。（《晋书·刑法志》）

卫觊

觊请置律博士，转相教授。（《晋书·刑法志》）

刘廙　丁仪

廙著书数十篇，及与丁仪共论刑体，皆传于世。（《刘廙传》）

按《类聚》五十四引魏丁仪《刑礼论》一篇，以文繁不录。

阮武

武字文业，阔达博通，渊雅之士，位止清河太守。（《杜畿传注》引《杜氏新书》）

法家《阮子正论》五卷，魏清河太守阮武撰，亡。（《隋书经籍

志》《唐志》作《政论》五卷）

《阮子》四卷（《意林》）

按《玉函山房辑佚书》有《阮子政论》一卷。

卷　三

晋律考序

晋自泰始四年，颁定新律，刘宋因之，萧齐代兴，王植撰定律章，事未施行，盖断自梁武改律，承用已经三代，凡二百三十七年，六朝诸律中，行世无如是之久者，是亦有故焉。晋自文帝秉政，即议改定律令，事在魏咸熙之初，从容坐论，凡历六载。其时议律诸人，如羊祜杜预，又皆一时之俊，史称新律班于天下，百姓便之，是在当日即已众论翕然。又有张斐杜预为之注解，故江左相承，皆用晋世张杜律。《晋志》亦云，魏时叔孙郭马杜诸儒章句，但取郑氏，又为偏党，未可承用，故议改定律令，是其注解必兼采汉世律家诸说之长，期于折衷至当。《唐志》张斐《律解》杜预本二书均存，《御览》犹时引晋律，则北宋尚有此本。金元之乱，中原沦陷，遂至散佚，是可惜也。晋律就汉《九章》，蠲其苛秽，存其清约，其卫宫违制，本之越宫朝律；又鉴曹氏孤立之弊，别为诸侯律一篇，因时立法，较之唐律，殆无逊色。过江以后，中宗任刑法，以《韩子》赐太子（《书钞》引《晋中兴书》），是当时人主，亦尚知修明律学。然卒之女宠兴戎，八王肇衅，不旋踵而乱亡者，是又何也？盖自惠帝继业，政出群下，每有疑狱，各立私情，执法者藉口权宜，意为出入，律令已等具文。刘颂熊远先后疏谏，皆不能从，《晋志》载之详矣。加之仕途以门第为升进，搢绅以清谈为庙略，论经礼者谓之俗生，说法理者名为俗吏（《文选》干宝《晋纪总论注》引王隐《晋书》）。明帝时，王导侍坐，陈高贵乡公事。帝以面覆休，曰：若如公言，晋祚复安得长？是则祖宗贻谋不善，未可为创制诸人咎也。世或疑充本小人，其定律必无足观，而不知当时司其事者，凡十有四人，下意决于郑冲（《世说》），删定秉于杜预（《隋志》），评议由于裴楷（《御览》引《裴楷别传》），典守本于荀煇（《贾充传》），不尽出于充一人之手也。是不可以不辨。

一九二〇年庚申六月闽县程树德序

晋律考目录

晋律考

上

晋班定新律始末

文帝为晋王，患前代律令，本注烦杂。陈群刘邵虽经改革，而科网本密。又叔孙郭马杜诸儒章句，但取郑氏，又为偏党，未可承用。于是令贾充定法律令，与太傅郑冲、司徒荀觊、中书盈荀勖、中军将军羊祜、中护军王业、廷尉杜友、守河南尹杜预、散骑侍郎裴楷、颍川太守周权、齐相郭颀、都尉成公绥、尚书郎柳轨及吏部令史荣邵等十四人典其事，就汉《九章》增十一篇，仍其族类，正其体号，改旧（当作具）律为刑名、法例，辨囚律为告劾、系讯、断狱，分盗律为请赇、诈伪、水火、毁亡，因事类为卫宫、违制，撰周官为诸侯律，合二十篇，六百二十条，二万七千六百五十七言。蠲其苛秽，存其清约，事从中典，归于益时，其余未宜除者，若军事田农酤酒，未得皆从人心，权设其法，太平当除，故不入律，悉以为令，施行制度，以此设教，违令有罪则入律。其常事品式章程，各还其府为故事。减枭斩族诛从坐之条；除谋反适养母出女嫁皆不复坐；父母弃市，省禁固相告之条：去捕亡、亡没为官奴婢之制；轻过误、老小、女人当罚金、杖罚者，皆令半之；重奸伯叔母之令，弃市淫寡女三岁刑，崇嫁娶之要，一以下娉为正，不理私约，峻礼教之防，准五服以制罪也。凡律令合二千九百二十六条、十二万六千三百言、六十卷，故事三十卷，泰始三年事毕。表上，武帝诏曰：昔萧何以定律令受封，叔通制仪为奉常，赐金五百斤，弟子百人，皆为郎中。夫立功立事，古人之所重，宜加禄赏，其详考差叙，辄如诏简异弟子百人，随才品用，赏帛万余匹。武帝亲自临讲，使裴楷执读。四年正月，大赦天下，乃班新律。（《刑法志》）

咸熙元年秋七月，帝奏司空荀顗定礼仪，中护军贾充正法律，尚书仆射裴秀议官制，太保郑冲总而裁焉。（《文帝纪》）

泰始四年春正月景戌，律令成，封爵赐帛各有差。（《武帝纪》）

充所定新律，既班于天下，百姓便之。诏曰，汉氏以来，法令严峻，故自元成之世，及建安嘉平之间，咸欲辩章旧典，删革刑书，述作体大，历年无成。先帝愍元元之命，陷于密网，亲发德音，厘正名实。车骑将军贾充奖明圣意，咨询善道：太傅郑冲，又与司空荀顗、中书监荀勖①、中军将军羊祜、中护军王业及廷尉杜友、守河南尹杜预、散骑侍郎裴楷、颍川太守周雄、齐相郭颀、骑都尉成公绥荀煇、尚书郎柳轨等，典正其事。朕每鉴其用心，常慨然嘉之。今法律既成，始班天下，刑宽禁简，足以克当先旨。自太傅车骑以下，皆加禄赏。于是赐充子弟一人关内侯，绢五百匹。（《贾充传》）

晋武帝以魏制峻密，又诏车骑贾充诸儒学删定名例为二十卷，并合二千九百余条。（《魏书·刑罚志》）

贾充等上所刊修律令，侍中卢珽、中书侍郎范阳张华请钞新律

① 勖（xù）：勉励。

死罪条目,悬之亭传以示民,从之。(《通鉴》卷七十九)

贾充初定律令,与羊祜共咨太傅郑冲。冲曰:皋陶严明之旨,非仆暗懦所探。羊曰:上意欲令小加弘润,冲乃粗下意。(《世说》)

充有才识,明达治体,加善刑法,由此与散骑常侍裴楷共定科令,蠲除密网,以为晋律。(《世说注》引《晋诸公赞》)

荀勖与贾充共定律令,班下施用,各加禄赐。(《艺文类聚》五十四引王隐《晋书》)

泰始四年,岁在戊子正月二十日,晋律成。(《御览》六百三十七引《晋朝杂事》)

晋律篇目

晋命贾充等十四人,增损汉魏律为二十篇。一刑名,二法例,三盗律,四贼律,五诈伪,六请赇,七告劾,八捕律,九系讯,十断狱,十一杂律,十二户律,十三擅兴律,十四毁亡,十五卫宫,十六水火,十七厩律,十八关市,十九违制,二十诸侯,凡一千五百三十条。(《唐六典注》)

按《晋志》云六百二十条,此疑误。

晋命贾充等增损魏律为二十篇,于魏《刑名律》中分为法例律。(《唐律疏义》)

按《寄簃文存》云，晋律就汉《九章》增定，故与魏律不同，无魏律之劫略、惊事、偿赃、免坐四篇，而增法例、卫宫、水火、关市、违制、诸侯六篇；复汉之厩律一篇，而无囚律，此增损之数也。

晋律注解

《汉晋律序注》一卷，晋张斐撰。《杂律解》二十一卷，张斐撰。(《隋书经籍志》)

张斐《律解》二十卷。(《新唐书艺文志》)

明法掾张裴(《隋志唐志》均作斐，此疑误)又注律表上之，其要曰：律始于刑名者，所以定罪制也，终于诸侯者，所以毕其政也。王政布于上，诸侯奉于下，礼乐抚于中，故有三才之义焉，其相须而成，若一体焉。刑名所以经略罪法之轻重，正加减之等差，明发众篇之多义，补其章条之不足，较举上下纲领。其犯盗贼诈伪请赇者，则求罪于此，作役水火畜养守备之细事，皆求之作本名，告讯为之心舌，捕系为之手足，断狱为之定罪名，例齐其制，自始及终，往而不穷，变动无常，周流四极，上下无方，不离于法律之中也。其知而犯之，谓之故意，以为然，谓之失；违忠欺上，谓之谩；背信藏巧，谓之诈；亏礼废节，谓之不敬；两讼相趣，谓之斗；两和相害，谓之戏；无变斩击，谓之贼；不意误犯，谓之过失；逆节绝理，谓之不道；陵上僭贵，谓之恶逆；将害未发，谓之戕；倡首先言，谓之造意；二人对议，谓之谋；制众建计，谓之率；不和，谓之强；攻恶，谓之略；三人，谓之群；取非其物，谓之盗；货财之利，谓之赃；凡二十者，律义之较名也。夫律者,当慎其变,审其理,若不承用诏书,无故失之刑,当从赎;谋反之同伍实不知情,当从刑;此故失之变也。卑与尊斗皆为贼,斗之加兵刃水火中不得为戏,戏之重也。向人室庐道径射,不得为过失之禁也。都城人众中走马杀人,当为贼,贼之似也;过失似贼,戏似斗,斗而杀伤傍人,又似误盗伤;缚守似强盗呵人,取财似受赇;囚辞所连似告劾;诸勿听理似故纵;持质似恐猲;如此之比,皆为无常之格也。五刑不简,正于五罚,五罚不服,正于五过,意善功恶,以金赎之。故律制生罪不过十四等,死刑不过三,徒加不过六,囚加不过五,累作不过十一岁,累笞不过千二百,刑等不过一岁,金等不过四两,月赎不计日,日作不拘月,岁数不疑闰,不以加至死,并死不复加,不可累者,故有并数不可并数,乃累其加以加论者,但得其加与加同者,连得其本不在次者,不以通论,以人得罪与人同,以法得罪与法同,侵生害死,不可齐其防,亲疏公私,不可常其教,礼乐崇于上,故降其刑,刑法闲于下,故全其法,是故尊卑叙,仁义明,九族亲,王道平也。律有事状相似,而罪名相涉者。若加威势下手取财为强盗,不自知亡为缚守,将中有恶言为恐猲,不以罪名呵为呵人,以罪名呵为受赇,劫名其财为持质;此八者,以威势得财而名殊者也。即不求自与为受求,所监求而后取为盗贼,输入呵受为留难,敛人财物、积藏于官为擅赋,加殴击之为戮辱;诸如此类,皆为以威势得财而罪相似者也。夫刑者,司理之官;理者,求情之机;情者,心神之使。心感则情动于中,而形于言,畅于四支,发于事业。是故奸人心愧而面赤,内怖而色夺。论罪者,务本其心,审其情,精其事,近取诸身,远取诸物,然后乃可以正刑。仰手似乞,俯手似夺,捧手似谢,拟手似诉,拱臂似自首,攘臂似格斗,矜庄似威,怡悦似福,喜怒忧惧,貌在声色,奸真猛弱,候在视息,出口有言,当为告,下手有禁,当为贼,喜子杀怒子,常为戏,怒子杀喜子,当为贼;诸如此类,自非至精,不能极其理也。律之名例非正文而分明也,若八十,非杀伤人,他皆勿论。即诬告谋反者反坐,十岁不得告言人;即奴婢捍主,主得谒杀之;贼燔人庐舍,积聚盗贼赃五匹以上弃市;即燔官府积聚盗亦当与。同殴人教令者与同罪,即令人殴其父母,不可与行者同得重也。若得遗物强取强乞之类,无还赃法随例畀之文,法律中诸不敬违仪失式及犯罪为公为私赃入身不入身,皆随事轻重取法以例求其名也。夫理者,精玄之妙,不可以一方行也;律者,幽理之奥,不可以一体守也。或计过以配罪,或化略不循常,或随事以尽情,或趣舍以从时,或推重以立防,或引轻而就下,公私废避之宜,除削重轻之变,皆所以临时观衅,使用法执铨者,幽于未制之中,采其根牙之微,致之于机格之上,称轻重于豪铢,考辈类于参伍,然后乃可以理直刑正。夫奉圣典者,若操刀执绳,刀妄加则伤物,绳妄弹则侵直。枭首者恶之长,斩刑者罪之大,弃市者死之下,髡作者刑之威,赎罚者误之诫。王者立此五刑,所以宝君子而逼小人,故为敕慎之经,皆拟周易有变通之体焉。欲令提纲而大道清,举略而王法齐,其旨远,其辞文,其言曲而中,其事肆而隐,通天下之志,唯忠也;断天下之疑,唯文也;切天下之情,唯远也;弥天下之务,唯大也;变无常体,唯理也;非天下贤圣,孰能与于斯。夫形而上者谓之道,形而下者谓之器,化而裁之谓之格。刑杀者,是冬震曜之象,髡罪者,似秋凋落之变,赎失者,是春阳悔吝之疵也。五刑成章,辄相依准法律之义焉。(《刑法志》)

按《一切经音义》引张斐解晋律，有小曰钟、大曰钟二语，此《律解》佚文之可考者。《史记·平准书》《索隐》引汉晋《律序》云：状如跟衣，著足下，重六斤，以代刖，至魏武改以减代钛也。《书钞》四十五引张斐《律序》云，郑铸刑书，晋作执秩，申韩之徒，各自立制。又云，律令者政事之经，万机之纬也。《御览》六百三十八，引张斐《律序》云，张汤制越宫，赵禹律作朝会正见律。此律序佚文之可考者。《御览》六百四十二引《律序》徒加不过六，囚加不过五，下注云，罪已定为徒，未定为囚。累作不过十二岁，下注云，五岁徒犯一等加六岁，犯六等加为十一岁作，累笞不过千二百，下注云：五岁徒加六等，笞之一千二百。此《律序》注文之可考者。

《律本》二十一卷，杜预撰。梁有杜预《杂律》七卷，亡。（《隋书经籍志》）

贾充杜预《刑法律本》二十一卷。（《新唐书艺文志》）

杜预字元凯，与车骑将军贾充等定律令，既成，预为之注解，乃奏之曰：法者盖绳墨之断例，非穷理尽性之书也，故文约而例直，听省而禁简。例直易见，禁简难犯；易见则人知所避，难犯则几于刑厝。厝刑之本，在于简直，故必审名分。审名分者，必忍小理。古之刑书，铭之钟鼎，铸之金石，所以远塞异端，使无淫巧也。今所注皆网罗法意，格之以名分，使用之者执名例以审趣舍，伸绳墨之直，去析薪之理也。诏班于天下。（《杜预传》）

按《书钞》四十四，引《晋律注》云，谓其赎五岁以下一等减半，四岁以下一等减半也。四十五引《晋律注》云，枭斩弃之于市者斩头也，令上不及天，下不及地也。《御览》六百五十一引《晋律注》云，免官，谓不听应收治者也。颜注晋律，传世最久，疑皆杜注佚文。《御览》六百三十八，引杜预《律序》云，律以正罪名，令以存事制。是杜预注晋律，尚有序文也。

齐武帝令删定郎王植之集注张杜旧律，合为一书，凡千五百三十条。事未施行，其文殆灭。（《通典》一百六十四）

江左相承用晋世张杜律二十卷，世祖留心法令，数讯囚徒，诏狱官详正旧注。先是七年尚书删定郎王植撰定律章，表奏之曰：臣寻晋律，文简辞约，旨通大纲，事之所质，取断难释。张斐杜预同注一章，而生杀永殊。自晋泰始以来，唯斟酌参用。陛下绍兴，光开帝业，下车之痛，每恻上仁满堂之悲，有矜圣思，爰发德音，删正刑律，敕臣集定张杜二注，谨砺愚蒙，尽思详撰，削其烦害，录其尤衷。取张注七百三十一条；杜注七百九十一条；或二家两释于义乃备者，又取一百七条；其注相同者，取一百三条；集为一书，凡一千五百三十二条，为二十卷，请付外详校，擿其违谬。从之。于是公卿八座参议，考正旧注有轻重处。竟陵王子良下意，多使从轻，其中朝议不能断者，制旨平决。至九年，稚珪上表曰，臣与公卿八座，共删注律，谨奉圣旨，咨审司徒臣子良，禀受成规，创立条绪。使兼监臣宋躬兼平臣王植等钞撰同异，定其去取，详议八座裁正大司马臣嶷。其中洪疑大议，众论相背者，圣照玄览，断自天笔，始就成立律文二十卷录叙一卷凡二十一卷今以奏闻，请付外施用，宣于四海。（《南齐书·孔稚圭传》）

按《新唐书艺文志》有宗躬齐《永明律》八卷，殆即此议而未行之本。（宗躬《南齐书》作宋躬，字讹，必有一误。）

晋礼律并重

异姓相养，礼律所不许。（《殷仲堪传》）

先王以道德之不行，故以仁义化之；仁义之不笃，故以礼律检之。（《李充传》）

诡易礼律，不顾宪度。（《华廙传》）

夜使清河王遐收瓘。左右疑遐矫诏，咸谏曰：礼律刑名，台辅大臣，未有此比，且请拒之，须自表得报，就戮未晚也。瓘不从。（《卫瓘传》）

纯行酒，贾充不时饮。纯曰：长者为寿，何敢尔乎？充曰：父老不归供养，将何言也。纯曰：高贵乡公何在？充惭怒，上表解职，纯惧自劾，诏免官。又以纯父老不求供养，使据礼典正其臧否。太傅何曾、太尉荀顗、骠骑将军齐王攸议曰：凡断正臧否，宜先稽之礼。律八十者一子不从政，九十者其家不从政，新令亦如之。按纯父年八十一，兄弟六人，三人在家，不废侍养。纯不求供养，其于礼律，未有违也。（《庾纯传》）

按《文选》潘元茂《册魏公九锡文》，经纬礼律，为民轨仪，是魏初已有此语。《南史·傅隆传》，隆议曰：礼律之兴，本之自然。《张率传》，卿言宰相是何人，不从天下，不由地出。卿名家奇才，若复以礼律为意，便是其人。《蔡兴宗传》，有解士先者，告申坦昔与丞相义宣同谋，时坦已死，子令孙自系廷尉。兴宗议曰：若坦昔为戎首，身今尚存，累经肆眚，犹应蒙宥，令孙天属，理相为隐，况人亡事远，追相诬讦，断以礼律，义有合关。是六朝时犹常用此语也。

晋律目

不孝。（唐律入十恶）

谋杀其国王侯伯子男官长。（唐律谋杀府主等官在贼盗）

诬偷。（未详）

受财枉法。（唐律监主受财枉法，在职制）

掠人和卖。（汉律有和卖买人，唐律略人略卖人，在贼盗）

诱藏亡奴婢。（唐律略和诱奴婢，在贼盗）

以上六条，见《御览》引晋律。（详晋律佚文条）

诈伪将吏。（唐律诈假官，在诈伪）

越武库垣。

兵守逃归家。（唐律征人巧诈避役，在擅兴）

兄弟保人。（未详）

阑利宫殿门。（唐律阑入宫门，在卫禁）

上变事。（汉律有上言变事）

露泄选举。

谋发密事。（唐律漏泄大事，在职制）

殴兄姊。（魏律殴兄姊加至五岁刑，晋止四岁刑，盖仍汉律之

旧）

伤人。（唐律兵刃斫伤人，在斗讼）

伪造官印。（唐律伪写官文书印，在诈伪）

不忧军事。

戏杀人。（唐律戏杀伤人，在斗讼）

越戍。（李悝杂律有越城。唐律越州镇戍等城垣，在卫禁）

作阱。（唐律施机铨作坑阱，在杂律）

走马众中。（唐律城内街巷走车马，在杂律）

挟天文图谶。（《晋书载记》咸康二年，禁郡国不得私学星谶，有犯者诛。盖晋律止二岁刑，故特严其制）

以上十七条，见《御览》引《晋律注》。（详晋律佚文条）

不敬。（唐律入十恶）

不道。（同上）

恶逆。（同上）

向人室庐道径射。（唐律向城官私宅射，在杂律）

盗伤缚守。

呵人取财。

斗杀伤傍人。

囚辞所连。（唐律囚引人为徒侣，在断狱）

诸勿听理。

持质。（汉科有持质，唐律入贼盗）

恐猲。（唐律恐猲取人财物，在贼盗）

强盗。

受求所监。（汉律目有受所监受财枉法）

擅赋。

得遗物。(唐律得阑遗物,在杂律)

以上十五条见《晋志》引张斐《律表》。

乏军兴。(汉律唐律均有乏军兴)

以上一条,见《晋书刘隗传》。(以乏军兴论于理为枉)

诈列父母死。(唐律十恶不孝。注、诈称祖父母父母死)

诬罔父母。

淫乱破义。

反逆。(《世说注》引谢鲤《元化论序》曰,每见国家赦书,谋反逆皆赦。唐律谋反大逆,在贼盗)

以上四条,见《宋书·王韶之传》(有司奏东冶士朱道民禽三叛士依例放遣。韶之启曰:臣寻旧制,以罪补士,凡有十余条,虽同异不紊,而轻重实殊。至于诈列父母死、诬罔父母淫乱、破义、反逆,此四条实穷乱抵逆,人理必尽,虽复殊刑过制,犹不足以塞莫大之罪,既获全首领,大造已隆,宁可复遂拔徒隶,绥带常年,自同编户,列齿齐民乎?臣惧此制永行,所亏实大)

窃执官仗,拒战逻司。

以上一条,见《宋书·明帝纪》。(泰始四年,诏曰:自今窃执官仗,拒战逻司,或攻剽亭寺及害吏民者,凡此诸条,悉依旧制。按《陈书南康王方泰传》率人仗抗拒,伤禁司,为有司所奏。上大怒,下方泰狱。是陈律亦有此条。殆沿晋律之旧)

八议。(见《羊曼传》 唐律八议,在名例)

自首。(见《庾纯传》 唐律犯罪未发自首,在名例)

诈冒复除。(见《高阳王睦传》 汉令丙有诈自复免,魏入诈伪

律,唐律诈自复除,在诈伪)

犯陵上草木。(见《刑法志》　唐律盗园陵内草木,在贼盗)

盗发冢。(见《宋书》沈约《自序》,唐律发冢,在贼盗)

以上五条,疑皆晋律目之所有,姑附于末。

晋律佚文

诈取父母卒弃市。(《殷仲堪传》引律)

桂阳人黄钦生父没已久,诈服衰麻,言迎父丧,府曹先依律诈取父母卒弃市,仲堪乃曰:律诈取父母,宁依殴詈法弃市。原此之旨,当以二亲生存而横言死没,情事悖逆,忍所不当,故同之殴詈之科,正以大辟之刑。今钦生父实终没,墓在旧邦,积年久违,方诈服迎丧,以此为大妄耳。比之于父存言亡,相殊远矣。遂活之。

按《唐律疏义》,其诈称祖父母父母死,谓祖父母父母见在而诈称死者;若先死而诈称始死者非。观此知《疏义》注释各条,均有所本。

受教杀人,不得免死。(《卫瓘传》引律)

初瓘为司空时,帐下督荣晦有罪,瓘斥遣之。及难作,随兵讨瓘,故子孙皆及于祸。(刘)繇等执黄幡挝登闻鼓,上言曰:律受教杀人,不得免死,况乎手害功臣,贼杀忠良,虽云非谋,(按据此晋律有谋杀、故杀之分,)理所不赦。害公子孙,实由于晦,及将人劫盗府库，皆晦所为。考晦一人，众奸皆出，乞验尽情伪，加以族诛。诏从之。

淫寡女，三岁刑。（《刑法志》）

奸伯叔母，弃市。（同上）

八十非杀伤人，他皆勿论。（同上）

十岁不得告言人。（同上）

贼燔人庐舍，积聚盗贼赃五匹以上，弃市。（同上）

殴人教令者，与同罪。（同上）

伤死人四岁刑，妻伤夫五岁刑，子不孝父母，弃市。（《宋书·顾觊之传》引律　又见《通典》一百六十七）

沛郡相县唐赐往比（《通典》作北）村朱起母彭家饮酒，还，因得病吐蛊虫十余枚，临死语妻张死后刳腹出病。后张手自剖视，五脏悉糜碎。郡县以张忍行刳剖，赐子副又不禁驻，事起赦前，法不能决。律伤死人四岁刑，（《宋书》及《南史》均无伤死人四岁刑六字，今据《通典》补），妻伤夫五岁刑，子不孝父母，弃市，并非科例。三公郎刘思议，赐妻痛往遵言，儿识谢及理，考事原心，非存忍害，谓宜哀矜。觊之议曰，法移路尸，犹为不道，况在妻子，而忍行凡人所不行？不宜曲通小情，当以大理为断，谓副为不孝，张同不道。诏如觊之议。

子贼杀伤殴父母，枭首；骂詈，弃市；妇谋杀夫之父母，亦弃市。（《南史·孔靖传》引律　又见《通典》一百六十七）

安陆应城县人张江陵与妻吴共骂母黄令死，黄忿恨自经死，已值赦。按律，子贼杀伤殴父母，枭首；骂詈，弃市。妇（《南史》无妇字，据《通典》补）谋杀夫之父母，亦弃市，会赦免刑补治。江陵骂母,母以自裁,重于伤殴,若同杀科,则疑重;用伤殴及詈科,则疑轻,制唯有打母遇赦犹枭首,无詈母致死会赦之科。(孔)深之议曰:夫题里逆心,而仁者不入,名且恶之,况乃人事?故殴伤咒诅,法所不原,詈之致尽,则理无可宥。罚有从轻,盖疑失善,求之文旨,非此之谓。江陵虽遇赦恩,故合枭首。妇本以义,爱非天属,黄之所恨,情不在吴,原死补治,有允正法。诏如深之议,吴可弃市。

捕虎一,购钱三千,其豿半之。(《尔雅释兽注》郭璞引律)

公侯有罪,得以金帛赎。(《通鉴晋纪》三十三,燕主盛引法例律)

按史不言慕容盛定律,其所引律,即晋律也。

凡诸侯上书言及诸侯不敬,皆赎论。(《书钞》四十四引晋律)

诸侯应八议以上,请得减收留赎,勿髡钳笞。(同上引晋律)

按以上二条,疑诸侯律佚文。

过误伤人,三岁刑。(《御览》六百四十晋书引律。又见《南史何承天传》及通典一百六十六)

安帝义熙中,刘毅镇姑熟,常出行。南陵县吏陈满,射鸟箭误中直帅,虽不伤人,据法当弃市。何承天议曰:狱贵情断,疑则从轻。昔有惊汉文帝乘舆马者,张释之断以犯跸,罪止罚金。何者?明其无心于惊马也。故不以乘舆之重,而加异制。今满意在射鸟,非有心于中人,按律,过误伤人三岁刑,况不伤乎?(汤球《晋书》辑

本,以此条为臧荣绪《晋书据录》)

髡钳五岁刑,笞二百(若诸王亡诈伪、将吏越武库垣、兵守逃归家兄弟保人之属,并五岁刑也)。四岁刑(若复上阑入宫殿门上变事通露泄选举、谋发密事、殴兄姊之属、并四岁刑)。三岁刑(若伤人上而谤、伪造官印、不忧军事戏杀人之属,并三岁刑也)。二岁刑(二岁刑减一等入罚金,三岁至五岁刑耐罪、皆越戍作穽走马众中、有挟天文图谶之属,并为二岁刑)。(《御览》六百四十二引晋律并注。此条文多讹误。又《御览》六百四十九引晋律有"髡钳五岁刑"五字)。

钳重二斤,翅长一尺五寸。(《御览》六百四十四引晋律　《广韵》引同)

诸有所督罚,五十以下鞭,如令,平心无私,而以辜死者,二岁刑。(《御览》六百五十引晋律)

赎死金二斤也。(《御览》六百五十一引晋律　《书钞》四十四引同)

失(《书钞》引无"失"字)赎罪囚罚金四两也。(同上引晋律)

其年老小笃疾病及女徒,皆收赎。(同上引晋律)

诸应收赎者,皆月入中绢一匹,老小女人半之。(同上引晋律)

以金罚相代者,率金一两,以罚当十也。(同上引晋律)

除名比三岁刑。(同上引晋律)

按唐律除名比徒三年,在名例,盖沿晋制。

其当除名、而所取饮食所用之物非以为财利者,应罚金,四两

以下勿除名。（同上引晋律）

吏犯不孝，谋杀其国王侯伯子男官长、诬偷受财枉法、及掠人和卖、诱藏亡奴婢、虽遇赦、皆除名为民。（同上引晋律）

免官比三岁刑，其无真官而应免者，正刑召还也。（同上引晋律）

有罪应免官，而有文武加官者，皆免所居职官。（同上引晋律）

其犯免官之罪，不得减也。（同上引晋律）

其当免官者先上。（同上引晋律）

晋刑名

死刑三。（《唐六典注》，大辟之刑有三，一曰枭，二曰斩，三曰弃市）

枭。（《晋书》《齐王冏传》，骨肉遭枭夷之刑。《苏峻传》，张健等遂降，并枭其首。《南史》《元凶劭传》，劭睿及其子，并枭首大航。《世说》王孝伯死，县其首于大桁）

斩。（《御览》引《晋书》，楚王玮矫诏解严斩刑。又引《三十国春秋》曰，丞相斩都运令史淳于伯于建康，于是以刀拭柱，血逆流二丈三尺，下四尺五寸，其直弦。《世说》注引《司马晞传》，有司奏晞等斩刑）

弃市。（《晋志》引张斐《律表》曰，弃市者，死之下。《御览》引《晋书》，咸和三年勾容令孔恢罪弃市。诏曰，恢自陷刑网，罪当大辟）

以上为死罪。(《唐六典》注,弃市以上为死罪,二岁刑以上为耐罪,罚金一两以上为赎罪)

按《周礼》郑注,斩以铁钺,若今要斩;杀以刀刃,若今弃市。是斩为腰斩,弃市为斩首,汉制如此,义极明显。《史记索隐》以弃市为绞罪,恐不足信。沈氏《刑法分考》,据《晋志》周颛等议肉刑云,截头绞颈,尚不能禁,以为晋律议自魏代,断为魏之弃市,已为绞刑,晋宋梁陈,相沿不改。考《左传》哀二年,若其有罪,绞缢以戮,杜注,绞所以缢人物。杜预晋人,若晋已用绞,不容仅以缢人物为释,是晋无绞刑明矣。梁陈二代,其刑名有弃市而无斩刑,所谓无斩刑者,无腰斩之刑也。若谓死刑弃斩首而专用绞,恐无是理。今考《魏志》晋书《南史》,实无处腰斩之刑者,疑魏晋以来,律虽存腰斩之条,(魏晋死刑,均依汉制),而习用止为斩首,至梁始废之耳,不必弦释晋之弃市为绞刑也。其以绞为刑名,盖自北魏始。

髡刑四。(《唐六典》注髡刑有四,一曰髡钳,五岁刑,笞二百;二曰四岁刑;三曰三岁刑;四曰二岁刑)

髡钳五岁刑,笞二百。(《晋书·武帝纪》,咸宁二年赦五岁刑以下)

四岁刑。

三岁刑。

二岁刑。

以上为耐罪。

赎。(《唐六典》注,赎死金二斤,赎五岁刑金一斤十二两,四岁三岁二岁、各以四两为差。《晋书·魏舒传》,以公事当免官,诏以赎论。《南史·王僧祐传》,在直属疾,不待对人辄去。中丞沈约弹之,坐赎论。《到㧑传》,为左丞庾杲之所糺,以赎论。《文献通考》一百七十一,晋新律,意善功恶,以金赎之,金等不过四两)

赎死,金二斤。

赎五岁刑,金一斤十二两。

赎四岁刑,金一斤八两。

赎三岁刑,金一斤四两。

赎二岁刑,金一斤。

按《唐六典》注云,晋赎罪,得兼用绢。《世说》刘道真尝为徒,扶风王骏以五百匹布赎之,是又得用布赎罪也。

杂抵罪。(《唐六典》注,又有杂抵罪罚金十二两八两四两二两一两之差)

按杂抵罪,盖即夺爵免官除名之类。魏律杂抵罪凡七,晋无考。

罚金。

十二两。

八两。(《书钞》引臧荣绪《晋书》,凡民私酿酒酤,其有婚姻及疾病者听之,余有犯,罚金八两)

四两。

二两。(《南史·徐孝嗣传》,泰始中,以登殿不著袜,为书侍御

史蔡准所奏,罚金二两)

一两。

以上为赎罪。

夷三族

益州牙门张弘,诬其刺史皇甫晏反,杀之,传首京师。弘坐伏诛,夷三族。(《武帝纪》)

永嘉元年正月,除三族刑。(《怀帝纪》)

以(诸葛)玫(周)穆世家,罪止其身,因此表除三族之法。(《东海王越传》)

建兴三年,敕雍州掩骼埋胔,修复陵墓,有犯者,诛及三族。(《愍帝纪》)

太宁三年二月,复三族刑,惟不及妇人。(《明帝纪》)

时孙秀乱关中,解结在都,坐议秀罪应诛,秀由是致憾。及(解)系被害,结亦同戮。女适裴氏,明日当嫁而祸起,裴氏欲认活之。女曰:家既若此,我何活为?亦坐死。朝廷遂议革旧制,女不从坐,由结女始也。(《解结传》)

自晋兴以来,用法大严,迟速之间,辄加诛斩,一身伏法,犹可强为,今世之诛,动辄灭门。(《阎缵传》)

公孙宏歧盛,并夷三族。(《楚隐王玮传》)

诸党属,皆夷三族。(《齐王冏传》)

徙边

遂收机等九人付廷尉，赖成都王颖、吴王晏并救理之，得减死徙边。（《陆机传》）

与二兄俱被害，妻子徙边。（《解系传》）

加罪黜徙。（《齐王冏传》）

特降刑书宥（王）逊，远徙永嘉郡。（《南史·王俭传》）

禁锢

省禁固相告之条。（《刑法志》）

参佐禁固。（《温峤传》）

请除（宋）挺名禁锢终身。（《刘隗传》）

有司奏衍不能守死善道，即求离婚，宜加显责，以励臣节，可禁锢终身。从之。（《王衍传》）

明年，诏原（王）敦党狱，（周）抚诣阙请罪，有诏禁锢之。（《周访传》）

时（晋义熙中）新制，长史以父母疾去官，禁锢三年。山阴令沈叔任，父疾去职。鲜之因此上议曰，省父母之疾，而加以罪名，悖义疾理，莫此为大，谓宜从旧，于义为允。从之。于是自二品以上，父母没者、填墓崩毁、及疾病族属辄去，并不禁锢。（《宋书·郑鲜之传》）

永明元年，为御史中丞袁彖所奏，免官禁锢。（《南史·褚澄传》）

以家贫乞郡，辞旨抑扬，诏免官，禁锢五年。（《南史·谢朏传》）

以怨望免，禁锢十年。（《南史·谢超宗传》）

坐畜仗免官，禁锢十年。（《南史·王晏传》）

除名

除名流徙，退免大事，台乃奏处，其余外官，皆专断之。（《刘颂传》）

时蜀新平，人饥土荒，颂表求振贷，不待报而行？由是除名。（同上）

时制王敦纲纪除名。（《温峤传》）

（张）嶷[1]以扇和减罪除名。（《周嵩传》）

（王）敦平，有司奏彬及兄子安成太守籍之，并是敦亲，皆除名。（《王彬传》）

刘弘顾望，除名为民。（《文选·范尚书让吏部封侯第一表》注引《晋阳秋》）

夺爵

邕卒，子肜嗣，坐刀斫妻，夺爵。（《南史·刘穆之传》）

---

① 嶷（yí）。

子植嗣,多过失,不受母训,夺爵。(《南史·向靖传》)

子长嗣,坐骂母,夺爵。(《南史·王亮传》)

没官为奚奴

挝登闻鼓,乞恩辞求自没为奚官奴,以赎父命。(《范坚传》)

有女巫严道育,夫为劫,坐没入奚官。(《南史·元凶劭传》)

晋鞭杖之制(宋南齐附)

升平二年三月佽飞督王饶献鸩鸟,帝怒鞭之二百。(《穆帝纪》《御览》六百四十九,引《晋中兴书》曰,皇帝诏,佽飞督王饶忽上吾鸩鸟,口云以辟恶,此凶物,岂宜妄进?于是顿鞭饶二百)

贾午考竟用大杖。(《贾充传》)

武帝以山涛为司徒,频让不许,出而往归家。左丞白褒,又奏涛违诏,杖褒五十。(《御览》六百五十引王隐《晋书》)

谢鲲字幼舆,弱冠知名。值中朝大乱,长沙王乂辅政,亲媚小人,忌害君子。时疾鲲名,谮之,乂遂执,欲鞭之。鲲解衣服锁,神无动容,乂异而释之,又无喜色。(《御览》六百四十九引《晋中兴书》)

胡母崇为,永康令,多受货赂,政治苛暴。诏都街顿鞭一百,除名为民。(《御览》六百五十一引《晋中兴书》)

太始四年，江夏王义恭第十五女卒，年十九，未笄。礼官议成人服，诸王服大功。左丞孙敻重奏礼官违越经典，于理无据，太常以下结免赎论，谧坐杖督五十。（《南史・江谧传》）

典笔吏取笔失旨，顿与五十鞭。（《南史・赵伯符传》）

（颜）祎之等六人，鞭杖一百。（《南史・颜师伯传》）

桓公在荆州，全欲以德被江汉，耻以威刑肃物。令史受杖，正从朱衣上过。桓式年少，从外来云，向从阁下过，见令史受杖，上捎云眼，下拂地足，意讥不著。桓公云，我犹患其重。（《世说》）

昔在晋初，河内温县领校向雄送御牺牛不充，呈郡辄随比。送洛，值天大热，郡送牛多暍死，台法甚重。太守吴奋召雄与杖，雄不受杖曰：郡牛者，亦死也；呈牛者，亦死也。奋大怒，下雄狱。（《世说注》）

永初二年六月壬寅，诏曰：杖罚虽有旧科，然职务殷碎，推坐相寻，若皆有其实，则体所不堪，文行而已，又非设罚之意，可筹量粗为中否之格。甲辰，制诸署敕吏四品以下，又府署所得辄罚者，听统府寺行四十杖。（《宋书・武帝纪》）

永明五年，制二品清官行僮干杖不得出十，张融坐鞭干钱敬道杖五十，免官。（《通典》三十五）

晋肉刑之议

刘颂为廷尉，频表宜复肉刑，不见省。又上言曰：臣昔上行肉刑，从来积年，遂寝不论。臣窃以为议者，拘孝文之小仁，而轻违圣王之典刑，未详之甚，莫过于此。令死刑重，故非命者众；生刑轻，故罪不禁奸,所以然者,肉刑不用之所致也。今为徒者,类性元恶不轨之族也,去家悬远,作役山谷,饥寒切身,志不聊生,虽有廉士介者,苟虑不首死,则皆为盗贼,岂况本性奸凶无赖之徒乎?又令徒富者输财,解日归家,乃无役之人也,贫者起为奸盗,又不制之虏也,不刑则罪无所禁,不制则群恶横肆,为法若此,近不尽善也。是以徒亡日属,贼盗日烦;亡之数者,至有十数,得辄加刑,日益一岁,此为终身之徒也。自顾反善无期,而灾困逼身,其志亡思盗,势不得息,事使之然也。古者用刑以止刑,今反于此。诸重犯亡者,发过三寸,辄重髡之,此以刑生刑;加作一岁,此以徒生徒也。亡者积多,系囚猥畜。议者曰:因不可不赦,复从而赦之,此谓刑不制罪,法不胜奸。下知法之不胜,相聚而谋为不轨,月异而岁不同。故自顷年以来,奸恶陵暴,所在充斥。议者不深思此故,而曰肉刑于名忤听,忤听孰与盗贼不禁?圣王之制肉刑,远有深理,其事可得而言,非徒惩其畏剥割之痛而不为也。乃去其为恶之具,使夫奸人无用复律其志,止奸绝本,理之尽也。亡者刖足,无所用复亡;盗者截手,无所用复盗;淫者割其势,理亦如之,除恶塞源,莫善于此,非徒然也。此等已刑之后,便各归家,父母妻子,共相养恤,不流离于涂路,有今之困,创愈可役,上准古制,随宜业作,虽已刑残,不为虚弃,而所患都塞。又生育繁阜之道自若也。今宜取死刑之限,轻及三犯逃亡淫盗,悉以肉刑代之。其三岁刑以下,已自杖罚遣,又宜制其罚数,使有常限,不得减此;其有宜重者,又任之官长。应四五岁刑者,皆髡笞,笞至一百稍行,使各有差悉,不复居作,然后刑不复生刑,徒不复生徒,而残体为戮,终身作诫,人见其痛,畏而不犯,必数倍于今。且为恶者随发被刑,去其为恶之具,此为诸已刑者,皆良士也，岂与全其为奸之手足，而蹴居必死之穷地同哉？而犹曰肉刑不可用，臣窃以为不识务之甚也。臣昔常侍左右，数闻明诏，谓肉刑宜用，事便于政，愿陛下信独见之断，使夫能者得奉圣虑，行之于今，比填沟壑，冀见太平。《周礼》三赦三宥，施于老幼悼耄黔黎不属逮者，此非为恶之所出，故刑法逆舍而宥之。至于自非此族犯罪，则必刑而无赦，此政之理也。暨至梭世，以时崄多难，因赦解结，权以行之，又不以宽罪人也。至今恒以罪积狱，繁赦以散之，是以赦愈数而狱愈塞，如此不已，将至不胜。原其所由，肉刑不用之故也。今行肉刑，非徒不积，且为恶无具则奸息。去此二端，狱不得繁，故无取于数赦，于政体胜矣。疏上，又不见省。（《刑法志》）

及（元）帝即位，（卫）展为廷尉，又上言：古者肉刑，事经前圣，汉文除之，增加大辟。今人户雕荒，百不遗一，而刑法峻重，非句践养胎之义也。愚谓宜复古施行，以隆太平之化。诏内外通议。于是骠骑将军王导、太常贺循、侍中纪瞻、中书郎庾亮、大将军咨议参军梅陶、散骑郎张嶷等议，以肉刑之典，由来尚矣，肇自古先，以及三代，圣哲明王，所未曾改也，岂是汉文常主所能易者乎？时萧曹已没，绛灌之徒，不能正其义。逮班固深论其事，以为外有轻刑之名，内实杀人；又死刑太重，生刑太轻，生刑施于上，死刑怨于下，轻重失当，故刑政不中也。且原先王之造刑也，非以过怒也，非以残人也，所以救奸，所以当罪。今盗者窃人之财，淫者好人之色，亡者避叛之役，皆无杀害也。则刖之以刑，刑之则止，而加之斩戮，戮过其罪，死不可生，纵虐于此，岁以巨计，此乃仁人君子所不忍闻，而况行之于政乎？若乃惑其名而不练其实，恶其生而趣其死，此畏水投舟，避坎蹈井，愚夫之不若，何取于政哉。今大晋中兴，遵复古典,率由旧章,起千载之滞义,拯百残之遗黎,使皇典废而复存,黔首死而更生,至义畅于三代之际,遗风播乎百世之后,生肉枯骨,惠侔造化,岂不休哉。惑者乃曰:死犹不惩,而况于刑?然人者冥也,其至愚矣,虽加斩戮,忽为灰土,死事日往,生欲日存,未以为改,若刑诸市朝,朝夕鉴戒,刑者咏为恶之永痛,恶者睹残刖之长废,故足惧也,然后知先王之轻刑以御物,显诫以惩愚,其理远矣。尚书令刁协、尚书薛兼等议:以为圣上悼残荒之遗黎,伤犯死之繁众,欲行刖以代死刑,使犯死之徒,得存性命,则率土蒙更生之泽,兆庶必怀恩以反化也。今中兴祚隆,大命惟新,诚宜设宽法以育人,然惧群小愚蔽,习玩所见而忽异闻,或未能咸服。愚谓行刑之时,先明申法令,乐刑者刖,甘死者杀,则心必服矣。古典刑不上大夫,今士人有犯者,谓宜如旧,不在刑例,则进退为允。尚书周顗、郎曹彦、中书郎桓彝等议,以为复肉刑以代死,诚是圣王之至德,哀矜之弘私,然窃以为刑罚轻重,随时而作,时人少罪而易威,则从轻而宽之;时人多罪而难威,则宜化刑而济之。肉刑平世所应立,非救弊之宜也。方今圣化草创,人有余奸,习恶之徒,为非未已,截头绞颈,尚不能禁,而乃更断足劓鼻,轻其刑罚,使欲为恶者轻犯宽刑,蹈罪更众,是为轻其刑以诱人于罪,残其身以加楚酷也。昔之畏死刑以为善人者,今智犯轻刑以残其身,畏重之常人,反为犯轻而致囚,此则何异断刖常人以为恩仁邪?受刑者转广,而为非者日多,踊贵屦贱,有鼻者丑也,徒有轻刑之名,而实开长恶之源,不如以杀止杀,重以全轻,权小停之。须圣化渐著,兆庶易威之日,徐施行也。议奏,元帝犹欲从展所上,大将军王敦以为百姓习俗日久,忽复肉刑,必骇远近;且逆寇未殄,不宜有惨酷之声,以闻天下。于是乃止。(同上)

安帝元兴末，桓玄辅政，又议欲复肉刑斩左右趾之法，以轻死刑，命百官议。蔡廓上议曰：建邦立法，弘教穆化，必随时置制，德刑兼施，长贞一以闲其邪，教禁以检其慢，洒湛露以流润，厉严霜以肃威，虽复质文迭用，而斯道莫革。肉刑之设，肇自哲王，盖由曩[①]世风淳，人多惇谨，图像既陈，则机心直戢，刑人在涂，则不逞改操，故能胜残去杀，化隆无为。季末浇伪，设网弥密，利巧之怀日滋，耻畏之情转寡，终身剧役，不足止其奸，况乎黥劓，岂能反于善，徒有酸惨之声，而无济俗之益。至于弃市之条，实非不赦之罪，事非手杀，考律同归；轻重约科，减降路塞。钟陈以之抗言，元皇所为留愍。今英辅翼赞，道邈伊周，诚宜明慎用刑，爱人弘育，申哀矜以革滥，移大辟于支体，全性命之至重，恢繁息于将来。而孔琳之议不同，用王朗夏侯玄之旨。时论多与琳之同，故遂不行。（同上）

玄又议复肉刑，琳之以为唐虞象刑，夏禹立辟，盖淳薄既异，致化不同，《书》曰世轻世重，言随时也。夫三代风纯而事简，故罕蹈刑辟；季末俗巧而务殷，故动陷宪网。若三千行于叔世，必有踊贵之尤，此五帝不相循法，肉刑不可悉复者也。汉文发仁恻之意，伤自新之路莫由，革古创制，号称刑厝；然名轻而实重，反更伤人。故孝景嗣位，轻之以缓，缓而人慢，又不禁邪，期于刑罚之中，所以见美于昔，历代详论而未获厥中者也。兵荒以后，罹法更多，弃市之刑，本斩右趾，汉文一谬，承而弗革，所以前贤怅恨，议之而未辩。钟繇陈群之意，虽小有不同，欲以右趾代弃市。若从其言，则所活者众矣，降死之生，诚为轻法，可以全其性命，蕃其产育，仁既济物，功亦益众。又今之所患，逋逃为先，屡叛不革，宜令逃身靡所，亦以

① 曩（nǎng）：从前的。

肃戒未犯,永绝恶原。至于余条,宜且依旧。(《南史·孔琳之传》)

晋曹志议曰:严刑以杀,犯之者寡;刑轻易犯,蹈恶者多。臣谓玩常苟免,犯夫乃众,黥刖彰罪,而民甚耻。且创制墨刖,见者知禁,彰罪表恶,闻者多服。假使恶多尚不至死,无妨产育,苟能杀以止杀,为恶纵寡,积而不已,将至无人,天无以神,君无以尊矣。故古人宁过不杀,是以为上;宁宽得众,不宁急积杀,若及于张听讼,刑以止刑,可不革万,过此以往,肉刑是宜。假令汉文于张承大乱之后,创基七十,国寡民稀,止禁刑书,鞭杖为治也。(《艺文类聚》五十四)

中

八议

羊聃字彭祖，迁庐陵太守，刚克粗暴，恃国戚，纵恣尤甚，睚眦之嫌，辄加刑杀。庾亮执之，归于京都，有司奏聃罪当死，以景献皇后，是其祖姑，应八议。成帝诏曰：此事古今所无，何八议之有？犹未忍肆之市朝，其赐命狱所。（《羊曼传》 《御览》二百六十二引《晋阳秋》曰，时庐陵太守羊角，疑郡人简良等为贼，杀一百九十人，徒谪百有余人。有司奏用罪死，以景献皇后有属八议。帝曰，此古所无，何八议之有乎？未忍肆之市朝，其赐命狱所。琅玡王太妃山氏，角之甥也，诣阙请命，丞相以太妃为言，于是减死罪。既出，有疾，见简良为祟，旬日而卒。 《太平广记》一百二十六引《还冤记》，羊聃字彭祖，晋庐江太守，为人刚克粗暴，恃国姻亲，纵恣尤甚，睚眦之嫌，辄加刑戮。征西大将军庾亮槛送，具以状闻，右司马奏：聃杀郡将吏及民简良等二百九十人，徒谪一百余人，应弃市，依八议请宥。显宗诏曰：此事古今所未有，此而可忍，孰不可忍，何八议之有？下狱所赐命。聃兄子贲，先尚南郡公主，自表解婚，诏不许。琅玡孝王妃山氏，聃之甥也，苦以为请，于是司徒王导启聃罪不容恕，宜极重法，山太妃忧感动疾，陛下罔极之恩，宜蒙生全之宥。于是诏下曰：山太妃惟此一舅，发言摧鲠，乃至吐血，情虑深重。朕丁荼毒，受太妃抚育之恩，同于慈亲，若不堪难忍之痛，以致顿毙，朕亦何颜自处？今便原聃生命，以慰太妃渭阳之恩。于是除名为民。少时，聃病疾，恒见简良等曰，枉岂可受？今来相取，自由黄泉。经宿死）

石鉴奏预擅饰城门官舍，稽乏军兴。遣御史槛车征诣廷尉，以预尚主，在八议，以候赎论。（《杜预传》）

大鸿胪何遵奏廙免为庶人，不应袭封。有司奏曰，廙所坐除名削爵，一时之制。廙为世子，著在名簿，不听袭嗣，此为刑罚再加。诸侯犯法，八议平处者，褒功重爵也。嫡统非犯终身弃罪，废之为重，依律应听袭封。（《华廙传》）

伦当同罪，有司奏伦爵重属亲，不可坐。谏议大夫刘毅驳曰：王法赏罚，不阿贵贱，然后可以齐体制而明典刑也。当以亲贵议减，不得阙而不论。（《赵王伦传》）

廷尉论正斩刑，诏以谢玄勋参微管，宜宥及后嗣，降死，徙广州。（《南史·谢灵运传》）

若观贵犯罪，大者必议，小者必赦，是纵封豕于境内，放长蛇于左右也。（《御览》六百五十二引《傅子》）

大不敬弃市

嵩褒贬朝士，帝召嵩入面责之。嵩跪谢曰：昔唐虞至圣，四凶

在朝，陛下虽圣明御世，亦安能无碌碌之臣乎？帝怒，收付廷尉，华恒以嵩大不敬弃市论。（《周嵩传》）

廷尉刘颂，奏旉等大不敬弃市论。（《庾旉传》）

有司奏浚表既不列前后所被七诏月日，又赦后违诏不受（王）浑节度，大不敬，付廷尉科罪。（《王浚传》）

简文帝登祚，未解严。大司马桓温屯中堂，吹警角，恬奏刻温大不敬，请科罪。（《敬王恬传》）

刘毅为司隶校尉。皇太子朝，鼓吹入东掖门，毅以为大不敬，止之于门外。奏劾保傅以下，诏赦之，然后入。（《书钞》引干宝《晋纪》）

不孝弃市

玄又奏道子酣纵不孝，当弃市。（《简文三子传》）

（武陵王）澹妻郭氏，贾后内妹也。初恃势，无礼于澹母。齐王冏辅政，澹母诸葛太妃表澹不孝，由是澹与妻子徙辽东。（宣五王传）

荀畈于朝会中，奏纯以前坐不孝免黜，不宜升进。（《庾纯传》）

（王）敦畏帝神明，欲诬以不孝废之。（《世说注》引刘谦之《晋纪》）

时有尹嘉者，家贫，母熊，自以身贴钱为嘉偿责，坐不孝当死。承天议曰：被府宣令普议尹嘉大辟事称法吏葛藤签母告子不孝欲杀者许之。法云谓违犯教令，敬恭有亏，父母欲杀，皆许之。其所告惟取信于所求而许之。谨寻事原心,嘉母辞自求质钱为子还责,嘉虽亏犯教义,而熊无请杀之辞。熊求所以生之,而今杀之,非随所求之谓。始以不孝为劾,终于和卖结刑,倚旁两端,母子俱罪,藤签法文,为非其条。(《宋书·何承天传》)

按唐律不孝入十恶,子孙违犯教令入斗讼。此条所谓法云违犯教令、敬恭有亏、父母欲杀皆许之,当即晋律本文。晋时未有十恶之名,不孝为律目之一,而违犯教令,亦止附于不孝条中,并未别为专条也。

杀子弃市

七月桓温卒,大司马府军中人朱兴妻周,息男道扶年三岁,得痫病,因其病发,掘地生埋之,为道扶姑双文所告,正周弃市刑。徐羡之议曰:自然之爱,虎狼犹人,周之凶忍,宜加显戮。臣以法律之外,故宏济物之理,愚谓可特原母命,投之遐裔,从之。(《御览》七百四十引《晋阳秋》)

按据此知晋律无杀子孙减轻之条,故云法律之外。

晋安帝时,郭逸妻以大竹杖打逸前妻之子,子死,妻因弃市如常刑。(《御览》五百十一引《三十国春秋》)

王濬在巴郡,兵民苦役,生男多不举,乃严其杀子之防而厚恤之,所育者数千人。(《御览》四百七十九引干宝《晋纪》)

藏户弃市

时江左初基，法禁宽弛，豪族多挟藏户口，以为私附。遐绳以峻法，到县八旬，出口万余县人。虞喜以藏户当弃市。（《山遐传》）

会庚戌制不得藏户，（司马）玄匿五户，桓温表玄犯禁，收付廷尉。（《彭城穆王传》）

盗御物弃市

散骑将刘缉买工所将盗御裘，廷尉杜友正缉弃市。（《赵王伦传》）

贾苞为太庙吏。光熙中，盗太庙灵衣及剑，伏诛。（《册府元龟》）

盗官物弃市

时廷尉奏殿中帐吏邵广盗官幔三张，合布三十匹，有司正刑弃市。广二子：宗，年十三；云，年十一，黄幡挝登闻鼓，乞恩辞求自没为奚官奴，以赎父命。尚书朱暎议，以为天下之人，父无子者少，一事遂行，便成永制，惧死罪之刑，于此而弛。坚亦同暎议。时议者以广为钳徒，二儿没入，既足以惩，又使百姓知父子之道，圣朝有垂恩之仁，可特听减广死罪为五岁刑。宗等付奚官为奴，而不为永制。坚驳之曰：自淳朴浇散，刑辟仍作，刑之所以止刑，杀之所以止杀，虽时有赦过宥罪，议狱缓死，未有行小不忍而轻易典刑者也。且既许宗等宥广以死，若复有宗比而不求赎父者，岂得不摈绝人伦同之禽兽邪？按主者今奏云，惟特听宗等而不为永制，臣以为王者之作，动关盛衰，嚬笑之间，尚慎所加，况于国典，可以徒亏？今之所以宥广，正以宗等耳，人之爱父，谁不如宗？今既居然许宗之请，将来诉者，何独匪民？特听之意，未见其益，不以为例，交兴怨讟①，此为施一恩于今，而开万怨于后也。成帝从之，正广死刑。（《范坚传》《御览》二百三十一引《晋中兴书》曰：范坚字子常，为廷尉。秦王典吏邵广盗官幔合布四十匹，仪律弃市。广息云宗二人，自没为官奴婢以赎父，尚书议可特听。坚驳之曰：此为施一恩于今，开万怨于后。显宗从之，正广刑）

建兴中，宋挺割盗官布六百余匹，正刑弃市，遇赦免。（《刘隗传》）

凡劫身斩刑家人弃市

义熙五年，吴兴武康县人王延祖为劫，父睦以告官。新制，凡劫身斩刑，家人弃市。睦既自告，于法有疑。时（尚之父）叔度为尚书，议曰：设法止奸，必本于情理，非谓一人为劫，阖门应刑；所以罪

① 讟（dú）：诽谤、怨言。

及同产,欲开其相告,以出造恶之身。睦父子之至,容可悉共逃亡,而割其天属,还相缚送,解腕求存,于情可愍,并合从原,从之。(《南史·何尚之传》)

时有前将军陈天福,坐讨唐寓之于钱唐,掠夺百姓财物,弃市。(《南史·王僧虔传》)

按据此知晋律劫仅弃市刑,新制盖加重之。

劫制同籍期亲补兵

吴兴余杭民薄道举为劫制同籍期亲补兵,道举从弟代公道生等,并为大功亲,非应在补谪之例。法以代公等母存为期亲,则子宜随母补兵。承天议曰:寻劫制同籍期亲补兵,大功不在例。妇人三从,既嫁从夫,夫死从子。今道举为劫,若其叔尚存,制应补谪,妻子营居,固其宜也。但为劫之时,叔父已没,代公道生,并是从弟大功之亲,不合补谪。今若以叔为期亲,令代公随母补兵,既违大功不谪之制,又失妇人三从之道。由于主者守期亲之文,不辨男女之异,远嫌畏负,以生疑惧,非圣朝恤刑之旨。谓代公等母子,并宜见原。(《宋书·何承天传》)

遭劫不赴救

孝武于元嘉中,出镇历阳,沈亮行参征虏将军事。民有盗发冢者,罪所近村人与符伍遭劫不赴救同坐。亮议曰:寻发冢之情,事止窃盗，徒以侵亡犯死，故同之严科。夫穿掘之侣，必衔枚以晦其迹；强劫之党，必讙呼以威其事。故凶赫者易应，潜密者难知。且山原为无人之乡，邱垅非恒途所践，至于防救，不得比之村郭。督实劾名，理与劫异，则符伍之坐居宜降矣。又劫罚之科，虽有同符伍之限，而无远近之断，夫冢无村界，当以比近坐之。若不域之以界，则数步之内与十里之外，便应同罹其责。防民之禁，不可顿去，止非之宪，宜当其律。愚谓相去百步赴告不时者一岁刑，自此以外，差不及咎。(《宋书》沈约《自序》)

按遭劫不赴救，晋律当有此条，故当时以比附定罪。

主守偷五匹、常偷四十匹处死

主守偷五匹、常偷四十匹，并加大辟，议者咸以为重。弘以为小吏无知，临时易昧，或由疏慢，事蹈重科，宜进主守偷十匹、常偷五十匹死；四十匹降以补兵。至于官长以上，荷蒙荣禄，冒利五匹，乃已为弘：士人至此，何容复加哀矜？且此辈人士，可杀不可谪，谓宜奏闻，决之圣旨。文帝从弘议。(《南史·王弘传》 又《宋书·王弘传》，右丞孔默之议：常盗四十匹主守五匹，降死补兵，虽大存宽惠，以纾民命；然官及二千石及失节士大夫，时有犯者，罪乃可戮，恐不可以补兵也。谓此制可施小人，士人自还用旧律。)

按据此知主守偷五匹、常偷四十匹死，本系晋律旧制，至宋文帝时始改也。《南史·沈庆之传》，两匹八十尺也，是宋初以四十尺为一匹。

晋当与宋同。汉律主守盗直十金弃市，盖汉时以金计算，晋则以匹计算也。

受故吏物

咸宁初，有司奏(何曾子)劭及兄遵等受故鬲令袁毅货，虽经赦宥，宜皆禁止，事下廷尉。(《何曾传》)

居职犯公坐

诸居职其犯公坐者，以法律从事；其以贪浊赃污为罪，不足至死者，刑竟及遇赦，皆宜禁锢终身，轻者二十年。如此不廉之吏，必将化为夷齐矣。(《抱朴子·审举篇》)

按唐律名例有同职犯公坐，据此，知晋时已有此律，疑当时多不依法处罚，故云以法律从事也。晋自惠帝以后，法渐多门，故刘颂上疏，谓事同议异，力言臣下不得以意妄议，皆以法律从事，然后法信于下。事详《晋志》。

非所宜言

吏部郎周穆与其妹夫诸葛玫共说越曰，主上之为太弟，张方意也。清河王本太子,为群凶所废,先帝暴崩,多疑东宫,公盍思伊霍之举,以宁社稷乎?言未卒,越曰:此岂宜言耶?遂叱左右斩之。(《东海王越传》)

彦回让司徒,乃与仆射王俭书,欲依蔡谟事例。俭以非所宜言,劝彦回受命。(《南史·褚彦回传》)

方镇皆启称(巴东王)子响为逆,荣祖曰:此非所宜言。(《南齐书·桓荣祖传》)

按非所宜言一条,始于秦律,汉律晋律梁律北齐律均有之,(详见《汉律考·北齐律考》,今唐律不载。唐律本于隋开皇律,殆隋代删去之)

上表不以实

谒者以弘训宫为殿内,制玄位在卿下。玄恚怒,厉声色而责谒者。谒者妄称尚书所处,玄对百僚而骂尚书以下。御史中丞庾纯奏玄不敬,玄又有表不以实,坐免官。(《傅玄传》)

矫诏

楚王玮以矫诏伏诛。(《文选·晋纪总论注》引干宝《晋纪》)

诬罔

后将军(荀)眅敢以私议贬夺公论,抗言矫情,诬罔朝廷,宜加贬黜。眅坐免官。(《庾纯传》)

齐王攸之就国也,下礼官议崇锡之物。旉与博士大叔广刘暾缪蔚郭颐秦秀傅珍等上表谏,武帝以博士不答所问,答所不问,大怒,事下有司。尚书朱整褚䂮等奏,旉等侵官离局,迷罔朝廷,请收旉等八人付廷尉科罪。诏曰:旉等备为儒官,听肆其诬罔之言,以干乱视听,而旉是议主,应为戮首。(《庾旉传》)

漏泄

郗隆字弘始,初为尚书郎,转左丞,坐漏泄事,免。(《郗鉴传》)

上欲以为吏部郎,已受密旨,承天宣漏之,坐免官。(《南史·何承天传》)

民杀长吏

民杀长吏,科议者谓值赦,宜加徙送。秀之以为律文虽不显民杀官长之旨,若值赦,但止徙送,便与悠悠杀人,曾无一异。民敬长

官,比之父母,行害之身,虽遇赦,谓宜长附尚方,穷其天命,家口补兵。从之。(《宋书·刘秀之传》)

按据此知魏晋相承之律,民杀长吏,本同凡论,加重之科,自秀之始也。

擅纵罪人

擅纵五岁刑以下二十一人,为有司所劾。帝以宏累有政绩,听以赎罪论。(《王宏传》)

为领军校尉,坐擅放司马彪,系廷尉。(《郭舒传》)

擅去官

石崇为大司农,坐未被诏擅去官,免。(《文选·思归引序注》引臧荣绪《晋书》)

评价贵

(谢)元时举承天卖茭四百七十束与官属求贵价,承天坐白衣领职。(《宋书·何承天传》)

毛惠素仕齐为少府,临事清刻,敕市铜官碧青一千二百斤,供

御画,用钱六十五万。有谗惠素纳利,武帝怒,敕尚书评价贵二十八万余,有司奏,伏诛。(《南史·毛惠素传》)

乏军兴

石鉴奏预稽乏军兴,征诣廷尉。(《杜预传》)

隗奏曰:淳于伯息忠诉辞称枉,云伯督运讫去,二月事毕代还,无有稽乏,受贼使役,罪不及死。军是戍边,非为征军,以乏军兴论,于理为枉。四年之中,供给运漕,凡诸征发,租调百役,皆有稽停,而不以军兴论。至于伯也,何独明之?捶楚之下,无求不得,囚人畏痛,饰词应之。理曹国之典刑,而使忠等称冤明时。于是右将军王导等上疏,引咎请解职。(《刘隗传》)

虚张首级

后为镇南将军豫州刺史,坐虚张首级。诏曰:昔云中守魏尚,以斩首不实受刑。武牙将军田顺,以诈增虏获自杀。诬罔败法,古今所疾。(《石鉴传》)

后失军期

昨闻教以陆机后失军期,师徒败绩,以法加刑,莫不谓当。

(《陆云传》)

按晋令军法凡六篇,以法加刑,盖指军法言之。

犯夜

王安期作东海郡,吏录一犯夜人来。(《世说》)

殷浩始作扬州,刘尹行曰:小欲晚,便使左右取襆,人问其故。答曰:刺史严,不敢夜行。(同上)

犯事在赦前

咸宁三年,睦遣使募徙国内人县受通逃、私占及变易姓名、诈冒复除者七百余户。冀州刺史杜友奏睦招诱逋亡,不宜君国。有司奏事在赦前,应原。(《高阳王睦传》)

律令无正文,依附名例断之,其正文名例所不及,皆勿论

时刘颂为三公尚书,上疏曰:律法断罪,皆当以法律令正文;若无正文,依附名例断之;其正文名例所不及,皆勿论。法吏以上,所执不同,得为异议。如律之文,守法之官,唯常奉用律令,至于法律

之内,所见不同,乃得为异议也。今限法曹郎令史意有不同为驳,唯得论释法律,以正所断,不得援求诸外论,随时之宜,以明法官守局之分。诏下其事,侍中太宰汝南王亮,奏以为夫礼以训世,而法以整俗,理化之本,事实由之,若断不断,常随轻重意,则王宪不一,人无所错矣。故观人设教,在上之举,守文直法,臣吏之节也。臣以去太康八年随事异议,周悬象魏之书,汉咏画一之法,诚以法与时共,义不可二。今法素定,而法为议,则有所开长,以为宜如颂所启,为永久之制。于是门下属三公曰:昔先王议事以制,自中古以来,执法断事,既以立法,诚不宜复求法外小善也。若常以善夺法,则人逐善而不忌法,其害甚于无法也。按启事欲令法令断一,事无二门,郎令史以下应复出法驳按,随事以闻也。及于江左,元帝为丞相,朝廷草创,议断不循法律,人立异议,高下无状。主簿熊远奏曰:礼以崇善,法以闲非,故礼有典,法有常,防人之恶而无邪心。是以周建象魏之制,汉创画一之法,故能阐弘大道,以至刑厝。律令之作,由来尚矣,经贤智,历夷险,随时斟酌,最为周备。自军兴以来,法度陵替,至于处事不用律令,竞作属命,人立异议,曲适物情,亏伤大例;府立节度,复不奉用,临事改制,朝作夕改,至于主者不敢任法,每辄关咨,委之大官,非为政之体。若本曹处事不合,法令监司当以法弹违,不得动用开塞,以坏成事。按法盖粗术,非妙道也,矫割物情以成法耳。若每随物情,辄改法制,此为以情坏法。法之不一,是为多门,开人事之路,广私请之端,非先王立法之本意也。凡为驳议者,若违律令节度,当合经传及前比故事,不得任情以破成法。愚请宜令录事更立条制,诸立议者,皆当引律令经传,不得直以情言,无所依准,以亏旧典也。若开塞随宜,权道制物,此是人君之所得行,非臣子所宜专用。主者唯当征文据法,以事为断

耳。是时帝以权宜从事,尚未能从。(《刑法志》)

按据此知晋律在西晋已成具文,江左以后,并比例亦不常用,高下任情,请托日广。盖其时士大夫务为清谈,鲜知律令,其末流固必至于此也。

造意

(杨)骏之诛也,瓒弃官归,要骏故主簿潘岳、掾崔基等共葬之。基岳畏罪,推瓒为主,墓成当葬。骏从弟模告武陵王澹,将表杀造意者,众咸惧,填冢而逃,瓒独以家财成墓,葬骏而去。(《阎瓒传》)

交关

时安远护军郝诩与故人书云,与尚书令裴秀相知,望其有益。有司奏免秀官,诏曰:不能使人之不加诸我,此古人所难,交关人事,诩之罪耳,岂尚书令能防乎?其勿有所问。(《裴秀传》)

刘超字世□,忠清慎密,自以职在中书,绝不与人交关书疏。(《世说》卷二《注》引《晋阳秋》)

按交关见汉律。据此,知晋律亦有此条。

自首

旉父纯，诣廷尉自首，旉以议草见示，愚浅听之，诏免纯罪。(《庾纯传》)

考竟

收吴太妃赵粲及韩寿妻贾午等，付暴室考竟。(《赵王伦传》)

以兵仗送太子妃王氏、三皇孙于金墉城，考竟谢淑妃及太子保林蒋俊。(《愍怀太子传》)

时尚书令史扈寅非罪下狱，诏使考竟。颂执据无罪，寅遂得免。(《刘颂传》)

其考竟(刘)友以惩邪佞。(《魏舒传》)

鞫狱责家人下辞

宋台建，为侍中。建议以为鞫狱不宜令子孙下辞，明言父祖之罪，亏教伤情，莫此为大。自今但令家人与囚相见，无乞鞫之诉，便足以明伏罪，不须责家人下辞。朝议从之。(《南史·蔡廓传》)

河东卫展为晋王大理，考摘故事，有不合情者。又上书曰：今施行诏书,有考子正父死刑,或鞭父母问子所在。近主者所称庚寅诏书,举家逃亡,家长斩。若长是逃亡之主,斩之虽重,犹可;设子孙犯事,将考祖父逃亡,逃亡是子孙,而父祖婴其酷,伤顺破教,如此者众。(《刑法志》)

晋禁复仇

褚裒当之镇,(何)无忌及丹阳尹桓景等饯于板桥。时王廙子丹阳丞耆之在坐,无忌志欲复仇,拔刀将手刃之。裒景命左右救捍获免。御史中丞车灌奏无忌欲专杀人,付廷尉科罪。成帝诏曰:自今已往,有犯必诛,于是听以赎论。(《谯刚王逊传》)

王谈年十许岁,父为邻人窦度所杀,谈阴有复仇之志。十八年,密贵市利插刃,阳若为耕耘者。度常乘船出入,经一桥下谈伺度行还于桥上,以插斩之,应手而死。既而归罪有司,太守孔岩义其孝男,列上宥之。(《御览》四百八十二引《续晋阳秋》)

晋避仇移徙之制

时会稽剡县民黄初妻赵打息载妻王死亡,遇赦。王有父母及息男称息女叶,依法徙赵二千里外。隆议之曰:父子至亲,分形同气,称之于载,即载之于赵,虽云三世,为体犹一,未有能分之者也。称虽创巨痛深,固无仇祖之义,若称可以杀赵,赵当何以处载?将父子孙祖，互相残戮，惧非先王明罚，咎繇立法之本旨也。旧令云：杀人父母，徙之二千里外，不施父子孙祖明矣。赵当避王期功千里外耳。令亦云：凡流徙者，同籍亲近欲相随者听之，此又大通情体，因亲以教爱者也。赵既流移，载为人子，何得不从？载从而称不行，岂名教所许？如此，称赵竟不可分，赵虽内愧终身，称当沉痛没齿，孙祖之义，自不得永绝，事理固然也。从之。（《宋书·傅隆传》《南史·朱宗室诸王传》义庆元嘉中为丹阳尹，有百姓黄初妻赵，杀子妇，遇赦，应避孙仇。义庆议，以为周礼父母之仇，避之海外，盖以莫大之冤，理不可夺；至于骨肉相残，当求之法外，礼有过失之宥，律无仇祖之文。况赵之纵暴，本由于酒，论心即实，事尽荒耄，岂得以荒耄之王母，等行路之深仇？宜共天同域，无亏孝道）

晋禁以妾为妻

泰始十年诏曰，嫡庶之别，所以辨上下，明贵贱，而近世以来，多由内宠，自今以后，皆不得登用妾媵以为嫡正。（《武帝纪》）

居丧婚嫁请客

王籍之居叔母丧而婚。隗奏之，帝下令曰：诗称杀礼多婚，以会男女之无夫家，正今日之谓也，可一解禁止。自今以后，宜为其防。东阁祭酒颜含在叔父丧嫁女，隗又奏之。庐江太守梁龛明日当除父服,今日请客奏伎,丞相长史周颤等三十余人同会。隗奏,请免龛官,削侯爵。颤等知龛有丧,吉会非礼,宜各夺俸一月,以肃其违。从之。(《刘隗传》)

按唐律十恶不孝注,居父母丧、身自嫁娶、若作乐释服从吉。

晋改定大臣终丧法令

寻拜大鸿胪,遭母丧。旧制,既葬还职。默自陈恳至,久而见许,遂改定法,令听大臣终丧,自默始也。(《郑默传》)

晋除任子法

咸和五年正月,诏除诸将任子。(《武帝纪》)

自苏峻反后,诸将多以子为质,谓之保任。至是王导虑郭默之不可制,乃诏除任子之法。(《元经传》)

晋除酒禁

义熙三年二月己丑,除酒禁。(《安帝纪》)

曩者既年荒谷贵,人有醉者相杀,牧伯因此辄有酒禁,严令重

申，官司搜索收执，榜徇者相辱，制鞭而死者大半，防之弥峻，犯者至多，至乃穴地而酿，油囊怀酒。（《抱朴子·酒诫篇》）

按《宋书·文帝纪》，元嘉二十一年，南徐南豫州、扬州之浙江并禁酒。二十二年秋九月，开酒禁。是宋初亦曾禁酒，未几而除，略与晋同。

晋科

扬州刺史西阳王子尚上言，山湖之禁，虽有旧科，人俗相因，替而不奉，熂山封水，保为家利。自顷以来，颓弛日甚，富强者兼岭而占，贫弱者薪苏无托，至渔采之地，亦又如兹，斯实害人之深弊，为政所宜去绝，损益旧条，更申恒制。有司检壬辰诏书，占山护宅强盗律论，赃一丈以上皆弃市，希以壬辰之制，其禁严刻，事既难遵，理与时弛，而占山封水，渐染复滋，更相因仍，便成先业，一朝顿去，易致嗟怨。今更利革立制五条，凡是山泽先恒熂爈养种竹木杂果为林芿及陂湖江海鱼梁鰌鮆场恒加功修作者，听不追夺。官品第一第二听占山三顷，第三第四品二顷五十亩，第五第六品二顷，第七第八品一顷五十亩，第九品及百姓一顷，皆依定格条土赀簿。若先已占山，不得更占；先占阙少，依限占足。若非前条旧业，一不得禁。有犯者，水上一尺以上并计赃，依常盗律论，停除咸康二年壬辰之科。从之。（《南史·羊玄保传》）

按成康为晋成帝年号，壬辰诏书，盖即汉丁酉诏书、晋庚寅诏书（俱见《晋志》）之类，于律外科人之罪者也。《宋书·孝武本纪》，大明七年秋七月丙申，诏曰，前诏江海田池与民共利，历岁未久，浸以弛替，名山大川，往往占固。有司检纠，申明旧制，殆即指此。唐律占山野陂湖利，在杂律。

晋以春秋决狱

凡为驳议者，若违律令节度，当合经传及前比故事，不得任情以破成法。（《刑法志》）

（王）浑表浚违诏不受节度，诬罪状之有司，遂按浚槛车征。浚上书自理曰，诏谓臣忽弃明制，专擅自由，伏读严诏，惊怖悚慄。案《春秋》之义，大夫出疆，由有专辄，臣虽急蠢，以为事君之道，当竭节尽忠，奋不避身，苟利社稷，死生以之。（《王浚传》）

贾后讽群公有司奏曰：皇太后阴渐奸谋，图危社稷。鲁侯绝文姜，《春秋》所许。诏曰：此大事，更详之。有司又奏皇太后内为唇齿，叶同逆谋。昔文姜与乱，《春秋》所贬，宜废皇太后为峻阳庶人。（《武悼杨皇后传》）

赵王伦收蕤及弟北海王实系廷尉，当诛。伦太子中庶子祖纳上疏谏曰：罪不相及，恶止其身，此先哲之弘谋，百王之达制也。蕤实献王之子，明德之胤，宜蒙特宥。会孙秀死，蕤等悉得免。蕤密表冏专权，与左卫将军王舆谋共废冏，事觉，免为庶人。寻诏曰：前表冏所言深重，虽管蔡失道，牙庆乱宗，不复过也。《春秋》之典，大

义灭亲，其徙蕤上庸。(《宣五王传》)

先是张华被诛，冏建议欲复其官爵，论者或以为非。羡驳之曰：后体齐于帝，尊同皇极，罪在枉子，事不为逆，义非所讨。今以华不能废枉子之后，与赵盾不讨杀君之贼同而贬责之，于义不经通也。华竟得追复爵位。(《温羡传》)

督护徐龛违裒节度，军次代陂，为石遵将李菟所败，死伤大半。龛执节不挠，为贼所害。裒以《春秋》责帅授任失所威略亏损，上疏自贬。(《褚裒传》)

隗又奏(宋)挺已丧亡，不复追贬，愚蠢竟暗，未达斯义。昔郑人断子家之棺，汉明追讨史迁。经传褒贬，皆追书先世数百年间，非徒区区欲厘当时，亦将作法垂于末世。请曹如前追除挺名，为民，显证恶人，班下远近，从之。(刘隗传)

(王)敦平，有司奏彬及兄子安成太守籍之，并是敦亲，皆除名。诏曰：司徒(王)导以大义灭亲，其后昆虽或有违，犹将百世宥之，况彬等公之近亲？乃原之。(《王彬传》)

郭平后，周显戴若思等皆被显赠，惟协以出奔，不在其例。咸康中协子彝上疏讼之，在位者多以明帝之世，褒贬已定，非所得更议；且协不能抗节陨身，乃出奔遇害，不可复其官爵也。时庾冰辅政，疑不能决。左光禄大夫蔡谟与冰书曰：《春秋》之义，以功补过，过轻功重者得以加封，功轻过重者不免诛绝，功足赎罪者无黜；虽先有邪佞之罪，而临难之日党于其君者，不绝之也。孔宁仪行父亲与灵公淫乱于朝，君杀国灭，由此二臣，而楚尚纳之。传称有礼不绝其位者，君之党也。若刁令有罪重于孔仪，绝之可也；若无此罪，宜见追论。冰然之，于是追赠本官。(《刁协传》)

时女子李忽觉父北叛时，杀父。（周）处奏曰：觉父以偷生，破家以邀祸，子圉告归，怀嬴结舌，忽无人子之道，证父攘羊，伤风汙俗，宜在投畀，以彰凶逆，俾刑市朝，不足塞责。奏可，杀忽。（《御览》六百四十七引王隐《晋书》）

晋律家（宋律家附）

贾充

贾充字公闾，平阳襄陵人也。拜尚书郎，典定科令。帝又命充定法律。充有刀笔才能，所定新律，百姓便之。（《贾充传》 《书钞》引臧荣绪《晋书》，充拜尚书郎，典定法令）

郑冲

初文帝命荀勖贾充裴秀等分定礼仪律令，皆先咨郑冲，然后施行。（《世说注》引《续晋阳秋》）

荀勖

勖（当作勗）拜中书监，加典著作，与贾充共定律令，班下施用。（《艺文类聚》五十四引王隐《晋书》）

裴楷

贾充改定律令，以楷为定科郎。事毕，诏楷于御前执读，平议当否。楷善宣吐，左右属目，听者忘倦。（《裴楷传》）

贾充等治法律，楷亦参典其事。事毕，诏专读奏，平章当否。楷善能讽诵，音声朗畅，执刑书，穆若清咏焉。（《御览》三百八十八，引《裴楷别传》）

成公绥

成公绥字子安，东郡白马人也，与贾充等参定法律，泰始九年卒。（《文苑传》）

荀辉

贾充定新律，又有荀辉同典正其事。（《贾充传》）

荀颉　羊祜　王业　杜友　杜预　周权　郭颀　柳轨　荣邵

按以上九人，均预定新律，详见卷上班定新律始末条。杜预有律本，详见晋律注解条。《文苑英华》沈约《授蔡法度廷尉制》，爰及晋氏，此风未泯，叔则元凯，并各名家。叔则、裴楷字；元凯、杜预字也。

张斐

按斐有《律表》，见晋志；有《汉晋律序注》一卷，见《隋志》；有《律解》二十卷，见《唐志》。

卫瓘

卫瓘字伯玉，河东安邑人也。父觊，魏尚书；陈留王即位，拜侍中。数岁，转廷尉卿。瓘明法理，每至听讼，大小以情。（《卫瓘传》）

高光

高光字宣茂，陈留圉[①]城人，魏太尉柔之子也。光少习家业，明练刑理。是时武帝置黄沙狱，以典诏囚。以光历世明法，用为黄沙御

① 圉（yǔ）：养马的地方。

史。迁廷尉。于时朝廷咸推光明于用法,故频典理官。(《高光传》)

刘颂

刘颂字子雅,广陵人。守廷尉时,人比之张释之。又论肉刑,见《刑法志》。上书论律令事,为时论所美。(《刘颂传》)

黄门郎刘颂贞平居正,兼明法理,可议郎守廷尉。(《书钞》五十三引晋武帝诏)

刘颂为尚书郎,定科律,理词讼。(《书钞》六十引王隐《晋书》)

续咸

续咸字孝宗,上党人也。修陈杜律,明达刑书。永嘉中,历廷尉,后没石勒。勒以为理曹参军,持法平详。(《儒林传》)

石尠

石尠字处约,侍中太尉昌安元公第二子也。明识清远,有伦理刑断。少受赐官大中大夫关中侯,除南阳王文学太子洗马尚书三公侍郎,情断大狱卅余条,于时内外,莫不归当。迁南阳王友廷尉、正中书侍郎。

(《晋故尚书征虏将军幽州刺史城阳简侯石尠碑》)

按此碑近始出土,故历代金石诸籍,均未著录。'尠'字无考,疑当是"尠"字。碑云晋惠帝时人,没于汲桑之难,二子殉焉。《晋书》忠义不为之立传,知其缺佚多矣。

顾荣

顾荣字彦先,迁廷尉平。时赵王欲诛淮南王允官属,下廷尉议罪。荣具明刑理不宜广滥,伦意解,赖荣济者甚众。(《御览》二百

三十一引《晋中兴书》)

王坦之

坦之领左卫,少有风格,尚刑名之学,尝著《废庄论》。(《御览》二百三十七引《晋中兴书》)

李充

李充字弘度,江夏人,幼好刑名之学。(《文苑传》)

徐豁

徐豁字万同,宋元嘉初为尚书左丞、山阴令,精练法理,为时所推。(《南史·徐豁传》)

下

晋令

按《隋书·经籍志》,《晋令》四十卷。《旧唐书·经籍志》,《晋令》四十卷,贾充等撰。《新唐书·艺文志》同。考《唐六典》注,晋令贾充等撰令四十篇:一户,二学,三贡士,四官品,五吏员,六俸廪①,七服制,八祠,九户调,十佃,十一复除,十二关市,十三捕亡,十四狱官,十五鞭杖,十六医药疾病,十七丧葬,十八杂上,十九杂中,二十杂下,二十一门下散骑中书,二十二尚书,二十三三台秘书,二十四王公侯,二十五军吏员,二十六选吏,二十七选将,二十八选杂士,二十九宫卫,三十赎,三十一军战,三十二军水战,三十三至三十八皆军法,三十九四十皆杂法,其篇目今尚可考。据《晋志》,晋令凡二千三百六条九万八千六百四十三言,(《晋志》凡律令合二千九百二十六条十二万六千三百言,以律六百二十条二万七千六百五十七言除之,即得此数)。是书宋初尚存,《太平御览》屡引之,然王应麟所纂《玉海》,则已于《汉书注》及《宋礼志》辑其佚文,是南渡后此本已佚,故《宋史·艺文志》即不著录。今从《汉

① 廪(lǐn):粮仓,指粮食。

书注》《宋礼志》《南史》《通典》《文选注》《唐六典注》《北堂书钞》《艺文类聚》《初学记》《太平御览》诸书辑得若干条，各依其类，载于篇目之下。其不敢定为属于何篇者，则别附于末，臆断之诮，知所不免，特取便观览而已。

户令

养人子男，后自有子男，及阉人非亲者，皆别为户。（《通典》六十九，《东晋养兄弟子为后、后自生子议》杜瑗引令）

郡国诸户口黄籍，籍皆用一尺二寸札，已在官役者载名。（《御览》六百六引晋令）

学令

诸县率千余户置一小学，不满千户亦立。（《御览》五百三十五引晋令）

贡士令

举秀才必五策皆通，拜为郎中。一策不通，不得选。（《书钞》七十九引晋令）

举秀才明经传者，简以众典才茂。（同上引晋令）

举秀才皆行仪典，为一州之俊。（同上引晋令）

官品令

按晋令他篇皆散佚无考，惟此为首尾尚称完具。《通典》并载有晋官品目录一篇，《唐六典注》所引晋《官品令》文独多，其中或仅云晋氏，或单称晋，以他条证之，实则皆《官品令》中文也。宋官品多仍晋之旧，《宋书·礼志》载之綦详。兹以《晋书·职官志》与《宋书·礼志》参校，犹可得其仿佛云。

第一品

公。(《晋志》,晋初以景帝讳,故采《周官》官名,置太宰以代太师之任,与太傅太保皆为上公。又云:晋受魏禅,因其制,以安平王孚为太宰,郑冲为太傅,王祥为太保,义阳王望为太尉,何曾为司徒,荀颉为司空,石苞为大司马,陈骞为大将军,凡八公,同时并置。)

三公绿綟绶也。(《初学记》十一,御览二百六,引晋《官品令》)

相国丞相绿綟绶。(《文选·齐竟陵王行状注》引晋《官品》)

太傅金章紫绶,进贤三梁冠,介帻,绛朝服,佩山玄玉。(《通典》二十　又《通典》五十六,载晋制,三公及封郡公县侯乡亭侯则三梁,卿大夫下至千石则两梁,中书门下至门郎小吏并一梁)

太尉进贤三梁冠,介帻,绛朝服,金章紫绶,佩山玄玉。(同上)

按《南齐书·舆服志》云:进贤冠,诸开国公侯、乡亭侯、卿大夫、尚书、关内侯、二千石、博士、中书郎丞郎、秘书监丞郎、太子中舍人、洗马舍人、诸府长史卿尹丞,下至六百石令长小吏,以三梁二梁一梁为差。事见晋令。

大司马在三司上,武冠,绛朝服,金章紫绶,佩山玄玉,与大将军同。(同上引晋令)

司马官品第一,武冠,绛朝服,佩山玄玉。(《书钞》五十七引晋《官品令》)

诸位从公。(《晋志》,骠骑、车骑卫将军、伏波,抚军、都护、镇军、中军、四征、四镇、龙骧、典军、上军、辅国等大将军,左右光禄、光禄三大夫开府者,皆为位从公。太宰、太傅、太保、司徒、司空、左右光禄大夫、光禄大夫、开府位从公者,为文官公,冠进贤三梁,墨介帻。大司马、大将军、太尉、骠骑、车骑、卫将军、诸大将军、开府位从公者,为武官公,皆著武冠,平上黑帻。诸公及开府位从公者,品秩第一,食奉日五斛)

开国郡公县公爵。(《通典》三十一,晋令有开国郡公、县公、郡侯、县侯伯子男及乡亭关内关外等侯之爵。《宋志》,郡公金章玄朱绶,给五时朝服,进贤三梁冠,佩山玄玉)

太康十年,皇子三人为郡王,领四郡,为城皆五万户。(《书钞》七十引晋《官品令》)

诸王置妾八人,郡公侯妾六人。(《魏书・太武五王列传》引晋令)

第一第二品有四妾,第三第四有三妾,第五第六有二妾,第七第八有一妾。(同上引晋《官品令》)

第二品

特进

特进位次诸公在开府骠骑上,冠进贤两梁冠,黑介帻,五时朝服,佩水苍玉。(《通典》三十四,引晋惠帝元康定令,又见《晋志》及《唐六典》卷二注)

骠骑、车骑、卫将军。(《晋志》,骠骑已下及诸大将军不开府非持节都督者,品秩第二,其禄与特进同)

诸大将军。

诸持节都督。(《晋志》,持节都督无定员。《通典》三十二,晋刺史任重者为使持节都督,轻者为持节,皆铜印墨绶,进贤两梁冠,绛朝服)

开国县侯伯子男爵。

第三品

侍中

侍中品第三，武冠，绛朝服，佩水苍玉。(《唐六典》卷八注引晋令又见《通典》二十一)

大法驾出，则正直侍中负傅国玺陪乘。(《书钞》五十八，引晋《官品令》)

大法驾出，则次直侍中护驾，正直侍中负傅国玺，陪乘，不置剑，余皆骑从。御登殿，与散骑常侍对状。

(《晋志》"对状"作"封扶""状"疑"扶"之讹)，侍中居左，常侍居右。(同上，引晋《官品令》)

旧侍中职掌摈威仪，尽献纳，纠正补过。文乐若有不正，皆得驭除。书表章奏，皆掌署也。(同上，引晋《官品令》)

侍中除书表章奏，皆掌署之。(《文选》沈休文《恩倖论》注引晋令)

散骑常侍

散骑常侍品第三，冠右貂金蝉，绛朝服，佩水苍玉。(《唐六典》卷八，注引晋令)

中常侍

尚书令

尚书令假铜印墨绶，冠进贤两梁冠，纳言帻，五时朝服，佩水苍玉。(《唐六典》卷一注　又见《晋志》及《宋书·礼志》)

仆射

尚书仆射六人，皆铜印墨绶，进贤两梁冠，纳言帻，绛朝服，佩水苍玉，执笏负符，加侍中者，武冠左貂金蝉。(《书钞》五十九，引

晋《官品令》)

尚书(《晋志》,晋置吏部三公客曹驾部屯田度支六曹。大康中,有吏部殿中及五兵田曹度支左民为六曹,又无驾部三公客曹。)

吏部尚书,五时朝服,纳言帻,进贤两梁冠,佩水苍玉,乘轺车皂轮。(《唐六典》卷二注引晋令　又见《宋书·礼志》)

中书监令

中书监中书令,并第三品,秩千石,铜印墨绶,进贤两梁冠,绛朝服,佩水苍玉,轺车,监令掌赞诏命,记会时事,典作文书。(《唐六典》卷九注)

中书为诏令,记会时事,典作文书也。(《御览》二百二十引晋令)

中书令,铜印墨绶,进贤两梁冠,绛朝服,佩水苍玉,乘轺车。(同上引晋制"制"疑"令"之讹　又见《通典》二十一)

秘书监

秘书监品第五,("五"疑"三"之讹,)绛朝服,铜印墨绶,进贤两梁冠,佩水苍玉。(《唐六典》卷十注引晋令　又见《宋书礼志》及《通典》二十六)

诸征镇安平将军。(《晋志》三品将军著武冠,平上黑帻,五时朝服,佩水苍玉)

镇军、抚军、前后左右征虏、辅国、龙骧等将军。(《宋书·礼志》,征镇安平中军镇军抚军。左右后将军、征虏、冠军、辅国、龙骧将军,金章紫绶,给五时朝服,武冠,佩水苍玉。　征虏下疑脱"冠军"二字。)

镇军将军金章紫绶,给五时朝服,武冠,佩水苍玉。(《通典》三十四)

辅国将军,品第三。(《唐六典》卷五注,引晋《官品令》)

冠军大将军,金章紫绶,给五时朝服,武冠,佩水苍玉。(同上,引晋令)

光禄大夫。(《晋志》,光禄大夫假银章青绶者,品秩第三位,在金紫将军下、诸卿上,著进贤两梁冠,黑介帻,五时朝服,佩水苍玉。)

诸卿尹。(《晋志》,太常光禄勋、卫尉、太仆、廷尉、大鸿胪、宗正、大司农、少府、将作大匠、太后三卿、大长秋皆为列卿。按《通典》,晋官品于大长秋别列,余以诸卿尹括之,意者其标目本晋《官品令》之旧欤)

大常置功曹主簿五官等员,品第三,银章青绶,进贤两梁冠,五时朝服,佩水苍玉。(《唐六典》十四注　又见《通典》二十四)

大常置主簿录事。(同上,引晋令)

光禄勋有寺丞功曹主簿五官等员。(《唐六典》十五注)

光禄勋有主簿。(同上,引晋令)

卫尉属官有冶令丞各一人,掌工徒鼓铸。(《唐六典》二十二注)

诸冶官库各置督一人。(同上,引晋令。按此属卫尉,故附于卫尉之下)

卫尉主簿二人。(《唐六典》十六注引晋令)

太仆银章青绶,五时朝服,进贤两梁冠,佩水苍玉,品第四,(“四”疑“三”之误)。丞一人,部丞五人,置公曹主簿五官等员。统典农、典虞都尉、典虞丞牧官都尉、左右中典牧都尉、典牧令、诸羊牧丞、乘黄、骅骝、龙马三厩令。(《唐六典》十七注)

太鸿胪置主簿录事史。(《唐六典》十八注引晋令)

少府，银章青绶，五时朝服，进贤两梁冠，绛朝服，佩水苍玉，品第三。统材官、校尉、中左右三尚方、中黄左右藏、左校、甄官、平准、奚官等令，左校、坊邺、中黄左右藏、油官等丞。（《唐六典》二十二注）

少府置主簿二人。（同上，引晋令）

将作大匠，置功曹主簿五官等员，掌土木之役。（《唐六典》二十三注）

太子保傅。（《晋志》，泰始三年，始建太子太傅、少傅，愍怀建官，乃置六傅，三太三少，以景帝讳师，故改大师为太保。自元康以后，诸傅或二、或三、或四、或六。渡江以后，有太傅少傅，不立师保。）

太子太师，（“师”应作“保”，下同，）品第三，旧视尚书令，位在卿下。进贤两梁冠，五时朝服。（《书钞》六十五，引晋《官品令》）

太子太师，银印青绶，佩水苍玉。（同上，引晋《官品令》）

太子太保，银印青绶。（《通典》三十，注引晋令）

太子太傅，品第三。进贤两梁冠，绛朝服，佩水苍玉，银章青绶。（《唐六典》二十六，注引晋令）

太子二傅，皆进贤两梁冠，黑介帻，五时朝服，佩水苍玉。（《通典》二十　又见《晋志》）

大长秋。（《晋志》，大长秋有后则置，无后则省）

太子詹事。

詹事品第三，旧成中领护。（《书钞》六十五，引晋《官品令》）

詹事，分清，两梁冠，绛朝服，银章青绶。（同上引晋《官品令》按《通典》三十，太子詹事银印青绶，介帻，进贤两梁老，绛朝服，佩水苍玉。“分清”当为“介帻”之误）

詹事,品第三,银章青绶,绛朝服,两梁冠。局事拟尚书令,位视领护将军中书令,长三率、中庶子、庶子洗马舍人。(《唐六典》二十六,往引晋令)

司隶校尉。(《宋志》,司隶校尉,银章青绶,给五时朝服,武冠,佩水苍玉)

中领军。(按中领军、中护军,《通典》列入第三品。《唐六典》以领军列第三,中领军护军中护军均列第四。考《晋志》汉建安中,改护军为中护军,领军为中领军。晋元帝永昌元年,省护军并领军。明帝太宁二年,复置领护,资重者为领军护军,资轻者为中领军,中护军是第三品,当为领军护军。《通典》载宋官品,第三品亦为领护军,意者省置无常,故《官品令》标目,尚沿袭未改欤)

颁军品第三。金章紫绶,中领军将军第四品,银章青绶,武冠,绛朝服,佩水苍玉。(《唐六典》二十四注)

中护军。

领、护皆金章紫绶,中领、中护银章青绶,武冠,绛朝服,佩水苍玉。(《通典》二十八)

中护军将军、护军将军等并银章青绶,武冠,绛朝服,品第四。(《唐六典》卷二注)

县侯爵。(《宋志》,县乡亭侯金印紫绶,朝服,进贤三梁冠)

第四品

武卫。

左右卫。

左右二卫,各大将军一人,品第四。银章青绶,武冠,绛朝服,佩水苍玉。(《唐六典》二十四注　又见《通典》二十七)

中坚。中垒。

骁骑。

游击。(《晋志》,晋以领、护、左右卫、骁骑、游击为六军。)

游击将军四品。(《唐六典》卷五,注引晋《官品令》)

前军。左军。右军。后军。

宁朔。建威。振威。奋威。广威。建武。振武。扬武。广武。五营校尉。

左右积弩。积射。强弩。奋武等将军。(按《晋志》,屯骑、步兵、越骑、长水、射声等校尉,是为五校。魏晋逮于江左,犹领营兵,即五营校尉是也,不得厕于各威武将军之中,应别为一条,疑传写者先后倒置。《宋志》,奋威下有扬威,故《宋官品》标目为五威五武,此以奋武别列,又无扬威,疑有脱误。)

城门校尉。

城门校尉品第四,秩二千石,银章青绶,绛朝服,武冠,佩水苍玉。(《唐六典》卷八注　又见《通典》二十一)

护军监军。(《宋志》,监军,银章青绶,给五时朝服,武冠,佩水苍玉)

东、西、南、北中郎将。(《宋志》,东、西、南、北中郎将,银印青绶,给五时朝服,武冠,佩水苍玉)

州刺史领兵者。(《宋志》,州刺史,铜印墨绶,给五时朝服,进贤两梁冠。)

护匈奴中郎将。

护羌戎夷蛮越乌桓校尉。(《宋志》,护匈奴中郎将、护羌戎夷蛮越乌丸戊己校尉,铜印墨绶)

御史中丞。

御史中丞,督司百僚皇太子以下,其在行马内有违法宪者,皆

弹纠之;虽在行马外而监司不纠,亦得奏之。(《傅咸传》引令)

都水使者。(《宋志》,御史中丞都水使者,铜印墨绶,给五时朝服,进贤两梁冠,佩水苍玉,)

都水使者一人,掌舟楫之事,官品第四。(《唐六典》二十二注)

乡侯爵。

第五品

给事中。

给事中品第五,武冠,绛朝服。(《唐六典》卷八注引晋令 《通典》二十一,晋给事中在散骑常侍下,给事黄门侍郎上,武冠,绛朝服)

给事黄门。

给事黄门侍郎,品第五,秩六百石,武冠,绛朝服。(《唐六典》卷八,注引晋令)

给事黄门四人,与侍中掌文案,赞相威仪,典署其事。(《书钞》五十八,引晋《官品令》)

给事黄门四人,大法驾出,次直黄门郎从驾。(同上,引晋《官品令》)

散骑。(《晋志》,散骑侍郎四人,通直散骑侍郎四人,员外散骑侍郎无员)

中书侍郎。

中书侍郎四人,品第四。("四"疑"五"之误。)给五时朝服,进贤一梁冠。(《唐六典》卷九,注引晋令)

每一郎入直西省,专掌诏草,更直省五日。从驾则正直从,次直守。(《唐六典》卷九注)

谒者仆射。(《宋志》,谒者仆射,铜印墨绶,给四时朝服,高山

冠,佩水苍玉)

虎贲中郎将。

冗从仆射。(《宋志》,冗从仆射,铜印墨绶,给五时朝服,武冠)

羽林监。

羽林左右监,品第五。铜印墨绶,武冠,绛朝服。其侍殿陛,著鹖[①]尾冠,纱縠单衣。(《唐六典》二十五注 《宋志》,虎贲中郎将羽林监,铜印墨绶;给四时朝服,武冠。其在陛列及陛卤簿,鹖尾绛纱縠单衣)

太子中庶子。

庶子。

中庶子、庶子各四人,局拟散骑常侍,品第五,班同三令四率,次中书侍郎下。绛朝服,武冠,手巾帻。高功中庶子与高功中舍人共掌禁令,纠正违阙,侍臣左右,傧相威仪,尽规献纳,奏事文书,皆典综之。释奠,中庶子扶左,庶子扶右。(《唐六典》二十六注)

家令。

家令,品第五。铜印墨绶,进贤两梁冠,绛朝服。(《唐六典》二十七注)

率更令。

太子率更令一人,铜印墨绶,进贤两梁冠,绛朝服,掌宫殿门户之禁,郎将屯卫之士,局拟光禄勋卫尉。(《唐六典》二十七注)

仆。

太子仆,铜印墨绶,进贤两梁冠,绛朝服,主舆马亲族,局拟太

① 鹖(hé):善斗的鸟。

仆宗正。(《唐六典》二十七注)

卫率。(《宋志》,太子卫率,铜印墨绶,给五时朝服,武冠。)

左右卫率,品第五,旧视中领护。(《书钞》六十,引晋令)

凡太子出,前卫率导在前黄麾外,左右二率从夹导舆车,后卫率从在乌皮外,并载戟执刀。四率各丞一人,服视左右卫将军,品第五,位中庶子。(《唐六典》二十八注)

诸军司。(《宋志》,诸军司马银章青绶,朝服,武冠。按"司"下疑脱"马"字)

北军中候。(《宋志》,北军中候,铜印墨绶,给四时朝服,武冠)

都督。

护军。

护匈奴中郎。

西域代部护羌乌桓等校尉。

礼见诸将军。

鹰扬、折冲、轻车、武牙、威远、宁远、虎威、材官、伏波、凌江等将军。(《宋志》,鹰扬以下诸将军,银章青绶,给五时朝服,武冠)

牙门将。(《宋志》,牙门将,银章青绶,朝服,武冠)

骑督。(《宋志》,骑都督守,银印青绶,朝服,武冠)

安夷、抚夷护军。(《宋志》,安夷抚军、护军,银印青绶,五时朝服,武冠)

郡国太守相内史。

守相内史,银章青绶,进贤两梁冠。(《通典》三十三)

州郡国都尉。(《宋志》,州郡国都尉,银印青绶,五时朝服,武冠)

亭侯爵。

第六品

尚书左右丞。(《晋志》,左丞主台内禁令,宗庙祠祀朝仪礼制,选用著吏急假。右丞掌台内库藏庐舍,凡诸器用之物,及廪振人租布刑狱兵器,督录远道文书章表奏事。)

左右丞铜印黄绶,绛服,进贤一梁冠。(《唐六典》卷一注)

尚书郎。(《晋志》,尚书凡三十五曹,置郎二十三人,更相统摄。《宋志》,尚书郎朝服,进贤一梁冠。《唐六典》卷二注,吏部郎,品第五,诸曹郎,第六)

治书侍御史。(《晋志》,四人)

侍御史。(《晋志》,晋置侍御史九人,品同治书,有十三曹:吏曹、课第曹、直事曹、印曹、中都督曹、外都督曹、媒曹、符节曹、水曹、中垒曹、营军曹、法曹、算曹。《宋志》,侍御史,朝服法冠)

诸督军粮。

奉车驸马骑等都尉。(《宋志》,奉车驸马骑都尉,银印青绶,朝服,武冠。)

诸博士。(《晋志》,晋初承魏制,置博士十九人。成宁四年,置国子祭酒博士各一人,又有太常博士,掌引导乘舆,王公以下应追谥者,则博士议定之。《宋志》,诸博士给皂朝服,进贤两梁冠,佩水苍玉)

国子博士品第六,介帻,两梁冠,佩同祭酒。(《唐六典》二十一注)

祭酒博士当为训范,总统学中众事。(同上,引晋令。)

国子祭酒介帻,皂朝服,进贤两梁冠,佩水苍玉。(《通典》二十七)

博士祭酒掌国子生,师事祭酒,执经葛巾单衣,终身致敬。

(《类聚》四千六,据齐《职仪》引晋令)

博士皆取履行清淳,通明(《类聚》作清通淳明,兹从《书钞》)典义,若散骑中书侍郎太子中庶子以上,乃得召试,诸生有法度者、及白衣试在高第,拜郎中。(《类聚》四十六引晋令 《御览》三百三十六引晋令,《书钞》六十七引晋令,无太子以下)

公府长史司马。(《宋志》,公府司马铜印墨绶,朝服,武冠)

公府长史官品第六,铜印墨绶,绛朝服,进贤两梁冠。据属官品第七,朝服,进贤一梁冠。(《宋书·礼志》,引晋令)

公府长史着朝服。(《南史·王俭传》,引晋令)

从事中郎。

二品将军及诸大将军特进都督中护军长史司马。

廷尉正、监、平。(《晋志》,正、监、评廷尉属官。《宋志》,廷尉正监平,铜印墨绶,给皂零辟朝服,法冠)

秘书郎、著作郎、丞郎。(按《晋志》,秘书监属官有丞有郎。考《通典》载宋官品标目,亦为秘书著作丞郎,此以丞郎别为一条,疑误。《晋志》,著作郎一人,谓之大著作郎,专掌史任,又署佐著作郎八人)

秘书丞,品第六,铜印墨绶,进贤一梁冠,绛朝服。(《唐六典》卷十,注引晋令 又见《通典》二十六)

秘书郎中,品第六,进贤一梁冠,绛朝服。(同上,引晋令)

秘书郎,掌中外五(《初学记》及《御览》均作“三”)阁经书覆核阁事,(《初学记》作“覆校残阙”,《御览》作“复校阙遗”)正定脱误。(《书钞》五十七,引晋《官品令》 《初学记》十二,引晋令 《御览》二百二十三,引晋令 《文选》褚渊《碑文注》引晋令,秘书郎掌三阁经书,无覆核以下。)

著作郎，品第六，进贤一梁冠，绛朝服。（《唐六典》卷十，注引晋令　又见《通典》二十六）

著作郎，掌起居集注，撰录诸言行勋伐旧载史籍者。（《史通》引晋令）

国史之任，委之著作，每著作郎初至，必撰名臣傅一人。（《史通》引晋令）

著作佐郎，品第六，进贤一梁冠，绛朝服。（《唐六典》卷十，注引晋令）

黄沙治书侍御史。（《晋志》，黄沙狱治书侍御史一人，掌诏狱及廷尉不当者，皆治之。《宋志》，黄沙治书侍御史，银印墨绶，朝服法冠。）

诸护军长史司马。

水衡典虞牧官典牧司盐都尉。（《宋志》，水衡典虞牧官典牧都尉，银印青绶，朝服，武冠。）

水衡都尉置主簿一人，又左右前后中五水衡，皆有主簿。（《唐六典》二十三，注引晋令）

太子门大夫。

太子门大夫，局准公申令（疑"率更令"之误。）班同中舍人，主通远近笺表，宫门禁防。（《唐六典》二十六注）

度支中郎将校尉都督。

材官校尉。

王郡公侯郎中令、中尉、大农。（《晋志》，王下有郎中令、中尉、大农为三郎。《宋志》，王郡公侯郎中令、大农，铜印青绶，朝服，进贤两梁冠）

王傅师及国将军。（《晋志》，王置师友、文学各一人，景帝讳，故你"师"为"傅"。友者,因文王仲尼四友之名号。按"傅师"疑"傅友"之讹,《宋官品》亦作师友。)

诸王置友一人,品第六,进贤一梁冠,绛朝服。(《唐六典》二十九注)

诸县置令秩千石者。(《晋志》,县大者置令,小者置长。《宋志》,诸县署令秩千石者,铜印墨绶,朝服,进贤两梁冠)

县千户以上,州郡五百以上,皆为令;不满此为长也。(《书钞》七十八,引晋令)

太子侍讲门大夫。

中舍人。

司马督。

太子常从虎贲千人督校尉。

督守殿中将军。(《宋志》,殿中将军,银章青绶,四时朝服,武冠)

黄门令。

黄门冗从仆射。

关内名号侯爵。(《宋志》,关内关中名号侯,金印紫绶,朝服,进贤两梁冠)

第七品

殿中监。(《宋志》,殿中监,铜印墨绶,给四时朝服,武冠。)

诸卿尹丞。(《晋志》,列卿各置丞。《宋志》,诸卿尹丞,铜印墨绶,朝服,进贤一梁冠。《唐六典》注,晋诸卿丞,铜印黄绶)

太史令,品第七,秩六百,铜印墨绶,进贤一梁冠,绛朝服。(《唐六典》卷十注引晋令)

司徒丞，品第七，进贤一梁冠，介帻皂衣，铜印黄绶。(《唐六典》十九注，又见《通典》二十六)

宗匠属官有太医令丞，铜印墨绶，进贤一梁冠，绛朝服，品第七。(《唐六典》十四注)

符节御史。(按《晋志》，引晋《官品令》第七品；又有禁防御史，《通典》标目不载，附识于此)

狱丞部丞。(《宋志》，狱丞，铜印墨绶，朝服，进贤一梁冠)

狱左右丞一人。(《唐六典》十八，注引晋令)

太仆有部丞五人。(《唐六典》十七注)

黄沙典事。

太子保傅詹事丞。

詹事丞一人，品第七，铜印墨绶，进贤一梁冠，皇(疑皂之误)朝服，局拟尚书左右丞。(《唐六典》二十六注引晋令)

诸军长史司马秩六百石者。(《宋志》，诸军长史，铜印墨绶，朝服，进贤一梁冠)

护匈奴中郎将，护羌戎夷蛮越乌桓校尉长史司马。

北军中侯丞。(《宋志》，北军中侯丞，铜印黄绶，朝服，进贤一梁冠)

城门五营校尉司马。(《宋志》，城长五营校尉司马，铜印墨绶，朝服，武冠)

宜禾伊吾都尉。

公保傅相郎中令。

淮海律都尉。

门下中书通事舍人。

中书通事舍人，品第七，绛朝服，武冠。(《唐六典》卷九，注引

晋令）

舍人通事事兼谒者之任。（同上，引晋令）

通事舍人，武冠，绛朝服，掌呈奏案章。（《通典》十一）

尚书曹典事。（《宋志》，尚书曹典事，朝服，进贤一梁冠）

太子洗马。

太子洗马八人，掌皇太子图籍经书，职如谒者，局准秘书郎，品第七，班同舍人。次中书舍人下，绛朝服，进贤一梁冠，黑介帻。（《唐六典》二十六注，又见《通典》三十）

食官令舍人。

黄门中郎将校尉都督。

诸县置令六百石者。

左右都侯。

阊阖门司马。

城门侯。（《宋志》，左右都侯、阊阖门司马、城门侯，铜印墨绶，朝服，武冠）

尚药监。

大官食监。

崇德殿大监、尚衣尚食大监，并银章艾绶，二千石。崇华殿大监、元华食监、都监、上监，铜印墨绶、千石。女使、贤人、蔡人、中使、大使，碧纶绶。（《唐六典》十二引晋令）

中署监。

小黄门。（《宋志》，小黄门，给四时朝服，武冠）

诸署令仆射谒者。

药长寺人监。

副牙门将。

部曲部督殿中。

中黄门尉都尉。

黄门诸署丞长史。(《宋志》,黄门诸署丞,铜印黄绶,给四时朝服,进贤一梁冠。黄门诸署史,给四时朝服,武冠)

中黄门。(《宋志》,中黄门,给四时科单衣,武冠)

太中中散谏议大夫议郎。(《宋志》,太中中散谏议大夫议郎,朝服,进贤一梁冠;秩千石者两梁冠)

关外侯爵。(《宋志》,关外侯,银印青绶,朝服,进贤两梁冠)

第八品

门下中书主事通事。(《宋志》,门下主事,给四时朝服,武冠。《唐六典》卷八注,门下主事品第八)

散骑集书、中书、尚书、秘书、著作、治书、主书、主图、主谱、令史。(《宋志》,散骑集书、中书、尚书、令史、秘书、著作、治书、主书、主玺、主谱、令史,朝服,进贤一梁冠)

群国相内史丞长史。

乌桓西域代部骑马。

四安、四平长史司马。(《晋志》,三品将军置长史司马各一人,秩千石)

水衡、典虞、牧官、典牧、材官、州郡国都尉司马。(《宋志》,水衡、典虞、牧官、典牧、材官、州郡国都尉司马,铜印墨绶,朝服,武冠。)

司盐司竹监丞。

诸县令长相。

关谷长。(《宋志》,关谷长,铜印墨绶,朝服,进贤一梁冠)

诸县署令千石之丞尉。(《宋志》,诸县署丞,铜印黄绶,朝服,

进贤一梁冠)

诸县道尉,铜印黄绶,朝服,武冠。(《通典》三十三)

王郡公侯诸侍郎诸杂署令。

王太妃公主家令。

副散督司马长史。

部曲将郡中都尉司马。

羽林郎。

黄门从官。(《宋志》,黄门诸署从官,给四时科单衣,武冠)

寺人中郎郎中。

杂号宣威将军以下。(《宋志》,宣威将军以下至裨将军,铜印,朝服,武冠)

第九品

兰台谒者、都水黄沙令史。(《宋志》,兰台谒者、都水使者令史,朝服,进贤 ·梁冠)

门下散骑中书尚书秘书令史。

门下令史,品第九。(《唐六典》卷八注)

中书令史,品第九。(同上卷九注)

秘书令史,品第九。(同上卷十注)

秘书阁有令史,掌众书。(《南齐书百官志》引晋令)

殿中兰台谒者都水黄沙书令史。

诸县署令长相之丞尉。

关谷塞护道尉。(《宋志》,诸县尉关谷塞护道尉,铜印黄绶,朝服,武冠)

王郡公侯诸署长。(《宋志》,王公侯诸署令长,铜印墨绶,朝服,进贤一梁冠)

司理治书谒者中大夫署丞。(《宋志》,司理治书,铜印墨绶,朝服,进贤一梁冠)

王太妃公主家丞。(《宋志》,公主家丞,铜印黄绶,朝服,进贤一梁冠)

仆舍人。

副散部曲将。

武猛中郎将校尉。

别部司马、军司马、假司马。(《宋志》,别部司马、军假司马,银印,朝服,武冠)

右内外文武官六千八百三十六人,(内八百九十四人,外五千九百四十二人,)内外诸色职掌一十一万一千八百三十六人,都计内外官及职掌人一十一万八千六百七十二人。(《通典》三十七)

诸去官者从故官之品。其除名,不得从例。(《通典》九十,晋《崇氏议》引令)

年九十,乃听悉归。(《庾纯传》引令)

犯免官锢三年。(《御览》六百五十引晋令　按以上三条,疑亦《官品令》佚文,附录于末)

吏员令

诸郡国不满五千以下,置干吏二人。(《后汉书·栾巴传》注,引晋令)

诸律渡二十四所,各置监律吏一人。(《唐六典》二十三注,引晋令)

诸官有秩栀子守护者,置吏一人。(《类聚》八十九,引晋令《御览》九百五十九引晋令,栀子作支子)

诸官有梨守护者,置吏一人。(《御览》九百六十九,引晋令)

诸官有秩者守护橙者,置吏一人。(《御览》九百七十一,引晋令)

阆中县置守黄甘吏一人。(《御览》九百六十六,引晋令)

俸廪令(无考)

服制令

冠十三品。(《南齐书舆服志》弘晋《服制令》)

婕妤,银印青绶。佩珠琎玉。(《御览》一百四十四,引晋《服制令》)

皇太子给五时朝服,远游冠。(《隋书·礼仪志》,引晋令)

皇太子诸王给远游冠。(同上,引晋令)

皇太子及妃诸王缥(初学记作玄)朱绶;郡公主朱绶,郡侯青朱绶。(《御览》六百八十二,引晋令)

皇太子妃佩瑜玉。诸王郡公、太宰、太傅、太保、司空、诸长公主、诸王世子、大司马、大将军、太尉佩玄玉。(《御览》六百九十二,引晋令)

郡公侯太夫人、中人,银印青绶,佩水苍玉。(《唐六典》卷二注,引晋令)

三贵人,曲盖;九嫔,直盖,皆信幡。(《唐六典》十二注,引晋令)

旄头羽林,著韦腰襦。(《御览》三百九十五,引晋令)

第三品已下,得服杂杯(?)之绮。第六品已下,得服七彩绮。(《御览》八百十六,引晋令)

第六品已下,不(《初学记》引无不字)得服罗绡。(同上,引晋令《初学记》二十七,引晋令)

第六品已不得服今缜绫锦,有私织者,录付尚方。(《类聚》八

十五,引晋令。按"已"字下疑脱"下"字)

六品已下,得服金钗以蔽髻。(《御览》七百十八,引晋令)

第七品已下始服金钗,第三品已上蔽结爵钗。(《书钞》一百三十六,引晋令)

步摇蔽髻,皆为禁物。(《御览》七百十五,引晋令)

山鹿、白豹、游毛狐、白貂领、黄貂班、白鼲子、渠搜国裘,皆禁服也。(《御览》六百九十四,引晋令 《初学记》二十六,引晋令禁服,作"禁物")

织成衣为禁物。(《御览》八百十六,引晋令)

锦帐为禁物。(《御览》六百九十九,引晋令)

士卒百工,履色无过绿青白,婢履色无过红青。市侩卖者,皆当着巾帖额,题所侩卖者及姓名,一足著黑履,一足著白履。(《御览》六百九十七及八百二十八,引晋令 《初学记》二十六引晋令,红青作纯青)

士卒百工都得著假髻。(《御览》七百十五,引晋令)

士卒百工,不得服真珠珰珥。(《御览》八百零二,引晋令 《书钞》一百三十五,引晋令)

士卒百工,不得服犀玳瑁。(《御览》八百零七,引晋令)

士卒百工,不得服越叠。(《御览》八百二十,引晋令)

百工不得服大绛紫襈、假髻、真珠珰珥、文犀瑇瑁、越叠以饰路张乘犊车。(《御览》七百七十五,引晋令)

女奴不得服金钗。(《御览》七百十八,引晋令)

朝服皂绿中单衣。(《御览》六百九十一,引晋令)

祠令

郡县国祠社稷先农,县又祠灵星。(《北史·刘芳传》,引晋《祠

令》）

户调令

丁男之户，岁输绢三匹，绵三斤。女及次丁男为户者半，输其诸边郡或三分之二，远者三分之一。夷人输賨[1]布户一匹，远者或一丈。男子一人占田七十亩，女子三十亩，其外丁男课田五十亩，丁女二十亩，次丁男半之，女则不课。男女年十六已上、至六十为正丁，十五已下至十三、六十一已上至六十五为次丁，十二已下六十六已上为老小，不事。远夷不课田者，输义米户三斛，远者五斗，极远者输算钱，人二十八文。（《食货志》引《户调式》）

其赵郡中山常山国输缣当绢者、及余处常输疏布当绵绢者，缣一匹当绢六丈，疏布一匹当绢一匹，绢一匹 当绵三斤。旧制，人间所织绢布等，皆辐广二尺二寸，长四十尺为一端，令任服，后乃渐至滥恶，不依尺度。（《初学记》二十七引晋令）

其上党及平阳输上麻二十二斤，下麻三十六斤，当绢一匹，课应用者枲麻加半亩。（《御览》九百九十五，引晋令）

其夷民守护欆皮者，一身不输之。（《类聚》八十九引晋令《御览》九百五十九引晋令）

佃令

其应有佃客者，官品第一第二者，佃客无过五十户；第三品十户；第四品七户；第五品五户；第六品三 户；第七品二户；第八品第九品一户。（《食货志》 按此疑《佃令》佚文）

复除令

无子而养人子以续亡者，后于事役复除无回避者听之，不得过

---

[1] 賨（cóng）：秦汉时少数民族所缴的一种赋税。

一人。(《通典》六十九　《东晋养兄弟子为后,后自生子议》杜瑗引令)

关市令

诸度关及乘船筏上下经津者,皆有所写一通付关吏。(《御览》五百九十八,引晋令)

坐卢使者,皆不得宿肆上。(《御览》八百二十八,引晋令)

欲作漆器物卖者,各先移主吏者名乃得作,皆当淳漆著布骨,器成,以朱题年月姓名。(《御览》七百五十六,引晋令)

捕亡令

奴始(《御览》作"婢")亡,加铜青若墨黥两眼从(《御览》作后);再亡,黥两颊上;三亡横黥目下。皆长一寸五分,广五分。(《酉阳杂俎》卷八引晋令,无广五分三字。《御览》六百四十八引晋令)

狱官令

狱屋皆当完固,厚其草蓐,切无漏湿。(《书钞》四十五引晋令)

狱屋皆当完固,厚其草蓐,家人饷馈,狱卒为温暖传致,去家远无饷馈者,悉给廪,狱卒作食,寒者与衣,疾者给医药。(《御览》六百四十三,引晋令)

死罪二械加拳手。(《御览》六百四十四,引晋令)

鞭杖令

应得法杖者,以小杖过五寸者稍行之,应杖而髀[①]有疮者臀也。(《书钞》四十五,引晋令)

杖皆用荆,长六尺,制杖大头围一寸,尾三分半。(同上,引晋

① 髀(bì):大腿。

令）

鞭皆用牛皮生革廉成，法鞭生革去四廉。（同上，引晋令）

应得法鞭者，执以鞭过五十稍行之，有所督罪，皆随过大小。大过五十，小过二十，鞭皆用牛皮革廉成，法鞭生革去四廉，常鞭用熟靼，（之利反、柔革也，）不去廉，作鹄头，纫长一尺一寸，鞘长二尺二寸，广三分，厚一分，柄皆长二尺五寸。（《御览》六百四十九，引晋令）

应受杖而体有疮者督之也。（《御览》六百五十，引晋令）

医药疾病令。（无考）

丧葬令。

乘传出使遭（《御览》引遭下有"朞"字）丧以上，即自表闻，听得（《御览》引无"得"字）白服乘骡车，到副使摄事。《宋书·礼志》引晋令 《御览》七百九十七，引晋令）

诸葬者不得作祠堂碑石兽。（《文选》任彦升为《范始兴作求立太宰碑表注》引晋令 《御览》五百八十九，引晋令云，诸葬者皆不得入祠堂石碑石表石兽，文小异）

诸侯卿相官属为君斩衰，既葬而除。（《丁潭传》引令）

长吏卒，官吏皆齐衰，以丧服理事，若代者至，皆除之。（《通典》卷九十九，引晋《丧葬令》）

杂令。（无考）

门下散骑中书令。（无考）

尚书令。（无考）

三台秘书令。（无考）

王公侯令。

王公之太子摄命治国者，安车驾三旂七鎏，其侯太子五鎏。（《宋书礼志》，引晋令）

军吏员令。（无考）

选吏令。（无考）

选将令。

选三部司马，皆限力举千二百斤以上。前驱司马取便大戟。由基司马取能挽一石七斟以上弓。（《御览》三百八十六，引晋令）

选杂士令。（无考）

宫卫令。

车驾出入，相风前引。（《类聚》六十八，引晋令）

车驾出入，相风已前侍御史令史主之。（《御览》卷九，引晋令）

赎令。（无考）

军战令。

弓弩士习弓（《御览》引“习”下无“弓”字）射者，给竹弓角弓，皆二人一张。（《初学记》二十二，引晋令　《御览》三百四十七，引晋令）

两头进战，视麾所指，闻三金音止，二金音还。（《御览》三百四十一，引晋令）

军列营，步骑士以下皆著兜鍪。（《御览》三百五十六，引晋令）

军水战令。

水战有飞云舟、苍隼船、先登船、飞鸟船。（《初学记》二十五，引晋令）

水战飞云舟，相去五十步：苍隼船①，相去四十步。（《书钞》一

① 原书为“舡”，疑误排，据上文酌改。

百三十七,引晋令)

水战飞云船,相去五十步;苍隼船,相去四十步;金船,相去三十步;小儿先登飞鸟船,相去五十步。(《御览》七百六十九,引晋令)

水战有飞苍车船。(《御览》七百七十,引晋令)

军法令。

误举烽燧,罚金一斤八两,故不举者,弃市。(《御览》七百三十四,引晋令)

杂法令。(无考)

下列诸条,不敢定为属于某篇,姑附于末。

朔望,集公卿于朝堂而论政事。(《魏书·穆崇传》,引晋令)

杀人父母,徙之二千里外。(《南史·傅隆传》,引旧令)

凡流徙者,同籍亲近欲相随者,听之。(同上,引令)

大小中正为内官者,听月三会议上东门外,设幔陈席。(《通典》三十二注,引晋令)

常以蝗向生时,各部吏案行境界,行其所由勒生苗之内,皆令周偏。(《类聚》一百,引晋令)

居洛阳内园菜欲课以当者耳(?)其引长流,灌紫葱可各三亩。(《类聚》八十二,引晋令　《齐民要术》卷二注云,晋令有紫葱)

承尉以官舍有桑果皆给之,其无桑及不满三百株,皆使吏卒随间于官舍种桑,满三百株。(《类聚》八十八,引晋令)

使信节,皆鸟书之。(《御览》六百八十一,引晋令)

诸有虎,皆作槛穽篱栅,皆施箝。捕得大虎,赏绢三匹,子半

之。(《御览》八百零九,引晋令)

蜜工收蜜十斛,有能增二升者,赏谷十斛。(《御览》八百五十九,引晋令)

凡民不得私煮盐,犯者四岁刑,主吏二岁刑。(《御览》八百六十五引晋令 《书钞》一百四十六引晋令)

翡鸟不得西度陇。(《御览》九百二十四引晋令)

晋假宁令

诸内外官五月给田假,九月给受衣假,为两番,各十五日。田假若风土异宜,种收不等,通随给之。(《御览》六百三十四,范宁《启国子生假故事》引《假宁令》)

诸百官九品私家附庙除程给假五日,四时祭祀各给假四日,去任所三百里内,亦给程。(同上)

诸文武官若流外已上者,父母在,三年给定假三十日;其拜墓,五年一假七日,并除程。若已经还家者,计还后给。其五品已上所司审勘,当于事每阙者奏,不得辄自奏请。亲冠假三日,五服内亲冠给假一日,并不给程。(同上)

诸婚给假九日,除程。周亲婚嫁五日,大功五日,小功已下一日,并不给程。以下无主者、百里内除程者、本服周亲已上疾病危笃、远行久别及请急难,并量给假。(同上)

急假者一月五急,一年之中以六十日为限。千里内者疾病申延二十日,及道路解故九十五日。(《初学记》二十引晋令)

晋诏条

魏咸熙二年十一月,晋王令诸郡中正以六条举淹滞,一曰忠恪匪躬,二曰孝敬尽礼,三曰友于兄弟,四曰洁身劳谦,五曰信义可复,六曰学以为己。(《武帝纪》)

永和元年四月,诏会稽王昱录尚书六条事。二年二月,以左光禄大夫蔡谟领司徒,录尚书六条事。(《穆帝纪》)

《晋刺史六条制》一卷。(《隋书·经籍志》)

泰始二年十二月,班五条诏书于郡国,一曰正身,二曰勤百姓,三曰抚孤寡,四曰厚本息,五曰去人事。(《武帝纪》)

《班五条诏》十卷,亡。(《隋书·经籍志》)

《宋百官志》,晋康帝世,何充表曰:咸康中分置三录,王导录其一,荀崧陆晔各录六条事,然则似有二十四条。若止有十二条,则荀陆各录六条,导又何所司乎?其后每置二录,辄云各掌六条事,又是止有十二条。晋江右有四录,则四人参录,江右张华、江左庾亮并经关尚书七条,亦不知皆何事也。(《玉海》)

晋故事

秀创制朝仪,广陈刑政,朝廷多遵用之,以为故事。(《裴秀传》)

其常事品式章程,各还其府为故事。(《刑法志》)

孝绰子谅，字有信，少好学，有文才，尤博悉晋代故事，时人号曰皮里《晋书》。（《梁书·刘孝绰传》）

博涉多通，尤悉魏晋以来吉凶故事。（《梁书·范岫传》）

《晋故事》四十三卷，晋《建武故事》一卷，《晋咸和》、《咸康故事》四卷，晋孔愉撰、《晋修复山陵故事》五卷，车灌撰、《晋八王故事》十卷，《晋宋旧事》一百三十五卷，《晋东宫旧事》十卷，《晋杂议》十卷，《晋弹事》十卷，（《唐志》作九卷），《晋驳事》四卷。（《隋书·经籍志》）

《晋太始》《太康故事》八卷，孔愉。晋《建武咸和咸康故事》四卷，晋《建武以来故事》三卷，《晋氏故事》三卷，《晋故事》四十三卷，《晋诸杂故事》二十二卷，车灌《晋修复山陵故事》五卷，《晋八王故事》十二卷。（《唐书·艺文志》）

晋贾充等撰律令，兼删定当时制诏之条，为故事三十卷，与律令并行。（《唐六典》注）

按《隋志》云，汉初萧何定律九章，其后渐更增益，令甲已下，盈溢架藏。晋初杜预，删而定之，有律、有令、有故事。是故事亦多关于律也。

卷　四

南朝诸律考序

自晋氏失驭，海内分裂，江左以清谈相尚，不崇名法。故其时中原律学，衰于南而盛于北。北朝自魏而齐而隋而唐，寻流溯源，自成一系，而南朝则与陈氏之亡而俱斩。窃尝推求其故，而知南朝诸律，实远逊北朝，其泯焉澌灭，盖有非偶然者。元魏自太祖迄世宗，凡五次修定律令，考订之勤，超越前代。齐律科条简要，仕门子弟，尝讲习之，南朝则异是。宋齐均沿用晋律，南齐武帝尝欲令王植删正张杜旧律，事未施行。《唐志》有宗躬《齐永明律》八卷，盖亦不过考正旧注，实未定律也。其定律者，厥惟蔡法度之《梁律》与范泉之《陈律》。然梁祖崇尚释氏，煦煦为仁，陈氏又尤而效之，律令繁芜，史无称焉。考《唐志》有《梁律》二十卷，《陈律》九卷，而《宋史·艺文志》已不载，则南宋以来，其佚已久。今欲考订南朝诸律，有三难焉。梁陈享国日浅，著述传世者稀，文集碑志，率多骈俪，风云月露，侈为芜词，不易征实，一难也。梁陈二书，不立刑法志，《隋志》于梁陈记载亦略，二难也。《书钞》《御览》诸书，间引晋律，而梁陈律特晋律之附庸，后人鲜援引之者，三难也。故考证梁陈二律，较汉晋诸律为独难。虽然，其增损沿袭之迹，后人尚有可以意得之者。《隋志》言梁律全用王植旧本，今以律目相较，梁律篇目，均与晋同，惟删去诸侯一篇，增置仓库一篇。陈律篇目，全与梁同，是梁陈两朝之律，质言之，即晋律之张杜旧本。《唐志》有《条抄晋宋齐梁律》二十卷，盖比较四朝之异同，宋齐沿用晋律，而与梁并举，知梁陈虽间有增改，而大体悉仍晋律之旧，此其证也。《隋志》又云，梁于晋律，所删者止游词费句；陈则篇目条纲，一依梁法。是两朝之于晋律，其增损均在文句之间。盖当时柄国诸臣，率多优于词章，而疏于掌故，即搜讨岩穴，得蔡法度范泉之流，已如凤毛麟角。梁陈二书，于蔡范均不为立传，则其人盖亦不足当创制显庸之任，非史有阙略也。今仍以《隋志》为主，剌取《梁书》陈书《南史》及他书以附益之，略为排比，疏陋之诮，知所不免，亦聊以备一代之制云尔。

一九二三年癸亥冬闽县程树德序

南朝诸律考目录

南朝诸律考

梁律考

梁定律年月及修律诸人

天监元年八月丁未诏，中书监王莹等八人，参定律令。（《武帝纪》）

按《艺文类聚》五十四，有任昉《为梁公请刊改律令表》，考封梁公事在齐中兴二年，是定议实在齐末，故甫即位，遂有是诏。

天监二年夏四月癸卯，尚书删定郎蔡法度上《梁传》二十卷，令三十卷，科四十卷。（同上）

天监元年八月，乃下诏曰，律令不一，实难去弊，杀伤有法，昏墨有刑，此盖常科，易为条例。至于三男一妻、悬首造狱，事非虑内，法出恒钧，前王之律，后王之令，因循创附，良各有以。若游辞费句，无取于实录者，宜悉除之，求文指归可适变者，载一家为本，用众家以附。景（丙，唐避讳作"景"）丁俱有，则去丁以存景；若景丁二事，注释不同，则二家兼载，咸使百司议其可不，取其可安，以为标例，宜云某等如干人同议，以此为长则，定以为梁律，留尚书比部，悉使备文。若班下州郡，止檝机要，可无二门侮法之弊。（蔡）法度又请曰：魏晋撰律，止关数人，今若皆咨列位，恐缓而无决。于是以尚书令王亮、侍中王莹、尚书仆射沈约、吏部尚书范云、长史兼侍中柳恽、给事黄门侍郎傅昭、通直散骑常侍孔蔼、御史中丞乐蔼、太常丞许懋等参议断定，定为二十篇。（《隋书·刑法志》）

柳恽字文畅，天监元年除长史兼侍中，与仆射沈约等，共定新律。（《柳恽传》）

二年四月癸卯，（蔡）法度表上新律，帝乃以法度守廷尉卿，诏班新律于天下。（同上）

沈约授蔡法度廷尉制略云，尚书删定左曹郎中蔡法度，少好律书，明晓法令，世之所废，笃志不怠。至于章句踳滞，名程乖碍，莫不斟酌厥衷，允得其门，方欲寄以国刑，开示后学。（《文苑英华》三百九十七）

梁氏受命，命蔡法度沈约等十人，增损晋律，为二十篇，凡定罪二千五百二十九条。（《唐六典注》）

按修律诸人，据《隋志》止九人，此并法度计之，故云十人。《武帝纪》云八人，则并不数王亮也。梁律，据元年诏书，所删订者仅游辞费句；其注释不同者，以众议定其可否，余多仍晋律之旧。此云增损晋律，最得其实。

《梁律》二十卷，梁义兴太守蔡法度撰。（《隋书·经籍志》《旧

唐书・经籍志》、《新唐书・艺文志》同）

梁律系用南齐王植旧本

时欲议定律令，得齐时旧郎济阳蔡法度家传律学，云齐武时删定郎王植之集注张杜旧律合为一书，凡一千五百三十条，事未施行，其文殆灭。法度能言之，于是以为兼尚书删定郎，使损益植之旧本，以为梁律。（《隋书・刑法志》）

按《南齐书孔稚圭传》，尚书删定郎王植撰定律章，取张注七百三十一条，杜注七百九十一条，二家两释、于义乃备者，又取一百七条，注相同者取一百三条，凡一千五百三十二条，为二十卷。梁律所用，即此本也。

梁律篇目

一曰刑名，二曰法例，三曰盗劫，四曰贼叛，五曰诈伪，六曰受赇，七曰告劾，八曰讨捕，九曰系讯，十曰断狱，十一曰杂，十二曰户，十三曰擅兴，十四曰毁亡，十五曰卫宫，十六曰水火，十七曰仓库，十八曰厩，十九曰关市，二十曰违制。（《隋书・刑法志》、《唐六典注》同）

按以晋律篇目相较，次第均同。惟盗律改称盗劫，贼律改称贼叛，请赇改称受赇，捕律改称讨捕，删诸侯一篇，增置仓库一篇。

梁律佚文

其谋反降叛大逆已上，皆斩；父子同产男，无少长，皆弃市；母妻姊妹及应从坐弃市者，妻子女妾同补奚官为奴婢，赀财没官。劫身皆斩，妻子补兵。遇赦，降死者黵面为劫字，髡钳补冶锁士终身，其下，又谪[①]运（谪）配；材官冶士尚方锁士，皆以轻重差其年数，其重者或终身。士人有禁锢之科，亦有轻重为差。其犯清议，则终身不齿。耐罪囚八十已上、十岁已下及孕者、盲者、侏儒当械系者，及郡国太守相、都尉、关中侯以上、亭侯已上之父母妻子及所生，坐非死罪除名之罪，二千石已上非槛征者，并颂系之。（《隋书·刑法志》）

按《隋志》此段，系杂引梁律原文。汉律，大逆不道父母妻子同产皆弃市，见《汉书景帝纪注》。罪人妻子没为奴婢黥面，见《魏志·毛玠传》引汉律。梁盖就汉律而增损之。劫身斩刑，见《南史何尚之传》。劫制同籍期亲补兵，见《宋书·何承天传》。此云劫身皆斩，妻子补兵，则沿袭晋宋旧制也。《汉书·光武纪》诏男子八十已上，十岁已下，及妇人从坐者，皆不得系；当验问者，即就验，此则采汉制以入律。黵面之刑，至十

① 谪（zhé）：责罚。

四年始废，知梁初定律，原有此条。《酉阳杂俎》引梁杂律一条，文亦略同。故知《隋志》所引，均梁律原文也。

凡囚未断，先刻面作劫字。（《酉阳杂俎》卷八，引梁杂律）

梁刑名

枭首。
弃市。
以上为死刑。

按《唐六典注》，晋律死罪凡三，曰枭，曰斩，曰弃市。《隋志》于梁律止云大罪枭其首，其次弃市，而无晋氏之斩刑。考《梁书》，大同元年三月擒刘敬躬，送京师，斩于建康市。似梁仍有斩刑。《隋志》又云，大逆已上皆斩，父子同产男，无少长，皆弃市，则明分斩与弃市为二，盖斩者腰斩，《晋志》引汉贼律、大逆无道腰斩，可证。北齐北周均有斩刑，《隋志》释为殊身首。今考晋宋南齐各书所载，无处腰斩之刑者，是其废已久，故梁初修律，因而删之，而律文犹因而不改，致斩与弃市，律文时有互见。梁律之繁芜，亦可于此窥见一斑云。

髡钳五岁刑，笞二百。（收赎绢，男子六十匹，女子半之）
四岁刑。（收赎绢，男子四十八匹，女子半之）

三岁刑。(收赎绢,男子三十六匹,女子半之)

二岁刑。(收赎绢,男子二十四匹,女子半之)

以上为耐罪。(耐、谓各随伎能而任使之)

赎死金二斤。(男子十六匹,女子半之)

赎髡钳五岁刑,笞二百,金一斤十二两。(男子十四匹,女子半之)

赎四岁刑,金一斤八两。(男子十二匹,女子半之)

赎三岁刑,金一斤四两。(男子十匹,女子半之)

赎二岁刑,金一斤。(男子八匹,女子半之)

罚金十二两。(男子六匹,女子半之)

罚金八两。(男子四匹,女子半之)

罚金四两。(男子二匹,女子半之)

罚金二两。(男子一匹,女子半之)

罚金一两。(男子二丈,女子半之)

以上为赎罪。

凡十五等。(按死罪二为一等,故为十五等)

一岁刑。

半岁刑。

百日刑。

鞭杖二百。

鞭杖一百。

鞭杖五十。

鞭杖三十。

鞭杖二十。

鞭杖一十。

凡九等。

免官加杖督一百。

免官。

夺劳百日,杖督一百。

杖督一百。

杖督五十。

杖督三十。

杖督二十。

杖督一十。

凡八等。

按梁刑名,赎罪以上十五等,殆全依晋制。自一岁刑以下十七等,则梁律所增。

赎刑存废

天监元年夏四月己巳,诏曰:金作赎刑,有闻自昔,入缣以免,施于中代,民悦法行,莫尚乎此。永言叔世,偷薄成风,婴愆入罪,厥涂匪一。断弊之书,日缠于听览,钳钛之刑,岁积于牢犴,死者不可复生,生者无因自返,由此而望滋实,庸可致乎?朕夕惕思治,念崇政术,斟酌前王,择其令典,有可以宪章邦国,罔不由之,释愧心于四海,昭情素于万物。俗伪日久,禁网弥繁,汉文四百,邈焉已

远。虽省事清心，无忘日用，而委衔废策，事未获从。可依周汉旧典有罪入赎外，详为条格，以时奏闻。(《武帝纪》)

梁武帝承齐昏虐之余，刑政多僻，既即位，乃制权典，依周汉旧事，有罪者赎。其科凡在官身犯罚金鞭杖杖督之罪，悉入赎停罚；其台省令史士卒欲赎者，听之。(《隋书·刑法志》)

三年冬十一月甲子，诏曰：设教因时，淳薄异政，刑以世革，轻重殊风。昔商俗未移，民散久矣，婴网陷辟，日夜相寻。若悉加正法，则赭衣塞路，并申弘宥，则难用为国，故使有罪入赎，以完全元元之命，令遐迩知禁，圄犴稍虚，率斯以往，庶几刑措。金作权典，宜在蠲息，可除赎罪之科。(《武帝纪》)

十月甲子诏，以金作权典，宜在蠲息，于是除赎罪之科。(《隋书·刑法志》)

大同十一年冬十月己未，诏曰：尧舜以来，便开赎刑，中年依古，许罪身入赀，吏下因此不无奸猾，所以一日复敕禁断。川流难壅，人心惟危，既乖内典慈悲之义，又伤外教好生之德。《书》云，与杀不辜，宁失不经，可复开罪身，皆听入赎。(《武帝纪》)

十一年十月，复开赎罪之科。(《隋书·刑法志》)

除劓墨之刑

天监十四年正月诏曰：世轻世重，随时约法，前以劓墨用代重辟，犹念改悔，其路已壅，并可省除。(《武帝纪》)

十四年，又除黵面之刑。(《隋书·刑法志》)

流刑

中大通三年冬十月,前乐山县侯萧正则有罪流徙。(《武帝纪》)

按《隋志》,天监三年,复有徒流之罪,是梁初已行之,盖沿汉晋徙边之制。

鞭杖之刑

其鞭有制鞭、法鞭、常鞭凡三等之差。制鞭生革廉成,法鞭生革去廉,常鞭熟靼不去廉,皆作鹤头。纽长一尺一寸,梢长二尺七寸,广三寸,靶长二尺五寸。杖皆用生荆,长六尺,有大杖、法杖、小杖三等之差。大杖大头围一寸三分,小头围八分半;法杖围一寸三分,小头五分;小杖围一寸一分,小头极杪。(《隋书·刑法志》)

诸督罚,大罪无过五十三十,小者二十。当笞二百以上者,笞半,余半后决,中分鞭杖。老小于律令当得鞭杖罚者,皆半之。其应得法鞭杖者,以熟靼鞭,小杖过五十者稍行之。将吏已上及女人应有罚者,以罚金代之;其以职员应罚,及律令指名制罚者,不用此令。其问事诸罚,皆用熟靼鞭小杖;其制鞭、制杖、法鞭、法杖,自非特诏,皆不得用。诏鞭杖在京师者,皆于云龙门行。女子怀孕者,勿得决罚。(同上)

按此二段疑杂引梁《鞭杖令文》。

削爵

普通六年十二月戊子，邵陵王纶有罪免官，削爵土。(《武帝纪》)

为长城令，有罪削爵。(《江淹传》)

禁锢

清议禁锢，并皆宥释。(《武帝纪》)

及建康城平，蒨坐锢，俄被原。(《江蒨传》)

除名

以私藏禁杖，除名。(《伏暅传》)

遭母忧，起摄职，坐事除名。(《丘仲孚传》)

刑具

因有械杻升械及钳，并立轻重大小之差，而为定制。(《隋书刑

法志》)

僧辩既入,背(鲍)泉而坐,曰:鲍郎,卿有罪,令旨使我鏁卿,勿以故意见待。因语重欢,出令泉即下地,鏁于床侧。(《王僧辩传》)

大不敬弃市

元日朝会万国,亮辞疾,不登殿,设馔别省,而语笑自若。数日,诏公卿问,谓亮无疾色。御史中丞乐蔼奏大不敬,论弃市刑。(《王亮传》)

请以暅大不敬论,以事详法,应弃市刑。(《伏暅传》)

放散官物

中大同元年三月乙己,大赦天下,凡主守割盗、放散官物及以军粮器下,凡是赦所不原者,皆悉从恩。(《武帝纪》)

大通元年正月,诏曰:凡散失官物,不问多少,并从原宥。惟事涉军储取公私见物,不在此例。(同上)

按放散官物,汉律及魏律均有此条,见《汉书·韩延寿传》《魏志·夏侯尚传》,唐律、放散官物坐赃论,在厩库。

私载禁物

峻兄孝庆时为青州刺史，峻假省之，坐私载禁物，为有司所奏，免官。(《刘峻传》)

诱口坐死

虞僧虬为法官。高祖天监三年八月，建康女人任提女坐诱口当死。(《册府元龟》六百十五)

鲍邈坐诱掠人，罪不至死，太子网追思昭明之冤，挥泪诛之。(《通鉴》一百五十五)

劫掠并造作过制处死

梁武帝欲为文皇帝陵上起寺，未有佳材，宣意有司，使加采访。先有曲阿人姓弘，家甚富厚，乃共亲族，多赍财货，往湘州治生，经年营得一栰，可长千步，材木壮丽，世所希有。还至南津，南津校尉孟少卿希朝廷旨，乃加绳墨，弘氏所卖衣裳缯彩，犹有残余，诬以涉道劫掠所得，并造作过制，非商贾所宜，结正处死，没入其材，充寺用。(《太平广记》一百二十引《还冤记》　又见《法苑珠林》)

非所宜言

谨按奉朝请台侍御史臣孔橐，海斥无闻，谬列华省，假摄去来，仕子常务。况东皋贱品，非借丰资，旬日暂劳；岂云卑辱，而肆此丑言，题勒禁省，比物连类，非所宜称，黜之流伍，实允朝宪。(《初学记》二十四，引梁沈约《奏弹御史孔橐》)

按非所宜言，本汉律。

不忧军事

元起颇营还装，粮储器械，略无遗者。(萧)渊藻入城，甚怨望。因表其逗留不忧军事，收付州狱，于狱自缢，有司追劾，削爵土。(《邓元起传》)

按晋律目有不忧军事，已详《晋律考》，梁律多沿晋之旧，此其一证。

逗留不进

萧咨启(卢)子雄及(孙)冏与贼交通，逗留不进，梁武帝敕于广

州赐死。(《陈书・杜僧明传》)

按逗留不进,本汉律。

自首

所讨逋叛,巧籍隐年,暗丁匿口,开恩百日,各令自首,不问往罪。(《武帝纪》)

造意

翂挝登闻鼓,乞代父命,高祖异之,敕廷尉卿蔡法度曰:吉翂请死赎父,义诚可嘉,但其幼童,未必自能造意,卿可严加胁诱,取其款实。(《吉翂传》)

夫有罪逮妻子,子有罪逮父母

旧狱法,夫有罪,逮妻子;子有罪,逮父母。十一年壬辰,乃下诏曰:自今捕谪之家及罪应质作,若有老小者,可停将送。(《隋书・刑法志》)

十一年春正月壬辰,诏曰:夫刑法悼耄,罪不收孥,礼著明文,史彰前事，盖所以申其哀矜，故罚有弗及。近代相因，厥网弥峻，髫年华发，同坐入僇，虽惩恶劝善，宜穷其制，而老幼流离，良亦可愍。自今逋谪之家及罪应质作，若年有老小，可停将送。（《武帝纪》）

按《晋志》，魏展上书，有子孙犯事，将考祖父，逃亡伤顺，破教如此者众云云，是《晋志》已如是。《隋志》云陈氏制律，复父母缘坐之刑。则至陈时，又复晋氏之旧也。

测罚

凡系狱者，不即答款，应加测罚，不得以人士为隔。若人士犯罚，违扞不款，宜测罚者，先参议牒启，然后科行，断食三日，听家人进粥二升；女及老小，一百五十刻乃与粥，满千刻而止。（《隋书·刑法志》）

当时士大夫坐法，皆不受测。远度已无罪，就测三七日不款，犹以私藏禁仗除名。（《南史·何远传》）

滴血法

豫章王综，其母吴淑媛，自齐东昏宫，得幸于高祖，七月而生综，恒于别室祀齐氏七庙。又微服至曲阿，拜齐明帝陵，然犹无以自信。闻俗说以生者血沥死者骨，渗即为父子。综乃私发齐东昏

墓,出骨沥臂血试之,并杀一男,取其骨试之,皆有验。自此常怀异志。(《豫章王综传》)

按元王与《无冤录》辨亲生血属条云,《洗冤录》验滴骨亲法,谓如某甲称有父母骸骨,认是亲生男女,试令就身刺一两点血滴骸骨上。是亲生,则血沁入骨,否则不入。每以无所取证为疑。读史至豫章王综云云,则洗冤之说,有自来矣。然滴血之法,并不始于梁。《南史·孝义传》,孙法宗入海寻求父尸,闻世间论,是至亲,以血沥骨当悉凝浸。乃操刀沿海,见枯骨,则刻肉灌血,如此十余年,臂胫无完肤。事在东晋之末。又据《太平广记》一百六十二引《会稽先贤传》云,陈业字文理,业兄渡海倾命,时同依止者五六十人,骨肉消烂而不可辨别。业仰皇天誓后土曰,闻亲者必有异焉,因割臂流血,以洒骨上,应时饮血,余皆流去。是汉时已有此说。又考《雕玉集》引《同贤记》云,杞良,秦始皇时北筑长城,主典怒其逃走,乃打杀之。其妻仲姿向城啼哭,一时崩倒,死人白骨交横,莫知孰是。仲姿乃刺指血以滴白骨,云若是杞良骨者,血可流入。即沥血果至良骸,血径流入,便得归葬之。据此则滴血之法,其源甚古,亦不始于汉也。

禁复仇

太清元年八月诏曰:缘边初附诸州郡内百姓,先有负罪流亡,逃叛入北,一皆旷荡,不问往諐,并不得挟以私仇,而相报复。若有

犯者,严加裁问。(《武帝纪》)

禁豪富不得占取公田

大同七年十一月丁丑,诏曰:顷者豪家富室,若占取公田,贵价僦税,以与贫民,伤时害政,为蠹已甚。自今公田悉不能假与豪家,已假者特听不追。其若富室给贫民种粮共营作者,不在禁例。(《武帝纪》)

禁减陌钱

中大同元年七月丙寅,诏曰:顷闻外间多用九陌钱,陌减则物贵,陌足则物贱,非物有贵贱,是心有颠倒,至于远方,日更滋甚,岂直国有异政,乃至家有殊俗,徒乱王制,无益民财。自今可通用足陌钱,令书行后百日为期,若犹有犯,男子谪运,女子质作并同。(《武帝纪》)

禁食牛

子妇尝得家饷牛肉以进,昭召其子曰:食之则犯法,告之则不可,取而埋之。(《傅昭传》)

按《南齐书·王玄载传》，永明元年，坐于宅杀牛免官。盖杀牛之禁，自汉始，历秦魏晋六朝不改。

梁武之姑息失刑

天监元年夏四月癸酉，诏曰：商俗甫移，遗风尚炽，下不上达，由来远矣。升中驭索，增其懔然，可于公车府谤木肺石各置一函。若肉食莫言，山阿欲有横议，投谤木函。若从我江汉，功在可策，犀兕徒弊，龙蛇方县。次身才高妙，摈压莫通，怀傅吕之术，抱屈贾之叹。其理有皦然，受困包匭，夫大政侵小，豪门陵贱，四民已穷，九重莫达，若欲自申，并可投肺石函。（《武帝纪》）

二年春正月，诏曰：朕属当期运，君临兆亿，虽复斋居宣室，留心听断，而九牧遐荒，无因临览，深惧怀冤就鞫，匪惟一方。可申敕诸州，月一临讯，博询择善，务在确实。（同上）

三年六月诏曰：总总九州，远近民庶，或川路幽遐，或贫羸老疾，怀冤抱理，莫由自申，念此于怀，中夜太息。可分将命巡行州郡，其有深冤钜害，抑郁无归，听诣使者，依源自列。（同上）

五年四月诏曰：朕昧旦斋居，惟刑是恤，而明慎未洽，囹圄尚拥。凡犴狱之所，可遣法官近侍，递录囚徒，如有枉滞，以时奏闻。（同上）

十六年正月诏曰：诸州郡县，时理狱讼，勿使冤滞，并若亲览。（同上）

十七年八月，诏以兵驺奴婢男年登六十、女年登五十，免为贫民。（同上）

中大同元年七月，诏自今有犯罪者，父母祖父母勿坐，惟大逆不预今恩。（同上）

武帝敦睦九族，优借朝士，有犯罪者，皆讽群下屈法申之。百姓有罪，皆案之以法，其缘坐则老幼不免，一人亡逃，则举家质作，人既穷急，奸宄益深。后帝亲谒南郊，秣棱老人遮帝曰：陛下为法，急于黎庶，缓于权贵，非长久之术，诚能反是，天下幸甚。（《隋书·刑法志》）

帝锐意儒雅，疏简刑法，自公卿大臣，咸不以鞫狱留意。奸吏招权，巧文弄法，货财成市，多致枉滥。大率二岁刑以上，岁至五千人。（同上）

是时王侯子弟，皆长而骄蹇不法。武帝年老，厌于万机，又专精佛戒，每断重罪，则终日弗怿。尝游南苑，临川王宏伏人于桥下，将欲为逆。事觉，有司请诛之。帝但泣，顷之，还复本职。由是王侯骄横转甚。或白日杀人于都街，劫贼亡命，咸于王家自匿。薄暮尘起，则剥掠行路，谓之打稽。武帝深知其弊，而难于诛讨。（同上）

梁令

《梁令》三十卷，录一卷。（《隋书·经籍志》《旧唐书·经籍志》，《梁令》三十卷，蔡法度撰，《新唐书·艺文志》同）

梁初，命蔡法度等撰《梁令》三十篇，一户、二学、三贡士赠官、四官品、五吏员、六服制、七祠、八户调、九公田公用仪迎、十医药疾病、十一复除、十二关市、十三劫贼水火、十四捕亡、十五狱官、十六鞭杖、十七丧葬、十八杂上、十九杂中、二十杂下、二十一宫卫、二十二门下散骑中书、二十三尚书、二十四三台秘书、二十五王公侯、二十六选吏、二十七选将、二十八选杂士、二十九军吏、三十军赏。(《唐六典注》)

按梁令大抵因晋令而增损之,《唐六典注》尚引其《官品令》数条,(详见《唐六典注》卷五) 《隋书・礼仪志》亦引梁令一条,(天子为朝臣等举哀,服白袷)。然《官品令》全目,已见《通典》及《百官志》,其《服制令》则全载于《礼仪志》,此皆梁令佚文之尚可考者。以文繁,故不录。

梁科

梁易故事为《梁科》三十卷,蔡法度所删定。(《唐六典注》)

梁时又取故事之宜于时者,为《梁科》。(《隋书・经籍志》)

《梁科》三十卷。(同上)

按《梁科》卷数,《武帝纪》作四十卷,《隋书・刑法志》《经籍志》《唐六典注》均作三十卷,《旧唐书・经籍志》《新唐书・艺文志》均作二卷。盖至五代时,已残阙不完矣。《初学记》二十、引梁武帝诏云,刑乖政失,其源已久。罚罪之奏,日闻于蚤朝,弊狱之书,亟劳于晏寝,免黜相系,补代纷纭,一罹眚囚,乃永岁月,非所以弃瑕录用,随分尽才者也。是故减秩居官,前代通则,贬职左迁,往朝继轨。自今内外群司有事者,可开左降之科。据此,知《梁科》本无左降之条,后始增入也。

陈律考

陈律较梁律多十卷

永定元年冬十月癸未，诏立删定郎，治定律令。(《武帝纪》)

陈氏承梁季丧乱，刑典疏阔，及武帝即位，思革其弊。乃下诏曰：朕闻唐虞道盛，设画象而不犯，夏商德衰，虽孥戮其未备。洎乎末代，纲目滋繁，矧属乱离，宪章遗紊。朕始膺宝历，思广政枢，外可搜举良才，删改科令，群僚博议，务存平简。于是稍求得梁时明法吏令，与尚书删定郎范泉参定律令。又敕尚书仆射沈钦、吏部尚书徐陵、兼尚书左丞宗元饶、兼尚书左丞贺朗参知其事，制律三十卷，令科四十卷。采酌前代，条流冗杂，纲目虽多，博而非要。(《隋书·刑法志》)

按范泉，《通考》作范杲，《梁书》无传。志称条流冗杂，似陈律条文，必增于梁，故有三十卷之多也。

寻以本官领丹阳尹，参撰律令。(《王冲传》)

陈令范泉徐陵等参定律令，律三十卷，令三十卷，科三十卷。(《唐六典注》)

按《隋书·经籍志》,《陈律》九卷,《新唐书·艺文志》同。是唐初已残缺不全。

篇目条纲一用梁法

又存赎罪之律,复父母缘坐之刑,自余篇目条纲,轻重简繁,一用梁法。(《隋书·刑法志》)

按据此,知陈律篇目律目刑名,全与梁同。梁律源出齐王植《张杜律》旧本,陈时《张杜律》本尚存。修律诸人,多非律家,不过摭拾旧注,恣其粉饰。故条文虽增于梁,而纲领则毫无出入,史称博而非要,盖确论也。(《梁律》二十卷,凡二千五百二十九条;《陈律》三十卷,盖约增三之一)

陈律专重清议

其制惟重清议禁锢之科,若缙绅之族,犯亏名教不孝及内乱者,发诏弃之,终身不齿。(《隋书·刑法志》)

按南朝诸律,率重清议,不自陈始。《隋志》梁制士人有禁锢之科,其犯清议,则终身不齿,是梁律已如是。《日知录》,宋武帝篡位,诏有犯乡论清议赃污淫盗,一皆荡涤洗除,与之更始。自后凡遇非常之恩,赦文并有此语。是宋齐以来,虽未明著律条，而犯清议者，非有赦书，皆终身禁锢，久已著为成例。《晋书·卞壸传》，小中正王式付清议，废弃终身。《陈寿传》，居父丧有疾，使婢丸药，客往见之，乡党以为贬议，坐是沈滞者累年。知此例实始于晋，亦不自刘宋始也。北朝诸律，都无此科。明洪武十五年，礼部议凡十恶奸盗诈伪干名犯义有伤风俗及犯赃至徒者，书其名于申明亭，以示惩戒。有私毁亭舍，涂抹姓名者，罪如律，盖犹有南朝重清议之遗意也。

枭首

斩周迪，传首京师，枭于朱雀桁。（《世祖纪》《周迪传》作朱雀观）

斩王琳，传首京师，枭于朱雀桁。（《宣帝纪》）

大建五年十二月壬辰朔，诏曰：古者反噬叛逆，尽族诛夷，所以藏其首级，诫之后世。比者所戮，止在一身，子胤或存，枭悬自足，不容久归武库，长比月支，恻隐之怀，有仁不忍。维熊昙朗留异陈宝应周迪邓绪等及今者王琳首，并还亲属，以弘广宥。（同上）

昙朗走入村中，村民斩之，传首京师，悬于朱雀观。于是尽收其党族，无少长皆弃市。（《熊昙朗传》）

枭于朱雀桁，夷三族。（《章昭达传》）

按梁律，谋反降叛大逆已上皆斩，父子同产男，无少长皆弃市。又云，大罪枭其首，陈盖沿梁制。

讯囚用测立法

其有赃验显然、而不款，则上测立。测立者，以土为垛，高一尺，上圆劣，容囚两足立。鞭二十笞三十，讫、著两械及杻，上垛。一上测七刻日，再上三七日。上测七日，一行鞭。凡经杖合一百五十，得度不承者，免死。（《隋书·刑法志》）

梁代旧律测囚之法，日一上起自晡鼓尽于二更，及比部郎范泉删定律令，以旧法测立时久，非人所堪，分其刻数日再上。廷尉以为新制过轻，请集八座丞郎并祭酒孔奂、行事沈洙五舍人会尚书省详议。时高宗录尚书，集众议之。都官尚书周弘正曰：未知狱所测人，有几人款，几人不款？须前责取人名及数并其罪目，然后更集。得廷尉监沈仲由列称别制已后，有寿羽儿一人坐杀寿慧、刘磊渴等八人坐偷马仗家口渡北，依法测之，限讫不款。刘道朔坐犯七改偷，依法测立，首尾二日而款。陈法满坐被使封藏阿法受钱，未及上而款。弘正议曰：凡小大之狱，必应以情正言，依准五听，验其虚实，岂可全恣考掠，以判刑罪？且测人时节，本非古制，近代已来，方有此法，起自晡鼓，迄于二更，岂是常人所能堪忍？所以重械之下，危堕之上，无人不服，诬枉者多。朝晚二时，同等刻数，准退而求，于事为衷。若谓小促前期，致实罪不伏，如复时节延长，则无愆妄款。且人之所堪，既有强弱，人之立意，固亦多途。至于贯高榜笞刺爇，身无完肤，戴就熏针，并极困笃不移，岂关时刻长短，掠测优劣？夫与杀不辜，宁失不经，罪疑惟轻，功疑惟重，斯则古之圣王,垂此明法。愚谓依范泉著制,于事为允。舍人盛权议曰:比部范泉新制,尚书周弘正明议,咸允《虞书》惟轻之旨,殷颂敷正之言。窃寻廷尉监沈仲由等列新制以后,凡有狱十一人,其所测者十人,款者唯一。愚谓染罪之囚,狱官宜明加辩析,穷考事理。若罪有可疑,自宜启审分判,幸无滥测;若罪有实验,乃可启审测立,此则枉直有分,刑宥斯理。范泉今牒述汉律云,死罪及除名罪证明白,考掠已至,而抵隐不服者,处当列上。杜预注云,处当证验明白之状,列其抵隐之意。窃寻旧制深峻,百中不款者一,新制宽优,十中不款者九,参会两文,宽猛实异,处当列上,未见厘革。愚谓宜付典法,更详处当列上之文。洙议曰:夜中测立,缓急易欺,兼用画漏,于事为允。但漏刻赊促,今古不同,《汉书律历》何承天祖冲之暅之父子漏经并自关鼓至下鼓,自晡鼓至关鼓皆十三刻,冬夏四时不异。若其日有长短,分在中时前后,今用梁末改漏下鼓之后分其短长,夏至之日各十七刻,冬至之日各十二刻。伏承命旨,刻同勒令,检一日之刻乃同,而四时之用不等,廷尉今牒,以时刻短促,致罪人不款,愚意愿去夜测之昧,从画漏之明,斟酌今古之间,参会二漏之义,舍秋冬之少刻,从夏日之长晷,不问寒暑,并依今之夏至,朝夕上测,各十七刻。比之古漏,则上多昔四刻;即用今漏,则冬至多五刻。虽冬至之时,数刻侵夜,正是少日,于事非疑,庶罪人不以漏短而为捍,狱囚无以在夜而致诬,求之鄙意,窃谓允合。众议以为宜依范泉前制。高宗曰:沈长史议得中,宜更博议。左丞宗元饶议曰:窃寻沈议,非顿异范,正是欲使四时均其刻数,兼斟酌其佳,以会优剧,即同牒请写还删定曹详改前制。高宗依事施行。(《沈洙传》)

孟春至首夏，不决死罪

天嘉元年十二月，诏曰：古者春夏二气，不决重罪，盖以阳和布泽，天秩是弘，宽网省刑，义符含育，前王所以则天象地，立法垂训者也。自今孟春，讫于夏首，罪人大辟，事已款者，宜且申停。（《世祖纪》）

行刑之日

当刑于市者，夜须明，雨须晴，晦朔八节六齐、月在张心日，并不得行刑。（《隋书·刑法志》）

刑具用锁

其髡鞭五岁刑，降死一等，锁二重；其五岁刑已下，并锁一重。（《隋书·刑法志》）

囚并著械徒，并著锁，不计阶品。（同上）

（褚）玠锁（张）次的等，具状启台。（《南史·褚裕之传》）

文阿辄弃官还武康，高祖大怒，发使往诛之。时文阿宗人沈洛为郡，请使者宽其死，即面缚锁颈，致于高祖。（《沈文阿传》）

按据此,知锁用于颈。

免官例应禁锢

时合州刺史陈裒赃污狼籍,遣使就渚敛鱼,又于六郡乞米。元饶劾奏,请依旨免裒所应复除官,其应禁锢及后选左降本资,悉依免官之法。遂可其奏。(《宗元饶传》)

止免所居官禁锢。(《张种传》)

按晋律,免官比三岁刑;又曰,犯免官禁锢三年。陈盖沿晋制。

官当

五岁四岁刑,若有官,准当二年,余并居作。其三岁刑,若有官,准当二年,余一年赎。若公坐过误,罚金。其二岁刑,有官者赎论;一岁刑,无官亦赎论。(《隋书·刑法志》)

按唐律以官当徒,分别私罪公罪。五品以上官,一官当徒二年;九品以上,一官当徒一年,公罪各加一年;较陈律为密。盖唐律源出北朝,故不同耳。

公罪

坐公事免官。(《王质传》)

以公事免侍中仆射。(《徐陵传》)

迁左民郎,以公事免。(《司马申传》)

按据此知梁陈二律,均有公罪私罪之别,与隋唐律同。

自首

其贼主帅节相,并许开恩出首,一同旷荡。(《华皎传》)

军人犯法依常科

大建六年春正月壬戌诏,将帅职司军人犯法,自依常科。(《宣帝纪》)

抗拒禁司

微服往民间淫人妻,为州所录。又率人仗抗拒,伤禁司,为有

司所奏。上大怒,下方泰狱。方泰初但承行淫,不承拒格禁司。上曰:不承则上刑。方泰乃投列承引。(《南康王方泰传》)

按窃执官仗拒战逻司,见《宋书明帝纪》,晋律本有此条,据此,知此律至陈未改也。

矫诏

光大元年,(到)师知与仲举等遣舍人殷不佞矫诏令高宗还东府,事觉,于北狱赐死。(《刘师知传》《殷不佞传》云,素以名节自立,又受委东宫,乃谋矫诏出高宗。及事发,高宗雅重不佞,特赦之,免其官而已)

按汉晋律,均有矫诏之条,梁陈律因之。唐律诈访,有诈为官文书增减,无矫诏之文,此亦与南朝不同者。

不举奏

私令左右妻女与之奸合,所作尤不轨,浸淫上闻。高宗谴责御史中丞王政,以不举奏,免政官。(《始兴王叔陵传》)

按唐律,职制有事应奏而不奏。

祝诅

叔坚不自安，稍怨望，乃为左道厌魅，以求福助。刻木为偶人，衣以道士之服，施机关，能拜跪，画夜于日月醮之，祝诅于上。其年冬，有人上书告其事，案验并实。后主召叔坚囚于西省，将杀之，其夜令近侍宣敕，数之以罪。（《长沙王叔坚传》）

按祝诅本汉律。

漏泄禁中语

琛性颇疏，坐漏泄禁中语，赐死。（《陆琛传》）

往来禁中，颇宣密旨，事泄，将伏诛。（《张种传》）

按漏泄省中语，本汉律。

受饷遗

坐妻兄刘洽依倚景历权势，受欧阳武威饷绢百匹，免官。（《蔡景历传》）

封崇德县子，拜封之日，请令史为客，受其饷遗，因坐免。（《庾

持传》)

按唐律有监临受供馈。

阿法受钱

陈法满坐被使封藏,阿法受钱,未及上而款。(《沈洙传》)

按此即唐律之枉法赃也。

不枉法受财,科同正盗

大建十一年夏五月甲寅,诏曰:旧律以枉法受财,为坐虽重,直法容贿,其制甚轻,岂不长彼贪残,生其舞弄?事涉货财,宁不尤切。今可改不枉法受财,科同正盗。(《宣帝纪》)

按六朝多赃吏,尤以北齐为最,高欢姑息,不敢惩也。宣帝深知治本,加重赃罪,其后隋文帝亦定盗一钱弃市之律,法可谓重。然陈宣隋文,皆非令主,故此风卒莫能戢。五代赃吏尤多,艺祖受命,凡犯赃皆弃市。元季贿赂公行,明祖峻刑而民风丕变,或曰是特刑乱国用重典,恐非常法。然古今言吏治者,首推两汉,文帝禁坐赃者不得为吏,安帝以后,赃吏子孙,三世禁锢,是重惩赃吏,不特汉制如是,固历代不易之成规也。

诈财

永定二年，坐妻弟刘淹诈受周宝安饷马，为御史中丞沈炯所劾。(《蔡景历传》)

按唐律有诈欺官私取财。

恐胁侵掠以劫论

永定二年三月诏，所在军人，若有恐胁侵掠者，皆以劫论。(《武帝纪》)

脱户

县民张次的王休达等，与诸猾吏贿赂通奸，全丁大户，类多隐没。玠乃锁次的等，具状启台。高宗手敕慰劳，并遣使助玠搜括，所出军民八百余户。(《褚玠传》)

按唐律户婚有脱户。

陈令

《陈令》三十卷，范泉撰。（《隋书·经籍志》《旧唐书·经籍志》、《新唐书·艺文志》作范泉等撰。《隋书·刑法志》作《令科》四十卷）

按梁律篇目，一依梁法令三十卷，疑其篇目亦仍梁三十篇之旧。《通典》有《陈官品目录》一篇，《唐六典注》亦间引陈《官品令》，其《服制令》则详于《隋书·礼仪志》，以文繁，故不录。

陈科

《陈科》三十卷，范泉撰。（《隋书·经籍志》）

陈律家

王冲

王冲字长深，弘玄孙也。累迁侍中南郡太守，习于法令，政号平理。（《南史》本传）

宗元饶

性公平,善持法,谙晓故事。(本传)

殷不害

陈殷不害,年十七,仕梁为廷尉评。不害长于故事,兼饰以儒术,名法有轻重不便者,辄上书言之,多见纳用。(《册府元龟》六百十八)

卷　五

后魏律考序

今之言旧律者，率溯源于唐律。顾唐本于隋，(《唐会要》卷三十九，武德元年诏刘文静与当朝通识之士，因隋开皇律令而损益之，至七年三月二十九日成诏颁于天下，大略以开皇为准正，凡律五百条)。隋本于北齐，(《隋书·刑法志》云，多采后齐之制，而颇有损益)。此征之律目之相同，而可知也。盖自晋氏失驭，天下分为南北，江左相承，沿用晋律，(《南齐书·孔稚圭传》)梁陈虽各定新律，而享国日浅，祸乱相仍；又当时习尚重黄老，轻名法，汉代综核名实之风，于斯尽矣。拓跋氏乘五胡之扰，跨据中原，太祖世祖高宗高祖世宗凡五次改定律令。孝文用夏变俗，其于律令，至躬自下笔，凡有疑义，亲临决之，后世称焉。是故自晋氏而后，律分南北二支：南朝之律，至陈并于隋，而其祀遽斩；北朝则自魏及唐，统系相承，迄于明清，犹守旧制。如流徒之列刑名，死罪之分斩绞及十恶入律，此皆与南朝异者。然则唐宋以来相沿之律，皆属北系，而寻流溯源，又当以元魏之律为北系诸律之嚆矢。考元魏大率承用汉律，不尽袭魏晋之制，严不道之诛，重诬罔之辟，断狱报重，常竟季冬，则李彪以为言，诸有疑狱，以经义量决，略如汉之《春秋》决狱，江左无是也。是曷以故？盖世祖定律，实出于崔浩、高允之手。崔浩长于汉律，常为《汉律》作序(《史记索隐》引)，高允史称其尤好《春秋公羊》，盖治汉董仲舒、应劭《公羊》决狱之学者。而其后律学,又代有名家。太和中改定律令,君臣聚议一堂,考订之勤,古今无与伦比,较之南朝沈约、范云、徐陵诸人,假清谈词藻,以润色鸿业者,其优劣为何如也。《隋书·经籍志》有《后魏》律二十卷,李林甫注《唐六典》,于《后魏律》已不能举其篇目,则至唐已佚。顾魏世著述,传世者稀,今可考者,惟魏收一书,而收书于《刑罚志》,又不列魏诸律篇目,沿革增损,遂无可考。今仍以收书为主,分别考证,厘为上下二卷,以备一朝掌故。魏初承丧乱之遗,立制颇为严峻,然自高祖改律,死刑止于三等,永绝门诛,慈祥恺恻,有逾文景。中叶以后,至禁止屠杀含孕,以为永制,仁及禽兽,又敻焉远矣。

一九二一年辛酉春三月闽县程树德序

后魏律考目录

后魏律考

上

魏数次改定律令(附定律诸人)

魏初礼俗纯朴,刑禁疏简,宣帝南迁,复置四部大人,坐王庭,决辞讼,以言语约束,刻契记事,无囹圄考讯之法。诸犯罪者,皆临时决遣。神元因循,亡所革易。穆帝时,刘聪石勒倾覆晋室,帝将平其乱,乃峻刑法,每以军令从事。民乘宽政,多以违命得罪,死者以万计,于是国落骚骇。平文承业,绥集离散。昭成建国二年,当死者听其家献金马以赎,犯大逆者亲族男女无少长皆斩,男女不以礼交皆死,民相杀者,听与死家马牛四十九头及送葬器物以平之,无系讯连逮之坐。盗官物一备五,私则备十,法令明白,百姓晏然。(《刑罚志》)

太祖既定中原,患前代刑网峻密,乃命三公郎王德除其法之酷切于民者,约定科令,大崇简易。(同上《通典》一百六十四,道武既平定中原,患旧制太峻,命三公郎王德,除其酷法,约定科令)

天兴元年十有一月,诏三公郎中王德定律令,申科禁,吏部尚书崔玄伯总而裁之。(《太祖纪》)

会有司制官爵撰，朝仪，协音乐，定律令，申科禁，玄伯总而裁之，以为永式。(《崔玄伯传》)

渊明解制度，多识旧事，与尚书崔玄伯参定朝仪律令。(《邓渊传》)

世祖即位，以刑禁重，神䴥中，诏司徒崔浩定律令，除五岁四岁刑，增一年刑，分大辟为二：科死斩死入绞，大逆不道腰斩，诛其同籍。年十四已下腐刑，女子没县官。害其亲者，轘之。为蛊毒者，男女皆斩而焚其家。巫蛊者，负羖羊抱犬沉诸渊。当刑者赎，贫则加鞭二百。畿内民富者烧炭于山，贫者役于圊溷，女子入舂稾。其固疾不逮于人，守苑囿。王官阶九品，得以官爵除刑。妇人当刑而孕，产后百日乃决。年十四已下，降刑之半；八十及九岁，非杀人不坐，拷讯不逾四十九。论刑者，部主具状，公车鞫辞，而三都决之。当死者，部案奏闻，以死不可复生，惧监官不能平，狱成皆呈，帝亲临无异辞，怨言乃绝之。诸州国之大辟，皆先谳报乃施行。(《刑罚志》)

神䴥四年冬十月戊寅，诏司徒崔浩改定律令。(《世祖纪》)

太武帝始命崔浩定刑名，于汉魏以来律，除髡钳五岁四岁刑，增二岁刑，大辟有轘腰斩殊死弃市四等，凡三百九十条，门房诛四条，大辟一百四十条，五刑二百三十一条，始置枷拘罪人。(《唐六典注》)

初盗律赃四十匹致大辟，民多慢政，峻其法，赃三匹皆死。正平元年诏曰：刑网太密，犯者更众，朕甚愍之，其详案律令，务求厥中，有不便于民者增损之。于是游雅与中书侍郎胡方回等改定律制，盗律复旧，加故纵通情止舍之法及他罪凡三百九十一条，门诛四，大辟一百四十五，刑二百二十一条。(《刑罚志》)

正平元年六月，诏曰：夫刑网太密，犯者更众，朕甚愍之。有司其案律令，务求厥中，自余有不便于民者，依比增损。诏太子少傅

游雅、中书侍郎胡方回等改定律制。(《世祖纪》)

正平初又令胡方回游雅更定律制,凡三百七十条,门房诛四,大辟百四十五,刑二百二十一。(《通典》一百六十七)

受诏与中书侍郎胡方回等,改定律制。(《游雅传》)

又诏允与侍郎公孙质李虚胡方回共定律令。(《高允传》)

高宗初仍遵旧式,又增律七十九章,门房之诛十有三,大辟三十五,刑六十二。(《刑罚志》)

文成时又增律条章。(《唐六典注》)

高祖驭宇,留心刑法。先是以律令不具,奸吏用法,致有轻重,诏中书令高闾集中秘官等修改旧文,随例增减。又敕群官参议厥衷,经御刊定,五年冬讫,凡八百三十二章,门房之诛十有六,大辟之罪二百三十五,刑三百七十七,除群行剽劫首谋门诛,律重者止枭首。(《刑罚志》　又见《通典》一百六十四　《唐六典注》作八百三十三章,与《魏书》异)

太和元年九月乙酉,诏群臣定律令于太华殿。(《高祖纪》)

十一年(太和)春诏曰:三千之罪,莫大于不孝,而律不逊父母,罪止髡刑,于理未衷,可更详改。又诏曰:前命公卿论定刑典,而门房之诛,犹在律策,违失《周书》父子异罪,推古求情,意甚无取,可更议之,删除繁酷。秋八月诏曰:律文刑限三年,便入极默,坐无大半之校,罪有死生之殊,可详案律条,诸有此类,更一刊定。冬十月复诏公卿令参议之。(《刑罚志》)

太和十五年五月己亥,议改律令于东明观。秋八月丁巳,议律令事。(《高祖纪》)

太和十六年四月丁亥,班新律令,大赦天下。五月癸未,诏群

臣于皇信堂更定律条流徒限制,帝亲临决之。(同上)

太和十七年二月乙酉,诏赐议律令之官各有差。(同上)

及议礼仪律令,润饰辞旨,刊定轻重,高祖虽自下笔,无不访决焉。(《李冲传》)

按魏律系孝文自下笔,此前古未有之例。

封琳字彦宝,高祖初,拜中书侍郎与侍中南平王冯诞等议定律令。(《封懿传》)

源贺弟思礼,后赐名怀谦,迁尚书令,参议律令。(《源贺传》)

高绰、太和十五年拜奉朝请,又诏参议律令。(《高允传》)

又参定律令,屡进谠言。(《游明根传》)

由是高祖识待之,后与游明根高闾李冲入议律令。(《高遵传》)

臣学陋全经,识蔽篆素,然往年删定律令,谬预议筵。(《郑懿传》)

以昔参定律令之勤,赐帛五百匹、粟五百石、马一匹。(《高祐传》)

以参议律令之勤,赐帛五百匹、马一匹、牛二头。(《李彪传》)

以参议律令,赐布帛八百匹、谷八百石、马牛各二,尚书李冲甚重之。(《崔挺传》)

世宗即位,意在宽政。正始元年冬诏曰,议狱定律:有国攸慎,轻重损益,世或不同。先朝垂心典宪,刊革令轨,但时属征役,未之详究,施于时用,犹致疑舛。尚书门下可于中书外省论律令,诸有疑事,斟酌新旧,更加思理,增减上下,必令周备,随有所立,别以申闻。庶于循变协时,永作通制。(《刑罚志》)

正始元年十二月己卯,诏群臣议定律令。(《世宗纪》)

宣武正始元年十二月己卯,诏群臣议定律令。时尚书殿中郎袁翻、门下录事常景孙绍、廷尉监张彪、律博士侯坚固、治书侍御史高绰、前军将军邢苗、奉车都尉程灵虬、羽林监王元龟、尚书郎祖莹宋世景、员外郎李琰之、大乐令公孙崇等,并在议限。(《册府元龟》)

又诏太师彭城王勰、司州牧高阳王雍、中书监京兆王愉、青州刺史刘芳、左卫将军元丽、兼将作大匠李韶、国子祭酒郑道昭、廷尉少卿王显等,入豫其事。(《北史·袁翻传》)

景、永昌河内人也。繁学博通,知名海内。太和十九年,为高祖所器,拔为律学博士,刑法疑狱,多访于景。正始初,诏刊律令,永作通式,敕景共治书侍御史高僧裕、羽林监王元龟、尚书郎祖莹、员外散骑侍郎李琰之等,撰集其事。又诏太师彭城王勰,青州刺史刘芳入预其议。景讨正科条,商榷古今,甚有伦序,见行于世,今律二十篇是也。(《洛阳伽蓝记》)

正始初诏尚书门下于金墉中书外省,考论律令,敕景参议。(《常景传》)

与常景等共修律令。(《孙绍传》)

议定律令,勰与高阳王雍八座朝士有才学者,五日一集,参论轨制应否之宜。(《彭城王勰传》)

久之,起兼将作大匠,敕参定朝仪律令。(《李韶传》)

还朝,议定律令,芳斟酌古今,为大议之主,其中损益,多芳意也。(《刘芳传》)

时议定新令,诏祚与侍中黄门参议。(《北史·郭祚传》)

先是太常刘芳与景等撰朝令,未及班行,别典仪注,多所草创,未成,芳卒,景纂成其事。及世宗崩,召景赴京,还修仪注。又敕撰

太和之后朝仪已施行者,凡五十余卷。(《常景传》)

先帝时律令并议,律寻施行,令独不出,十余年矣。然修令之人,亦皆博古,依古撰置,大体可观,比之前令,精粗有在。但主议之家,太用古制,若令依古,高祖之法,复须升降,谁敢措意有是非哉?以是争故,久废不理。然律令相须,不可偏用,今律班令止,于事甚滞。若令不班,是无典法,臣下执事,何依而行?(《孙绍传》)

延昌二年春,尚书邢峦奏,窃王公已下,或析体宸极,或著勋当时,咸胙土授民,维城王室。至于五等之爵,亦以功锡,虽爵秩有异,而号拟河山,得之至难,失之永坠,刑典既同,名复殊绝,请议所宜,附为永制。诏议律制,与八座门下参论,皆以为官人若罪本除名,以职当刑,犹有余资,复降阶而叙。至于五等封爵,除刑若尽,永即甄削,便同之除名,于例实爽。愚谓自王公已下有封邑,罪除名三年之后,宜各降本爵一等,王及郡公,降为县公,公为侯,侯为伯,伯为子,子为男,至于县男,则降为乡男;五等爵者,亦依此而降,至于散男。其乡男无可降授者,三年之后,听依其本品之资出身。诏从之。(《刑罚志》)

魏律篇目

刑名律

法例律(《刑罚志》引 《通典》一百六十七引)

按《唐律疏义》云,晋于魏刑名律中,分为法例律,宋齐梁陈及后魏因而不改。是后魏仍分刑名、法例为二也。

宫卫律

按《唐律疏义》云，卫禁律者，秦汉及魏未有此篇，晋太宰贾充等酌汉魏之律，随事增损，创制此篇，名为宫卫律。自宋洎于后周，此名并无所改，是后魏亦有此篇目也。

违制律(《礼志》引 《通典》一百引)

按《唐律疏义》云，职制律者，起自于晋，名为违制律，爰至高齐，此名不改。

户律

按《唐律疏义》云，迄至后周，皆名户律，是后魏亦名户律也。

厩牧律

按《唐律疏义》云，后魏太和年名牧产律，至正始年复名厩牧律。

擅兴律

按《唐律疏义》云,魏以擅事附之,名为擅兴律。晋复去擅为兴。又至高齐,改名兴擅律。据此,是后魏原有此篇目。考《唐六典》注引晋律十三擅兴,不曰兴律,与《疏义》异。《隋志》引北齐律,四曰擅兴;后周律,八曰兴缮;不曰兴擅,与《疏义》亦异。然魏宋北齐均作擅兴,则后魏当仍擅兴之名也。

贼律(《刑罚志》引 《通典》一百六十七引)
盗律(《刑罚志》引 《通典》一百六十四引)

按《唐律疏义》云,自秦汉逮至后魏,皆名贼律、盗律。

斗律(《刑罚志》引 《通典》一百六十七引)

按《唐律疏义》云,后魏太和年分系讯律为斗律,是魏初尚无此篇目也。

系讯律(详见上条)
诈伪律(《裴植传》引)

按《唐律疏义》云,诈伪律者,魏分贼律为之,历代相因,迄今不改。

杂律

按《唐律疏义》云，李悝首制法经，而有杂法之目，递相祖述，多历年所。然至后周，更名杂犯律，是后周以前，均名杂律也。

捕亡律

按《唐律疏义》云，至后魏名捕亡律；盖合晋律之捕律毁亡为一篇。

断狱律

按《唐律疏义》云，魏分李悝囚法而出此篇，至北齐与捕律相合，更名捕断律。是后魏仍沿断狱之名也。

按断律凡数更改，史失篇目，考《隋志》《后魏律》二十卷，则当有二十篇。(《隋志》、《北齐律》十二卷，《周律》二十五卷，均以篇目为卷，故知《后魏律》应有二十篇)。兹从《魏书》及《通典》考得者凡六篇；从《唐律疏义》考得者，凡九篇，仅得十五篇。考晋律、后周律、梁律均有请赇、告劾、关市、水火篇目，(梁律请赇作受赇，后周律作请求，告劾作告言，关市作关津)，似亦魏律所应有。南朝诸律，不立婚姻篇目，后周户律之外，别有婚姻律，北齐作婚户，似后魏律原有婚姻一篇，周仍其旧，齐则合为婚户也。姑列之以存疑。

又按《刑罚志》有赦律何以取信于天下，天下焉得不疑于赦律乎二语。沈氏《律令考》因谓魏律应有赦律篇目。细绎《魏志》语意，系指名例律中赦书条项，且自汉及唐，亦未闻有以赦为篇目者。《晋书》屡称礼律，然晋律篇目现存，并无所谓礼律也。姑存其说而纠正其谬误于上。

魏律佚文

居三年之丧而冒哀求仕，五岁刑。（《礼志》四之四，引违制律）

延昌二年春，偏将军乙龙虎丧父，给假二十七月，而虎并数闰月，诣府求上领军，元珍上言案违制律居三年之丧而冒哀求仕五岁刑，龙虎未尽二十七月而请宿卫，依律结刑五岁。（《礼志》）

赃四十匹，致大辟。（《刑罚志》引盗律　又见《通典》一百六十四）

初盗律赃四十匹致大辟，民多慢政，峻其法，赃三匹，皆死。（《刑罚志》）

枉法十匹，义赃二百。（《通典》作二十，《志》疑误）匹大辟。（《刑罚志》引律，又见《通典》一百六十四）

律枉法十匹，义赃二百（当作十）匹，大辟。至（太和）八年始班禄制，更定义赃一匹，枉法无多少皆死。（《刑罚志》）

按《高祖纪》，太和八年六月诏曰：《周礼》有食禄之典，二汉著受俸之秩，自中原丧乱，兹制中绝，先朝因循，未遑厘改。朕宪章旧典，始班俸禄，禄行之后，赃满一匹者死。是此律至太和时已改也。

不逊父母,罪止髡刑。(《刑罚志》引律)

五等列爵及在官品令从第五,以阶当刑二岁,免官者三载之后听仕,降先阶一等。(《刑罚志》引法例律)

掠人、掠卖人、和卖人为奴婢者死。(《刑罚志》引盗律)

谋杀人而发觉者流,从者五岁刑。已伤及杀而还苏者死,从者流。已杀者斩,从而加功者死,不加者流。(《刑罚志》引贼律)

知人掠盗之物而故买者,以随从论。(《刑罚志》引律)

诸共犯罪,皆以发意为首。(《刑罚志》引律)

卖子一岁刑,五服内亲属在尊长者死,卖周亲及妾与子妇者流。(《通典》一百六十七引律)

三年,尚书李平奏,冀州阜城民费羊皮,母亡家贫,无以葬,卖七岁子与同城人张迴为婢。迴转卖于鄃县民梁定之而不言良状。案盗律,掠人、掠卖人和卖人为奴婢者死。迴故买羊皮女,谋以转卖,依律处绞刑。诏曰:律称和卖人者,谓两人诈取他财,今羊皮卖女,告迴称良;张迴利贱,知良公买,诚于律俱乖,而两各非诈。此女虽父卖为婢,体本是良,迴转卖之日,应有迟疑;而卖者既以有罪,买者不得不坐。但卖者以天性难夺,支属易遗,尊卑不同,故罪有异。买者知良故买,又于彼无亲,若买同卖者,即理不可。何者,卖五服内亲属在尊长者死,此亦非掠从,其真买暨于致罪,刑死大殊,明知买者之坐自应一例,不得全如钧议云买者之罪,不过卖者之咎也。且买者于彼无天性支属之义,何故得有差等之理?又案别条,知人掠盗之物而故买者,以随从论。依此律文,知人掠良,从其宜买，罪止于流。然其亲属相卖，坐殊凡掠。至于买者，亦宜不等，若处同流坐，于法为深，准律斟降，合刑五岁。至如买者，知是良人，决便真卖，不语前人得之由绪，前人谓真奴婢，更或转卖，因此流洞，罔知所在。家人追赎，求访无处，永沈贱隶，无复良期，案其罪状，与掠无异。且法严而奸易息，政宽而民多犯，水火之喻，先典明文，今谓买人亲属，而复决卖，不告前人良状由绪，处同掠罪。

太保高阳王雍议曰　州处张回，专引盗律，检回所犯，本非和掠，保证明然，去盗远矣。今引以盗律之条，处以和掠之罪，原情究律，实为乖当。如臣钧之议，知买掠良人者，本无罪文。何以言之，群盗强盗，无首从皆同，和掠之罪，故应不异，明此自无正条，引类以结罪。臣(崔)鸿以转卖流漂，罪与掠等，可谓罪人斯得。案贼律云：谋杀人而发觉者流，从者五岁刑；已伤及杀而还苏者死，从者流，已杀者斩，从而加功者死，不加者流。详沈贱之与身死，流漂之与腐骨，一存一亡，为害孰甚。然贼律、杀人者有首从之科，盗人卖买，无唱和差等，谋杀之与和掠，同是良人，应为准例，所以不引杀人减之，降从强盗之一科；纵令谋杀之与强盗，俱得为例，而似从轻，其义安在？又云：知人掠盗之物而故买者，以随从论，此明禁暴掠之原，遏奸盗之本，非谓市之于亲尊之手，而同之于盗掠之刑。窃谓五服相卖，俱是良人，所以容有差等之罪者，明去掠盗理远，故从亲疏为差级，尊卑为轻重。依律诸共犯罪皆，以发意为首，明卖买之元有由，魁末之坐宜定，若羊皮不云卖，则回无买心，则羊皮为元首，张回为从坐。首有沾刑之科，从有极默之戾，推之宪律，法刑无据。买者之罪，宜各从卖者之坐。又详臣鸿之议，有从他亲属买得良人而复真卖，不语后人由状者，处同掠罪。既一为婢，卖与不卖,俱非良人,何必以不卖为可原,转卖为难恕?张廻之愆,宜鞭一百。卖子葬亲,孝诚可美,而表赏之议未闻,刑法之科已降,恐非敦风厉俗,以德导民之谓。请免羊皮之罪,公酬卖直。诏曰:羊皮卖女葬母,孝诚可嘉,便可特原。张廻虽买之于父,不应转卖,可刑五岁。(《刑罚志》《通典》一百六十七,后魏宣武帝景明中冀州人费羌皮母亡家贫,无以葬,卖七岁女子与张廻为婢。廻转卖与梁定之而不言状。按律,掠人和卖为奴婢者死。廻故买羌皮女,谋以转卖,依律处绞刑。诏曰:律称和买人者死,谓两人诈取他财也。羌皮卖女,告廻称良,张廻利贱,知良公买,诚于律俱乖,而各非诈。然廻转卖之日,应有迟疑,而决从真卖,于情固可处绞刑。三公郎中崔鸿议曰:按律,卖子一岁刑,五服内亲属在尊长者死,卖周亲及妾与子妇者流,盖天性难夺,支属易遗,又尊卑不同,故殊以死刑。且买者于彼无天性支属,罪应一例,明知是良,决便真卖,因此流漂,家人不知,追赎无迹,永沈贱隶,按其罪状,与掠无异。太保高阳王雍议曰:检廻所买,保证明然,处以和掠,实为乖当。律云、谋杀人而发觉者流,已杀者斩,从而加功者死,不加功者流。详沈贱之与身死,流漂之与腐骨,一存一亡,为害孰甚。然贼律杀人有首从之分,盗人买卖无唱和差等,谋杀之与和掠,同是良人,应为准例。所以不引杀人减之,降从强盗之一科,纵令谋杀之与强盗,俱得为例,而以从轻,其义安在?又云,知人掠盗之物而故买者,以随从论,此明禁暴掠之源,遏奸盗之本,非谓买之于尊亲之手,而同之于盗掠之僭。窃谓五服相卖,俱是良人,所以容有差等之罪者,明去掠盗理远,故从亲疏为差级,尊卑为轻重。依律,诸共犯罪者,皆以发意为首,明买卖之先有由,魁末之坐宜定。若羌皮不云卖,则迴无买心,则羌皮为首,迴为从可也。且既一为婢,卖与不卖,俱非良人,何必以不卖为可原,转鬻为难恕?张迴之僭,宜鞭一百。卖子葬亲,诚孝可美,而表赏之议未加,刑罚之科已及,恐非敦风化之谓。诏曰:羌皮卖女葬母,孝诚可嘉,便可特原。张迴虽买之于父母,不应转卖,可刑五岁)。

狱已成及决竟,经所绾而疑有奸欺不直于法及诉冤枉者,得摄讯覆治之。(《刑罚志》引律)

其年六月,兼廷尉卿元志、监王靖等上言检除名之例。依律文狱成谓处罪案成者,寺谓犯罪迳弹,后使覆检,鞫证定刑,罪状彰露,案署分两,狱理是成,若使案虽成虽已申省事下廷尉,或寺以情状未尽,或邀驾挝鼓,或门下立疑,更付别使者,可从未成之条。其家人陈诉,信其专辞,而阻成断,便是曲遂于私,有乖公体。何者?五诈既穷,六备已立,侥幸之辈,更起异端,进求延罪于漏刻,退希不测之恩宥,辨以惑正,曲以乱直,长民奸于下,隳国法于上,窃所未安。大理正崔纂、评杨机、丞甲休律、博士刘安元以为律文狱已成及决竟,经所绾而疑有奸欺不直于法及诉冤枉者,得摄讯覆治之,检使处罪者,虽已案成,御史风弹,以痛诬伏,或拷不承引,依证而科;或有私嫌,强逼成罪,家人诉枉,辞案相背,刑宪不轻,理须讯鞫,既为公正,岂疑于私?如谓规不测之泽,抑绝讼端,则枉滞之徒,终无申理。若从其案成,便乖覆治之律,然未判经赦,及覆治理状,真伪未分,承前以来,如此例皆得复职。愚谓经奏遇赦及已覆治,得为狱成。尚书李韶奏使虽结案处上廷尉,解送至省,及家人诉枉,尚书纳辞,连解下鞫,未检遇宥者,不得为案成之狱,推之情理,谓崔纂等议为允。诏从之。(《刑罚志》)

诸逃亡赦书断限之后、不自归首者，复罪如初。（《刑罚志》引法例律）

谋反大逆，枭首。（《刑罚志》引贼律）

八十已上，八岁已下杀伤论坐者上请。（《刑罚志》引法例律）

熙平中，有冀州妖贼延陵王买负罪逃亡，赦书断限之后，不自归首。廷尉卿裴延儁上言，法例律、诸逃亡赦书断限之后，不自归首者，复罪如初。依贼律，谋反大逆处置枭首。其延陵法权等所谓月光童子刘景晖者，妖言惑众，事在赦后，（阙）合死坐正。崔纂以为景晖云能变为蛇雉，此乃傍人之言，虽杀晖为无理，恐赦晖复惑众，是以依违不敢专执。当今不讳之朝，不应行无罪之戮。景晖九岁小儿，口尚乳臭，举动云为，并不关己，月光之称，不出其口，皆奸吏无端，横生粉墨，所谓为之者巧，杀之者能。若以妖言惑众，据律应死，然更不破（阙）惑众赦令之后方显其律令之外更求其罪，赦律何以取信于天下，天下焉得不疑于赦律乎？书曰：与杀无辜，宁失有罪。又案法例律八十已上、八岁已下杀伤论坐者上请，议者谓悼耄之罪，不用此律。愚以老智如尚父，少惠如甘罗，此非常之士，可如其议。景晖愚小，自依凡律。灵太后令曰，景晖既经恩宥，何得议加横罪？可谪略阳民，余如奏。（《刑罚志》）

诸犯死罪，若祖父母父母年七十已上，无成人子孙，旁无期亲者，具状上请。流者鞭笞，留养其亲，终则从流，不在原赦之列。（《刑罚志》引法例律）

时司州表河东郡民李怜生行毒药，案以死坐。其母诉称，一身年老，更无期亲，例合上请，检籍不谬，未及判申，怜母身丧，州断三年服终后，乃行决。司徒曹参军许琰谓州判为允，主簿李玚驳曰：

案法例律，诸犯死罪，若祖父母父母年七十已上，无成人子孙旁无期亲者，具状上请，流者鞭笞，留养其亲，终则从流，不在原赦之例。检上请之言，非应府州所决。毒杀人者斩，妻子流，计其所犯，实重余宪，准之情律，所亏不浅。且怜既怀酖毒之心，谓不可参邻人任，计其母在，犹宜阖门投畀，况今死也，引以三年之礼乎？且给假殡葬，足示仁宽，今已卒哭，不合更延，可依法处斩，流其妻子，实足诫彼氓庶，肃是刑章。尚书萧宝夤奏从玚执，诏从之。（《刑罚志》）

祖父母父母忿怒，以兵刃杀子孙者，五岁刑；殴杀者，四岁刑。若心有爱憎而故杀者，各加一等。（《刑罚志》引斗律）

神龟中，兰陵公主驸马都尉刘辉，坐与河阴县民张智寿妹容妃，陈庆和妹慧猛奸乱耽惑，殴主伤胎，辉惧罪逃亡，门下处奏各入死刑。智寿庆和并以知情不加防限，处以流坐。诏曰：容妃慧猛恕死，髡鞭付宫，余如奏。尚书三公郎中崔纂执曰，伏见旨募，若获刘辉者，职人赏二阶，白民听出身进一阶，厮役免役，奴婢为良。案辉无叛逆之罪，赏同反人刘宣明之格。又寻门下处奏，以容妃慧猛与辉私奸，两情耽惑，令辉侠忿，殴主伤胎，虽律无正条，罪合极法，并处入死，其智寿等二家，配敦煌为兵，天慈广被，不即施行，虽恕其命，窃谓未可。夫律令高皇帝所以治天下，不为喜怒增减，不由亲疏改易。案斗律、祖父母父母忿怒以兵刃杀子孙者五岁刑，殴杀者四岁刑，若心有爱憎而故杀者，各加一等。虽王姬下降，贵殊常妻，然人妇之孕，不得非一夕生。永平四年，先朝旧格，诸刑流及死皆首罪制官后决，从者事必因本以求支狱，若以辉逃避，便应悬处，未有舍其首罪，而成其末愆，流死参差，或时未允。门下中禁大臣职在敷奏，昔邴吉为相，不存斗毙，而问牛喘，岂不以司别故也。案容妃等罪止于奸私，若擒之秽席，众证分明，即律科处，不越刑坐，何得同宫掖之罪，齐奚官之(阙)？案智寿口诉妹适司士曹参军罗显贵，已生二女，于其夫则他家之母。《礼》云，妇人不二夫，犹曰不二天，若私门失度，罪在于夫，衅非兄弟。昔魏晋未除五族之刑，有免子戮母之坐，何曾诤之，谓在室之女，从父母之刑，已醮之妇，从夫家之刑，斯乃不刊之令轨，古今之通议。律期亲相隐之谓凡罪，况奸私之丑，岂得以同气相证、论刑过其所犯，语情又乖律宪。案律、奸罪无相缘之坐，不可借辉之忿，加兄弟之刑。夫刑人于市，与众弃之，爵人于朝，与众共之，明不私于天下，无欺于耳目，何得以非正刑书，施行四海？刑名一失，驷马不追。既有诏旨，依即行下，非律之案，理宜更请。尚书元修议，以为昔哀姜悖礼于鲁，齐侯取而杀之，《春秋》所讥；又夏姬罪滥于陈国，但责徵舒而不非父母，明妇人外成犯礼之愆，无关本属，况出适之妹，衅及兄弟乎？右仆射游肇奏言，臣等谬参枢辖，献替是司，门下出纳，谟明常则，至于无良犯法，职有司存，劾罪结案，本非其事。容犯等奸状，罪止于刑，并处极法，准律未当，出适之女，坐及其兄，推据典宪，理实为猛。又辉虽逃刑，罪非孥戮，募同大逆，亦谓加重，乖律之案，理宜陈请，乞付有司，重更详议。诏曰：辉悖法者之罪不可纵，厚赏悬募，必望擒获。容妃慧猛与辉私乱，因此耽惑，主致非常，此而不诛，将何惩肃？且已醮之女，不应坐及昆弟，但智寿庆和知妹奸情，初不防御，招引刘辉，共成淫丑，败风秽化，理深其罚。特敕门下结狱，不拘恒司，岂得一同常例，以为通准？且古有诏狱，宁复一归大理？而尚书治本，纳言所属，弗究悖理之深浅，不详损化之多少，违彼义途，苟存执宪，殊乖任寄，深合罪责。崔纂可免郎，都坐尚书，悉夺禄一时。(《刑罚志》)

公私劫盗流刑。(《刑罚志》引律)

谋反之家,其子孙虽养他族,追还就戮。其为劫贼应诛者,兄弟子侄在远道,隔关津,皆不坐。(《源贺传》引律)

诸告事不实以其罪罪之。(《韩熙传》引律)

临军征讨,而故留不赴者,死。军还先归者,流。(《崔亮传》引律)

李平部分诸军将,水陆兼进。亮违平节度,以疾请还,随表而发。平表曰:按律,临军征讨而故留不赴者,死;又云,军还先归者,流。军罢先远,尚有流坐,况亮被符令,停委弃而反?失乘胜之机,阙水陆之会,缘情据理,咎深故留。今处亮死。(《崔亮传》)

在边合率部众不满百人以下斩。(《裴植传》引律)

诈称制者死。(《裴植传》引诈伪律)

造谤书者,皆及孥戮。(《陈奇传》引律)

子孙告父母、祖父母者死。(《窦瑗传》引律)

邂逅不坐。(《侯刚传》引律)

后刚坐掠杀试射羽林,为御史中尉元匡所弹,廷尉处刚大辟,尚书令任城王澄为之言于灵太后,侯刚历仕前朝,事有可取,纤芥之疵,未宜便致于法。灵太后乃引见廷尉卿裴延儁、少卿袁翻于宣光殿,问曰:刚因公事掠人,邂逅致死,律文不坐,卿处其大辟,竟何所依?翻对曰:按律邂逅不坐者,情理已露,而隐避不引,必须箠挞,取其款言,谓挞挞以理之类。至于此人,问则具首,正宜依犯结案,不应横加箠朴。兼刚口唱打杀,挝筑非理,本有杀心,事非邂逅,处之大辟,未乖宪典。(《侯刚传》)

惑众。(《清河王怿传》引律　怿表谏曰,臣闻律深惑众之科)

对捍诏使,无人臣之礼,大不敬者死。(《北史·宋繇传》引律)

造谤书皆及孥戮。(《北史·儒林传》引律)

缘坐配没为工乐杂户者,皆用赤纸为籍,其卷以铅为轴。(《左传》襄二十三年疏,引魏律　又见《揽茝微言》)

魏刑名

按后魏刑名,《魏书刑罚志》不载,惟《志》于世祖高祖定律,屡称五刑若干,是后魏刑名,原分五等。据《世宗纪》正始元年六月,录京师见囚殊死已下,皆减一等,鞭杖之坐,悉皆原之。《孝庄纪》建义二年四月,曲赦畿内死罪至流人减一等,徒刑以下悉免。《高闾传》,自鞭杖已上至于死罪,皆谓之刑。是后魏刑名,以流徒次死刑之下,又以鞭杖次流徒之下。考《隋志》,北齐刑名有五,一曰死,二曰流刑,三曰刑罪,即耐罪,四曰鞭,五曰杖。后周刑名,一曰杖刑五,二曰鞭刑五,三曰徒刑五,四曰流刑五,五曰死刑五。周齐刑制,大抵本后魏之制而增损之,则后魏刑名为死流徒鞭杖之五,益无可疑云。

死刑

按《魏书刑罚志》,神䴥中,崔浩定律,分大辟为二,科死斩死,入绞,大逆不道腰斩,害其亲者轘之。是死刑原分四等。(《唐六典注》,崔浩定刑名,大辟有轘、腰斩、殊死、弃市四等)。高祖太和三年,改律重者止枭首。据《高祖纪》,太和元年秋七月,定三等死刑。所谓三等者,盖即枭首斩绞。《隋志》载北齐死刑,重者轘之,其次枭首,次斩刑,殊身首,次绞刑,死而不殊。北周死刑亦有绞斩枭首,皆沿魏制。盖后魏死刑,世祖时分四等,高祖时分三等,世宗改律,于死刑史无明文。然据《刘凯传》,天平中凯遂遣奴害公主,乃轘凯于东市,妻枭首,事在世宗定律以后,是轘刑仍未尽废。惟腰斩之制,传不经见,意者自高祖改律而后,遂不再用此制欤。(《刑罚志》,太和元年司徒元丕等奏,大逆及贼各弃市袒斩,此即大逆不用腰斩之明证)

轘

生擒(赵)准,诏以(仇)儒肉食准,传送京师,轘之于市,夷其族。(《长孙肥传》)

按据此,知太祖已用轘刑,盖袭慕容垂之制。

时雁门人有害母者,八座奏轘之而潴其室。(《邢虬传》)

枭首

又疎凡不达律令,见律有枭首之罪,乃生断兵手,以水浇之,然后斩决。(《宋弁传》)

枭斩首恶,余从疑赦。(《王睿传》)

祉便斩队副杨明达枭首路侧。(《羊祉传》)

斩

州表斩盗马人,于律过重。(《赵郡王干传》)

世祖知为斤(建子)所诬,遣宜阳公伏树覆按虚实,得数十事,遂斩斤以徇。(《王建传》)

绞

以不道处死,绞刑。(《定安王传》)

就市绞刑。(《奚康生传》)

处康生斩刑,难处绞刑。(同上)

故事,斩者皆裸形伏质,(按此本汉制,详《汉律考》)入死者绞,虽有律未之行也。太和元年诏曰,刑法所以禁暴息奸,绝其命,不在裸形,其参详旧典,务从宽仁。司徒元丕等奏言,圣心垂仁恕之惠,使受戮者免裸骸之耻,普天盛德,莫不幸甚。臣等谨议,大逆及贼各弃市袒斩,盗及吏受赇各绞刑,踣诸甸师。又诏曰:今犯法至死,同入斩刑,去衣裸体,男女媟见,岂齐之以法,示之以礼者也。今具为之制。(《刑罚志》)

流刑

有司以孚事下廷尉,处孚流罪。(《太武五王列传》)

自今以后,犯罪不问轻重,而藏窜者悉远流。(《源贺传》)

高祖诏特恕其父死罪,以从远流。(《长孙虑传》)

恕死从流。(《奚康生传》)

按《隋志》,北齐流刑鞭笞各一百,髡之投于边裔。后周流刑五,亦各加鞭笞。后魏流刑,有无附加鞭笞,史无明文。据《刘辉传》,兄弟皆从鞭刑,徙配敦煌为兵。《赵修传》,修虽小人，承侍在昔，极辟之奏，欲加未忍，可鞭之一百，徙敦煌为兵。《薛野睹传》，张攀及子僧保，鞭一百，配敦煌。是流徙例应加鞭。《刑罚志》引法例律，诸犯死罪，若祖父母父母年七十以上、无成人子孙旁无期亲者，具状上请，流者鞭笞，留养其亲云云，是处流者例加鞭笞，惟留养其亲者，免其远流，故仅与鞭笞也。《李崇传》，定州流人解庆宾兄弟，坐事俱徙扬州，弟思安背役亡归，庆宾惧，后役追责，乃认城外死尸，诈称其弟为人所杀；又有女巫杨氏自云见鬼，说思安被害之苦，数日之间，思安为人缚送，崇召女巫视之，鞭笞一百。疑后魏流刑未有道里之差，加鞭笞各一百，与北齐同。

徒刑

按徒刑亦称年刑，《刑罚志》引狱官令诸犯年刑以上是也。魏凡数次改定律令，其刑名亦必时有更改，今不可考。

天锡元年五月，置山东诸冶，发州郡徒谪，造甲兵。（《太祖纪》）

按据此，知道武帝时已有徒刑也。

太和十六年五月癸未，诏群臣于皇信堂更定律条流徒限制，帝亲临决之。（《高祖纪》）

按据此，知高祖改律，其刑名仍沿流徒之称也。

不实不忠，实合贬黜，谨依律科徒。（《甄琛传》）

按《隋志》、北齐耐罪有五岁四岁三岁二岁一岁之差，凡五等，各加鞭一百，其五岁以下，又加笞。惟一岁无笞，皆不髡。后周徒刑五，自一年至五年，亦各加鞭笞。后魏徒刑有无加髡与鞭笞，无考据。《李䜣传》，应死，以纠李敷兄弟，故得降免百鞭髡刑，配为厮役，是魏徒刑必加髡，如晋律髡钳五岁刑笞二百之例，且又例应加鞭也。《刘辉传》，初辉又私淫张陈二氏女，公主遂与辉复致忿争，辉推主堕床，主遂伤胎。灵太后召清河王怿决其事，二家女髡笞付宫，是髡刑又得加笞也。然其鞭与笞之数，则皆不可考。

又案《刑罚志》，神䴥中，除五岁四岁刑，增一年刑，是世祖定律，徒刑仅三等。然据《杨椿传》，有依律处刑五岁之文，事在世宗改律以后，是徒刑仍用五等之制也。

五岁刑

在州，为廷尉奏椿前为太仆卿日，招引细人，盗种牧田三百四十顷，依律处刑五岁。尚书邢峦据正，始别格奏椿罪应除名为庶人，注籍盗门同籍合门不仕。世宗以新律既班，不宜杂用旧制，诏依寺断听，以赎论。（《杨椿传》）

按据此，知后魏徒刑许赎。《刑罚志》，世祖定律，当刑者赎。考北齐后周五刑均许赎罪，魏制当同，不独徒刑也。《隋志》，赎罪旧以金，北齐代以中绢，是魏赎罪仍用金，惟斤两之数则不可考。（孔颖达《尚书正义》，汉及后魏赎罪皆用黄金，后魏以金难得，合金一两，收绢十匹）

四岁刑。

三岁刑。

尚书仆射李冲，奏祐散逸淮徐，无事稽命，处刑三岁，以赎论。（《高祐传》）

二岁刑。

一岁刑。

鞭刑

龙虎罪亦不合刑，忽忽之失，宜科鞭五十。（《礼志》）

时有南方沙门惠度，以事被责，未几暴亡，芳因缘闻知，文明太后召入禁中，鞭之一百。（《刘芳传》）

雍表请王公以下贱妾，悉不听用织成锦绣金玉珠玑，违者以违旨论。奴婢悉不得衣绫绮缬，止于缦缯而已；奴则布服，并不得以金银为钗带，犯者鞭一百。太后从之而不能久行也。（《高阳王雍传》）

沛郡太守邵安、下邳太守张攀，咸以贪惏获罪，各遣子弟诣阙，告刺史（薛）虎子纵民通贼，妄称无端，安宜赐死，攀及子僧保鞭一百，配敦煌；安息他生鞭一百，可集州官兵民，宣告行决。（《薛野睹传》）

按《隋志》，载北齐鞭有一百、八十、六十、五十、四十五等，后周鞭刑五自六十至于百，魏鞭刑等无考。据《高阳王雍》《薛野睹》《刘芳》诸传及《礼志》可考者，仅一百五十两种，疑制当与北齐同。神䴥中，诏当刑者赎，贫则加鞭二百，此因贫不能赎乃加鞭，非常例。（《北史·尉古真传》皮子贱坐决鞭二百）

又按鞭者鞭背。《甄琛传》，赵修小人，背如土牛，殊耐鞭杖是也。魏时刑罚滥酷，鞭杖之数，虽有定律，而科处者率意为轻重。赵修传，是日修诣领军旨决百鞭，其实三百。修素肥壮，腰背博硕，堪忍楚毒，了不转动。鞭讫，即召驿马促之，令发出城西门，不自胜，举缚置鞍中急驱驰之。其母妻追随，不得与语，行八十里，乃死。名决百鞭，而实三百，其酷如此。

杖刑

魏初法严，朝士多见杖罚。（《高允传》）

干悠然不以为意，彪乃表弹之，高祖省之忿惋，乃亲数其过，杖之一百，免所居官，以王还第。（《赵郡王干传》）

高宗以建贪暴懦弱，遣使就州，罚杖五十。（《陈建传》）

初寿兴为中庶子时，王显在东宫贱，因公事，寿兴杖之三十。（《昭成子孙列传》）

彝敷政陇右，多所制立，诸有罪咎者，随其轻重，谪为土木之功，无复鞭杖之罚。（《张彝传》）

县令有罪，遂自杖三十。（《北史·长孙俭传》）

按《隋志》，载北齐杖有三十、二十、十三等。后周杖刑五，自十至五十。今以《魏书》考之，杖有至五十或一百者，如《陈建》及《赵郡王干传》，然皆出于特旨，殆非常例。据《任城王传》,请取诸职人及司州郡县犯十杖已上、百鞭已下收赎之物绢一匹、输砖二百,以渐修造,诏从之。太傅清河王怿表奏其事,遂寝不行。所云十杖已上、百鞭已下,其制殆与北齐同。《刑罚志》载理官鞫囚,杖限五十,此则讯囚之杖,限于五十,又不在杖刑之数也。

魏五族、三族、门诛之制

太平真君五年正年诏曰:今制自王公已下,至于卿士,其子息皆诣大学;其百工伎巧,驺[1]卒子息,当习其父兄所业,不听私立学校。违者师身死,主人门诛。(《世祖纪》)

延兴四年六月诏曰:朕应历数开一之期,属千载光熙之运,虽仰严诲,犹惧德化不宽,至有门房之诛。然下民凶戾,不顾亲戚,一人为恶,殃及合门。朕为民父母,深所愍悼。自今以后,非谋反大逆,干纪外奔,罪止其身而已。(《高祖纪》)

延兴四年诏,自非大逆干纪者,皆止其身,罢门房之诛。自狱付中书覆案后,颇上下法,遂罢之。(《刑罚志》)

太和五年诏曰,法秀妖诈乱常,妄说符瑞;兰台御史张求等一百余人,招结奴隶,谋为大逆,有司科以族诛,诚合刑宪。且矜愚重命,犹所弗忍,其五族者降止同祖,三族止一门,门诛止身。(《高祖纪》)

太祖平中山,收议害觚者傅高霸程同等,皆夷五族,以大刃剉

① 驺(zōu):驺从,侍从。

杀之。(《昭成子孙列传》)

按据此知五族之制,始于太祖也。

敕允为诏,自(崔)浩已下僮吏已上百二十八人,皆夷五族。(《高允传》)

以臣赤心惓惓之见,宜枭诸两观,洿其庐舍,腾合斮棺析骸,沈其五族。(《韩熙传》)

共为飞书,诬谤朝政,事发,有司执宪,刑及五族。高祖以昭太后故,罪止一门。(《闾毗传》)

高宗立,诛爱周等,皆具五刑,夷三族。(《宗爱传》)

隆超与元业等兄弟,并以谋逆伏诛,有司奏处孥戮。诏以丕应连坐,但以先许不死之诏,听免死,仍为太原百姓。(《神元平文诸帝子孙列传》)

搜嵩家,果得谶书,洁与南康公秋邻及嵩等,皆夷三族。(《北史·刘洁传》)

魏宫刑

霸年幼见执,因被宫刑。(《段霸传》)

二家女髡笞付宫。(《刘辉传》)

父雅州秀才,与沙门法秀谋反,伏诛,季坐腐刑。(《平季传》)

宗之被执入京,充腐刑。(《张宗之传》)

太和中，坐事腐刑。（《贾粲传》）

其家坐事幼下蚕室。（《王质传》）

按魏宫刑多用于谋反大逆之子孙，盖绝其后裔，较门诛为减等。

西魏文帝大统十三年二月，诏自今应宫刑者，直没官，勿刑。（《册府元龟》）

魏恕死徙边之制

真君五年，命恭宗总百揆监国，少傅游雅上疏曰：帝王之于罪人，非怒而诛之，欲其徙善而惩恶，谪徙之苦，其惩亦深，自非大逆正刑，皆可从徙。虽举家投远，忻喜赴路，力役终身，不敢言苦。且远流分离，心或思善，如此奸邪可息，边陲足备。恭宗善其言，然未之行。（《刑罚志》）

高宗和平末，冀州刺史源贺上言，自非大逆手杀人者，请原其命，谪守边戍。诏从之。（同上）

臣愚以为自非大逆，赤手杀人之罪，其坐贼及盗与过误之愆应入死者，皆可原命，谪守边境。高宗纳之，已后入死者，皆恕死徙边。（《源贺传》）

按自源贺上书而后，非大逆手杀人之罪，多恕徙边，垂为定制，终魏世不易。

帝(高祖)哀矜庶狱,至于奏谳,率从降恕,全命徙边,岁以千计。(《刑罚志》)

延兴二年三月庚午,连川敕勒谋叛,徙配青徐齐兖四州为营户。秋九月己酉,诏流进之民,皆令还本,违者配徙边镇。十二月庚戌,诏以代郡事同丰沛,代民先配边戍者,皆免之。(《高祖纪》)

太和二十一年十二月丁卯,诏流徙之囚,皆勿决遣,有登城之际,令其先锋自效。(同上)

太后从子都统僧敬谋杀乂,复奉太后临朝,事不克,僧敬坐徙边。(《皇后列传》)

其后妻二子听随,隆超母弟及余庶兄弟,皆徙敦煌。(《神元平文诸帝子孙列传》)

后以罪徙边。(《奚斤传》)

诏案验咸获赃罪,洛侯、目辰等皆致大辟,(陈)提坐徙边。(《于栗磾传》)

时以犯罪配边者,多有逃越,遂立重制,一人犯罪逋亡,合门充役。挺上书,以为《周书》父子罪不相及,天下善人少,恶人多,以一人犯罪,延及合门,司马牛受桓魋之罚,柳下惠膺盗跖之诛,岂不哀哉。高祖纳之。(《崔挺传》)

禁锢

诸有虚增官号,为人发纠,罪从军法。若入格检覆无名者,退为平民,终身禁锢。(《后废帝纪》)

削除封爵，以庶人归第，禁锢终身。（《南安王传》）

诏曰：愿平志行轻疎，每乖宪典，可还于别馆，依前禁锢。久之，解禁还家。（《定安王传》）

正光中，普释禁锢，故复爵。（《崔玄伯传》）

承祖坐赃应死，高祖原之，削职禁锢在家。（《符承祖传》）

除名

正始四年八月，中山王英、齐王萧宝夤，坐钟离败退，并除名为民。（《世宗纪》）

永平三年，江阳王继坐事除名。（同上）

翻（弟）世景除名。（《宋翻传》）

其年（延昌二年）秋，符玺郎中高贤弟、员外散骑侍郎仲贤叔、司徒府主簿六珍等，坐弟季贤同元愉逆，除名为民，会赦之后，被旨勿论。尚书邢峦奏，案季贤既受逆官，为其传檄，规扇幽瀛，遘兹祸乱，据律准犯，罪当孥戮，兄叔坐法，法有明典。赖蒙大宥，身命获全，除名还民，于其为幸。然反逆坐重，故支属相及，体既相及，事同一科，岂有赦前皆从流斩之罪，赦后独除反者之身？又缘坐之罪，不得以职除流，且货赇小愆，寇盗微戾，赃伏露验者，会赦犹除其名，何有罪极裂冠，衅均毁冕，父子齐刑，兄弟共罚，赦前同斩从流，赦后有复官之理？依律则罪合孥戮，准赦则例皆除名。古人议无将之罪者，毁其室，洿其宫，绝其踪，灭其类，其宅犹弃，而况人乎？请依律处除名为民。诏曰：死者既在赦前，又员外非在正侍之

限，便可悉听复仕。（《刑罚志》）

籍没

天平元年八月甲寅，齐神武帝入洛阳，收元士弼杀之，籍没家口。（《北齐书・神武帝本纪》）

魏用大枷

时法官及州郡县不能以情折狱，乃为重枷，大几围，复以缒石悬于囚颈，伤内至骨，更壮卒迭搏之，囚率不堪，因以诬服，吏持此以为能。帝闻而伤之，乃制非大逆有明证而不款辟者，不得大枷。（《刑罚志》）

永平元年秋七月，诏尚书检枷杖大小违制之由，科其罪失。尚书令高肇等奏曰，检杖之小大，鞭之长短，令有定式，但枷之轻重，先无成制。臣等参量造大枷，长一丈三尺，喉下长一丈，通颊木各方五寸，以拟大逆外叛，杻械以掌流刑已上。诸台寺州郡大枷，请悉焚之。枷本掌囚，非拷讯所用，从今断狱，皆依令尽听讯之理，量人强弱，加之拷掠，不听非法拷人，兼以拷石。自是枷杖之制，颇有定准。未几，狱官肆虐，稍复重大。（同上）

永平元年七月诏曰：察狱以情，审之五听，枷杖小大，各宜定准。然比廷尉、司州、河南、洛阳、河阴及诸狱官，鞫讯之理，未尽矜恕，掠拷之苦，每多切酷，非所以只宪量衷，慎刑重命者也。推滥究枉，良轸于怀，可付尚书精检枷杖违制之由，断罪闻奏。（《世宗纪》）

县旧有大枷，时人号曰弥尾青，及翻为县主，吏请焚之。翻曰：且置南墙下，以待豪家。未几有内监杨小驹诣县请事，辞色不逊，命取尾青以镇之。既免，入诉於世宗，世宗大怒，敕河南尹杂治其罪。（《宋翻传》）

繇子游道被禁，狱吏欲为脱枷，游道不肯曰，此令公命所著，不可辄脱。文襄闻而免之。（《北史·宋繇传》）

魏刑罚滥酷

史臣曰：魏氏之有天下，百余年中，任刑为治，蹉跌之间，便至夷灭。（《魏书》卷四十六）

太祖不豫，纲纪褫顿，刑罚颇为滥酷。（《刑罚志》）

后魏起自北方，属晋室之乱，部落渐盛，其主乃峻刑法，每以军令从事，人乘宽政，多以违令得罪，死者以万计。（《通典》一百六十四）

正平元年诏曰：刑网大密，犯者更众，朕甚愍之。（《刑罚志》）

高宗增置内外侯官，伺察诸曹外部州镇，至有微服杂乱于府寺间，以求百官疵失。其所穷治，有司苦加讯测，而多相诬逮，辄劾以不敬，诸司官赃二丈皆斩。（同上）

高宗即位，是时断狱多滥。（《源贺传》）

孝昌已后，天下淆乱，法令不恒，或宽或猛。及尔朱擅权，轻重肆意，在官者多以深酷为能。至迁邺，京畿群盗颇起，有司奏立严制，诸强盗杀人者，首从皆斩，妻子同籍，配为乐户；其不杀人及赃不满五匹，魁首斩，从者死，妻子亦为乐户；小盗赃满十匹已上，魁首死，妻子配驿，从者流。侍中孙腾上言，谨详法若画一，理尚不二，不可喜怒由情而致轻重。案律、公私劫盗，罪止流刑，而比执事苦违，好为穿凿，律令之外，更立余条，通相纠之路，班捉获之赏，斯乃刑书徒设，狱讼更烦，法令更彰，盗贼多有，非所谓不严而治，遵守典故者矣。臣以为升平之美，义在省刑，陵迟之弊，必由峻法，是以汉约三章，天下归德，秦酷五刑，率士瓦解，礼训君子，律禁小人，举罪定名，国有常辟。至如眚灾肆赦，怙终贼刑，经典垂言，国朝成范，随时所用，各有司存，不宜巨细滋烦，令民豫备，恐防之弥坚，攻之弥甚。请诸犯盗之人，悉准律令，以明恒宪，庶使刑杀折衷，不得弃本从末。诏从之。（《刑罚志》）

自太和以来，多坐盗弃市，而远近肃清，由此言之，止奸在于防检，不在严刑也。今州郡牧守，邀当时之名，行一切之法，台阁百官，亦咸以深酷为无私，以仁恕为容盗，迭相敦厉，遂成风俗。（《韩显宗传》）

下

八议

先是皇族有谴，皆不持讯。时有宗士元显富犯罪须鞫，宗正约以旧制。尚书李平奏，以帝宗磐固，周布于天下，其属籍疏远，荫官卑末，无良犯宪，理须推究，请立限断，以为定式。诏曰：云来绵远，繁衍世滋，植籍宗氏，而不为善，量亦多矣。先朝既无不讯之格，而空相矫恃，以长违暴，诸在议请之外，悉依常法。（《刑罚志》）

国家议亲之律，指取天子之玄孙。（《礼志》四之二）

律云，议亲者非惟当世之属亲，历谓先帝之五世。（《景穆十二王传》）

丕子超生，车驾亲幸其第，特加赏赐，诏赐丕入八议，传示子孙。（《神元平文诸帝子孙列传》）

三年春，诏睿与东阳王丕同入八议，永受复除。（《王睿传》）

处植死刑，又植亲率城众，附从王化，依律上议，惟恩裁处。诏曰：凶谋既尔，罪不合恕，虽有归化之诚，无容上议，亦不须待秋分也。（《裴植传》）

按此条为八议中之议功，不须待秋分者，疑当时死刑，亦有立决与秋后处决之别也。

廷尉处以死刑,诏付八议,特加原宥,削爵除官。(《北史·景穆十二王列传》)

子与弟并为上宾,入八议。(《北史·闾大肥传》)

既克中山,听入八议。(《北史·张衮传》)

老小废疾

太和十二年正月,诏曰:镇戍流徙之人,年满七十,孤单穷独,虽有妻妾,而无子孙,诸如此等,听解名还本。诸犯死刑者,父母、祖父母年老,更无成人子孙,旁无期亲者,具状以闻。(《高祖纪》)

十二年诏,犯死罪,若父母、祖父母年老,更无成人子孙,又无期亲者,仰案后列奏,以待报,著之令格。(《刑罚志》)

太和十八年八月,诏诸北城人年满七十以上及废疾之徒,校其元犯,以准新律,事当从坐者,听一身还乡,又令一子扶养,终命之后,乃遣归边。自余之虎,如此之犯,年八十以上,皆听还。(《高祖纪》)

若年十三已下,家人首恶,计谋所不及,愚以为可原其命,没入县官,高宗纳之。(《源贺传》)

源贺奏,谋反之家,男子十三以下本不预谋者,宜免罪没官,从之。(《通鉴纲目》)

公罪

太宗以同虽专命,而本在为公,意无不善。释之。(《安同传》)

出入人罪

而忠等微罪,唯以厥身不至孥戮,又出罪人穷治,不尽按律准宪,事在不轻。(《于栗磾传》)

不道

太和七年十有二月,诏曰:淳风行于上古,礼化用于近叶,是以夏殷不嫌一族之婚,周世始绝同姓之娶,皇运初基,未遑厘改,自今悉禁绝之,有犯以不道论。(《高祖纪》)

坐裸其妻王氏于其男女之前,又强奸妻妹于妻母之侧,御史中丞侯刚,案以不道处死。(《定安王传》)

不忠不道,深暴民听。(《侯刚传》)

事下有司,司空伊馛等以宗之腹心近臣,出居方伯,不能宣扬本朝,尽心绥导,而侵损齐民,枉杀良善,妄列无辜,上尘朝廷,诬诈不道,理合极刑。太安二年冬,遂斩于都南。(《许彦传》)

按汉律，不道无正法，最易比附，以不道伏诛者，无虑数十百人，俱见《汉书》各纪传。魏晋以来，渐革此弊，元魏定律，多沿汉制，此亦其一端也。

不孝

其妻无子而不娶妾，斯则自绝，无以血食祖父，请科不孝之罪。(《太武五王列传》)

贝丘民列子不孝，吏欲案之。(《列女崔氏传》)

大不敬　不敬

不以实闻者，以大不敬论。(《显祖纪》)

普泰元年，诏天下有德孝仁贤忠义忠信者，可以礼召赴阙，不应召者，以不敬论。(《前废帝纪》)

元匡复欲舆棺谏诤，尚书令任城王澄劾匡大不敬，诏恕死为民。(《辛雄传》)

按此亦沿用汉律。

诬罔

白兰王吐谷浑翼世以诬罔伏诛。(《高祖纪》)

和平六年九月诏曰：先朝以州牧亲民，宜置良佐，故敕有司班九条之制，使前政选吏，以待俊乂，必谓铨衡允衷，朝纲应叙。然牧司宽惰，不只宪旨，举非其人，愆于典度。今制、刺史守宰到官之日，仰自举民望忠信，以为选官，不听前政，共相干冒，若简任失所、以罔上论。（《显祖纪》）

具问守宰苛虐之状于州郡使者，秀孝计掾而对多不实，甚乖朕虚求之意，宜案以大辟，明罔上必诛。（《高祖纪》）

附下罔上，事彰幽显，莫大之罪。（《侯刚传》）

按诬罔，附下罔上，均本汉律，详见《汉律考》。

诬告反坐

肇匡并禁，尚书推穷其原，付廷尉定罪。诏曰：可。有司奏匡诬肇，处匡死刑。（《景穆十三王传》）

维见乂宠势日隆，乃告司染都尉韩文殊父子，欲谋逆立怿，怿坐被录禁中，文殊父子惧而逃遁，鞫无反状，以文殊亡走，悬处大辟，置怿于宫西别馆，禁兵守之，维应反坐。乂言于太后，将开将来告者之路，乃黜为燕州昌平郡守。灵太后反政，寻追其前诬告清河王事，于邺赐死。（《宋维传》）

漏泄

长子鸿，天平三年坐漏泄，赐死于家。(《韦阆传》)

诽谤咒诅

有诽谤咒诅之言，与弥陁同诛。(《窦瑾传》)

口误

显祖即位，除口误。(《刑罚志》)
献文以和平六年五月即位，除口误律。(《册府元龟》)

按唐律，职制口误减二等。

违制

延兴二年二月诏曰：尼父禀达圣之姿，体生知之量，穷理尽性，道光四海。顷者淮徐未宾，庙隔非所，致令祠典寝顿，礼章殄灭，遂使女巫妖觋，淫进非礼，杀生鼓舞，倡优媟狎，岂所以尊明神敬圣道者也。自今已后，有祭孔子庙，制用酒脯而已，不听男女合杂，以祈非望之福，犯者以违制论。牧司之官，明纠不法，使禁令必行。（《高祖纪》）

太和二年五月诏曰：婚娉过礼，则嫁娶有失时之弊，厚葬送终，则生者有糜费之苦，圣王知其如此，故申之以礼数，约之以法禁。乃者民渐奢尚，婚葬越轨，致贫富相高，贵贱无别。又皇族贵戚及士民之家，不惟氏族高下，与非类婚偶，先帝亲发明诏，为之科禁，（《高宗纪》，和平四年十有二月辛丑，诏曰，名位不同，礼亦异数，所以殊等级，示轨仪。今丧葬嫁娶，大礼未备，贵势豪富，越度奢靡，非所谓式昭典宪者也。有司可为之条格，使贵贱有章，上下咸序，著之于令。壬寅诏曰，夫婚姻者，人道之始，是以夫妇之义，三纲之首，礼之重者，莫过于斯，尊卑高下，宜令区别。然中代以来，贵族之门，多不率法，或贪利财贿，或因缘私好，在于苟合，无所选择。令贵贱不分，巨细同贯，尘秽清化，亏损人伦，将何以宣示典谟，垂之来裔？今制，皇族师傅王公侯伯及士民之家，不得与百工伎巧卑姓为婚，犯者加罪）。而百姓习常，仍不肃改。朕今宪章旧典，只案先制，著之律令，永为定准，犯者以违制论。（同上）

枉法

和平四年诏曰：今内外诸司州镇守宰，侵使兵民，劳役非一。自今擅有召役，逼雇不程，皆论同枉法。（《高宗纪》）

又以济阴王郁枉法赐死之事,遣使告禧,因而诫之。(《咸阳王禧传》)

自正光以后,四方多事,民避赋役,多为僧尼,至二百万人,寺三万余区。至是,始诏长吏,擅立寺者,计庸以枉法论。(《通鉴纲目》)

杀人

熙平二年,汝南王悦坐杀人免官。(《肃宗纪》)

掠人

和平四年八月诏曰:前以民遭饥寒,不自存济,有卖鬻男女者,尽仰还其家。或因缘势力,或私行请托,共相通容,不时检校,令良家子息,仍为奴婢。今仰精究不听取赎,有犯加罪,若仍不检还,听其父兄上诉,以掠人论。(《高宗纪》)

坐掠人为奴婢,为御史中尉王显所弹免。(《羊祉传》)

抑买良人为婢

御史中尉王显,奏志在州日,抑买良人为婢,会赦免。(《神元平文诸帝子孙列传》)

继在青州之日，民饥馁，为家僮取民女为妇妾，又以良人为婢为御史所弹，坐免官爵。（《昭成子孙列传》）

峦在汉中，掠良人为奴婢，高肇助峦申释，故得不坐。（《邢峦传》）

窃盗

有贾人持金二十斤，诣京师交易，寄人停止。每欲出行，常自执管钥。无何，缄闭不异而失之，谓主人所窃。郡县讯问，主人遂自诬服。庆乃召问贾人曰：卿钥恒置何处？对曰：恒自带之。庆曰：颇与人同宿乎？曰无。与人同饮乎？曰：日者曾与一沙门再度酣宴，醉而昼寝。庆曰：彼沙门乃真盗耳。后捕得，尽获所失之金。（《周书·柳庆传》）

盗牛

广陵王元欣，其甥孟氏，屡为匈横。或有告其盗牛，庆捕推得实，令笞杀之。（《周书·柳庆传》）

按唐律有盗官私牛马杀。据此知魏亦有此条。

州镇主将知容寇盗不纠

敕缘边州镇,自今已后,不听境外寇盗,犯者罪同境内。若州镇主将,知容不纠,坐之如律。(《世宗纪》)

自告

有胡家被劫,郡县按察,莫知贼所。庆乃作匿名书,多牓官门曰:我等共劫胡家,今欲首,惧不免诛;若听先首免罪,便欲来告。庆乃复施免罪之牓。居二日,广阳王欣家奴面缚自告,因此推穷,尽获党与。(《周书·柳庆传》)

褒乃取盗名簿藏之,因大牓州门曰,自知行盗者可急来首,即除其罪。尽今月不首者,显戮其身。旬日之间,诸盗咸悉首尽,并原其罪。(《周书·韩褒传》)

按自告本汉律,唐律有犯罪未发自首。

吏民得举告守令

神瑞元年冬十一月壬午,诏守宰不如法,听民诣阙告言之。

(《太宗纪》)

太延三年夏五月己丑诏曰:夫法之不用,自上犯之,其令天下吏民,得举告守令不如法者。(《世祖纪》)

是后民官渎货,帝思有以肃之。太延三年诏,天下吏民得举告牧守之不法。于是凡庶之凶悖者,专求牧宰之失,迫胁在位,取豪于闾阎,而长吏咸降心以待之,苟免而不耻,贪暴犹自若也。(《刑罚志》)

太安元年夏六月癸酉,诏遣尚书穆伏真等三十人,巡行州郡,观察风俗。其有阿枉不能自申,听诣使告状。使者检治,若信清能,众所称美,诬告以求直,反其罪。使其受财,断察不平,听诣公车上诉。(《高宗纪》)

诸监临受财

显祖诏诸监临之官所监治,受羊一口酒一斛者,罪至大辟,与者以从坐论。(《张兖传》)

按《北史·张兖传》,白泽上表,以为此法,若行之不已,恐奸人窥望,请依律令旧法。是魏律原有监临受财之条,献文特加重之耳。

在州受所部荆山戍主杜虞财货,又取官绢因染割易,御史纠劾,付廷尉。(《王宪传》)

翟黑子奉使并州,受布千匹,事寻发觉。(《高允传》)

逼民假贷十匹以上死

民平二年正月诏曰:刺史牧民,为万里之表,自顷每因发调,逼民假贷,大商富贾,要射时利,旬日之间,增赢十倍,上下通同,分以润屋。故编户之家,困于冻馁,豪富之门,日有兼积,为政之弊,莫过于此,其一切禁绝。犯者十匹以上皆死。布告天下,咸使知禁。(《高宗纪》)

隐匿户口

延兴三年秋九月,诏遣使十人循行州郡,检括户口,其有仍隐不出者,州郡县户主,并论如律。(《高祖纪》)

太和十四年冬十有二月,遣使与州郡宣行条制,隐口漏丁,即听附实。若朋附豪势,陵抑孤弱,罪有常刑。(同上)

擅兴事役

太宗以同擅征发于外,槛车征还,召群官议其罪。皆曰同擅兴事役,劳扰百姓,宜穷治以肃来犯。(《安同传》)

诈取爵位

天安元年七月，诏诸有诈取爵位罪特原之，削其爵职，其有祖父假爵号货赇以正名者，不听继袭；诸非劳进超迁者，亦各还初。（《显祖纪》）

征戍逃亡

皇兴五年三月诏曰：天安以来，军国多务，南定徐方，北扫遗虏，征戍之人，亡窜非一。虽罪合刑书，每加哀宥，然宽政犹水，逋逃遂多，宜申明典刑，以肃奸伪。自今诸有逃亡之兵，及下代守宰浮游不赴者，限六月三十日悉听归首，不首者论如律。（《显祖纪》）

马度关

子如以马度关，为有司所奏。（《北史·司马子如传》）

按此疑亦沿用汉律。

后期斩

为都将,从驾北讨,以后期与中山王辰等斩于都南。(《薛辩传》)

车驾南征,征兵秦雍,大期秋季阅集洛阳。道悦以使者治书御史薛聪、侍御主文中散元志等稽违期会,奏举其罪。(《高道悦传》)

(高)欢乃谕之曰:今直西向,已当死;后军期,又当死。(《通鉴》卷一百五十五)

穿毁坟垅罪斩

太安四年十月,北巡至阴山,有故冢毁废。诏曰:昔姬文葬枯骨,天下归仁,自今有穿毁坟垅者斩之。(《高宗纪》)

巫蛊

有怨谤之言,其家人告巫蛊,俱伏法。(《古弼传》)

居丧听乐饮戏

谧在母丧，听音声饮戏，为御史中尉李平所弹，遇赦复封。(《赵郡王传》)

考功失衷

孝昌元年二月诏曰：劝善黜恶，经国茂典，其令每岁一终，郡守列令长、刺史列守相以定考课，辨其能否，若以滥谬，以考功失衷论。(《肃宗纪》)

奸吏逃刑不在赦限

时有诏以奸吏犯罪，每多逃遁，因眚乃出，并皆释然。自今已后，犯罪不问轻重而藏窜者悉远流，若永避不出，兄弟代徙。怀乃奏曰：谨按条制，逃吏不在赦限。窃惟圣朝之恩，事异前宥，诸流徙在路，尚蒙旋反，况有未发，而仍遣边戍。按守宰犯罪，逃走者众，禄润既优，尚有兹失，及蒙恩宥，卒然得还，今独苦此等，恐非均一之法。如臣管执，谓宜免之。书奏，门下以成式既班，驳奏不许。怀重奏曰：臣以为法贵经通，治尚简要，刑宪之设，所以网罗罪人。苟理之所备，不在繁典，行之可通，岂容峻制？此乃古今之达政，救世之恒规。伏寻条制，勋品已下，罪发逃亡，遇恩不宥，仍留妻子，虽欲抑绝奸途，匪为通式。谨按事条，侵官败法，专据流外，岂九品已上人皆贞白也。其诸州守宰，职任清流，至有贪浊，事发逃窜，而遇恩免罪。勋品已下，独乖斯例，如此则宽纵上流，法切下吏，育物有差，惠罚不等。又谋逆滔天，轻恩尚免，吏犯微罪，独不蒙赦，使大宥之经不通，开生之路致壅，进违古典，退乖今律，辄率愚见，以为宜停。书奏，世宗纳之。(《源怀传》)

世宗诏以奸吏逃刑，悬配远戍，若永避不出，兄弟代之。祚奏曰：慎狱审刑，道焕先古，垂宪设禁，义纂惟今。是以先王沿物之情，为之轨法，故八刑备于昔典，奸律炳于来制，皆所以谋其始迹，访厥成罪，敦风厉俗，永资世范者也。伏惟旨义博远，理绝近情，既怀愚异，不容不述。诚以败法之原，起于奸吏，奸吏虽微，败法实甚。伏寻诏旨，信亦断其逋逃之路，为治之要，实在于斯。然法贵止奸，不在过酷，立制施禁，为可传之于后，若法猛而奸不息，禁过不可永传，将何以载之刑书，垂之百代？若以奸吏逃窜，徙其兄弟，罪人妻子，复应徙之，此则一人之罪，祸倾二室。愚谓罪人既逃，止徙妻子，走者之身，悬名永配，于眚不免，奸途自塞。诏从之。(《郭祚传》)

赦前断事引律乖错

雄议曰：赦前断事，或引律乖错，使除复失衷，虽按成经赦，宜追从律。(《辛雄传》)

律无正条

律无正条,须准傍以定罪。(《礼志》)

再犯

延昌二年八月诏曰:其杀人、掠卖人、群强盗首、及虽非首而杀伤财主、曾经再犯、公断道路、劫夺行人者,依法行决,自余恕死。(《世宗纪》)

三人成证

雄议曰:若必须三人对见受财,然后成证,则于理太宽,若传闻即为证,则于理太急。今请以行赇后三人俱见物、及证状显著,准以为验。诏从雄议。(《辛雄传》)

魏盗铸钱及禁不行钱诸律

延昌二年,徐州民俭刺史启奏,求行土钱,旨听权依旧用。谨寻不行之钱,律有明式,指谓鸡眼环凿,更无余禁。(《食货志》

《通典》卷九引作鹅眼环鍪）

鸡眼环鍪，依律而禁。（同上）

其不行之钱及盗铸、毁大为小、巧伪不如法者，据律罪之。（同上）

其听依旧之处，与太和钱及新造五铢并行，若盗铸者罪重常先，既欲均齐物品，廛井斯和，若不绳以严法，无以肃兹违犯，符旨一宣，仍不遵用者，刺史守令，依律治罪。（同上）

魏以均田入律

九年，下诏均给天下民田，诸男夫十五以上，受露田四十亩，妇人二十亩，奴婢依良丁，牛一头、受田三十亩，限四牛，所授之田率倍之，三易之田再倍之，以供耕作及还受之盈缩。诸民年及课则受田，老免及身没则还田。奴婢牛随有无以还受，诸桑田不在还受之限，但通入倍田分，于分虽盈，没则还田，不得以充露田之数，不足者以露田充倍。诸初受田者，男夫一人给田二十亩，课莳余种桑五十树、枣五株、榆三根，非桑之土夫给一亩，依法课莳榆枣，奴各依良，限三年种毕；不毕，夺其不毕之地。于桑榆地分杂莳余果及多种桑榆者不禁。诸应还之田，不得种桑榆枣果，种者以违令论。地入还分，诸桑田皆为世业，身终不还，恒从见只，有盈者无受无还，不足者受种如法，盈者得卖其盈，不足者得买所不足，不得卖其分，亦不得买过所足。诸麻布之土，男夫及课别给麻田十亩，妇人五亩，奴婢依良，皆从还受之法。诸有举户老小癃残无受田者，年十一已上及癃者，各受以半夫田；年逾七十者，不还所受。寡妇守志者,虽免课,亦授妇田。诸还受民田,恒以正月。若始受田而身亡及卖买奴婢牛者,皆至明年正月乃得还受。诸土广民稀之处,随力所及,官借民种莳役,有土居者,依法封授。诸地狭之处,有进丁受田而不乐迁者,则以其家桑田为正田分,又不足,不给倍田,又不足,家内人别减分无桑之乡,准此为法。乐迁者听逐空荒,不限异州他郡,唯不听避劳就逸。其地足之处,不得无故而移诸民。有新居者,三口给地一亩,以为居室,奴婢五口给一亩,男女十五以上,因其地分口课种菜,五分亩之一,诸一人之分,正从正,倍从倍,不得隔越他畔。进丁受田者,恒从所近,若同时俱受,先贫后富,再倍之田,放此为法。诸远流配谪无子孙及户绝者,墟宅桑榆,尽为公田,以供授受。授受之次,给其所亲,未给之间,亦借其所亲。诸宰民之官,各随地给公田,刺史十五顷,太守十顷,治中别驾各八顷,县令郡丞六顷,更代相付,卖者坐如律。(《食货志》)

魏禁夺哀

神龟元年八月诏曰:顷年以来,戎车频动,服制未终,夺哀从役,罔极之痛弗申,鞠育之恩靡报。自今虽金革之事,皆不得请起居丧。(《肃宗纪》)

魏禁报仇

太延元年诏曰:民相杀害,牧守依法平决,不听,私辄报者,诛

及宗族，邻伍相助，同罪。(《世祖纪》)

平原鄃县女子孙氏男玉者，夫为灵县民所杀，追执仇人，男玉欲自杀之，其弟止而不听。男玉曰：女人出适，以夫为天，当亲自复雪，云何假人之手。遂以杖殴杀之，有司处死以闻。(《列女孙氏传》)

魏禁图谶

太平真君五年正月，诏曰：愚民无识，信惑妖邪，私养师巫，挟藏谶记阴阳图纬方伎之书。又沙门之徒，假西戎虚诞，生致妖孽，非所以壹齐政化，布淳德于天下也。自王公已下，至于庶人，有私养沙门师巫及金银工巧之人在其家者，皆遣诣官曹，不得容匿，限今年二月十五日，过期不出，师巫沙门身死，主人门诛。(《世祖纪》)

太和九年正月诏曰：图谶之兴，起于三季，既非经国之典，徒为妖邪所凭。自今图谶秘纬及名为《孔子闭房记》者，一皆焚之，留者以大辟论。(《高祖纪》)

永平四年五月，诏禁天文之学。(《世宗纪》)

熙平二年五月，重申天文之禁，犯者以大辟论。(《肃宗纪》)

因酒醉诽谤，妄说图谶，有司奏当死。(《北史・咸阳王禧传》)

按挟天文图谶，晋律止二岁刑，《晋书》载记咸康二年禁郡国不得私学星谶，有犯者诛。魏盖沿石赵之制。

魏禁杀牛

熙平元年七月重申杀牛之禁。(《肃宗纪》)

魏禁屠杀含孕

永平二年冬十有一月甲申,诏禁屠杀含孕,以为永制。(《世宗纪》)

魏酒禁

太安四年正月初设酒禁。(《高宗纪》)

显祖即位开酒禁。(《刑罚志》)

天平四年闰九月,禁京酤酒。(《孝静纪》)

元象元年四月,齐献武王还晋阳,请开酒禁。(同上)

太安中京师禁酒,张以姑老,私为酝之,为有司所纠。(《列女胡长命妻张氏传》)

太安中,以庶士多因酒酗致讼,制禁酿酒酤饮皆斩,吉凶宾亲则开禁有程日。(《通典》一百六十四)

孝文帝开酒禁。(同上)

魏罢山泽之禁

皇兴四年冬十有一月，诏弛山泽之禁。(《显祖纪》)

太和六年八月，罢山泽之禁。(《高祖纪》)

太和七年十有二月，开林虑山禁，与民共之。(同上)

魏大臣犯罪多赐自尽

圣朝宾遇大臣，礼同古典。自太和以降，有负罪当陷大辟者，多得归第自尽，遣之日，深垂隐愍，言发凄泪。(《李彪传》)

高祖亲临数之，以其大臣，听在家自裁。(《李洪之传》)

魏断狱报重常竟季冬

若至行刑犯时，愚臣窃所未安。汉制、旧断狱报重，常尽季冬，至孝章时改尽十月，以育三微。后岁旱，论者以十月断狱，阴气微，阳气泄，以故致旱。事下公卿，尚书陈宠议，冬至阳气始萌，故十一月有射干芸荔之应，周以为春；十二月阳气上通，雉雊鸡乳，殷以为春；十三月阳气已至，蛰虫皆震，夏以为春。三微成著，以通三统，三统之月，断狱流血，是不稽天意也。月令仲冬之月身欲宁，事欲静,以起隆怒,不可谓宁;以行大刑,不可谓静。章帝善其言,卒以十月断。今京都及四方断狱报重,常竟季冬,不推三正,以育三微,宽宥之情,每过于昔,遵时之宪,犹或阙然,岂所谓助阳发生垂奉微之仁也。诚宜远稽周典,近采汉制,天下断狱,起自初秋,尽于孟冬,不于三统之春,行斩绞之刑,如此则道协幽显,仁垂后昆矣。(《李彪传》)

魏孕妇行刑待分产后之例

永平元年秋,将刑元愉妾李氏,群官无敢言者。敕光为诏,光逡巡不作,奏曰:伏闻当刑元愉妾李,加之屠割,妖惑扇乱,诚合此罪,但外人窃云,李今怀妊,例待分产,乞停李狱,以俟育孕。世宗纳之。(《崔光传》)

按《刑罚志》,世祖定律,妇人当刑而孕,产后百日乃决,盖本元魏旧制,故光得据以上言也。

魏疑狱以经义量决

太平真君六年三月,诏诸有疑狱,皆付中书,以经义量决。(《世祖纪》)

六年春,以有司断法不平,诏诸疑狱,皆付中书,依古经义论决之。(《刑罚志》)

初真君中，以狱讼留滞，始令中书以经义断诸疑事，允据律评刑，三十余载，内外称平。(《高允传》)

(羊)侃兄深时为徐州行台府州咸欲禁深，昱曰：昔叔向不以鲋也见废，《春秋》贵之，奈何以侃罪深也？宜听朝旨，不许群议。(《杨昱传》)

时雁门人有害母者，八座奏轘之而潴其室，宥其二子。虬驳奏云，君亲无将，将而必诛，今谋逆者戮及期亲，害亲者今不及子，既逆甚枭獍，禽兽之不若，而使礼祀不绝，遗育永传，非所以劝忠孝之道，存三纲之义。若圣教含容，不加孥戮，使父子罪不相及，恶止于其身，不则宜投之四裔，敕所在不听配匹。盘庚言无令易种于新邑，汉法五月食枭羹，皆欲绝其类也。奏入，世宗从之。(《邢虬传》)

初廷尉少卿袁翻，以犯罪之人，经恩竞诉，枉直难明，遂奏曾染风闻者，不问曲直，推为狱成，悉不断理。雄议曰：春秋之义，不幸而失，宁僭不滥，僭则失罪人，滥乃害善人。今议者不忍罪奸吏，使出入纵情，令君子小人，薰莸不别，岂所谓赏善罚恶，殷勤隐恤者也。(《辛雄传》)

臣伏读至三公曹第六十六条：母杀其父，子不得告，告者死，再三返覆之，未得其门。何者？案律子孙告父母祖父母者死。又汉宣云，子匿父母、孙匿大父母皆勿论。盖谓父母祖父母小者攘羊、甚者杀害之类，恩报在情一也。今欲论其尊卑，辨其优劣，推心未忍，访古无据。瑗以为易曰天尊地卑，乾坤定矣；又曰，乾、天也，故称父，坤、地也，故称母；又曰，乾为天为父，坤为地为母。《礼·丧服》经曰，为父斩衰三年，为母齐衰期，尊卑优劣，显在典章，何言访古无据？局判云，母杀其父，子复告母，母由告死，便是子杀，天下未有无母之国,不知此子将欲何之?瑗案典律,未闻母杀其父而子有隐母之义,既不告母,便是与杀父,天下岂有无父之国,此子独得有所之乎?局判又云,案《春秋》庄公元年不称即位,文姜出故。服虔注云,文姜通于兄齐襄,与杀公而不反,父杀母出,隐痛深讳,期而中练,思慕少杀,念至于母,故经书三月夫人逊于齐,既有念母深讳之文,明无仇疾告列之理。瑗寻注义,隐痛深讳者,以父为齐所杀而母与之,隐痛父死,深讳母出,故不称即位,非为讳母与杀也。是以下文以义绝其罪,不为与杀明矣。《公羊传》曰,君杀子,不言即位,隐之也。期而中练,父忧少衰,始念于母。略书夫人逊于齐,是内讳出奔,犹为罪。文传曰,不称姜氏,绝不为亲,礼也。注论以臣管见,实所不取。如在淳风厚俗,必欲行之。且君父一也,父者子之天,被杀事重,宜附父。谋反大逆,子得告之条,父一而已,至情可见。窃惟圣主有作,明贤赞成,光国宁民,厥用为大,非下走顽蔽,所能上测。但受恩深重,辄献瞽言,傥蒙收察,乞付评议。诏付尚书三公郎封君义立判云:身体发肤,受之父母,生我劳悴,续莫大焉。子与父母,同气异息,终天靡报,在情一也。

今忽欲论其尊卑,辨其优劣,推心未忍,访古无据。母杀其父,子复告母,母由告死,便是子杀,天下未有无母之国,不知此子将欲何之?案《春秋》庄公元年,不称即位,文姜出故。服虔注云,文姜通兄齐襄,与杀公而不反,父杀母出,隐痛深讳,期而中练,思慕少杀,念至于母,故经书三月夫人逊于齐。既有念母深讳之文,明无仇疾告列之理。且圣人设法,所以防淫禁暴,极言善恶,使知而避之,若临事议刑,则陷罪多矣。恶之甚者,杀父害君,著之律令,百王罔革,此制何嫌,犹求削去,既于法无违,于事非害,宣布有年,谓不宜改。瑗复难云:寻局判云,子于父母,同气异息,终天靡须相隐，律抑不言，法理如是，足见其直，未必指母杀父止子不言也。告父杀母，乃是夫杀妻，母卑于父，此子不告是也，而母杀父，不听子告，臣诚下愚，辄以为惑。昔楚康王欲杀令尹子南，其子弃疾为王御士而上告焉，对曰，泄命重刑，臣不为也，王遂杀子南。其徒曰，行乎？曰吾与杀吾父，行将焉入？曰臣乎？曰杀父事仇，吾不忍，乃缢而死。注云，弃疾自谓不告父为与杀，谓王为仇，皆非礼，《春秋》讥焉。斯盖门外之治，以义断恩，知君杀父而子不告是也。母之于父，同在门内，恩无可掩，义无断割。知母将杀，理应告父，如其已杀，宜听告官。今母杀父而子不告，便是知母而不知父，识比野人，义近禽兽。且母之于父，作合移天，既杀己之天，复杀子之天，二天顿毁，岂容顿默？此母之罪，义不在赦，下手之日，母恩即离，仍以母道不告，鄙臣所以致惑。今圣化淳洽，穆如韶夏，食椹怀音，枭獍犹变，况承风禀教，识善知恶之民哉。脱下愚不移，事在言外，如或有之，可临时议罪，何用豫制斯条，用为训诫？诚恐千载之下，谈者喧哗，以明明大朝，有尊母卑父之云。夫人有与杀桓之罪，绝不为亲，得尊父之义，善庄公思大义绝有罪，故曰礼也。以大义绝有罪，得礼之衷，明有仇疾告列之理。但《春秋》桓庄之际，齐为大国，通于文姜，鲁公谪之，文姜以告齐襄，使公子彭生杀之。鲁既弱小而惧于齐，是时天子衰微，又无贤霸，故不敢仇之，又不敢告列，惟得告于齐曰无所归咎，恶于诸侯，请以公子彭生除之，齐人杀公子彭生。案即此断，虽有援引，即以情推理，尚未遣惑。事遂停寝。（《窦瑗传》）

太和初，怀州人伊祁苟初三十余人谋反，文明皇太后欲尽诛一城人，白泽谏，以为《周书》父子兄弟，罪不相及，不诬十室，而况一州？后从之。（《北史·张衮传》）

魏格

太昌元年夏五月丁未,诏曰:理有一准,则民无觊觎,法假二门,则吏多威福,前主为律,后主为令,历世永久,实用滋章,非所以准的庶昌,堤防万物。可令执事之官,四品以上,集于都督,取诸条格,议定一途,其不可施用者,当局停记,新定之格,勿与旧制相连,务在约通,无致冗滞。(《出帝纪》)

魏故事

祚达于政事,凡所经履,咸为称职,每有断决,多为故事。(《郭祚传》)

魏户籍五条

太和五年,班乞养杂户及户籍之制五条。(《高祖纪》)

按《仇洛传》魏初禁网疏阔,民户隐匿漏脱者多,是高祖时始有定制也。

魏令

按魏令凡数次增订，已详上卷改定律令条。《魏书·官氏志》，旧令亡失，无所依据，高祖诏群寮，议定百官，著于令。《唐六典注》亦云，后魏初命崔浩定令，后命游雅等成之，史失篇名，是魏旧令至北齐已佚。考高祖律令并议，律寻施行，令独不出，见《孙绍传》。世宗时，太常刘芳撰朝令，未及班行，见《常景传》。是高祖以后所定诸令，经葛荣尔朱之乱，迄未行用也。《御览》时引后魏职品令及职令，考《魏书·高祖纪》，太和十七年作《职员令》二十一卷，付外施行。又太和十九年，引见群臣于光极堂，宣示品令，为大选之始。《官氏志》所据及《唐六典注》《御览》所引者，当即指此。盖此本尚单行于世，至南宋始佚也。其余《魏书》及《通典》尚引魏令数条，此则或征引当时书奏，不能指为魏令尚存之证也。兹据诸书所引魏令篇名条列于后，不能复辨其次第，其佚文则各附于篇目之下，要之，魏令大都沿汉晋之旧而增损之，其详今不可得而言矣。（高祖所定《品令·职员令》，今尚可于《官氏志》得其仿佛，文多不载）

品令（《唐六典》引作《职品令》）

太和中，改定百官都官尚书管左士郎。（《唐六典注》卷四引《职品令》）

太和中，吏部管南主客、北主客，其祠部管左主客、右主客。（同上引《职品令》）

按旧制，直阁直后直斋武官队主队副等，以比视官，至于犯谴，不得除罪。尚书令任城王澄奏案诸州中正，亦非品令所载，又无禄恤，先朝已来，皆得当刑，直阁等禁直上下，有宿卫之勤，理不应异。灵太后令准中正，见《刑罚志》。

职令

光禄少卿第四品上第二，请用肃勤明敏、兼识古典者。（《御览》二百二十九引《后魏职令》）

宗正卿第四品上第二，请用懿清和职参教典者，先尽皇宗，无则用庶姓。（《御览》二百三十引）

廷尉少卿第四品上第二，请用思理平断、明刑识法者。（《御览》二百三十一引）

鸿胪少卿第四品上第二，请用雅学详当，明枢达理者。（《御览》二百三十二引）

司农少卿第五，请用堪勤有干能者。（同上）

太府少卿第四品上，士人官，请用勤笃有干细务无滞者。（同上）

朝会失时，即加弹纠，皇太子以下违犯宪制，皆得纠察。（《神元平文诸帝子孙列传》引职令）

狱官令

诸察狱先备五听之理，尽求情之意，又验诸证信，事多疑似，犹不首实者，然后加以考掠。（《刑罚志》引）

诸犯年刑已上，枷锁流徙已上，增以杻械。（同上）

此外《通典》尚载魏令一条，附录于下：

每调一夫一妇，帛一匹，粟二石。人年十五以上未娶者，四人出一夫一妇之调。奴任耕、婢任绩者，八口当未娶者四。耕牛十头当奴婢八。其麻布之乡，一夫一妇布一匹，下至半，以此为降。大率十匹中五匹为公调，二匹为调外费，三匹为内外百官俸。人年八十以上，听一子不从役。孤独病老笃贫不能自存者，亦一人不从役。（《通典》卷五）

魏律家

羊祉　羊灵引

祉性刚愎，好刑名。祉弟灵引好法律。（《北史・羊祉传》）

卷　六

北齐律考序

南北朝诸律，北优于南，而北朝尤以齐律为最。《齐书·崔昂传》谓部分科条，校正古今，所增损十有七八。《隋志》亦云，科条简要，仕门子弟，常讲习之，故齐人多晓法律。推原其故，盖高氏为渤海蓨人，渤海封氏世长律学，封隆之参定麟趾格，封绘议定律令，而齐律实出于封述之手，俱见《齐书》及《北史》各本传。是祖宗家法，俱有渊源。神武文襄增损魏法为麟趾格，已不纯用旧制。文宣命造新律，久而未成，至武成河清三年，始颁齐律，历时最久。史称周律比于齐法，烦而不要，是周齐二律之优劣，在当时已有定论。隋氏代周，其律独采齐制而不沿周制，抑有由也。今齐律虽佚，尚可于唐律得其仿佛。盖唐律与齐律，篇目虽有分合，而沿其十二篇之旧；刑名虽有增损，而沿其五等之旧；十恶名称，虽有歧出，而沿其重罪十条之旧。他如《祖珽传》受财枉法处绞刑，其轻重亦与唐律同，故读唐律者，即可因之推见齐律，而齐律于是乎为不亡矣。《旧唐书·经籍志》、《新唐书·艺文志》均有《北齐律》十二卷，《宋志》已不著录，盖南渡以后，士大夫驰骛于性理语录之学，束书不读，益以金元丧乱，古籍多于是时沦佚，固不独一齐律也。

一九二三年癸亥冬闽县程树德序

北齐律考目录

北 齐 律 考

齐律源流(附东魏麟趾格)

齐神武文襄并由魏相,尚用旧法,及文宣天保元年,始命群官,刊定魏朝麟趾格,是时军国多事,政刑不一,决狱定罪,罕依律文。(《隋书刑法志》)

兴和三年冬十月,先是诏文襄王与群臣于麟趾阁议定新制,甲寅,班于天下。(《魏书·孝静帝纪》)

天平中为三公郎中时,增损旧事为麟趾新格,其名法科条,皆述所删定。(《北史·封述传》)

主议麟趾格。(《崔暹传》)

诏隆之参议麟趾阁以定新制。(《封隆之传》)

法吏疑狱,簿领成山,乃敕子才与散骑常侍温子升撰《麟趾新制》十五篇,省府以之决疑,州郡用为治本。(《洛阳伽蓝记》)

又为神武丞相府右长史上表曰,臣伏读《麟趾新制》,至三公曹第六十六条,母杀其父,子不得告,告者死。(《北史·窦瑗传》)

按《麟趾格》佚文仅见此条。考《隋书·百官志》,后齐制官,多循后魏,其六尚书分统列曹,凡二十八曹,三公曹为殿中四曹之一。意者麟趾格即以二十八曹为篇目欤。(《北齐令》亦取尚书二十八曹为篇名,见《唐六典注》)

后魏以格代科，于麟趾殿删定，名为《麟趾格》。（《唐六典注》）

后齐武帝又于麟趾殿删正刑典，谓之《麟趾格》。（《隋书经籍志》）

《麟趾格》四卷，文襄帝时撰。（《新唐书·艺文志》）

天保元年八月甲午，诏曰，魏世议定《麟趾格》，遂为通制，官司施用，犹未尽善，可令群官更加论究，适治之方，先尽要切，引纲理目，必使无遗。（《文宣纪》）

文宣以魏《麟趾格》未精，诏浑与邢邵崔㥄魏收王昕李伯伦等修撰。（《北史李浑传》）

《麟趾格》、李浑邢邵等撰。（《玉海》六十五）

司徒功曹张老上书，称大齐受命已来，律令未改，非所以创制垂法，革人视听。于是始命群官议造齐律，积年不成，其决狱犹依魏旧。（《隋书·刑法志》）

天保初，诏铉与殿中尚书邢邵、中书令魏收等参议礼律。（《北史·李铉传》）

天保八年参议律令。（《魏收传》）

与太子少师邢邵，议定国初礼。又诏删定律令，令尚书右仆射薛琡等四十三人，在领军府议定部分科条，校正古今，所增损十有七八。（《崔昂传》）

敕与群官议定律令，加仪同三司。（《封绘传》）

与朝贤议定律令，迁吏部尚书。（《辛术传》）

参议律令。（《刁柔传》）

武成即位，思存轻典。大宁元年，以律令不成，频加催督。河

清三年，尚书令赵郡王叡等奏上齐律十二篇。（《隋书·刑法志》）

河清三年三月辛酉，以律令班下，大赦。（《武成纪》）

河清三年敕与录尚书赵彦深、仆射魏收、尚书阳休之、国子祭酒马敬德等议定律令。（《封述传》）

武成时参定律令，前后大事多委焉。（《干松年传》）

议律令，又以讨北狄之功，封颍川郡公。（《赵郡王叡传》）

与熊安生马敬德等议五礼，兼修律令。（《北史·崔儦传》）

弟汉字仲霄。武成中为司车路下大夫，与工部郭彦、大府高宾等参议格令，每较量时事，必有条理。（《北史·裴宽传》）

北齐初，命造新律未成，文宣犹采魏制。至武成时，赵郡王叡等造律成奏上，凡十二篇。（《唐六典注》）

按齐自文襄撰《麟趾新制》，文宣造律，历废帝孝昭武成，事经五代，参与删订至数十人，史称科条简要，非虚誉也。隋唐二代之律，均以此为蓝本。

齐律篇目

一曰名例，二曰禁卫，三曰婚户（《唐律疏义》北齐名婚户律，隋以户在婚前，改为户婚律），四曰擅兴，五曰违制，六曰诈伪（《通典》作诈欺误），七曰斗讼，八曰贼盗（《唐六典》作盗贼误），九曰捕断，十曰毁损，十一曰厩牧，十二曰杂。其定罪九百四十九条。（《隋书·刑法志》）

齐律佚文

妇人年六十以上免配官。(《北史·崔昂传》引律)

按《北齐书·彭城王浟传》引令云,年出六十,例免入官,与《北史》异。

齐刑名

死:(凡四等死罪者桁之)

镮,

枭首,(陈尸三日,无市者列于乡亭显处)

斩,(殊身首)

绞。(死而不殊)

流。(流罪已上加杻械)

论犯可死,原情可降,鞭笞各一百,髡之投于边裔,以为兵卒。未有道里之差,其不合远配者,男子长徒,女配舂六年。

按《元景安传》,同闻语者数人,皆流配远方,云远方者,盖齐流刑系沿北魏之制,与汉晋徒边相类,初无道里之差,至隋始以罪之轻重,分道之远近。

刑:(凡五等。亦曰耐,并锁输左校而不髡,无保者钳之,妇人配舂及掖庭织)

五岁刑,(加鞭一百,加笞八十)

鞭者鞭其背,五十一易执鞭人,鞭鞘皆用熟皮,削去廉稜,鞭疮长一尺。笞者笞臀而不中易人。

四岁刑,(加鞭一百,加笞六十)

三岁刑,(加鞭一百,加笞四十)

二岁刑,(加鞭一百,加笞二十)

一岁刑。(加鞭一百,无笞)

按北齐刑罪亦称徒。《御览》六百四十二引《三国典略》云,司马子如等缘宿憾,乃奏暹及季舒过状,各鞭二百,徒于马城,昼则供役,夜置地牢,即刑罪也。

鞭:(凡五等)

一百

八十

六十

五十

四十

杖:(凡三等。杖长三尺五寸,大头径二分半,小头径一分半。决三十已下,杖者长四尺,大头径三分,小头径二分。)

三十

二十

十

赎罪

赎罪旧以金,皆代以中绢。死一百匹,流九十二匹,刑五岁七十八匹,四岁六十四匹,三岁五十匹,二岁三十六匹,各通鞭笞论。一岁无笞,则通鞭二十四匹,鞭杖每十赎绢一匹,至鞭百则绢十匹。无绢之乡,皆准绢收钱。(《隋书·刑法志》)

合赎者,谓流内官,及爵秩、比视、老小阉凝、并过失之属。(同上)

宫刑

季舒等家属男女徙北边,妻女及子妇配奚官,小男下蚕室,没入赀产。(《北史·崔季舒传》)

天统五年春二月乙丑,诏应宫刑者,普免为官口。(《后主纪》)

房诛

愔子献天和皆帝姑夫云,于是乃以天子之命,下诏罪之,罪止一身,家口不问。寻复簿录五家,王晞固谏,乃各没一房。(《杨愔传》)

任胄令(郑)仲礼藏刀于袴中,因高祖临观,谋为窃发,事捷之

后，共奉文畅为主。为任氏家客薛季孝告，高祖问，皆俱伏，以其姊宠，故止坐文畅一房。（《尔朱文畅传》）

显祖末年，既多猜害，追忿隆之，诛其子德枢等十余人。（《高隆之传》）

按北魏有门房之诛，齐盖沿魏制。族诛仅《祖珽传》有因（斛律）光府参军封士让启告光反、遂灭其族之语，他不概见，盖不常用也。

重罪十条

一曰反逆，二曰大逆，三曰叛，四曰降，五曰恶逆，六曰不道，七曰不敬，八曰不孝，九曰不义，十曰内乱。其犯此十者，不在八议论赎之限。（《隋书·刑法志》）

又制立重罪十条为十恶。（《唐六典注》）

长鸾令绰亲信，诬告其反，奏云此犯国法，不可赦。（《南阳王绰传》）

夜中义云被贼害，乃（义云子）善昭所佩刀也，遗之于义云庭中。邢邵上言，此乃大逆。（《毕义云传》）

八议

为司徒冀州刺史游猎无度，恣情强暴。后主闻之，诏鏁绰赴行

在所,至而宥之。(《南阳王绰传》)

高归彦起逆,义云在州,私集人马,并聚甲杖,将以自防,为人所启,武成犹录其往诚,竟不加罪。(《毕义云传》)

按此即议亲议能之例。盖自魏晋以来,无不以八议入律也。

枉法赃处死刑

珽拟补令史十余人,皆有受纳,后其事皆发,缚珽送廷尉,据枉法处绞刑。(《祖珽传》)

上令有司推劾孝琰,案其受纳货贿,致于极法,因搜索其家,大获珍异,悉以没官。(《封子绘传》)

清河有二豪吏田转贵孙舍兴,久吏奸猾,多有侵削,因事遂胁人取财,计赃依律不致死,让之以其乱法杀之。(《裴让之传》)

北齐阳翟太守张善苛酷贪叨,恶声流布,兰台御史魏辉儁就郡治之,罪合当死。善于狱中使人通诉,诬辉儁为纳民财,枉见推缚。文宣帝大怒,令尚书令卢裴覆验之,裴遂希旨成辉儁罪状,奏报于州斩决。(《太平广记》一百十九引《还冤记》)

按唐律受财枉法者十五匹绞。

强盗长流

并州尝有强盗，长流参军推其事，所疑贼并已拷伏，失物家并识认，唯不获盗赃。文襄付琼，更令穷审，乃别推得元景融等十余人，并获贼验。（《苏琼传》）

按唐律，强盗持仗者，虽不得财，流三千里。

盗佛像

皇建中，徐州城中五级寺，忽被盗铜像一百躯，有司征检四邻防宿及踪迹所疑，逮系数十人。琼一时放遣，后十日抄贼姓名及贼处所，径收掩，悉获。（《北史·苏琼传》）

按唐律有盗毁天尊佛像，盖沿隋制。然六朝时人崇佛，疑以此入律，当自南北朝时始，不独北齐。周武帝黜佛，故知周律定无此条也。

盗牛

迁南清河太守，其郡多盗，县民魏双成失牛，疑其村人魏子宾，列送至郡，一经穷问，知宾非盗者，即便放之。双成诉云，府君放贼去，百姓牛何处可得？琼不理其语，密走私访，别获盗者。（《苏琼传》）

按唐律有盗官私牛马杀。考《盐铁论》，盗马者死，盗牛者加，其源盖出于汉律。

诸奸

妃王氏与仓头奸，凝知而不能限禁，后事发赐死。（《华王山凝传》）

行定陶县令，坐奸事免。（《刘逖传》）

显祖召邺下妇人薛氏入宫，而岳先尝唤之至宅，由其姊也。帝让岳，以为奸民女，岳曰，臣本欲取之，嫌其轻薄不用，非奸也。（《清河王岳传》）

按唐杂律有监主于监守内奸。

诬告

思好反前五旬，有人告其谋反。韩长鸾女适思好子，故奏有人诬告诸贵，事相扰动，不杀无以息后，乃斩之。（《上洛王思好传》）

漏泄

子泽，颇有文学，历位中书侍郎兼给事黄门侍郎，以漏泄免。（《北史·裴延俊传》）

后漏泄省中语，出为丞相西阁祭酒。（《隋书·卢思道传》）

按漏泄省中语，本汉律。盖沿汉制。

诏书脱误

顷之坐诏书脱误，左迁骠骑将军。（《阳休之传》）

按唐律，制书误辄改定，在职制二。

非所宜言

王曰，卿何敢发非所宜言？须致卿于法。（《王晞传》）

按非所宜言，本汉律，今唐律已无此条，不知废于何时。考梁律仍有此条，是南北朝诸律，均相沿未改。唐律全袭隋开皇律，并其条数亦未更动，则此条直隋初删之耳。

擅用库钱

以擅用库钱免。(《隋书·卢思道传》)

擅放免囚

周谅入于齐,扬州刺史平鉴所获,系之狱,妻生男,鉴因喜醉,擅免之,既醒知非,上启自劾,齐王特原其罪。(《御览》六百四十三引《三国典略》)

考竟

齐兖州刺史武成县公崔陵博预旧恩,颇自矜纵,妾冯氏,假其威刑,恣情取纳,为御史所劾,召收系廷尉,考竟,遂死狱中。(《御览》六百四十六引《三国典略》)

赦

将建金鸡而大赦。(《河间王孝琬传》)

北齐赦日,武库令设金鸡及鼓于阊阖门之右,勒集囚徒于阙

前,挝鼓千声,脱枷锁遣之。(《通典》一百六十九)

酒禁

河清四年春二月,以年谷不登,禁酤酒。(《武成帝纪》)

天统五年冬十月,诏禁造酒。(《后主纪》)

武平六年秋闰八月,开酒禁。(同上)

齐令

河清三年尚书令赵郡王睿等又上新令四十卷,大抵采魏晋故事。(《隋书·刑法志》)

《北齐令》五十卷。(《隋书·经籍志》《旧唐书·经籍志》作八卷,《新唐书·艺文志》同《通典》作三十卷)

北齐令赵郡王睿等撰令五十卷,取尚书二十八曹为其篇名。(《唐六典注》)

按《隋书·百官志》,北齐六尚书分统列曹,吏部统吏部、考功、主爵三曹,殿中统殿中仪曹,三公驾部四曹、祠部统祠部、主客、虞曹、屯田、起部五曹,五兵统左中兵、右中兵、左外兵、右外兵、都兵五曹,都官统都官、二千石、比部、水部、膳部五曹,度支统度支、仓部、左户、右户、金部、库部六曹,凡二十八曹。齐令即以此为篇目。

人居十家为比邻(《通典》卷三作邻比),五十家为闾里,百家为族党。一党之内则有党族一人,副党一人,闾正二人,邻长十人,合有十四人。(一党以下二十七字,据《通典》卷三补)。男子十八以上、六十五以下为丁,十六已上、十七已下为中,六十六已上为老,十五已下为小(《通典》卷七引同)。率以十八受田输租调,二十充兵,六十免力役,六十六退田,免租调(《通典》卷五引同)。京城四面诸坊之外,三十里内为公田,受公田者三县代迁,内执事官一品已下逮于羽林武贲,各有差。其外畿郡,华人官第一品已下羽林武贲已上,各有差。职事及百姓请垦田者,名为受田(《通典》作永业田),奴婢受田者,亲王止三百人,嗣王止二百人,第二品嗣王已下及庶姓王,止一百五十人,正三品已上及王宗止一百人,七品已上限止八十人,八品已下至庶人,限止六十人。奴婢限外不给田者,皆不输。其方百里外及州,人一夫受露田八十亩,妇四十亩,奴婢依良人限数,与在京百官同。丁牛一头,受田六十亩,限止四年(《通典》作牛),又每丁给永业二十亩为桑田,其中种桑五十根、榆三根、枣五根,不在还受之限,非此田者,悉入还受之分。土不宜桑者,给麻田,如桑田法。率人一床,调绢一匹、绵八两,凡十斤,绵中折一斤作丝,垦租二石,义租五斗,奴婢各准良人之半。牛调二尺(《通典》作丈),垦租一斗,义租五升。垦租送台,义租纳郡,以备水旱。垦租皆依贫富为三枭。其赋税常调则少者直出上户,中者及中户,多者及下户,上枭输远处,中枭输次远,下枭输当州仓,三年一校焉。租入台者,五百里内输粟,五百里外输米,入州镇者输粟,人欲输钱者准上绢收钱(《通典》卷五引同)。诸州郡皆别置富人仓,初立之日准所领中下户口数,得支一年之粮,逐当州谷价贱时斟量，割当年义租充入。谷贵，下价粜之；贱则还用所粜之物，依价籴贮（《通典》卷十二引同）。每岁春月，各依乡士早晚，课入农桑，自春及秋，男二十五已上，皆布田亩，桑蚕之月，妇女十五已上，皆营蚕桑。孟冬、刺史听审邦教之优劣，定殿最之科品，人有人力无牛、或有牛无力者，须令相使，皆得纳粮，使地无遗利，人无游手焉（《通典》卷二引同）。缘边城守之地堪垦食者，皆营屯田，置都使子使以统之。一子使当田五十顷，岁终考其所入，以论褒贬。（《隋书·食货志》引河清三年定令）

亲王公主太妃妃及从三品已上，丧者借白鼓一面，丧毕进输，王郡公主太妃仪同三司已上及令仆皆听立凶门柏，历三品已上及五等开国，通用方相，四品已下达于庶人，以魌头。旐则一品九旒，二品三品七旒，四品五品五旒，六品七品三旒，八品已上达于庶人，唯旐而已。其建旐，三品已上及开国子男，其长至轸，四品五品至轮，六品至于九品至较，勋品达于庶人，不过七尺。（《隋书·礼仪志》引后齐定令）

宫卫之制，左右各有羽林郎十二队，又有持鈒队、铤槊队、长刀队、细仗队、楯鍜队、雄戟队、格兽队、赤氅队、角抵队、羽林队步、游荡队、马游荡队，又左右各武贲十队，左右翊各四队，又步游荡马游荡左右各三队，是为武贲。又有直从武贲左右各六队，在左者为前驱队，在右者为后拒队。又有募员武贲队强弩队，左右各一队。在左者皆左卫将军总之，在右者皆右卫将军总之，以备警卫。其领军中领将军，侍从出入，则著两裆甲，手执桎杖。左右卫将军，将军则两裆甲，手执檀杖。侍从左右则有千牛备身、左右备身、刀剑备身之属，兼有武威，熊渠、鹰扬等备身三队，皆领左右将军主之，宿卫左右而戎服执仗，兵有斧钺弓箭刀矟旌旗，皆囊首，五色节文，旆悉赭黄。天子御正殿，唯大臣夹侍，兵仗悉在殿下。郊祭卤簿，则督将平巾帻、绯衫，甲大口袴。（同上引河清定令）

四时祭庙及元旦庙廷，并设庭燎二所。（《通典》卷四十九引河清定令）

按以上均诸书所引齐令佚文。又《唐六典注》卷四，引河清令，改左士郎为膳部，改左主客为主爵，南主客为主客，以领诸藩杂客事。据《隋志》云，后齐制官，多循后魏，此盖举其不同者。此外虽未明引令文，而可知其为齐令者，如北齐官品见《通典》卷三十八，其职掌俸秩，均详见《隋书·百官志》，百官服制则详于《礼仪志》，疑皆采之齐令，但不知隶于何篇耳。以文繁，不及备录。

权令

其不可为定法者，别制《权令》二卷，与之并行。（《隋书·刑法志》）

北齐《权令》二卷。（《隋书·经籍志》）

又撰《权令》二卷，两令并行。（《唐六典注》）

齐格

河清四年,坐违格私度禁物,并盗截军粮,有司依格处斩,家口配没。(《王峻传》)

后平秦王高归彦谋反,须有约罪,律无正条,于是遂有别条权格,与律并行。(《隋书·刑法志》)

按唐律令格式并行,盖沿齐制。

齐以春秋决狱

收伏连及高舍洛王子宜刘辟强、都督翟显贵于后园,帝亲射之而后斩,皆支解暴之都街下文武职吏尽欲杀之,(斛律)光以皆勋贵子弟,恐人心不安,赵彦深亦云,春秋责帅,于是罪之各有差。(《琅邪王俨传》)

齐律家

封述

齐封述,渤海蓨人,廷尉轨之子也。久为法官,明解律令,议断平允,时人称之。(《御览》六百三十,引《三国典略》)

封述久为法官，明解律令，议断平允，深为时人所称。（《册府元龟》六百十八）

按渤海封氏，世长律学，封隆之参定《麟趾格》，封绘参定齐律，俱见各本传。

宋世轨

世轨幼自严整，好法律，稍迁廷尉。（本传）

卷　七

后周律考序

隋文帝代周有天下，其制定律令，独采北齐而不袭周制，返而考之《隋书·经籍志》及新旧《唐书》《经籍》《艺文》诸志，所列南北朝律令略备，然于周令，独不著录，心窃疑之。及读《周书》苏绰卢辩诸传，而后知隋之不袭用周律令，盖有由也。《绰传》云，有晋之季，文章竞为浮华，遂成风俗，太祖欲革其弊，乃命绰为大诰，自是文笔皆依此体。《辩传》云，太祖欲行《周官》，命苏绰专掌其事，绰卒，乃令辩成之，并撰次朝仪，车服器用，多依古体。《史通》谓宇文初习华风，军国词令，皆准《尚书》。太祖敕朝廷他文悉准于此，陷于矫枉过正之失，乖夫适俗随时之义，谅哉言乎。今周令虽佚，而《隋书》《礼仪》《食货》诸志所采，与夫《通典》所辑者，尚可得其大概。大抵官名仪制，一依《周礼》，并文句亦必求其相似，较之《太玄》之仿《周易》，《中说》之拟《论语》，殆尤甚焉。令狐德棻谓其时虽行《周礼》，内外众职，又兼用秦汉等官，于宇文一代之制，深致不满。周令如是，而律可知矣。周律名曰《大律》，盖即《大诰》之意，其文体之规模《大诰》，又可以意得之。夫自魏晋以还，律目虽有异同，而体裁率沿《法经》《九章》之旧。今必欲以科刑之典，丽以《尚书》《周礼》之文，削足适履，左支右绌。史称赵肃撰周律，积思累年，遂感心疾而死，或亦职此之由。今以《隋志》所载者考之，篇目科条,皆倍于齐律,而祀享朝会市廛三篇,为晋魏以来所未见。意皆剌取天官、地官、春官诸文,资其文饰,其余则多又沿晋律,今古杂糅,礼律凌乱,无足道者。隋氏代周,一扫宇文迂谬之迹,唐初诸臣修五代志,于周制纪载独略,维时周令尚存,而《经籍志》亦不著录,盖修史诸臣,虽存孤本,而民间久无其书,观于《唐六典注》于周令已不能举其篇目,知其散佚已久。兹篇所辑,仅就《周书》《北史》及《隋志》略为编次,采摭独为简略,诚非得已。

一九二三年癸亥冬闽县程树德序

后周律考目录

后周律考

周律源流（附西魏大统式）

周文帝之有关中也，霸业初基，典章多关。大统元年，命有司斟酌今古，通变可以益时者，为二十四条之制奏之。七年，又下十二条制。十年，魏帝命尚书苏绰总三十六条，更损益为五卷，班于天下。其后以河南赵肃为廷尉卿，撰定法律，肃积思累年，遂感心疾而死。乃命司宪大夫拓跋迪掌之，至保定三年三月庚子，乃就，谓之大律，凡二十五篇。（《隋书·刑法志》）

大统元年三月，太祖以戎役屡兴，民吏劳弊，乃命所司斟酌今古，参考变通，可以益国利民、便时适治者，为二十四条新制，奏魏帝行之。（《文帝纪》）

大统七年冬十一月，太祖奏行十二条制，恐百官不勉于职事，又下令申明之。（同上）

西魏大统七年九月，度支尚书苏绰为六条诏书，一曰修身心，二曰厚教化，三曰尽地利，四曰擢贤良，五曰恤狱讼，六曰均赋役。奏置左右，令百官习诵之，牧令守长，非通六条及计帐，不得居官。寻又益新制十二条。（《玉海》）

按据《周书·苏绰传》，六条诏书作于大统十年，《玉海》疑误。

苏绰《六条》一卷。(《崇文总目》卷二)

大统十年秋七月,魏帝以太祖前后所上二十四条及十二条新制,方为中兴永式,乃命尚书苏绰更损益之,总为五卷,班于天下,百姓便之。(《文帝纪》)

十年,命尚书苏绰总三十六条,更损益为五卷,谓之《大统式》。(《唐六典注》)

《周大统式》三卷。(《隋书经籍志》《新唐书艺文志》同)

先是太祖命肃撰定法律,肃积思累年,遂感心疾,去职卒于家。(《赵肃传》)

保定三年二月庚子,初颁新律。(《武帝纪》)

后周命赵肃等造律,保定中奏之,凡二十五篇,大凡定罪一千五百三十七条,比于齐律,烦而不当。(《唐六典注》)

又监修律令,进位大将军。(《北史·柳敏传》)

政明习故事,又参定周律。(《北史·裴政传》)

与斟斯征柳敏等同修礼律。(《隋书·崔仲方传》)

周律篇目

一曰刑名,二曰法例,三曰祀享,四曰朝会,五曰婚姻,六曰户禁,七曰水火,八曰兴缮,九曰卫宫,十曰市廛,十一曰斗竞,十二曰劫盗,十三曰贼叛,十四曰毁亡,十五曰违制,十六曰关津,十七曰诸侯,十八曰厩牧,十九曰杂犯,二十曰诈伪,二十一曰请求,二十二曰告言,二十三曰逃亡,二十四曰系讯,二十五曰断狱,大凡定罪一千五百三十七条。(《隋书·刑法志》)

按《唐六典注》引周律篇目，祀享作祠享，关津作关市，请求作请赇，告言作告劾，与《隋志》微异。

周刑名

杖刑五：

十

二十

三十

四十

五十

鞭刑五：

六十

七十

八十

九十

一百

徒刑五：（徒输作者，皆任其所能而役使之）

徒一年者，鞭六十，笞十。（妇人当笞者听以赎论，下同）

徒二年者，鞭七十，笞二十。

徒三年者，鞭八十，笞三十。

徒四年者，鞭九十，笞四十。

徒五年者，鞭一百，笞五十。

流刑五：(《唐六典注》，周流刑以六年为限)

流卫服去皇畿二千五百里者，鞭一百，笞六十。

流要服去皇畿三千里者，鞭一百，笞七十。

流荒服去皇畿三千五百里者，鞭一百，笞八十。

流镇服去皇畿四千里者，鞭一百，笞九十。

流蕃服去皇畿四千五百里者，鞭一百，笞一百。

死刑五：

磬(《唐六典注》磬作磔)

绞

斩

枭

裂

赎罪

赎杖刑五，金一两至五两；赎鞭刑五，金六两至十两；赎徒刑五，一年金十二两，二年十五两，三年一斤二两，四年一斤五两，五年一斤八两。赎流刑一斤十二两，俱役六年，不以远近为差等。赎死罪金二斤。(《隋书·刑法志》)

应赎金者鞭杖十，收中绢一匹，流徒者依限岁收绢十二匹，死罪者一百匹。其赎罪死罪五旬，流刑四旬，徒刑三旬，鞭刑二旬，杖刑一旬，限外不输者归于法，贫者请而免之。(同上)

其赎罪金绢兼用。(《唐六典注》)

不立十恶之目

不立十恶之目，而重恶逆不道、大不敬、不孝、不义、内乱之罪，凡恶逆，肆之三日。（《隋书·刑法志》）

八议

所管礼州刺史蔡泽黩货被讼，达以其勋庸，不可加戮。（《北史·周室诸王·代奰王达传》）

按此即八议中之议功，周律列八议，又见《唐六典注》。

加减

鞭者以一百为限，加笞者合二百止，应加鞭者，皆先笞后鞭。（《隋书·刑法志》）

杖十已上当加者上就次数满乃坐，当减者死罪流蕃服，蕃服已下，俱至徒五年，五年已下，各以一等为差。（同上）

故纵

乃悉诏桀黠少年、素为乡里患者，署为主帅，分其地界，有盗发而不获者，以故纵论。(《韩褒传》)

考竟

子肃早有才名，性颇轻猾，卒以罪考竟终。(《张轨传》)

除名

植诛死，穆亦坐除名。(《李穆传》)

其长子康，恃悦旧，自骄纵，悦及康并坐除名。(《王悦传》)

犯罪在赦前

周诏有司无得纠赦前事，唯厩库仓廪与海内所共，若有侵盗，虽经赦宥免其罪，征备如法。(《通鉴》卷一百六十七)

杂户

盗贼及谋反大逆降叛恶逆罪当流者，皆甄一房配为杂户，其盗为贼事发逃亡者，悬名注配。若再犯徒三犯鞭者，一身永配下役。（《隋书·刑法志》）

建德六年，齐平后，帝欲施轻典于新国，乃诏凡杂户，悉放为百姓，自是无复杂户。（同上）

六年八月壬寅诏曰，以刑止刑，世轻世重，罪不及嗣，皆有定科，杂役之徒，独异常宪，一从罪配，百世不免，罚既无穷，刑何以措？道有沿革，宜从宽典。凡诸杂户，悉放为民，配杂之科，因之永削。（《武帝纪》）

枷锁之制

凡死罪枷而拲，流罪枷而梏，徒罪枷，鞭罪桎，杖罪散以待断。皇族及有爵者，死罪已下锁之，徒已下散之。狱成将杀者，书其姓名及其罪于拲而杀之市，惟皇族与有爵者隐狱。（《隋书·刑法志》）

周严治盗之律

盗贼群攻乡邑及入人家者，杀之无罪。（《隋书·刑法志》）

经为盗者，注其籍，惟皇宗则否。（同上）

建德六年十一月初行《刑书要制》，持杖群强盗一匹以上，不持杖群强盗五匹以上，监临主掌自盗二十匹以上，小盗及诈伪请官物三十匹以上，正长隐五户及十丁以上，隐地三顷以上者，至死。《刑书》所不载者，自依律科。（《武帝纪》）

周以经义决狱

元年二月丁亥，楚国公赵贵谋反伏诛。诏曰：法者天下之法，朕既为天下守法，安敢以私情废之。书曰：善善及后世，恶恶止其身，其贵通兴龙仁罪止一家，僧衍止一房，余皆不问。（《孝闵帝纪》）

诏曰：君亲无将，将而必诛。大冢宰晋公护志在无君，义违臣节，怀兹虿毒，逞彼狼心，任情诛暴，肆行威福，今肃正典刑，护已即罪，可大赦天下。（《晋荡公护传》）

禁娶母同姓为妻妾

建德六年六月丁卯，诏曰：同姓百世，婚姻不通，盖惟重别，周道然也。而娶妻买妾，有纳母氏之族，虽曰异宗，犹为混杂。自今以后，悉不得娶母同姓以为妾，其已定未成者，即令改聘。（《武帝纪》）

按《周书·宣帝纪》诏制九条，宣下州郡，二曰母族绝服外者听婚。是武帝时凡母族均禁通婚，至宣帝时则绝服外者仍许之也。

禁报仇

保定三年夏四月戊午，初禁天下报仇，犯者以杀人论。（《武帝纪》）

初除复仇之法，犯者以杀论。（《隋书·刑法志》）

按所谓复仇之法者，据《隋志》即报仇者告于法而自杀之不坐，盖周律原有此条。

钱禁

建德五年春正月，初令铸钱者绞，其从者远配为民。（《武帝纪》《隋书·食货志》民作户）

刑书要制、刑经圣制

初高祖作《刑书要制》，用法严重，及帝即位，以海内初平，恐物情未付，乃除之。至是大醮，于正武殿告天而行焉。（《宣帝纪》）

大象元年，又下诏曰：高祖所立《刑书要制》，用法深重，其一切除之。然帝荒淫日甚，恶闻其过，诛杀无度，疏斥大臣，又数行肆赦，为奸者皆轻犯刑法，政令不一，下无适从。于是又广《刑书要制》而更峻其法，谓之《刑经圣制》。宿卫之官，一日不直，罪至削除，逃亡者皆死，而家口籍没。上书字误者，科其罪，鞭杖皆百二十为度，名曰天杖，其后又加至二百四十。（《隋书·刑法志》）

隋高祖为相，又行宽大之典，删略旧律，作《刑书要制》，既成奏之，静帝下诏颁行，诸有犯罪未科决者，并依制处断。（同上）

周令

后周命赵肃拓跋迪定令，史失篇目。（《唐六典注》）

按《旧唐书经籍志》、《新唐书艺文志》于南北朝诸律令，独阙周令。《六典注》成于李林甫，当唐之中叶，周令已不可考，则其佚久矣。《隋书·礼仪志》于周制记载甚详，苟非周令尚存，何所依据？然《隋书·经籍志》亦不著录，殊不可解。

载师掌任土之法，辨夫家田里之数，会六畜车乘之稽，审赋役敛弛之节，制畿疆修广之域，颁施惠之要，审牧产之政。司均掌田里之政令，凡人口十已上，宅五亩；口九以上，宅四亩；五口已下，宅二亩；有室者田百四十亩，丁者田百亩。司赋掌功赋之政令，凡人自十八以至六十有四与轻癃者，皆赋之。其赋之法，有室者岁不过绢一匹、绵八两、粟五斛，丁者半之。其非桑土有室者，布一匹，麻十斤，丁者又半之。丰年则全赋，中年半之，下年三之，皆以时征焉。若艰凶札，则不征其赋。司役掌力役之政令，凡人自十八以至五十有九皆任于役，丰年不过三旬，中年则二旬，下年则一旬。凡起徒役，无过家一人，其人有年八十者一子不从役，百年者家不从役，废疾非人不养者一人不从服。若凶札，又无力征。掌盐掌四盐之政令，一曰散盐煮海以成之，二曰盬盐引池以化之，三曰形盐物地以出之，四曰饴盐于戎以取之。凡盬盐形盐每地为之禁，百姓取之皆税焉。司仓掌辨九谷之物，以量国用，国用足即蓄其余以待凶荒，不足则止，余用足则以粟贷人，春颁之，秋敛之。（《隋书·食货志》）

按此段文法，酷似《周礼》，史称文帝命苏绰作大诰凡百，文字均依其体。《食货志》所采，决为周令原文无疑。此外《礼仪志》所载服制，《通典》及《周书·卢辩传》所载之官品，其名称亦全模仿《周礼》，疑亦本之周令，以文多不录。今周令虽佚，尚可于《隋志》得其大概也。

九条

宣政元年八月，诏制九条，宣下州郡。（《隋书·刑法志》）

遣大使巡察诸州，诏制九条，宣下州郡。一曰、决狱科罪，皆准律文。二曰、母族绝服外者听婚。三曰、以杖决罚，悉令依法。四曰、郡县当境贼盗不擒获者，并仰录奏。五曰、孝子顺孙义夫节妇，表其门闾，才堪任用者即宜申荐。六曰、或昔经驱使，名位未达，或沈沦蓬荜，文武可施，宜并采访，具以名奏。七曰、伪齐七品以上已敕收用，八品以下爰及流外，若欲入仕，皆听预选，降二等授官。八曰、州举高才博学者为秀才，郡举经明行修者为孝廉，上州上郡岁一人，下州下郡三岁一人。九曰、年七十以上依式授官，鳏寡困乏不能自存者，并加禀恤。（《宣帝纪》）

周律家

徐招

时有高平徐招，少好法律，发言措笔，常欲辨析秋毫，历职内外，有当官之誉。（《赵肃传》）

招少好法律及朝廷旧事。（《北史·徐招传》）

卷　八

隋律考序

隋律有二:一为文帝所定之开皇律,一为炀帝所定之大业律。考《旧唐书·刑法志》,高祖受禅,诏纳言刘文静与当朝通识之士,因开皇律令而损益之,尽削大业所由烦峻之法。《通鉴》武德元年六月,废隋大业律令。《唐六典注》,皇朝武德中,命裴寂殷开山等定律令,其篇目一准开皇之旧,刑名之制,又亦略同。惟三流皆加一千里,居作三年二年半二年皆为一年,以此为异。又除苛细五十三条。《唐会要》武德七年律令成,大略以开皇为准格,五十三条入于新律,其他无所改正。是今所传唐律,即隋开皇律旧本,犹之南齐永明律全用晋律张杜旧本也。今以《隋志》证之,篇目同为十二,一也;刑名同为五等,二也;袭其十恶之条,三也。《隋志》论开皇律于十恶之后,即及于八议减等听赎之制,与唐律之有请章、减章、赎章者,其先后次序,亦复相同。疑唐初修律诸人,仅择开皇律之苛峻者,从事修正,其他条项,一无更改。今以《隋书》唐律互较,尚可仿佛得其修订之迹。《文帝纪》,开皇二十年,诏敢有毁坏偷盗佛及天尊像岳镇海渎神形者,以不道论;沙门坏佛像,道士坏天尊像者,以恶逆论。今唐律诸盗毁天尊佛像者,徒三年。即道士女冠盗毁天尊像、僧尼盗毁佛像者,加役流,所谓删除苛细者,殆即此类。《隋志》凡在八议之科及官品第七以上,犯罪皆例减一等,品第九以上者听赎。唐律则分犯死罪与流罪以下为二,减赎均以犯流罪以下为限,死罪则须先奏请,皆与开皇律不同。又唐律十恶皆有小注,不道小注有厌蛊而无呪诅。据《郑译传》开皇律亦以厌蛊为不道,此与唐律同。然《后妃传》以巫蛊呪诅并举,其他以呪诅坐死者,屡见各传。疑隋律十恶小注,尚有呪诅,而唐律删之;《疏义》亦明言呪诅不入十恶,凡此皆修订之尚可考者。盖唐初修律诸臣,如裴寂、刘文静、殷开山等本非律家,开皇定律,源出北齐,而齐律之美备,又载在史册,人无异词,执笔者不敢率为更改。故《旧唐书·刑法志》,一则曰以开皇为准,再则曰余无所改,纪其实也。若夫大业律为唐初所废,意其刻深等于秦法,而实不然。考《隋志》言大业律于五刑降从轻典者二百余条,其枷杖决罚讯囚之制,并轻于旧。今以篇目较之,较开皇律多请求关市二篇,析户婚贼盗厩库斗讼为二篇,大抵增其篇目,仍其条项。据《刘炫传》,大业律出于牛弘之手,然《隋志》谓弘即开皇中修律之一人,则二律同出一手。且是律之颁行,在大业三年,仓猝而成。盖炀帝好大喜功,特欲袭制礼作乐之名,本无补弊救偏之意。弘窥见其旨,故篇目虽增于旧,而刑典则降从轻。至其末叶,刑罚滥酷,本出于律令之外。唐初袭汉高入关约法之故智,因而废之,非必其律之果不善也,不然以弘之长厚,而为刻深如亡秦之法哉?吾尝谓北齐律、隋律唐律之三者,大体同符,今齐律隋律均佚,而唐律尚存,虽谓之齐律隋律不亡可也。

一九二二年壬戌孟秋闽县程树德序

隋律考目录

隋律考

上

开皇定律年月及修律诸人

开皇元年冬十月戊子，行新律。（《文帝纪》）

诏颁之曰，帝王作法，沿革不同，取适于时，故有损益。夫绞以致毙，斩则殊形，除恶之体，于斯已极，枭首轘身，义无所取，不益惩肃之理，徒表安忍之怀。鞭之为用，残剥肤体，彻骨侵肌，酷均脔切，虽云远古之式，事乖仁者之刑，枭轘及鞭，并令去也。贵砺带之书，不当徒罚，广轩冕之荫，旁及诸亲，流役六年，改为五载，刑徒五岁，变从三祀。其余以轻代重，化死为生，条目甚多，备于简策，宜班诸海内，为时轨范，杂格严科，并宜除削。先施法令，欲人无犯之心，国有常刑，诛而不怒之义，措而不用，庶或非远，万方百辟，知吾此怀。（《刑法志》）

三年，因览刑部奏，断狱数犹至万条，以为律尚严密，故人多陷罪。又敕苏威牛弘等更定新律，除死罪八十一条，流罪一百五十四条，徒杖等千余条，定留惟五百条，凡十二卷。自是刑网简要，疏而不失。（《刑法志》）

隋文帝参用周齐旧政，以定律令，除苛惨之法，务在宽平。（《旧唐书·刑法志》）

隋开皇元年，命高颎等七人定律，至三年，又敕苏威牛弘删定凡十二篇 。（《唐六典》注）

《隋律》十二卷（《经籍志》 《旧唐书·经籍志·隋律》十二卷，高颎等撰 《新唐书·艺文志》高颎等《隋律》十二卷）

开皇元年，乃诏尚书左仆射渤海公高颎、上柱国沛公郑译、上柱国清河郡公杨素、大理前少卿平源县公常明、刑部侍郎保城县公韩濬，比部侍郎李谔、兼考功侍郎柳雄亮等更定新律，奏上之。（《刑法志》）

诏译参撰律令，上劳译曰，律令则公定之，音乐则公正之，礼乐律令，公居其三，良足美也。（《郑译传》）

开皇元年敕令与大尉任国公于翼高颎等同修律令，事讫奏闻，别赐九环金带一腰、骏马一匹，赏损益之多也。（《李德林传》）

寻拜大宗伯，典修礼律。（《滕王瓒传》）

开皇初，拜尚书右仆射，与郢国公王谊修律令。（《赵芬传》）

奉诏参修律令。（《元谐传》）

焯又与诸儒修定礼律。（《刘焯传》）

诏与苏威等修定律令，政采魏晋刑典，下至齐梁，沿革轻重，取其折衷，同撰著者十有余人，凡疑滞不通，皆取决于政。（《裴政传》）

按政尝参定周律，然其定隋律独不袭周制，是周律繁而不要，当时已有定论也。

帝令相臣厘定旧法，为一代通典，律令格式，多威所定，世以为能。(《北史·苏威传》)

诏与牛弘撰定律令格式。(《北史·赵轨传》)

牛弘爱其才，署礼部员外郎，奉诏定五礼律令。(《新唐书·李百药传》)

开皇律篇目

一曰名例，二曰卫禁，三曰职制，四曰户婚，五曰厩库，六曰擅兴，七曰盗贼，八曰斗讼，九曰诈伪，十曰杂律，十一曰捕亡，十二曰断狱。(《刑法志》)

按唐律篇目与此全同，隋志云，定留惟五百条，今唐律亦五百条，是并条项亦相同也。

开皇律佚文

准枉法者但准其罪，以枉法论者，郎同真法。(刘子栩传引律)

按唐律名例称准枉法论准盗论之类，罪止流三千里，但准其罪称以枉法论及以盗论之类，皆与真犯同。

刑名

死刑二：（二死皆赎铜百二十斤）

绞

斩

流刑三：（应住居作者三流，俱役三年，近流加杖一百，一等加三十）

一千里，（居作二年，赎铜八十斤）

一千五百里，（居作二年半，赎铜九十斤）

二千里。（居作三年，赎铜一百斤）

按《通鉴》一百七十五，作流刑三，自二千里至三千里。胡三省注亦云与隋志不同。考《唐六典》注，唐律一准开皇之旧，惟三流皆加一千里，《通鉴》盖传写之误。

徒型五：

一年，（赎铜二十斤）

一年半，（赎铜三十斤）

二年，（赎铜四十斤）

二年半，（赎铜五十斤）

三年。（赎铜六十斤）

杖刑五：

六十，（赎铜六斤）

七十,(赎铜七斤)
八十,(赎铜八斤)
九十,(赎铜九斤)
百。(赎铜十斤)

笞刑五:

十,(赎铜一斤)
二十,(赎铜二斤)
三十,(赎铜三斤)
四十,(赎铜四斤)
五十。(赎铜五斤)

按唐律刑名,概沿开皇之旧,惟加重流刑自二千里至三千里。今以《隋志》唐律互证,开皇律仍沿北齐之制,刑名先其重者,故以死刑列首。唐则采北周之制,刑名先其轻者,以笞刑列首,为稍异耳。

十恶

又置十恶之条,多采后齐之制,而颇有损益。一曰谋反,二曰谋大逆,三曰谋叛,四曰恶逆。(《文帝纪》敢有毁坏偷盗佛及天尊像岳镇海渎神形者,以不道论;沙门坏佛道士坏天尊者,以恶逆论)。五曰不道,六曰大不敬,七曰不孝,八曰不睦,九曰不义,十曰内乱。(《刑法志》)

周齐虽具十条之名,而无十恶之目。开皇创制,始备此科,酌

于旧章,数存于十。自武德以来,仍遵开皇,无所损益。(《唐律疏义》)

犯十恶及故杀人狱成者,虽会赦,犹除名。(《刑法志》)

按唐律名例,诸犯十恶故杀人反逆缘坐狱成者,虽会赦犹除名,与开皇律同。

八议

其在八议之科及官品第七以上犯罪,皆例减一等,其品第九以上犯者,听赎。(《刑法志》)

按唐律名例,八议犯死罪者,先奏请议,议定奏裁,流罪以下减一等,七品以上官犯流罪以下从减一等之例,诸应议请减及九品以上之官犯流罪以下听赎,均以流罪以下为限,与开皇律异。

除宫刑鞭刑及枭首轘裂之法

汉除肉刑,除墨劓耳,宫刑犹在。大隋开皇之初,始除男子宫刑,妇人犹闭于宫。(《尚书正义》)

宫刑至隋乃赦。(《周礼·秋官·司刑》疏)

按《困学纪闻》引《通鉴》西魏大统十三年三月除宫刑，谓不始于隋考。北齐天统五年，犹应有宫刑之诏，是北朝仍有宫刑，未可遽议孔《疏》之非。

蠲除前代鞭刑及枭首轘裂之法。（《刑法志》）

除孥戮相坐之法

又诏免尉迟迥王谦司马消难三道逆人家口之配没者，悉官酬赎，使为编户，因除孥戮相坐之法。（《刑法志》）

官当

犯私罪以官当徒者、五品已上一官当徒二年，九品已上一官当徒一年，当流者三流同比徒三年。若犯公罪者，徒各加一年，当流者各加一等；其累徒过九年者，流二千里。（《刑法志》）

按唐律名例改比徒三年为四年。

坐事去官

开皇十三年春二月己丑，制坐事去官者，配流一年。（《文帝

纪》)

私令卫士出外科徒

帝在显仁宫,敕宫外卫士,不得辄离所守。有一主帅,私令卫士出外,帝付大理绳之,师据律奏徒。(《源师传》)

私入番交易

化及遣人入番,私为交易,事发当诛。(《宇文化及传》)

按唐律,卫禁诸斋禁物私度关者,坐赃论。疏义云,依关市令,锦绫罗縠䌷绵绢丝布氂牛尾真珠金银铁并不得度西边北边诸关;及至诸州兴易。隋制当同。

奏对不以实

因下诏罪万岁曰,乃怀奸诈,妄称逆而交兵,不以实陈。(《史万岁传》)

按唐律,对制上书不以实,在诈伪。

知非不举

开府萧摩诃妻患且死,奏请遣子向江南,收其家产,御史见而不言。寿奏劾之曰,摩诃远念资财,近忘匹好,又命其子舍危惙之母,为聚敛之行,而兼殿中侍御史韩徽之等,亲所闻见,竟不弹纠,若知非不举,事涉阿纵,请付大理。(《元寿传》)

按唐律斗讼,诸监临主司知所部有犯法不举劾者,减罪人罪三等,据此知隋律亦有此条。

漏泄

数漏泄省中语。(《元寿传》)

按汉律有漏泄省中语,详《汉律考》。

交通

蜀王秀之得罪,胄坐与交通,除名。(《元胄传》)

齐王暕之得罪也,纯坐与交通。(《董纯传》)

有司劾浩以诸侯交通内臣，竟坐废免。（《秦王俊传》）

杨素奏彧以内臣，交通诸侯，除名为民，配戍怀远镇。（《柳彧传》）

有司奏左卫大将军元旻、右卫大将军元胄、左仆射高颎并与世积交通，受其名马之赠，世积竟坐诛。（《王世积传》）

蜀王秀之得罪也，俭坐与交通，免职。（《北史·柳俭传》）。

御史劾俱罗以郡将交通内臣，坐除名。（《北史·鱼俱罗传》）

按《隋书》《北史》各传，以交通被劾者不一，是当时必已悬为厉禁。《隋书·郭衍传》，晋王有夺宗之谋，因召衍阴共计议，又恐人疑无故来往，托以衍妻患瘿，王妃萧氏有术能疗之，当时法网之密如此。考《汉书·郑众传》，太子储君，无外交之义，汉有旧防，蕃王不宜私通宾客。隋盖沿汉制也。

交关

文振先与王世积有旧，世积以罪诛，文振坐与交关。（《北史·段文振传》）

按交关本汉律，《隋书·潘徽传》，及（杨）玄感败，凡交关多罹其患。是大业律亦同。

厌蛊

其婢奏译厌蛊左道，译又与母别居，为宪司所劾，由是除名。下诏曰，若留之于世，在人为不道之臣，戮之于朝，入地为不孝之鬼。（《郑译传》）

按唐律不道小注，造畜蛊厌魅，文帝诏指厌蛊为不道，知隋律亦有此注，与唐律同。

后异母弟以猫鬼巫蛊呪诅于后，坐当死。（《后妃传》）

弘希旨奏纶厌蛊恶逆，坐当死，帝以皇族不忍，除名徙边郡。（《北史·隋宗室传》）

十八年五月诏畜擂（疑猫之讹）鬼蛊毒厌魅野道之家，投于四裔。（《册府元龟》六百十一）

居父母丧嫁娶

士文从父妹有色，应州刺史唐君明居母忧，娉以为妻，为御史所劾。（《库狄士文传》）

按唐律居父母夫丧嫁娶，在户婚。

户口簿帐不以实

曹土旧俗,民多奸隐户口,簿帐恒不以实。慧下车,按察得户数万,转齐州刺史,得隐户数千。(《乞伏慧传》)

时山东乘齐之弊,户口簿籍,类不以实,熙晓谕令自归首,至者一万户。(《令狐熙传》)

按唐律,里正州县不觉脱漏及脱户,均在户婚。

官物入私

译擅取官材,自营私第,坐是复除名。(《郑译传》)

左武卫将军刘升谏曰,秦王非有他过,但费官物营廨舍而已,臣谓可容。上曰,法不可违,若如公意,何不别制天子儿律?(《秦王俊传》)

按唐律,厩库诸财物不应入官私而入者坐赃论。疏义应入官乃入私。

盗边粮一升已上,盗取一钱已上

开皇十五年冬十二月戊子,敕盗边粮一升已上,皆斩,并籍没

其家。(《文帝纪》)

十六年有司奏,合川仓粟少七千石,命斛律孝卿鞫问其事,以为主典所窃,复令孝卿驰驿斩之,没其家为奴婢,鬻粟以填之。是后盗边粮一升已上,皆死,家口没官。(《刑法志》)

是时帝意每尚惨急,而奸回不止。京市白日公行掣盗,人间强盗,亦往往而有。帝患之,问群臣断禁之法。杨素等未及言,帝曰,朕知之矣。诏有能纠告者,没贼家产业以赏纠人,时月之间,内外宁息。其后无赖之徒,候富人子弟出路者,而故遗物于其前,偶拾取,则擒以送官,而取其赏,大抵被陷者甚众。帝知之,乃命盗一钱已上皆弃市,行旅皆晏起晚宿,天下懔懔焉。此后又定制行署,取一银已上闻见不告言者,坐至死。自此四人共盗一榱桷,三人同窃一瓜,事发,即时行决。有数人劫执事而谓之曰,吾岂求财者耶?但为枉人来耳。而为我奏至尊,自古以来,体国正法,未有盗一钱而死也,而不为我以闻,吾更来,而属无类矣。帝闻之,为停盗取一钱弃市之法。(《刑法志》)

盗毁天尊佛像

帝以年龄晚暮,尤崇佛道,又素信鬼神。二十年诏沙门道士坏佛像天尊、百姓坏岳渎神像,皆以恶逆论。(《刑法志》)

二十年十二月辛巳诏曰,佛法深妙,道教虚融,咸降大慈,济度群品,凡在含识,皆蒙覆护,所以雕铸灵相,图写真形,率土瞻仰,用申诚禁。其五岳四镇,节宣云雨,江河淮海,浸润区域,并生养万物,利益兆人,故建庙立祀,以时恭敬。敢有毁坏偷盗佛及天尊像,

岳镇海渎神形者,以不道论;沙门坏佛像,道士坏天尊者,以恶逆论。(《文帝纪》)

按唐律,贼盗诸盗毁天尊佛像者徒三年,即道士女冠盗毁天尊像,僧尼盗毁佛像者加役流,盖隋沿北齐律而加重其刑,唐初修律,又减轻其罪也。

请求许财

高祖谓谏议大夫王达曰,卿为我觅一好左丞。达遂私于汪曰,我当荐君为左丞,若事果,当以良田相报也。汪以达所言奏之,达竟以获罪。(《杨汪传》)

按唐律受人财请求,在职制。

监临受财三百文,杖一百

雍州别驾元肇言于上曰,有一州吏,受人馈钱三百文,依律合杖一百。然臣下车之始,与其为约,此吏故违,请加徒一年。行本驳之曰,律令之行,并发明诏,与民约束,今肇乃敢重其教命,轻忽宪章,非人臣之礼。(《刘行本传》)

按唐律职制,诸监临主司受财而枉法者一尺杖一百,一匹加一等,不枉法者一尺杖九十,二匹加一等。又诸监临之官,受所监临财物者,一尺笞四十,一匹加一等。元肇所言州吏受人馈钱,传文简约,未知与唐律何条相当。《隋志》言开皇律以轻代重,是已轻于前代,受馈钱三百即杖一百。以一尺笞四十例之,是较唐律加重至六等,决无是理。疑系指受财枉法言之。所谓杖一百,亦与唐律相合。其请加徒一年,亦不过加一等耳,与情理亦近。唐律多沿隋律,此亦其一端也。

殴人致死

开皇中,方贵尝因出行遇雨,淮水泛长,于津所寄渡,船人怒之,挝方贵臂折。至家,其弟双贵,惊问所由,方贵具言之。双贵恚恨,遂向津殴击船人致死。守津者执送之县官,案问其状,以方贵为首当死,双贵从坐当流。(《郎方贵传》)

按唐律斗讼,诸斗殴杀人者绞,又云即威力使人殴击而致死伤者,虽不下手,犹以威力为重罪,下手减一等。县官盖以方贵胁弟使殴杀人,故以方贵为首,双贵坐流,即下手减一等也。隋律盖与唐律同。

掠人

其兄子伯仁,随冲在府,掠人之妻。上闻而大怒,令蜀王秀治

其事。(《韦世康传》)

戏杀

其奴尝与乡人董震因醉角力,震扼其喉,毙于手下,震惶惧请罪。士谦谓之曰,卿本无杀心,何为相谢?然可远去,无为吏之所拘。(《李士谦传》)

流人枷锁传送

开皇末为齐州参军,送流囚李参等七十余人诣京师,时制流人并枷锁传送。(《北史·王珈传》)

犯钱禁当杖

时上禁行恶钱,有二人在市,以恶钱易好者,武候执以闻,上令悉斩之。绰进谏曰,此人坐当杖,杀之非法。(《赵绰传》)

禁私造兵器

开皇十五年春二月丙辰,收天下兵器,敢有私造者坐之,关中

缘边,不在其例。(《文帝纪》)

禁隐藏纬候图谶

开皇十三年二月丁酉,制私家不得隐藏纬候图谶。(《文帝纪》)

开皇令

开皇二年秋七月甲午,行新令。(《通志》)

隋《开皇令》,高颎等撰,三十卷,一、官品上,二、官品下,(按开皇《官品令》,详见《通典》卷三十九,文多不录)。三、诸省台职员,四、诸寺职员,五、诸卫职员,六、东宫职员,七、行台诸监职员,八、诸州郡县镇戍职员,九、命妇品员,十、祠,十一、户,十二、学,十三、选举,十四、封爵俸廪,十五、考课,十六、宫卫军防,十七、衣服,(按隋服制,详见《隋书礼仪志》七)。十八、卤簿上、十九、卤簿下,二十、仪制,二十一、公式上,二十二、公式下,二十三、田,二十四、赋役,二十五、仓库厩收,二十六、关市,二十七、假宁,二十八、狱官,二十九、丧葬,三十、杂。(《唐六典注》)

《隋开皇令》三十卷,目一卷。(《经籍志》 《旧唐书·经籍志》,《隋开皇令》三十卷,裴政等撰。《新唐书·艺文志》,牛弘等《隋开皇令》三十卷。)

为人后者，为其父母，并解官申其心丧。父卒母嫁，为父后者，虽不服，亦申心丧。其继母嫁，不解官。（《刘子栩传》引令）

按此丧葬令逸文。

人五家为保，保有长，保五为闾，闾四为族，皆有正。畿外置里正，比闾正，党长比族正，以相检察焉。（《通典》卷三，引文帝新令同）。男女三岁已下为黄，十岁已下为小，十七已下为中，十八已上为丁。丁从课役，六十为老，乃免。（《通典》卷七，引文帝新令同）。自诸王已下，至于都督，皆给永业田，各有差。多者至一百顷，少者至四十亩。其丁男中男永业露田，皆遵后齐之制，并课树以桑榆及枣。其园宅率三口给一亩，奴婢则五口给一亩。丁男一床，租粟三石，桑土调以绢絁，麻土以布绢，絁以匹加绵三两，布以端加麻三斤，单丁及仆隶各半之。未受地者皆不课。有品爵及孝子顺孙义夫节妇，并免课役。京官又给职分田，一品者给田五顷，每品以五十亩为差，至五品则为田三顷，六品二顷五十亩，其下每品以五十亩为差，至九品为一顷。外官亦各有职分田，又给公廨田，以供公用。（《食货志》引新令）

按此条杂引令文，所云遵后齐之制，盖省文也。

开皇格

隋则律令格式并行。（《经籍志》）

按《唐书·刑法志》曰，唐之刑书有四，曰律、令、格、式，据此知悉沿开皇旧制也。

所修格令章程，并行于当世，颇伤烦碎，论者以为非简久之法。(《北史·苏威传》)

格令班后，苏威每欲改易事条。德林以为格式已颁，义须画一，纵令小有踳驳，非过蠹政害民者，不可数有改张。(《李德休传》)

高祖之世，以刀笔吏类多小人，年久长奸，又以风俗陵迟，妇人无节，于是立格，州县佐史三年而代之，九品妻无得再醮。(《刘炫传》)

按《李谔传》，谔见礼教凋敝，公卿薨亡，其爱妾侍婢，子孙辄嫁卖之，遂成风俗。上书曰，朝闻其死，夕规其妾，方使求娉，以得为限，无廉耻之心，弃友朋之义。上览而善之，五品以上妻妾不得改醮，始于此也。意者虽有定格，仍未施行，故改限于五品以上欤。

下

大业定律年月及修律诸人

大业三年夏四月甲申，颁律令，大赦天下。(《炀帝纪》)

炀帝以开皇律令犹重，大业二年更制大业律，牛弘等造。三年四月甲申颁行，凡十八篇，五百条。(《玉海》卷六十五)

按开皇律及唐律，均五百条，据此知篇目虽有分析，而条项则多仍其旧也。

炀帝即位，以高祖禁网深刻，又敕修律令。(《刑法志》)

其五刑之内降从轻典者二百余条，其枷杖决罚讯囚之制，并轻于旧。(同上)

隋《大业律》十一卷。(《经籍志》《旧唐书·经籍志》、《新唐书·艺文志》均作十八卷)

炀帝即位，牛弘引炫修律令。(《刘炫传》)

牛弘等造新律成，凡十八篇，谓之大业律，甲申始颁行之。民久厌严刻，喜于宽政，其后征役繁兴，民不堪命，有司临时迫胁，以求济事，不复用律令矣。(《通鉴》卷一百八十)

大业律篇目

一曰名例,二曰卫宫,三曰违制,四曰请求,五曰户,六曰婚,七曰擅兴,八曰告劾,九曰贼,十曰盗,十一曰斗,十二曰捕亡,十三曰仓库,十四曰厩牧,十五曰关市,十六曰杂,十七曰诈伪,十八曰断狱。(《刑法志》《唐六典注》同)

刑名仍开皇之旧

时升称皆小旧二倍,其赎铜亦加二倍为差,杖百则三十斤矣,徒一年者六十斤,每等加三十斤为差,三年则一百八十斤矣。流无异等,赎二百四十斤,二死同赎,三百六十斤其实不异。(《刑法志》)

按据此,知大业律刑名均与开皇同,惟赎铜加二倍为稍异耳。

除十恶之条

又敕修律令,除十恶之条。(《刑法志》)

大业有造后,更删除十条之内,惟存其八。(《唐律疏义》)

按大业律仿后周之制，不别立十恶之目，以十恶分隶各条，而十恶中又删其二也。

违拒诏书

君肃告众曰，若从元帅，违拒诏书，必当闻奏，皆获罪也。诸将惧。（《来护儿传》）

有司奏绪怯懦违诏，于是除名为民。（《吐万绪传》）

按唐律职制，诸被制书有所施行而违者，徒三年。

咒诅

炀帝时诸侯王恩礼渐薄，集忧惧不知所为，乃呼术者俞普明章醮以祈福助，有人告集呪诅，宪司希旨，锻成其狱。奏集恶逆，坐当死。天子下公卿议其事，杨素等曰，集密怀左道，厌蛊君亲，公然呪诅，请论如律。（《卫昭王爽传》）

诈疾

辽东之役，郡官督事者，前后相属，有西曹掾当行诈疾，褒杖

之。(《元孝矩传》)

按唐律,诈疾病有所避,在诈伪。

藏匿罪人

玄感败后,妓妾并入宫,帝因问之,玄感平常时与何人交往,其妾以虞绰对。徙绰且末,绰至长安而亡,变姓名,抵信安令天水辛大德,大德舍之。岁余,有识绰者而告,竟为吏所执,坐斩江都。(《虞绰传》)

按唐律知情藏匿罪人,在捕亡。

里长脱户

于时犹承高祖和平之后,禁网疏阔,户口多漏,或及成丁,犹诈为小;未至于老,已免租赋。蕴历为刺史,案知其情,因是条奏,皆令貌阅。若一人不实,则官司解职,乡正里长,皆远流配。(《裴蕴传》)

按唐律户婚,诸里正不觉脱漏增减者罪止徒三年,此入流配,知大业律重于唐律也。

县令无故不得出境

时制,县令无故不得出境,有伊阙令皇甫诩幸于暕,违禁,将之汾阳宫。(《齐王暕传》)

按唐律,刺史县令私出界,在职制,据此知亦沿隋律也。

籍没

上大怒,(从父弟)滂(田)鸾(祁)绪并伏诛,籍没其家。(《元谐传》)

谋泄伏诛家口籍没。(《宇文忻传》)

于是斩东都市,家口籍没。(《鱼俱罗传》)

及玄感败伏诛,籍没其家。(《李子雄传》)

元淑及魏氏俱斩于涿郡,籍没其家。(《赵元淑传》)

按隋无族诛之制,故常以籍没代之。

大业令

大业令三十卷。(《经籍志》《新唐书·艺文志》作十八卷)

会议新令,久不能决。道衡谓朝士曰,向使高颎不死,令决当久行。(《薛道衡传》)

初新令行,衍封爵从例除。(《郭衍传》)

炀帝三年定令品,自第一至第九,唯置正从,而除上下阶;又定朝之班序,以品之高卑为列,品同则以省府为前后,省府同则以局署为前后。(《通典》卷三十九)

按此条言大业官品令与开皇官品之差,《通典》不载大业令官品,盖仍开皇之旧,仅除上下阶为稍异耳。

大业式

大业二年五月乙卯,诏曰:自古以来,贤人君子,有能树声立德,佐世匡时,博利殊功,有益于人者,并宜营立祠宇,以时致祭,坟垄之处,不得侵践,有司量为条式,称朕意焉。(《炀帝纪》)

四年冬十月乙卯,颁新式于天下。(同上)

隋律家

郎茂

茂工法理,为世所称。(《郎茂传》)

子茂字蔚之,师事国子博士河间权会,受《诗》《易》《三礼》及

玄象刑名之学。(《北史·郎基传》)

崔廓

廓尝著论,言刑名之理,其义甚精,文多不载。(《崔廓传》)

杨汪

汪明习法令,果于剖断,当时号为称职。(《杨汪传》)

隋代刑罚之峻

高祖性猜忌,素不悦学,既任智而获大位,因以文法自矜,明察临下,恒令左右觇视内外有小过失,则加以重罪。又患令史赃污,因私使人以钱帛遗之,得犯立斩。每于殿廷打人,一日之中,或至数四。尝怒问事,挥楚不甚,即命斩之。十年,尚书左仆射高颎、治书侍御史柳彧等谏,以为朝堂非杀人之所,殿廷非决罚之地,帝不纳。颎等乃尽诣朝堂请罪曰,陛下子育群生,务在去弊,而百姓无知,犯者不息,致陛下决罚过严,皆臣等不能有所裨益,请自退屏以避贤路。帝于是顾谓领左右都督田元曰,吾杖重乎。元曰,重。帝问其状,元举手曰,陛下杖大如指,捶楚人三十者,比常杖数百,故多致死。帝不怿,乃令殿内去杖,欲有决罚,各付所由。后楚州行参军李君才上言,帝宠高颎过甚,大怒,命杖之,而殿内无杖,遂以马鞭笞杀之。自是殿内复置杖。(《刑法志》)

其诸司属官若有愆犯,听于律外斟酌决杖,于是上下相驱,迭行捶楚,以残暴为干能,以守法为懦弱。(同上)

帝猜忌二朝臣寮,用法尤峻。御史监帅于元正月不劾武官衣剑之不齐者，或以白帝。帝谓之曰，尔为御史，何纵舍自由？命杀之。谏议大夫毛思祖谏，又杀之。左领军府长史考校不平，将作寺丞以谏麦麸迟晚，武库令以署庭荒芜，独孤师以受番客鹦鹉，帝察知，并亲临斩决。仁寿中，用法益峻。帝既喜怒不恒，不复依准科律。大理寺丞杨远刘子通等，性爱深文，每随牙奏狱，能承顺帝旨，帝大悦，并遣于殿庭三品行中供奉。每有诏狱，专使主之，候帝所不快，则案以重抵，无殊罪而死者，不可胜原。远又能附杨素，每于涂中接候，而以囚名白之，皆随素所为轻重。其临终赴市者，莫不涂中呼枉，仰天而哭。（同上）

每言当今法急，官不可为，上大怒，命斩之。（《权武传》）

尚书省尝奏，犯罪人依法合流而上处以大辟，庄奏曰，法者，天子所与天下共也，今法如是，更重之，是法不信于民心。帝不从，由是忤旨。（《柳庄传》）

帝暮年精华稍竭，不悦儒术，专尚刑名。（《北史·儒林传》）

以上文帝

帝乃更立严刑，敕天下窃盗已上，罪无轻重，不待闻奏，皆斩。百姓转相群聚，攻剽城邑，诛罚不能禁。帝以盗贼不息，乃益肆淫刑。九年，又诏为盗者籍没其家，自是群贼大起。（《刑法志》）

蕴善伺候人主微意，若欲罪者，则曲法顺情，锻成其罪；所欲宥者，则附轻典，因而释之。（《裴蕴传》）

蜀王秀之得罪，宾客经过之处，仲卿必深文致法，州县长吏，坐者大半，上以为能。（《赵仲卿传》）

辽东之役，遣弘嗣往东莱海口监造船，诸州役丁，苦其捶楚，官人督役。昼夜立于水中，略不敢息，自腰以下，无不生蛆，死者十三四。（《元弘嗣传》）

于是将政出金光门，缚政于柱，公卿百寮，并亲击射，脔割其肉，多有瞰者。瞰后烹煮，收其余骨，焚而扬之。(《斛斯政传》)

炀帝忌刻，法令尤峻，人不堪命。(《旧唐书・刑法志》)

末年严刻，生杀任情，不复依例。杨玄感反，诛九族，复行轘裂枭首，磔而射之。(《唐六典注》)

以上炀帝

附　　录

我国历史朝代公元对照简表

夏		约前21世纪—约前16世纪
商		约前16世纪—约前1066
周	西周	约前1066—前771
	东周	前770—前256
	春秋时代	前770—前476
	战国时代	前475—前221
秦		前221—前206
汉	西汉	前206—公元23
	东汉	25—220
三国	魏	220—265
	蜀	221—263
	吴	222—280
西晋		265—316
东晋 十六国	东晋	317—420
	十六国	304—439

续表

南北朝	南朝	宋	420—479
		齐	479—502
		梁	502—557
		陈	557—589
	北朝	北魏	386—534
		东魏 北齐	534—550 550—577
		西魏 北周	535—556 557—581
隋			581—618
唐			618—907
五代十国	后梁		907—923
	后唐		923—936
	后晋		936—947
	后汉		947—950
	后周		951—960
	十国		902—979
宋	北宋		960—1127
	南宋		1127—1279
辽			961—1125
西夏			1038—1227
金			1115—1234
元			1271—1368
明			1368—1644
清			1644—1911
中华民国			1912—1949
中华人民共和国 1949 年 10 月 1 日成立			

程树德先生学术年表*

1877 年(光绪三年)

生于福建闽侯(今福州市),十岁丧母

1899 年(光绪二十五年癸卯)

时年 22 岁,前清科举进士,入翰林院编修

1902 年(光绪三十年)

公费留学日本法政大学,法政科毕业。归国后,就任北洋政府参政院参政,国务院法制局参事。此后,任北京大学、北平大学、清华大学、朝阳法学院讲师、教授

1906 年(光绪三十二年)

时年 29 岁,出版《国际私法》七卷

1907 年(光绪三十三年)

时年 30 岁,翻译日本横田秀雄《民法物权篇》,上海普及书局出版

1918 年

时年 41 岁,著《汉律考》

---

* 学术年表由王兰萍整理。资料来源如下:

程俊英:《论语集释》前言,中华书局 2008 年第 6 次印刷;北京档案馆:《朝阳学院教师名录》(1933 年,民国二十二年);何勤华:《中国法学史》第三卷,法律出版社 2006 年版;程燎原:《清末法政人的世界》,法律出版社 2003 年版。

1919 年

时年 42 岁,著《魏律考》

1920 年

时年 43 岁,著《晋律考》

1921 年

时年 44 岁,著《后魏律考》

1922 年

时年 45 岁,著《隋律考》

1923 年

时年 46 岁,著《南朝诸律考》、《北齐律考》、《后周律考》

1927 年

时年 50 岁,《九朝律考》合集 30 余万字,上海商务印书馆初版

1928 年

时年 51 岁,著《中国法制史》,京师法科学生用教材

1930 年

时年 53 岁,《说文稽古编》,上海商务印书馆初版

1931 年

时年 54 岁,著《比较国际私法》

1933 年

时年 56 岁,罹血管硬化症。《说文稽古编》,上海商务印书馆再版。此前于朝阳法学院教授宪法、国际私法

1934 年

时年 57 岁,《九朝律考》收入《大学丛书 · 教本》,上海商务印书馆国难后第一版

1937 年

时年60岁，“七七事变”以后，北京大学等南迁，经济来源断绝。日伪统治时期，病无医药，日渐恶化，终至瘫痪

1939年

时年62岁，《国古谈苑》上、下，上海商务印书馆出版

1942年

时年65岁，著成《论语集释》。以目难睁不能视，手颤抖不能书之病弱残躯，自己口述，由亲属笔录，历时九年脱稿

1943年

时年66岁，《论语集释》，京师华北印书局初版

1944年

时年67岁，卒于北京

程树德与《九朝律考》

何勤华

一

程树德（1877—1944），字郁庭，福建闽侯（今福州市）人。近代中国法律史学家。早年赴日本法政大学留学，归国后历任北洋政府参政院参政，国务院法制局参事、帮办，北京大学、北平大学法学院、清华大学政治系讲师、教授等职。

关于中国古代法律的起源问题，他师宗清人沈家本，主张黄帝李法说。他根据《管子·任法》载："故黄帝之治也，置法而不变，使民安其法者也"；《淮南子·主术训》载："黄帝治天下，法令明而不暗"；《北堂书钞》引太史公《素王妙论》载："黄帝设五法，布之天下"；《汉书·胡建传》引黄帝李法："壁垒已定，穿窬不繇（由）路，是谓奸人，奸人者杀"等，论证黄帝时已有法律。他又根据《左传》、《通鉴前篇外纪》、《群辅录》等书都记载黄帝时有刑官，论证有官必有法，不过古代法令简单质朴，而且多半是习惯法。[①]

程树德的主要著作有：《汉律考》（1926 年）、《中国法制史》

① 《中国大百科全书·法学》，中国大百科全书出版社 1984 年版，第 47 页。

(1931年)、《法律原理学》(民国年间油印本)、《宪法讲义》(民国年间油印本,二卷)、《比较宪法》(上海华通书局1931年)、《宪法历史及比较研究》(北平朝阳学院1933年)、《九朝律考》(1934年)、《比较国际私法(上海华通书局1943年版)等。译著有《民法物权篇》(日本学者横田秀雄原著,上海普及书局1907年)等。此外,他还发表了《论中国法系》(《法律评论》第539期,1934年3月)等论文。

除了法学业绩之外,程树德在史学、经学等领域,也作出了贡献,出版了《国故谈苑》上、下(商务印书馆1939年版)、《论语集释》(北京国立华北编译馆1943年版)等作品。

关于程树德的卒年,多年来我国学术界一直没有搞清楚。《中国大百科全书·法学》、王玉明主编《中国法学家辞典》、唐荣智主编《世界法学名人词典》等,在介绍程树德时,在卒年上均打了问号。事实上,《法律科学》1991年第3期曾刊出程树德女儿程俊英教授回复该杂志编辑部的一封信,内中回答了程树德的卒年问题。现摘录有关内容如下:

"何柏生先生:今天收到大札,得悉你们须要了解先父程树德先生卒年。他卒于一九四四年一月一日。那时,先父在北京,垂老困穷,只好将一所小房卖掉。在迁居中,天气严寒,他中风在床,途中冻死。我在沪闻讯,亦因穷困,未去奔丧,至今引以为憾!……程俊英启二月二十一日"。①

---

① 程树德的事迹,主要见于《中国大百科全书·法学》,中国大百科全书出版社1984年版等。

二

程树德是中国近代法律史学科的奠基人之一，他的《九朝律考》一书，与沈家本的《历代刑法考》一起，为中国近代法律史学的诞生奠定了基础。由于该书的重要性，本文下面重点就该书的内容、主要特征和学术贡献展开作些论述。

众所周知，中国传世法律，主要自唐代开始，在唐以前并无法典留存。针对这种状况，本书分八卷，分别对唐以前的汉、魏、晋、梁、陈、后魏、北齐、后周、隋等九个朝代的浩如烟海的各种文献进行了考证、梳理和甄别，从中采摭了内容丰富的律、章程、令、科、比、故事、诏、条等法律资料，一定程度上恢复了这九个朝代法律发展的大体面貌。这是本书的第一个贡献。

本书对每一个朝代律令状况的具体考证十分细致，以“汉律考”为例，涉及律名考、刑名考、律文考、律令杂考、沿革考、春秋决狱考、律家考等方面。在“刑名考”中，涉及死刑、肉刑、髡刑、完刑、作刑、赎刑、罚金、夺爵、除名、夷三族、徙边、督、鞭杖、顾山、禁锢等15项内容。在“律令杂考”中，涉及的内容更多，有不道、不孝、禽兽行、造意首恶、首匿等133项内容。通过这种比较细致的分门别类的考证，作者为学术界进一步深入研究这些朝代的法律制度和思想等提供了基本素材。

本书的第三个贡献，是构勒出了中国古代法律发展的“律系表”：

即法经——秦律——汉律——魏律——晋律——梁律——陈律
　　　　　　　　└后魏律——后周律
　　　　　　　　　　└北齐律——隋律——大业律
　　　　　　　　　　　　　　　└开皇律——唐律——
　　　　　　　　　　　　　　　　宋刑统——明律——清律

在《后魏律序考》中，程树德进一步对这一"律系表"做了阐述："盖自晋氏失驭，天下分为南北，江左相承，沿用晋律，梁、陈虽各定新律，而享国日浅，祸乱相仍；又当时习尚重黄老，轻名法，汉代综核名实之风，于斯尽矣。拓跋氏乘五胡之扰，跨据中原，太祖世祖高宗高祖世宗凡五次改定律令。孝文用夏变俗，其于律令，至躬自下笔，凡有疑义，亲临决之，后世称焉。是故自晋氏而后，律分南北二支，南朝之律，至陈并于隋，而其祀遽斩；北朝则自魏及唐，统系相承，迄于明清，犹守旧制。"①

对这一"律系表"，尽管有学者予以猛烈批评，②但基本上为学术界多数人所接受。

第四，对中国法律发展的得失作出评述，为学术界借鉴中国古代法制建设的经验提供了基础。在《九朝律考》中，作者在考证每个朝代的法律时，前面都有一个简短的序，在这个序中，作者对该朝代的法制建设的得失发表了自己的见解。

比如，在对汉代律学作考证时，作者指出："汉世律学最盛，何休注《公羊》，郑司农注《周礼》，皆以汉律解经。许氏《说文》则并以汉律解字，今其佚文散句，犹可考见，而唐宋以来诸家，卒无有从

---

① 本书第449页。

② 参见杨鸿烈著：《中国法律思想史》（上册），上海书店1984年重印本，第1页。

事考订者。宋王应麟所辑之《玉海》及《汉制考》，略有征引，他不概见。今唐以前诸律，皆无一存，则探讨之难可知也。余尝谓有清一代经学词章，远轶前轨，独律学阙焉不讲。纪文达编纂《四库全书》政书类法令之属，仅收二部，存目仅收五部，其案语则谓刑为盛世所不能废，而亦盛世所不尚，所录略存梗概，不求备也。此论一创，律学益微。”①

这里，作者非常明确地指出，法律和法学的发达，与社会的重视、学术界的重视归根结底是统治阶级的重视息息相关。

第五，对历朝法律进行纵向比较，在沈家本《历代刑法考》的基础上，进一步发展了法史学中的比较研究。如在《魏律考序》中，作者将魏律与汉律做了比较，指出：魏律所存世者，除了《晋书·刑法志》所载新律《序略》一篇外，已无所可考。但从该篇中，我们还是可以发现魏律与汉律之异同。如魏律关于诬告人反罪，及亲属篡囚改坐弃市，是对汉律的增损，皆失之过重，然大端实与《九章》无大出入。捕律户律二篇，仍汉之旧。劫略请赇偿赃由盗律分出，诈伪毁亡由贼律分出，告劾由囚律分出，系讯断狱由囚律兴律分出，惊事律亦由兴律分出，删汉之厩律一篇。夫汉兴以来，科条无限，《序略》称十八篇，于正律九篇为增；于傍章科令为省，其删削繁芜之功，自不可没。若夫改汉具律为刑名第一，依古义制为五刑，列之律首，并以八议入律，开晋唐宋明诸律之先河。

这里，尽管论述简明，但我们已大体可以把握作者依据所考证得来的魏律与汉律的比较，了解这两个朝代法律的变化。

① 本书第 4 页。

第六，知难而上，勇于填补法学研究空白的学术品格。在没有完整的留存下来的法律史料的情况下，对浩如烟海的古代典籍进行艰苦细致地精心梳理，以发现一点零星的律、令、科、比条文，借以重构各个朝代的法律体系，这显然是一项十分费时、且枯燥无味的工作，但作者用了二十余年时间，[①]基本上恢复了唐以前九个朝代法律的面貌，为后世学者开展进一步的研究奠定了基础。这种学术品格，对我们现在的法史学研究仍然具有典范意义。

程树德在《九朝律考序》中谈到他自己对上述学术品格的理解："昔顾氏亭林论著书之难，以为必古人所未及就，后世所不可无者，而后庶几其传。……顾自清代乾嘉以来，经史小学考据之书，浩如烟海，后有作者，断无以突过前人。爰本顾氏之旨以求之，则律学尚已。……今古律之有者，皆自唐以下。窃不自量，欲尽搜罗唐以前散佚诸律，考订而并存之。……古人著述，大抵以毕生之力赴之，用力愈久，则其传愈远。"

程树德的心血没有白费，《九朝律考》面世至今已有 70 多年，仍是中国法律史学研究的经典作品，我们在研究唐以前中国法律时它也是不可逾越的必读书。比如，在研究董仲舒的"春秋决狱"时，[②]我们现在各中国法制史的专著和教材中所引用的春秋决狱案例，仍然是程树德在《九朝律考》中为我们所辑录的几则。[③]

---

① 《汉律考》完成于 1918 年，但据作者在《汉律考序》中介绍，它花去作者十余年时间。而全书完成于 1926 年，故《九朝律考》全书用去了作者近二十年时间。

② 首先对《九朝律考》中辑录的董仲舒"春秋决狱"的案例作出比较高的评价的，是杨鸿烈。参见杨鸿烈著：《中国法律发达史》（上册），上海书店 1990 年版，第 97 页。

③ 本书第 213 页。

由此可见,克服浮躁之心,耐住寂寞之情,认真坐到书桌之前,做“古人所未及就、后世所不可无者”的工作,以填补学术研究领域中的各个空白,应当是我们法史学工作者的一种崇高的品格。*

2004 年 8 月于上海

* 原载《河南省政法管理干部学院学报》2004 年第 3 期,后收入《法律文化史谭》,商务印书馆 2004 年版。

编　后　记

一、《九朝律考》初版，由上海商务印书馆1927年（民国十六年十二月）出版，1934年（民国二十三年二月）收入《大学丛书·教本》，以国难后第一版名义出版，1935年、1937年均再版。1949年新中国成立以后，1955年商务印书馆按照上海第一版又行刊印。1963年中华书局出第1版，2006年出第2版，此后屡有重印。

二、《九朝律考》，现纳入商务印书馆《中华现代学术名著丛书》出版，底本仍就民国版本，唯新版作为中国法律史重要教学参考书，以简化字横排本形式，面向法律专业的大学生推出。为方便法科学生阅读，谨做以下编辑技术加工：

其一，填充目录缺项，对魏令、晋令等按照正文酌加目次，对各朝律家名录一一补入目录；

其二，以脚注处，对个别难懂的字酌加注音和释义，对重要法律人物如薛允升、沈家本，简介其生平事迹；

其三，全书正文增加中国历史朝代公元对照简表。

三、《九朝律考》，是83年前上海商务印书馆出版的中国法制史专书，征引正史文献，系统梳理考证唐朝以前汉、魏、晋、南北朝（梁、陈）、后魏、北齐、后周、隋等九个朝代的法律表现形态、沿革及律家，是近代中国法制史学科的奠基作品之一，所达致的学术水准至今仍为法律学人所首肯。作者运用中国传统学术的考据方法，细致爬梳文献资料，花十年之功才得以完成，所具备的学术冷静与理性、耐寂与执著，为今天法律学人所赞叹。同时，作为清末国家公费留日法政栋梁，追求法治救国理想，集从政、教学、研究于一生，如此学术人生至今也是难能可贵的。藉我馆再版之机，重温先生旧日著作，顿悟以先生为代表的百年中国法律人的追求，诸多缅怀与景仰尽在其中。鉴此，以此次出版告慰先贤，正是吾等后学之心声。